本卷编委会

刘思艺　张瀚天　方柏兴　陈陌阡　洪国盛
张天白　郑力海　邓　伟　邵博文　康　骁
潘　程　徐　成　谢可晟　包康赟　金雨萌

本辑主编

刘思艺

本辑审稿和校对编辑

邵博文　邓　伟　康　骁　徐　成
崔　斌　王泓之　谢可晟　金雨萌
潘　程　包康赟　洪国盛　张瀚天
方柏兴　陈陌阡　张天白　郑力海
刘继烨　聂清雨　侯婷婷　钟鑫雅
王瑞剑　叶依梦　柯　达　郑淑凤

声　明

本刊的各篇文章仅代表作者本人的观点和意见，并不必然代表编辑委员会的任何意见、观点或倾向，也不反映北京大学的立场。特此声明。

《北大法律评论》编辑委员会

中文社会科学引文索引(CSSCI)来源集刊

北大法律評論
PEKING UNIVERSITY LAW REVIEW
第 19 卷·第 2 辑(2018)

《北大法律评论》编辑委员会　编

图书在版编目(CIP)数据

北大法律评论.第19卷.第2辑/《北大法律评论》编辑委员会编.—北京：北京大学出版社，2019.12
 ISBN 978-7-301-31099-1

Ⅰ.①北… Ⅱ.①北… Ⅲ.①法律—文集 Ⅳ.①D9-53

中国版本图书馆CIP数据核字(2020)第017319号

书　　名	北大法律评论（第19卷·第2辑）
	BEIDA FALÜ PINGLUN (DI-SHIJIU JUAN · DI-ER JI)
著作责任者	《北大法律评论》编辑委员会　编
责任编辑	王　晶
标准书号	ISBN 978-7-301-31099-1
出版发行	北京大学出版社
地　　址	北京市海淀区成府路205号　100871
网　　址	http://www.pup.cn
电子信箱	law@pup.pku.edu.cn
新浪微博	@北京大学出版社　@北大出版社法律图书
电　　话	邮购部 010-62752015　发行部 010-62750672　编辑部 010-62752027
印刷者	北京虎彩文化传播有限公司
经销者	新华书店
	787毫米×1092毫米　16开本　19.5印张　365千字
	2019年12月第1版　2019年12月第1次印刷
定　　价	59.00元

未经许可，不得以任何方式复制或抄袭本书之部分或全部内容。
版权所有，侵权必究
举报电话：010-62752024　电子信箱：fd@pup.pku.edu.cn
图书如有印装质量问题，请与出版部联系，电话：010-62756370

目 录

专题:国际争议解决

何其生　国际规则中的"民商事项"
　　　　——范围之争与解释方法 ……………………………………（1）

张智勇　浅析国际投资协定的税收条款……………………………（26）

唐应茂　熊猫债、单边模式与国际法的终结………………………（52）

曹亚伟　强权还是规则:美国单边贸易措施对 WTO 的解构路径分析
　　　　——基于多边规则与国内法之间的权力划分………………（78）

论文

唐学亮　霍布斯论主权的三重合法性及其型构的公民义务
　　　　——兼与蒋庆先生商榷 ……………………………………（103）

张　印　密尔的社会主义者身份之谜 ………………………………（134）

李世阳　中国语境下讯问程序的解释学进路 ………………………（171）

高　薇　众包网上争议解决
　　　　——群体智慧如何解决网络争议 …………………………（194）

评论

杨国华　WTO 上诉机构危机的原因 ………………………………（217）

陈一峰　劳工、贸易与霸权
　　　　——国际劳工组织基本劳工权利的缘起与争议 …………（235）

法史研读
李红海　本是同根生，相煎何太急？
　　　　——17世纪初普通法法院与特权法院的对抗 ………（253）

编后小记 …………………………………………………………（300）

Contents

Symposium: Interncotional Dispute Resolution

He Qisheng
    "Civil or Commercial Matters" in International Instruments:
    Scope and Interpretation .... (1)

Zhang Zhiyong
    On the Taxation Carve-out Clause of International Investment
    Agreements .... (26)

Tang Yingmao
    Panda Bonds, Unilateralism and Demise of International
    Legislation .... (52)

Cao Yawei
    Power or Rule: Analysis of the Deconstruction Path of U.S.
    Unilateral Trade Measures to WTO Based on the Division of
    Power between Multilateral Rules and Domestic Law .... (78)

Articles

Tang Xueliang
    Hobbes on the Tripartite Legitimacies of Sovereignty and Citizen's
    Corresponding Obligations: and A Discussion with Mr. Jiang Qing
    .... (103)

Zhang Yin
    The Enigma of Mill's Socialist Identity ……………… (134)

Li Shiyang
    The Hermeneutic Approach to Interrogation Procedure in Chinese Context ………………………………………………… (171)

Gao Wei
    Crowdsourced Online Dispute Resolution: How does the Wisdom of Crowds Resolving Disputes Arising from Online Activities ……… (194)

Comment On

Yang Guohua
    The Real Reason of the WTO Appellate Body Crisis ………… (217)

Chen Yifeng
    Labour, Trade and Hegemony: Origin and Controversies of the ILO Fundamental Labour Rights ……………………………… (235)

The Study of Legal History

Li Honghai
    Battles Among Brothers: Conflicts between Common Law Courts and Prerogative Courts in Early 17th Century ………………… (253)

Afterword ………………………………………………………… (300)

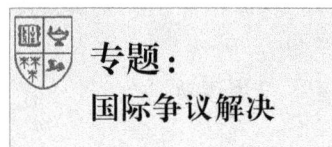

专题：
国际争议解决

国际规则中的"民商事项"
——范围之争与解释方法

何其生[*]

"Civil or Commercial Matters" in International Instruments:
Scope and Interpretation

He Qisheng

内容摘要：在晚近私法领域国际法律文书的制定中，"民商事项"这一术语经常被使用，以决定国际法律文书的适用范围。在对"民商事项"的判断上，以法律关系的性质作为标准得到了国际社会的普遍认可。但以海牙公约为代表的国际公约更进一步主张自治性地解释这一概念，独立于请求国或被请求国的国内法。自治性解释是目的解释、自由解释，旨在尽量扩大公约的适用范围，尤其是公私法交叉的灰色区域，近年来通过海牙公约特委会的解释，逐渐被纳入公约的适用领域。在民商事案件性质的判断上，我国实践中亦是以法律关系的

---

[*] 何其生，北京大学法学院教授、博士生导师。本文是司法部司法协助交流中心课题"中外司法协助立法与实践问题研究"和北京大学科研项目"判决流动全球性规则的博弈"的中期成果之一。

性质作为标准,并应以我国法律作为认定和解释的依据,但在不违反我国法律基本原则的情况下,应逐步扩大民商事领域的合作范围。

关键词: 民商事项　国际法律文书　自治性解释　司法协助

在私法领域国际法律文书的制定中,经常会使用"民商事项"一词[1],其英文表述为"civil and commercial matters"或"civil or commercial matters",or 和 and 的变化没有实质意义的不同。[2] 但如何理解这一术语,并在实践中保持一致性和适当的灵活性,一直是各国争议的问题。在 2016 年国际组织海牙国际私法会议主持的《承认与执行外国法院判决公约(草案)》(以下简称《海牙判决公约草案》)谈判中,美国代表团就要求针对该术语尽可能提供一些指引,原因是这一术语所涵盖的范围过于广泛。[3] 在 2017 年欧洲法院(the Court of Justice of the European Union)审理的 *Pula Parking d.o.o. v. Sven Klaus Tederahn* 案[4]中,"民商事项"的判断成为该案争议的焦点。在中国缔结的 39 个双边民事司法协助协定中,"民事""民事和商事"是经常使用的术语。在《海牙判决公约草案》的谈判过程中,刑事附带民事赔偿、反垄断、涉及国家的民事诉讼等情形是否被纳入"民商事项"的范围,也是中国代表团关注的重点。本文主要从比较法的视角,探讨"民商事项"的判断标准和解释方法。[5]

一、"民商事项"术语的使用与分歧

(一)"民商事项"术语的使用

在民商事领域国际规则的谈判中,除非议题特别具体(如离婚、扶养、收养等),通常相关法律文书都会涉及"民商事""民事""商事"所涉范围的界定问题,

---

[1] 本文所讨论的国际规则主要包括民事诉讼程序性法律文书,尤其是司法协助方面的国际公约,也涉及联合国贸易法委员会和国际统一私法协会少量实体性的法律文书,但不包括公法领域的一些国际公约,如 1950 年《欧洲人权公约》Art. 6(1)提到的"民事权利和义务",1969 年《美洲人权公约》第 8(1)条提到的"民事性质的权利和义务"。

[2] See HCCH Permanent Bureau, Annotated Checklist of Issues to Be Discussed by the Working Group on Recognition and Enforcement of Judgments: Glossary, January 2013.

[3] See Note on Article 1(1) of the 2016 Preliminary Draft Convention and the Term "Civil or Commercial Matters", drawn up by the co-Rapporteurs of the draft Convention and the Permanent Bureau, Preliminary Document No 4 of December 2016 for the attention of the Special Commission of February 2017 on the Recognition and Enforcement of Foreign Judgments, December 2016. (Hereafter "Note on the Term 'Civil or Commercial Matters'".)

[4] Case C551/15, Judgment of The ECJ (Second Chamber), 9 March 2017.

[5] 对于这一问题,目前国内除了少量的关于司法协助的学术专著对此进行了介绍和讨论外[例如,徐宏:《国际民事司法协助》(第 2 版),武汉大学出版社 2006 年版,第 13—20 页;何其生:《域外送达制度研究》,北京大学出版社 2006 年版,第 125—129 页;乔雄兵:《域外取证的国际合作研究》,武汉大学出版社 2010 年版,第 39—46 页],专门性的研究非常薄弱。

这实际上就直接关涉到法律文书的适用范围。总结现有的国际法律文书,其对于"民商事项"规制的主要方式如下:

一是在适用范围中使用"民商事项"一词,但不做具体界定,也不排除具体的事项。1905年和1954年的《民事诉讼公约》、1965年《关于向国外送达民事或商事司法文书和司法外文书公约》(以下简称《海牙送达公约》)、1970年《关于从国外获取民事或商事证据公约》(以下简称《海牙取证公约》)是这方面的代表。

二是在适用范围中使用"民商事项"一词,但随后详细罗列具体排除事项。这些被排除的事项主要是因为各国有重大关切,或不适合适用目前的条约,或已经有专门性的条约。例如,1971年《外国民商事判决承认和执行公约》[6]和2005年《选择法院协议公约》[7]等,均使用了术语"民商事项",而且罗列了一些具体的排除事项,诸如自然人的身份和能力、家庭法、继承、破产、核损害责任等。

三是没有使用"民商事项"这一全称表述,使用"商事"或其他术语,实践中需要对这些术语所涵盖的范围进行判断。例如,《国际商事合同通则》仅适用于商人或商事交易;《承认及执行外国仲裁裁决公约》(以下简称《纽约公约》)不仅涉及"契约性和非契约性纠纷"的解决,而且允许缔约国进行商事保留。

中国不仅是上述《海牙送达公约》《海牙取证公约》《纽约公约》等的缔约国,而且中国缔结了三十多个民事、民刑或民商事双边司法协助协定。例如,1993年签署的《中华人民共和国和保加利亚共和国关于民事司法协助的决定》(以下简称《中保加利亚民》)聚焦于"民事"领域,而在解释时,"民事"一词包括由民法、商法、家庭法和劳动法调整的事项。[8] 这一解释能否理解为我国官方就"民事"所下的定义,值得深究。而在标题含有"民商事"的表述时,特别强调民事包含劳动方面的事项。[9] "民法""商法""家庭法""劳动法"通常都是比较大的概念和范围,在履行公约时,如何解释这些概念,需要有效的解释方法。[10]

---

[6] 参见该公约第1条第2款。
[7] 参见该公约第2条。
[8] 参见《中保加利亚民》第1条。
[9] 参见《中华人民共和国和阿根廷共和国关于民事和商事司法协助的条约》(以下简称《中阿根廷民商》)第1条。
[10] 另外,就中国区际司法协助而言,2006年《内地与澳门特别行政区关于相互认可和执行民商事判决的安排》(法释〔2006〕2号,2006年2月13日最高人民法院审判委员会第1378次会议通过)规定了该《安排》适用于民商事案件(在内地包括劳动争议案件,在澳门特别行政区包括劳动民事案件)、刑事案件中有关民事损害赔偿,但不适用于行政案件。2019年1月内地与香港特别行政区签署的《关于内地与香港特别行政区法院相互认可和执行民商事案件判决的安排》也规定适用于"民商事案件",其第1—3条还就民商事案件进行了界定。实际上,中国国际法律冲突和国际民事司法协助的范围均涉及民商事范围的界定,而且由于香港特别行政区是普通法的传统,而澳门特别行政区又承继了葡萄牙的法律体系,研究国际规则中"民商事项"的界定,对于我国区际案件的处理和司法协助的开展也具有一定的借鉴意义。

（二）"民商事项"的分歧及成因

上述双边和多边性国际法律文书没有对"民商事项"的范围进行界定，并非是公约起草者的疏忽。事实上，在《海牙送达公约》和《海牙取证公约》的制定及实施过程中，确曾有国家要求明确民事或商事的含义，但经过反复讨论，终难取得一致意见[11]，以至于实践中，各公约关于"民商事项"的理解不一。而各国分歧最直接的体现是：以英美为代表的普通法系国家认为，除刑事案件外，其他所有的诉讼案件包括行政案件，都属于民商事范畴；而大陆法系国家则认为，不仅刑事案件不属民事范畴，行政和税收案件也不能与民商事相提并论。[12] 之所以有此巨大的差异，主要与各国的法律传统有关，同时也与晚近公法和私法的交织融合有关。

第一，法律传统上的差异。英美国家由于其特有的法律传统，只有判例法与制定法、普通法与衡平法之分，立法上没有民法与商法的概念。[13] 在诉讼程序上，美国的实践是除刑事以外，其他的诉讼都是民事诉讼。[14] 行政法并不是一个明确的专门性法律领域，美国也没有专门处理行政诉讼的法院系统，相关法律纠纷依靠一般法院处理。[15] 而美国法院是一般管辖权的法院，它没有德国那种单独分开的法院系统，对劳动法、行政法或社会福利法等领域进行专门管辖。[16] 因此，有学者认为："美国的民事司法并非一般意义上的民事司法。实际上，以我们的观点言之，它包括了三种类型的诉讼案件：一是民事、经济诉讼案件，二是行政诉讼案件，三是宪法诉讼案件。美国法院除刑事案件的解决依照刑事诉讼程序法外，其余案件的解决一概依循民事诉讼程序。"[17]在英国，也是将"民商事项"界定为除刑事以外的事项。宪法、行政法和税法的事项是

---

[11] 参见徐宏：《国际民事司法协助》（第2版），同前注[5]，第14页。

[12] 参见徐宏：《国际民事司法协助》（第2版），同前注[5]，第14页。

[13] 当然，这并不是说明英美国家没有相关的法律制度。英美国家的商事法律制度分散规定于财产法、契约法、代理法、侵权行为法、公司法、合伙法、担保法、票据法、保险法、海商法、破产法、竞争法之中，以判例或制定法的形式表现出来。参见陈本寒主编：《商法新论》，武汉大学出版社2009年版，第30页。

[14] See Restatement (Third) of Foreign Relations Law (American Law Institute, *Restatement of the Law, Third: The Foreign Relations Law of the United States*, American Law Institute Publishers, 1987), § 471 comment f, as regards the Hague Service and Evidence Conventions (Hague Convention of 15 November 1965 on the service abroad of judicial and extrajudicial documents in civil or commercial matters, 658 UNTS 163, and Hague Convention of 18 March 1970 on the taking of evidence abroad in civil or commercial matters, 847 UNTS 241).

[15] 参见彼得·哈伊：《美国法律概论》（第2版），沈宗灵译，北京大学出版社1997年版，第207页。

[16] 同上注，第39页。

[17] 汤维建：《美国民事司法制度与民事诉讼程序》，中国法制出版社2001年版，第72页。

"民法"范围。[18] 因此,英美国家对"民商事项"的界定范围相对较宽泛,一般可囊括刑事以外的情形。[19]

在大陆法系,自罗马法起,法律常区分为公法和私法。作为区分的首创者,古罗马著名法学家乌尔比安在其著作中写道:"它们有的造福公共利益,有的造福于私人。公法见之于宗教事务、宗教机构和国家管理机构之中。"[20]查士丁尼钦定的《法学阶梯》明确肯定:"法律学习分为两部分,即公法与私法。公法涉及罗马帝国的政体,私法则涉及个人利益。"[21]罗马法的传统与继承,最终形成了公法和私法在大陆法系国家的二元传统。进一步而言,对于私法领域的民事和商事规范,又可以分为民商分立和民商合一两种立法模式。一些大陆法系国家认为商事事项是民事的次级事项;其他一些国家则认为它们是相互独立的事项。[22] 在民商分立的国家,二者是不同的法律部门,民法调整民事关系,商法调整商事关系。此种立法模式以法国、德国和瑞士为代表,这些国家都有单独的商法典。在以瑞士为代表的民商合一的国家,商事关系是民事关系的一部分,民事观念是商事观念的立法基础。因此,在民法典外,不另行制定商法典。[23] 尽管商事法在各国的立法中大量存在,但目前还没有国家的立法对商法的概念和范围予以明确的界定,学术界的理解也不一致。[24] 商法主要涉及个人利益,因此当属私法,但现代商法越来越多地规定商事罚则条款和一些处罚性规定。尽管如此,"我们应该明白商法只是一般私法中的一个特殊的组成部分,我们不能仅仅从商法规范本身来理解和适用商法"。[25] 考虑到立法形式的不同,2005年《选择法院协议公约》选择使用"民事"和"商事"事项,旨在满足那些将"民事"和"商事"视为两个单独法律制度的国家的需求。而对于那些将商事诉讼视为民事诉讼的次级类型的国家,这么做也不会带来伤害。[26]

[18] See Report by Professor Dr Peter Schlosser on the Convention of 9 October 1978 on the Association of the Kingdom of Denmark, Ireland and the United Kingdom of Great Britain and Northern Ireland to the Convention on jurisdiction and the enforcement of judgments in civil and commercial matters and to the Protocol on its interpretation by the Court of Justice, OJ 1979 C 59/03, para. 24. (Hereafter "Schlosser Report".)

[19] See Jürgen Basedow, et al, *Encyclopedia of Private International Law*, Edward Elgar Publishing, 2017, p.346.

[20] 彼德罗·彭梵得:《罗马法教科书》,黄风译,中国政法大学出版社1992年版,第9页。

[21] 查士丁尼:《法学总论:法学阶梯》,张企泰译,商务印书馆1989年版,第5页。

[22] See Trevor Hartley and Masato Dogauchi, "Explanatory Report on the 2005 Hague Choice of Court Agreements Convention", Den Haag, 2013, para. 49. (Hereafter "Hartley/Dogauchi Report").

[23] 参见张国键:《商事法论》,台湾三民书局1985年版,第6—7页。

[24] 参见范健主编:《商法》,高等教育出版社、北京大学出版社2000年版,第3页。

[25] 罗伯特·霍恩等:《德国民商法导论》,楚建译,中国大百科全书出版社1996年版,第240页。

[26] See Hartley/Dogauchi Report, para. 49.

第二,公法和私法的交织与融合。一方面,20世纪后半期,随着经济的发展和国家干预经济生活的需要,公法私法化表现明显。[27] 政府不但在管理公共事务的行政活动中引进私法理念和管理制度,还日益参与到私法关系中去,成为私法活动中的主体。随着公法对私法价值和制度方面的吸收,现代公法在利益上兼顾公益与私益。另一方面,19世纪末20世纪初发生的一系列的经济危机,使国家开始广泛干预经济生活,介入传统的私法领域,私法公法化现象出现。为了维护交易安全和社会公共生活的秩序,公法对私人活动的控制增强,传统的私法概念、制度和原则发生重大变化。[28]公法私法化和私法公法化是公法私法二元划分传统下大陆法系国家法律出现的新变化,这使私法领域出现了许多管理性和处罚性规范。[29] 尽管立法中这些强制性规范并没有改变民法或商法属于私法的本质属性,但却使民商事项的划分日益复杂,对于一些灰色领域而言,人们很难将其简单地归类为私法。

具体到"民商事项"的判断上,分歧的焦点主要集中在能否将行政诉讼案件和公法与私法之间的"灰色区域"包括在民事范围之内[30],包括下述一些情形:(1)刑事附带民事赔偿。此类诉讼主要是刑事案件,但犯罪行为导致的损害问题常常需要和刑事诉讼一并进行审理,由于民事赔偿被刑事诉讼吸收,因此具有模糊性。(2)惩罚性赔偿。惩罚性赔偿突破了民事损害的补偿性质,具有惩罚性功能,其是否属于私法范畴,各国争议很大。(3)管理权行为。当一国在从事商业活动而非运用其公权力(public powers)进行管理活动时,该国一般不享有主权豁免,但该商业活动是否会被纳入民商事的范围内,因国家及其机构相关活动性质的模糊性而产生了认识上的差异。(4)税法。虽然财政税收一般会被明示排除在民商事的范围以外,但税收行为的界定仍然非常有争议。比如欧洲法院在 Sunico 案[31]的裁判中便表明,税收机关因欺诈追讨偷税漏税的行为,就不应被排除在民商事的范围之外。(5)反垄断行为。现今不少观点认为,只要是私人(个人或集体)而非政府对反垄断采取行动,就应当落入民商事的范畴[32],但这一观点并没有得到普遍的接受。另外,像破产、知识产权、反不正当竞争等领域能否纳入民商事的范围,都存在比较大的争议。

---

[27] 参见袁曙宏:《建立统一的公法学》,载《中国法学》2003年第5期,第25页。

[28] 参见刘翀:《大陆法系公法私法二元传统的新变化及评价》,载《辽宁行政学院学报》2009年第5期,第29页。

[29] 关于公法私法化和私法公法化的现象,详细讨论可参见何其生、孙慧:《外国公法适用的冲突法路径》,载《武大国际法评论》2011年第1期,第191—194页。

[30] Supra note[19], pp. 355-357.

[31] The Commissioners for Her Majesty's Revenue & Customs v Sunico ApS and Others, C-49/12, Judgment of the Court (Third Chamber), 12 September 2013.

[32] See Note on the Term "Civil or Commercial Matters", para. 41.

二、"民商事项"的认定标准

判断"民商事项"的范围,其话语语境通常系相对于行政和刑事事项而言,其实质是在讨论私法事项和公法事项的区分。在某种程度上,"民商事项"的判断标准就是公私法划分的标准。而这一领域的讨论毫无疑问汗牛充栋。[33] 在国际规则谈判和具体的司法实践中,讨论最多的有三种标准,即依法院的性质、依当事人的性质和依法律关系的性质。[34]

（一）依法院的性质

如果法院系统是按照公私法划分的方法建立的,依法院的性质来区分公私法无疑是一种简单易行的标准。"19世纪,民法法系各国先后建立了双重法院系统——普通法院系统和行政法院系统,进一步确立了公法和私法的分离。"[35]然而,这种标准现今无疑应该是最先排除的标准,前述英美国家的司法案件主要是民事案件和刑事案件,而民事案件中包含了大量的公法案件。民事诉讼程序尚且如此,法院系统的区分就更笼统了。目前世界各国法院的设立纷繁复杂,千变万化,难以有统一的标准,确定其性质并不容易。

因此,在《海牙判决公约草案》早期的谈判过程中,起草公约的特别委员会（通常简称"特委会"）就表示,公约的适用并不取决于法院的性质,公约应适用于刑事法庭所审理的民事赔偿案件。[36]该解释已经明确将刑事附带民事赔偿纳入公约的适用范围。

（二）依当事人的性质

依当事人的性质决定公私法的差别,即"主体说"。"公法所规律的法主体,最少有一方是国家或是由国家予以国家的公权者,反之,私法所规律的法主体,直接地都是个人或非'国家公权的主体'的团体。"[37]这是早期区别公法和私法的基本标准。作此区分的核心理由是公法是直接关于国家的法,其以保护国家

---

[33] 关于公私法的区别标准,"瑞士人荷灵加（Holliger）在其学位论文《公法与私法的区别标准》（Das Kriterium des Gegensatzes zwischen dem offentlichen Recht und dem Privatrecht, Inaugural Dissertation 1904)中举出十七种不同的学说;马尔堡（Marburg）的私讲师华尔兹（Walz）在就职演讲《关于公法的本质》（Vom wesen des öffentlichen rechts, 1928)中亦举出十二种不同的学说。"参见美浓部达吉:《公法与私法》,黄冯明译,中国政法大学出版社2003年版,第23—24页。

[34] See Note on the Term "Civil or Commercial Matters", paras. 4-8.

[35] 吕芳:《公法与私法的二元论及双重法院系统》,载《法律适用》2000年第11期,第17页。

[36] "Preliminary Draft Convention adopted by the Special Commission and Report by Peter Nygh and Fausto Pocar", Prel. Doc. No 11 of August 2000 for the attention of the Nineteenth Session of June 2001, in Proceedings of the Twentieth Session (2005), Tome II, Judgments, Cambridge—Antwerp—Portland, Intersentia, 2013 (Hereafter "Nygh/Pocar Report"), paras. 23 & 27.

[37] 同前注[33],第36页。

利益或社会公共利益为任务;私法是个人相互间的意思和利益交涉的法,其以保护个人利益为主要任务,原则上由社会本身的力量维持。但现代国家也从事大量的商业活动,如发行债券、从事投资等。依当事人的性质就可能导致这部分民商事关系划归到公法的范畴,违背法律关系本身的性质。

在《海牙判决公约草案》谈判过程,与会各国代表同意不能仅仅因为如下事实,即国家,包括政府、政府部门或者代表国家行事的人是诉讼的一方当事人,就将判决排除在公约的适用范围之外。而且,关于诉讼的定性不得仅因为诉讼请求转移给另外一个人,或义务由另一人承担,而变换其性质。例如,如果一个私人主体将其诉讼请求转让给一个国家、政府或政府机构,诸如在一个国家保险计划下,私人机构的诉讼权利发生转移,其民商事性质并不因此而变化。[38]因此,如果一个国家或者国际组织成为诉讼程序的当事人,这本身并不阻止公约的适用。[39]

(三)依法律关系的性质

以法律关系的性质作为公私法的区分标准一直以来为学者们所推崇:"公法关系是权力者与服从者间的关系,私法关系是对等者间的关系。"[40]实践中,公法关系不仅要有公共机构为主体,而且要有公权力的介入。在此方面,欧盟的实践颇丰,而《海牙判决公约》在起草过程中又对此进行了发展。

欧盟"民商事项"的规定开始于1968年的《关于民商事案件管辖权及判决执行的公约》(通常简称"《布鲁塞尔公约》")。[41] 该公约第1条第1款的原始版本只提及了"民商事项",并没有排除条款。出现在欧盟《关于民商事管辖权及判决的承认与执行的第44/2001号条例》(通常简称"《布鲁塞尔条例Ⅰ》")[42]中的第二句话:"公约不适用税收、关税或行政事项",是1978年在《丹麦、爱尔兰和联合王国加入公约》[43]中加入的。该加入公约的解释报告指出:"关于民商事项和公法事项的区别,为欧共体原始成员国的法律制度所认可;尽管有一些重要的不同,但整体上标准相似。"[44]但在英国和爱尔兰,并不存在上述欧共

---

[38] See Note on the Term "Civil or Commercial Matters", para. 8.

[39] Id., para. 7.

[40] 同前注[33],第40页。

[41] Convention of 27 September 1968 on jurisdiction and the enforcement of judgments in civil and commercial matters, concluded at Brussels (OJ 1972 L 299).

[42] Regulation (EC) No 44/2001 of 22 December 2000 on jurisdiction and the recognition and enforcement of judgments in civil and commercial matters (OJ 2001 L 12).

[43] Convention on the accession of the Kingdom of Denmark, Ireland and the United Kingdom of Great Britain and Northern Ireland to the Convention on jurisdiction and the enforcement of judgments in civil and commercial matters and to the Protocol on its interpretation by the Court of Justice (signed on 9 October 1978—78/884/EEC).

[44] Schlosser Report, para. 23.

体原始成员国的标准。英国和爱尔兰的民法主要是相对于刑法而言的。除此有限的意义外,公法与私法并没有像欧共体原始成员国法律制度那样的区分。宪法、行政法和税法都被包括在民法中。[45] 因此,为了说明不同,新的句子被加入原始文本中。这一例外背后的意图是:私法事项是指民商事项;公法或刑法事项是国家以主权者身份而行为的事项。[46] 这一表述不仅为2007年的《洛迦诺公约》所接受[47],而且重复使用于2012年修订的《关于民商事管辖权及判决的承认与执行的第1215/2012号条例》[以下简称"《布鲁塞尔条例Ⅰ(重订)》"]中。[48]

迄今为止,欧洲法院已有不少案件涉及"民商事项"的认定,并形成了一般性的规则。一是"民商事项"是一个独立的概念,应该自治性地解释,并不参考某一成员国的国内法。二是本质上来说,"民商事项"的范围由争议当事人间法律关系的特征性元素决定。[49] 这就意味着为了确定案件是否与"民商事项"有关,必须对争议当事人间的法律关系进行定性,审查其基础和适用于诉讼的具体规则。[50]

而对于公私法交叉的领域,总结已有的案例,下述事项被纳入了"民商事项"的范围:公立学校的教师责任[51]、消费者保护组织提起的诉讼[52]、公共机构通过社会援助方式支付补助费用的追索权之诉[53]、政府和保险公司之间的担保合同之诉[54]、专利侵权争议的惩罚性支付令[55]、税收机关基于欺诈所提起的诉

---

[45] *Id.*, para. 24.

[46] *Id.*, paras. 25-28.

[47] Convention of 30 October 2007 on jurisdiction and the recognition and enforcement of judgments in civil and commercial matters, concluded at Lugano(OJ 2007 L 339), replacing the Convention of 16 September 1988 on jurisdiction and the enforcement of judgments in civil and commercial matters, concluded at Lugano(OJ 1988 L 319).《洛迦诺公约》主要适用于欧盟(包括丹麦)、冰岛、挪威和瑞士之间。

[48] Regulation (EU) No 1215/2012 of 12 December 2012 on jurisdiction and the enforcement of judgments in civil and commercial matters (recast), entered into force 1 January 2015 (OJ 2012 L 351).

[49] *E.g.*, C-645/11, at 32.

[50] *E.g.*, C-49/12, at 35; C-302/13, at 26; C-102/15, at 35.

[51] *Volker Sonntag v. Hans Waidmann and Others*, C-172/91. 该案是在一次学校组织的旅行中,因为老师的疏忽导致学生受到伤害。法院认为老师的行为与行使公权力无关。

[52] *Verein für Konsumenteninformation v. Karl Heinz Henkel*, C-167/00. 该案中消费者保护组织请求禁止贸易者在其合同中使用不公平条款。法院认为其与行使公权力无关,而且主要受私法规制。

[53] *E.g.*, C-271/00；C-433/01.法院认为此类案件主要适用的是关于扶养的法律规则。

[54] *E.g.*, C-266/01.

[55] *E.g.*, C-406/09；C-4/14.

讼[56]、因违反欧盟竞争法而产生侵权的损害赔偿之诉[57]、公共债务[58]等。

下列事项则被排除在"民商事项"范围之外：欧洲航空安全组织的费用诉讼[59]、负责公共水路管理的代理人为移除沉船而产生费用的追偿诉讼[60]、针对一缔约国武装力量行动而产生的损害赔偿之诉[61]、因违反竞争法所涉罚款数目的返回之诉[62]。

最近颇有影响的是2017年欧洲法院审理的 Pula Parking d.o.o. v. Sven Klaus Tederahn 案[63]。该案被告Tederahn是德国居民。2010年，被告在克罗地亚普拉镇停车8天，没有缴纳停车费。5年后，受委托负责管理该停车场的公司Pula Parking d.o.o.（以下简称"普拉停车场公司"）请求克罗地亚的公证人针对被告发出执行令，要求被告支付停车费（大约13欧元）及延期利息。2015年4月21日，被告对该执行令提出异议，案件转交给了普拉市法院。普拉市法院向欧洲法院请求咨询的问题之一就是：申请人是普拉镇所拥有的公司，受委托管理、维护和清洁停车场，并收取一定的停车费，该案是不是"民商事"案件，以及是否属于2012年修订的《布鲁塞尔条例I》的适用范围。

《布鲁塞尔条例I（重订）》序言第10段声明，条例主要调整的是民商事案件。其第1条第1款明确规定："本条例适用于民商事案件，而不管法院或法庭的性质。本条例特别不适用于税收、关税或行政事项或者在行使国家权力中的作为和不作为（主权行为）所引发的国家责任。"普拉市法院、克罗地亚、瑞士政府和欧盟委员会认为，此案的法律关系主要是民事性质。[64] 欧洲法院认为，为了保证《布鲁塞尔条例I（重订）》在其所有成员国和公民间平等和一致的适用，"民商事项"的解释不应仅参考某一国家的国内法，而是应考虑条例的目标和范围以及国内法律体系中的一般原则。[65] 为此，需要鉴别法律关系，审查诉讼的基础和所适用的具体规则。本案中，管理停车场、收取停车费，是普拉停车场公

---

[56] E.g., C-49/12. 本案中，一公共机构针对私人的税务欺诈行为提起损害之诉。法院认为，该诉讼并不是基于英国的增值税法，而是共谋欺诈，因此，应适用侵权法。

[57] E.g., C-302/13.

[58] E.g., C-226/13, C-245/13, C-247/13 and C-578/13. 政府债务的私人持有者针对发行国提起的合同履行之诉等。

[59] E.g., C-29/76. 欧洲航空安全组织要求使用特定的装备和服务，这种装备和服务是义务性的和排他性的。而且收费的费率、计算方法、收费的程序均由该组织单边制订。此案的争议是该组织单方面规定了义务履行地在其登记的办公室。

[60] E.g., C-814/79.

[61] E.g., C-292/05.

[62] E.g., C-102/15.

[63] Case C551/15, Judgment of the ECJ (Second Chamber), 9 March 2017.

[64] Id., para. 30.

[65] Id., para. 33.

司为了当地利益而承担的任务。尽管该公司权力来源于公共当局的授权行为，但收取具有契约性质的未付停车费和因此而产生的债务诉讼，均在于维护私人利益，适用私人之间关系的法律规定，并不要求普拉镇或普拉停车场公司行使公权力。普拉停车场公司所主张的停车债务不涉及任何惩罚性的赔偿，仅仅是其所提供服务的对价。[66] 因此，该案是私法关系，是"民商事项"的所辖范围。[67]

普拉停车场公司案和其他一些案例之所以在欧盟产生争议，主要是因为一方当事人是国家或公共机构，其共同的特色是行使公权力的机关。在公私身份不明的情况下，影响案件性质的判断也就成为必然。对于此类主体，如果其是以私人身份提起诉讼，即使争议缘起于国家的行为，相关事项原则上也应该是民商法性质。而如果争议缘起于国家或公共机构在行使公权力中的行为或不行为，则不属于民商事项的范围。[68] 因行使公权力行为而产生的赔偿请求或损害请求是公法上的事项。[69] 法院在提及"公权力"时使用了不同的公式化表述，诸如"相较于那些适用于由私法所支配关系的规则，公权力是其例外的权力"；"对于那些适用于私人关系的规则，公权力是超出这些规则的权力"；"对于那些适用于私人关系的普通法律规则，公权力是超出这些规则范围之外的权力"。[70] 这些公权力在一些国家的表现是：无须诉诸普通法院而具备实施和执行请求的能力。[71]

对于国家及其机构以私人身份从事相关行为的判断，在讨论2005年《选择法院协议公约》对于国家的适用时，公约的解释报告认为："作为一般性规则，如果公共机构正在做一个普通公民能做的事情，该案件就可能涉及民商事项。而如果该公共机构正在行使普通公民并不能享有的政府权力，此案件就可能不是民商事案件。"[72] 在《海牙判决公约草案》的谈判过程中，与会各国代表同意并不因为国家介入诉讼而改变其性质。在判断国家的私人行为时，公约的解释报告列出了三个核心标准：(1) 诉讼请求所基于的行为是私人所从事的行为；(2) 当事人所声称的损害是私人所承受的损害；(3) 所请求的救济是私人针对相同行为所产生的相同损害而寻求的那一类型救济。尽管精确的限制很难穷

---

[66] *Id.*, paras. 34-36.
[67] *Id.*, paras. 38-39.
[68] *E.g.*, C-266/01, at 22; C-292/05, at 31; C-645/11, at 33; C-302/13, at 30; or C-226/13 at 50.
[69] See, *e.g.*, C-814/79, at 13-15; C-292/05, at 41; C-102/15, at 40.
[70] See, *e.g.*, C-167/00, at 30; C-420/07, at 44; C-302/13 at 30.
[71] See, e.g., C-49/12, at 39. 例如，在法国，政府和公有公司订立行政合同，如地铁建设、土地开发等，政府和公有公司并非以私人身份行事。如果对方当事人不履行合同，它们不一定需要到法院诉讼，而是可以单独地通过行政行为实施制裁。See Schlosser Report, para. 26.
[72] Hartley/Dogauchi Report, para. 85.

尽,上述标准仍是在国家或政府涉及诉讼时界定案件是否属于民商事性质的重要标准。[73]

综上所述,欧盟和海牙公约提及"民商事项"的主要目的是区分私法事项和公法事项。为了识别一个争议与"民商事项"是否相关,法律关系的性质是决定性因素,尽管普拉停车场公司案和其他一些案例均考虑了其他一些因素,包括公共机构是否行使了公权力、适用的法律是公法还是私法等。[74] 然而,不管是海牙公约还是欧盟的条例,本身没有直接规定"依法律关系的性质"来确定"民商事项"的范围,而是在后来的实践中要求自治性地解释这一术语。因此,如何理解自治性解释以及其与"法律关系的性质"这一判断标准之间的关系就成为实践中一个重要的问题。

三、"民商事项"的自治性解释

国际文书所规定的术语通常需要根据自身的规则来解释,在自身没有规定的情况下,则需要考虑国际条约的解释方法,具体体现在联合国《条约法公约》的规定之中。而在相关术语或约文含义依据上述解释方法依旧模糊不清的情况下,具体实施公约的缔约国法就尤为重要。就前述的海牙公约而言,本身均未规定解释规则。对于"民商事项"的自治性(in an autonomous manner)解释是1989年《海牙送达公约》和《海牙取证公约》特委会正式提出的[75],但特委会及之后海牙国际私法会议的相关国际规则均未对这一概念进行界定。不过,从国际公约的解释方法以及海牙国际私法会议的一些文件中,依旧可以发现这一术语的基本含义。

(一)自治性解释的方法

关于国际条约的解释,联合国《条约法公约》在其第三编第三节规定了3条

---

[73] See Nygh/Pocar Report, paras. 43-45.

[74] 在其他一些国际法律文书中,也常常考虑多项因素。例如,2016年《国际商事合同通则》就采纳了当事人的性质和法律关系性质双重标准,其序言第2款指出:对"商事"合同的限定,并非照搬某些法律体系中对"民事"和"商事"当事人和/或这两种交易的传统界定,即该《通则》的适用仅依赖于当事人是否有正式的"商人"身份,和/或交易是否具有商业性质。……该《通则》对"商事"合同并没有给予任何明确的定义,只是假定对"商事"合同这一概念应在尽可能宽泛的意义上来理解,以使它不仅包括提供或交换商品或服务的一般贸易交易,还包括其他类型的经济交易,如投资和/或特许协议、专业服务合同等。

[75] Report on the work of the Special Commission of April 1989 on the operation of the Hague Conventions of 15 November 1965 on the Service Abroad of Judicial and Extrajudicial Documents in Civil or Commercial Matters and of 18 March 1970 on the Taking of Evidence Abroad in Civil or Commercial Matters, drawn up by the Permanent Bureau, available on the Hague Conference website at 〈www.hcch.net〉 under "Service Section", Conclusion No 26. (Hereafter "Report of the 1989 SC".)

内容,即第 31 条"解释的通则"、第 32 条"补充的解释资料"[76]和第 33 条"以两种以上文字认证之条约之解释"。与本文主题相关的主要是第 31 条的规定。该条第 1 款规定:"条约应依其用语按其上下文并参照条约之目的及宗旨所具有之通常意义,善意解释之。"这一规定概括了条约解释中的三个主要因素:条约约文、条约的上下文、条约的目的和宗旨,并确立了条约解释的三个基本原则。

首先,善意解释。善意原则源于《条约法公约》第 26 条"条约必须遵守"(pacta sunt servanda)的规定,解释是履行条约的一部分。因此,解释条约需从善意履行条约的角度进行。其次,用语的通常意义。条约当事国按照条约所使用词语的通常意义进行理解,这是约文解释的精髓。[77]"因为合理的假定是,至少直到有确立的相反表示为止,通常意义是最可能反映当事国意图的内容的。"[78]最后,词语的上下文并参考该条约的目的和宗旨。"词语的通常意义不应抽象地予以决定,而应按该词语的上下文并参考该条约的目的和宗旨予以决定,这是常识和善意的要求,也是折中地采纳了目的解释。"[79]需要指出的是,与条约的文本解释相比,条约目的与宗旨更多的是为了确认一项解释,也即如果一项解释与该条约的目的和宗旨不符,其可能是错误的。[80] 借鉴上述《条约法公约》的解释规定,对于海牙公约中"民商事项"的自治性解释可做如下理解:

其一,自治性解释是公约解释的自治,既要考虑公约的目的,也要考虑公约的文本。对于"民商事项"一词,广泛的分歧也体现在适用什么样的法律决定其内容上,一些国家提出应该由请求国法来决定,而另一些国家则主张由被请求国法律来决定。这对于希望扩大公约适用和自身影响力的海牙国际私法会议来说,显然不是其所想看到的。于是,海牙公约的特委会提出以自治方式解释"民商事项"一词,避免单纯地指向适用请求国法律或被请求国法律,或重叠适用两国法律[81],从而实现解释上的自治。自治性解释应考虑公约的目标,而不是各国国内法的规定。这一方法保证公约能够在所有缔约国间统一解释和适用。[82] 此外,《条约法公约》所规定的文本解释中,词语的上下文包括序言和附

---

[76] 条文原文为:"为证实由适用第三十一条所得之意义起见,或遇依第三十一条做解释而:(甲)意义仍属不明或难解;或(乙)所获结果显属荒谬或不合理时,为确定其意义起见,得使用解释之补充资料,包括条约之准备工作及缔约之情况在内。"

[77] 参见李浩培:《条约法概论》(第 2 版),法律出版社 2003 年版,第 351 页。

[78] 安托尼·奥斯特:《现代条约法与实践》,江国青译,中国人民大学出版社 2005 年版,第 204 页。

[79] 同前注[77],第 351 页。

[80] 参见同前注[78],第 205 页。

[81] See Report of the 1989 SC, Conclusion No. 26.

[82] See Hartley/Dogauchi Report, para. 49.

件,同时还包括"全体当事国间因缔结条约所订与条约有关之任何协定"等。[83]在海牙国际私法会议所通过的公约中,通常在公约的制定过程中会指定专门的专家起草公约的解释报告,这些报告不仅与公约一起公布,而且会在谈判过程中反复修改。"这些解释性报告为这些公约的解释提供了一种非常宝贵的指导,而应当被理解为缔结这些公约的'上下文'的一部分。"[84]例如,2005年《选择法院协议公约》在其解释报告中专门指出:"'民商事项'有其自治性的含义:并不需要参考国内法或其他法律文书。民商事的国际公约均有此类限制,主要用于排除公法和刑法事项。"[85]从这一规定来看,首先,自治性解释独立存在,不需要考虑缔约国国内法或其他国际法律文书的规定;其次,自治性解释的目的是排除公法和刑法事项。

其二,自治性解释作为独立于缔约国国内法的解释,体现于公约的审议机构在其报告和建议中不断发展这一概念。海牙公约通常规定要对公约执行情况进行审查,即海牙国际私法会议秘书长应当定期作出安排以便审查公约的执行情况,包括任何声明。[86] 实践中,秘书长经常召开公约的特委会对于公约的执行情况进行审议,同时对于公约的发展进行总结,包括对公约的有些术语进行解释。委员会的这种解释是以报告的形式作出的,而报告的本身又是各国政府专家一起起草的,不同于各国政府的解释,其为公约的权威性解释。[87] 综观海牙公约的情况,特委会关于"民商事项"的解释主要体现在对《海牙送达公约》和《海牙取证公约》的审议中。

《海牙送达公约》的解释报告指出,该术语产生了一些困难,尤其是在普通法系它没有具体的含义。[88] 无论是在起草公约的过程中,还是在1977年和1989年特委会上,这都引起了激烈的争论。在1977年的特委会上,与会专家意识到对该术语的解释将导致在不同法系间产生严重的分歧。例如,许多普通法系国家并不刻意去区分公法与私法,或至少认为这种区分没有什么意义。对这些国家,不是刑事的就是民事或商事。而民法法系国家则习惯上将刑事、税

---

[83] 参见《条约法公约》第31条第2款。
[84] 同前注[78],第208页。
[85] Hartley/Dogauchi Report, para. 49.
[86] 参见《选择法院协议公约》第24条。
[87] See HCCH, Supporting Documents for Information Document No. 4, Document for the attention of the Special Commission of June 2016 on the Recognition and Enforcement of Foreign Judgments, June 2016, para. 63. (Hereafter "HCCH, Supporting Documents for Information Document No. 4".)
[88] 公约的起草者最后决定不处理这个问题,留待成员国来解决。See V. Taborda Ferreira, "Rapport explicatif sur la Convention Notification de 1965", *Actes et documents de la Dixième session* (1964), Tome III, *Notification*, The Hague, Imprimerie Nationale, 1965, pp. 365-366.

收和行政法排除在民商事之外。专家们发现,实践中,中央机关是非常自由的,常常愿意送达公约体制下没有义务送达的一些文书,以向文书的接收者提供援助。大多数中央机关仅在是刑事和税收案件的情况下拒绝送达文书。出于上述情况的考虑,推荐一个为所有成员国所接受的统一的解决方案是不可行的。专家们建议尽可能以最自由的方式来处理公约所适用的事项。[89]

1989 年,关于《海牙送达公约》和《海牙取证公约》特委会达成了如下结论:

(1) 委员会认为,"民商事项"适合于以自治方式(autonomous manner)进行解释,而不是单独地参考请求国法或者被请求国法,或者重叠适用两国的法律;

(2) 对于私法和公法之间的灰色区域,发展的趋势是"对民商事项"进行灵活解释,破产、保险和雇佣均属于这一概念的范围;

(3) 相反,对于大多数国家所认为的属于公法的事项,例如,税收事项,并不因这一趋势而视为公约所适用的范围;

(4) 缔约国仍可不受妨碍地在其相互关系中将《海牙送达公约》和《海牙取证公约》适用于公法案件,且不必以同一方式适用两公约。[90]

之后,2003 年、2009 年和 2014 年特委会不仅鼓励自由和自治地解释"民商事项"的概念[91],而且自 2003 年起特委会改变了 1989 年的观点,鼓励在《海牙送达公约》和《海牙取证公约》间一致性地适用公约。[92]

其三,自治性解释是一种自由的解释,其以法律关系的性质为标准,并适度向公私法交叉的领域扩张。这种扩张最明显的体现是:即使对那些依据法律关系的性质来进行判断后依旧模糊不清的事项,保留纳入公约适用的范围。在 2003 年《海牙送达公约》和《海牙取证公约》特委会上,委员会希望鼓励对于"民商事项"进行扩大性解释,以涵盖和证实 1989 年的结论,即对于公法和私法之间的"灰色区域",发展趋势是对该词给予更为灵活的解释。[93] 而且,2003 年特委会还特别提及了在一些国家,税收问题、追回犯罪所得等事项亦属于公约的适用范围。[94] 2009 年特委会的报告将自由解释和自治的方式放在一起,即

---

[89] See Report on the Work of the Special Commission on the Operation of the Convention of 15 November 1965 on the Service Abroad of Judicial and Extrajudicial Documents in Civil or Commercial Matters, Drawn Up by the Permanent Bureau, December 1977.

[90] See Report of the 1989 SC, No. 26.

[91] See Permanent Bureau of the Hague Conference on Private International Law, *Practical Handbook on the Operation of the Evidence Convention*, 3rd ed., The Hague, 2016, para. 52.

[92] See Conclusions and Recommendations of the Special Commission on the practical operation of the Hague Service, Evidence and Access to Justice Conventions (20-23 May 2014), C&R No. 40 (Hereafter "C&R No. * of the ** SC"), available on the Hague Conference website at ⟨www.hcch.net⟩ under "Service Section". 然而实践中,许多缔约国并没有采纳这一做法。

[93] See Report of the 1989 SC, Conclusion No. 26.

[94] See C&R No. 69-71 of the 2003 SC.

规定"liberally and in an autonomous manner"。[95] 2009 年和 2014 年的特委会提出对于"民商事项"的判断要聚焦于诉因的实体性质,而不是提出请求的机构。特委会鼓励实践中灵活的做法,焦点并不是寻求救济的性质(如惩罚性赔偿诉讼),也不是当事人的身份(如国家部门是一方当事人的诉讼)以及诉讼程序开始或即将开始的司法机构的身份(如破产法院开始的诉讼)。[96] 实践中,这种自由的解释使公约下的"民商事项"呈现扩张的趋势。

尽管自治性解释独立于国内法而自治,但海牙公约的"民商事项"决定了其属于私法性条约,具体履行和实施依赖于各缔约国的法院或中央机关。虽然公约的特委会强调公约的统一解释和适用,但实践中由于各国法律制度和传统的巨大差异,公约特委会虽试图扩大公约的适用范围,但不可能强迫缔约国违背自己的法律来提供司法协助。一方面,由于公约并未具体界定"民商事项",对于提出司法协助请求的缔约国来说,它有权根据自己的法律提出在其他国家不属于"民商事项"的请求,这既是请求国的自由,也不违反公约自治性解释的规定;另一方面,请求国的请求是否得以执行取决于被请求国对于"民商事项"范围和性质的认识,因此,被请求国可能拒绝提供司法协助。为此,特委会鼓励各国的中央机关之间加强交流,在请求书中阐明诉因的性质。[97] 因此,自治性解释本身就是一个悖论,一方面它不特别参考某一国国内法来解释,另一方面它又需要依靠缔约国的国内法来实施。尽管如此,自治性解释确实在一定程度上扩大了公约的适用范围。

(二) 自治性解释的效果

在上述自治性解释的界定中,目的解释、自由解释都是扩大性解释。公约特委会也特别关注公约的新发展和新突破,上述特委会的报告、建议和结论都充分地说明了这一点。实践中,即使是将自治性解释限制于被请求国的自主性解释,实际上由于公约缔约国法律制度的多元性,其在一定程度上也是扩大性解释。因为在一国不认为是民商事范围内的事项,在另一国可能被认为是民商事项。这种差异性结合公约特委会强调自由解释和扩大性适用的趋势,使越来越多的事项被纳入公约的适用范围。现有一些争议领域的突破基本上都来自于被请求国法院的认可。例如,下述一些事项:

(1) 破产。在 *Arcalon v. Ramar* 案[98]中,荷兰最高法院认为,应该对《海牙取证公约》的适用事项和范围作广义的解释,美国加利福尼亚州破产法院所

---

[95] C&R No. 40 of the 2014 SC.
[96] See C&R No. 14 of the 2009 SC; C&R No. 41 of the 2014 SC.
[97] See C&R No. 14 of the 2009 SC.
[98] HR 21 February 1986, NJ 1987, 149; RvdW 1986, 50.

发出的证据请求书属于民商事的范畴。在 *Pickles v. Gratzon* 案[99]中,澳大利亚新南威尔士州最高法院同样执行了一起破产程序的取证请求书。

(2)惩罚性赔偿。在一起惩罚性赔偿的诉讼中,德国的中央机关拒绝了美国法院送达的请求,理由是"惩罚性赔偿"不属于民商事的范畴。不过,1989年巴伐利亚州上诉法院拒绝了中央机关这一立场,认为"惩罚性赔偿"诉讼也是一个民事案件。在1992年针对美国法院的另一起惩罚性赔偿的案件中[100],德国法院再次认为这属于《海牙送达公约》的适用范围,尽管它认为诉讼请求数额有些过分,但债权争议的数额并不能作为区分民事和刑事的一个恰当标准。[101]同样,德国塞勒上诉法院(州高等法院)在一起根据美国1970年《反犯罪组织侵蚀合法组织法》(RICO Act)主张"三倍赔偿"的诉讼中,认为该案依旧属于《海牙送达公约》第1条所规定的"民商事项"范围。[102]

(3)反托拉斯。在 *Rio Tinto Zinc Corp. v. Westinghouse Electric Corp.* 案[103]中,英国上议院认为在伊利诺伊州发生的这起违反反托拉斯法的案件是民事案件。

(4)商标侵权和不公平竞争。在一起关于《海牙取证公约》适用的案件中,南澳大利亚州最高法院认为,美国加利福尼亚州的商标侵权和不公平竞争案件是民商事范围,裁定根据公约执行请求书。[104]

上述争议领域因被请求国法院的认可而获得了突破。而且即使是重叠适用请求国法和被请求国法,由于缔约国的多样性,也可能扩大公约的适用。在 *Re State of Norway's Application* 案的裁决中,英国上议院需要对一份取证请求书是否属于民商事范围作出认定。该案是以民事诉讼的形式提起的,但包括挪威政府针对死者的遗产征收继承税的诉讼请求。英国上议院认为双重识别制度应该适用,即应根据请求国法和被请求国法来进行双重识别。而无论是在挪威还是在英国,都将税收视为"民商事项"。因此,该案取证的请求属于公约的适用范围。

民商事范围在自治性解释下的扩大化趋势在税收案件中表现非常明显。1989年的特委会明确表明,公约扩大化的趋势"并不导致将大多数国家都视为属于公法范畴的其他案件,如税收案件等,解释为属于公约适用范围之内"[105];

---

[99] (2002) 55 NSWLR 533.

[100] OLG Munich, 9 May 1989, published in part in RIW, 1989, Heft 6, p. 483.

[101] OLG Munich, 15 July 1992, IPRax 1993, p. 309.

[102] OLG Celle, 14 June 1996, IPRax. 类似的案件还有 OLG Dusseldorf, 22 July 2007, No. I-3 VA 9/03, and OLG Frankfurt am Main, 8 February 2010, No. 20 VA 15/09.

[103] (1978) 1 All ER 434.

[104] Re the Matter of the Hague Convention on the Taking of Evidence Abroad in Civil and Commercial Matters 1970 (2008) SASC 51 (29 February 2008).

[105] Report of the 1989 SC, Conclusion No 26.

但在 2003 年的特委会上就软化了立场,因为特委会注意到在一些国家"税收问题被视为属于公约适用范围之内"。[106]

总之,在海牙公约缺乏超国家法院作为监督者统一解释公约的情况下,公约解释报告所要求的自治性解释兼顾了《条约法公约》的善意解释、目的解释和文本解释,同时鼓励了成员国的信息交流和交换,扩大了公约的适用范围。这一解释最大程度保证了公约的和谐适用,同时也是实现公约目标最好的方法。

四、"民商事项"在中国的运用与解释

(一) 中外双边司法协助协定中的"民商事项"

中国目前与世界范围内的 39 个国家签订了涉及民事的双边司法协助协定,其中与 2 个国家(伊朗和比利时)签订的双边司法协助协定尚未生效。在这些双边司法协助协定中,有 21 个协定对民事或民商事的范围没有进行界定,18 个协定在其第 1 条中设置专门款项对于"民事"或"民事和商事"进行了界定。

在"民事和商事"司法协助协定中,只有两个条约对于民商事范围进行了规定。《中阿根廷民商》规定"民事"一词包括劳动方面的事项;《中华人民共和国和巴西联邦共和国关于民事和商事司法协助的条约》(以下简称"《中巴西民商》")则规定"民事包括劳动法事项"。

单独使用"民事"一词或者"民事和刑事"一起使用的中外双边司法协助协定有 16 个,其通常的规定形式为:

一是强调是某一类型法律所调整的对象。例如,1994 年签署的《中华人民共和国和希腊共和国关于民事和刑事司法协助的协定》第 1 条规定"民事"一词包括由民法、商法、家庭法和劳动法调整的事项。在目前生效的双边协定中,有 3 个协定作了此类规定。[107]

二是指某种类型的案件,但此种规定又可分为两种:一类直接是指某种类型的案件,如 1997 年签署的《中华人民共和国和乌兹别克斯坦共和国关于民事和刑事司法协助的条约》(以下简称"《中乌兹别克斯坦民刑》")第 1 条规定"民事案件"包括经济、婚姻家庭和劳动案件。在目前生效的双边协定中,有 7 个协定采用了此类规定的模式,占比较高。[108] 另一类是指某种类型法律所调整的案件,如《中华人民共和国和罗马尼亚关于民事和刑事司法协助的条约》(以下简称

---

[106] C&R No.70 of the 2003 SC.

[107] 另外两个协定是《中保加利亚民》(参见其第 1 条)、《中华人民共和国和意大利共和国关于民事司法协助的条约》(参见其第 1 条)。

[108] 另外 6 个协定为:《中华人民共和国和白俄罗斯共和国关于民事和刑事司法协助的条约》(参见其第 1 条)、《中华人民共和国和俄罗斯联邦关于民事和刑事司法协助的条约》(参见其第 1 条)、《中华人民共和国和哈萨克斯坦共和国关于民事和刑事司法协助的条约》(参见其第 1 条)、《中华人民共和国和吉尔吉斯共和国关于民事和刑事司法协助的条约》(参见其第 1 条)、《中华人民共和国和塔吉克斯坦共和国关于民事和刑事司法协助的条约》(参见其第 1 条)、《中华人民共和国和乌克兰关于民事和刑事司法协助的条约》(参见其第 1 条)。

"《中罗马尼亚民刑》")第1条规定:"'民事案件'系指民事法、婚姻法、商法和劳动法方面的案件。"《中华人民共和国和波兰人民共和国关于民事和刑事司法协助的协定》(以下简称"《中波兰民刑》")第1条规定,"民事案件"包括"商法、婚姻法和劳动法等范围内有关财产权益和人身权利的案件"。

三是直接规定是某种事项。如《中华人民共和国和越南社会主义共和国关于民事和刑事司法协助的条约》(以下简称"《中越南民刑》")第1条规定,"民事"一词应理解为包括"商事、婚姻、家庭和劳动事项"。在目前生效的双边协定中,有4个协定采纳了此类规定。[109]

上述规定方式尽管大同小异,在内容上没有实质的区别,但出于条约案文一致性的考虑,我国的相关表述应采纳第三种表述较好。对于某种类型法律所调整的"事项"或"案件",由于现代商事法律经常规定一些行政或刑事法则,相关事项可能并不完全属于民商事范畴。而直接罗列民商事的范围较为简单明了。对于其具体内容,在规定民商事范围的18个双边司法协助协定中,相关术语的涵盖范围如下表[110]:

表1 司法协助协定中的民商事术语涵盖范围

序号	条约(简称)	民事	商事	经济	婚姻家庭	劳动
1	中白俄罗斯民刑	√	√	√	婚姻家庭	√
2	中越南民刑	√	√		婚姻、家庭	√
3	中保加利亚民	√	√		家庭法	√
4	中比利时民	√	√		婚姻	
5	中波兰民刑	√	√		婚姻	√
6	中俄罗斯民刑	√	√		婚姻家庭	√
7	中意大利民	√	√		婚姻	
8	中哈萨克斯坦民刑	√	√	√	婚姻家庭	√
9	中吉尔吉斯民刑	√	√		婚姻家庭	√
10	中立陶宛民刑	√	√		婚姻、家庭	√
11	中蒙古民刑	√		√	婚姻	√
12	中塔吉克斯坦民刑	√		√	婚姻家庭	√

---

[109] 另外3个协定为:《中华人民共和国和比利时王国关于民事司法协助的协定》(参见其第1条)、《中华人民共和国和立陶宛共和国关于民事和刑事司法协助的条约》(参见其第1条)、《中华人民共和国和蒙古人民共和国关于民事和刑事司法协助的条约》(参见其第1条)。

[110] 表中简写的中外双边司法协助协定,在本文中均可以找到全称。表中的"婚姻家庭""婚姻""家庭"是协定中所使用的术语。

(续表)

序号	条约	民事	商事	经济	婚姻家庭	劳动
13	中罗马尼亚民刑	√	√		婚姻	√
14	中乌克兰民刑	√	√	√	婚姻家庭	√
15	中乌兹别克斯坦民刑	√		√	婚姻家庭	√
16	中希腊民刑	√	√		家庭	√
17	中阿根廷民商	√	√			√
18	中巴西民商	√	√			√

从上表可以看出，民事是基本范畴，商事、婚姻家庭、劳动事项得到了基本的肯定，而经济事项则只在18个协定中的6个协定中得以规定。尽管如此，这类规定并不是官方对于民事的界定，而是谈判中的折中和妥协。

首先，尽管我国没有专门的"商法典"，但将"商事"事项包含进中外民事司法协助协定的范围并无分歧。对于双边协定中没有言明"商事"事项的，相关国家主要是民商合一国家，民事包含商事事项；而特别突出"商事"的主要是民商分立的国家，避免在概念上产生过多的分歧而使用。"'商法'这一概念应该理解为系指我国调整平等主体之间在生产经营活动中产生的财产关系的经济法律规范，但不包括调整经济行政关系的法律规范。"[111]

其次，考虑到行政法并不属于"民事"的范畴，因此，关于中外司法协助协定中的"经济"事项应该理解为与经济有关的私法事项，而不应该包含经济行政法所调整的内容。

再次，关于婚姻家庭事项，传统而言，民事应该自然包含婚姻家庭方面的事项，但由于各国在"婚姻法""家庭法""亲属法"上的理解有着重要分歧，因此，在罗列时也有很大的差异。有意思的是，由于我国《婚姻法》[112]含有外国家庭法所规定的内容，"我国与外国缔结的司法协助条约中对这一概念的表述，中文文本为'婚姻法'，外国文本则一般采用'家庭法'一词。缔约双方在谈判中确认，中文文本的'婚姻法'与外文文本的'家庭法'的实质含义是一致的。"[113]

最后，关于劳动事项，尽管表述中有"劳动案件""劳动法调整的事项""劳动事项"或"劳动方面的事项"，但更多的是指与雇佣合同有关的案件，而不包括行政机关处理的劳动纠纷案件或者当事人与劳动行政管理部门之间的行政诉讼案件。[114]

---

[111] 徐宏：《国际民事司法协助》（第2版），同前注〔5〕，第14页。
[112] 参见我国《婚姻法》第3章第13—30条。
[113] 徐宏：《国际民事司法协助》（第2版），同前注〔5〕，第19页。
[114] 参见徐宏：《国际民事司法协助》（第2版），前注〔5〕，第19页。

综上18个规定民商事范围的司法协定中,其所涵盖的范围尽管表述不一,但均包括民商事项,术语的不同更多的是因为谈判对象的差异而有所区别,在实质内容和范围上,和那些没有具体界定"民商""民事和商事"的司法协助协定没有本质的区别。采用列举的形式简要概括民事的范围,主要是"使有关缔约方不致由于本国法律部门的划分不同而缩小民事司法协助所应当包括的范围"[115]。但这些协定在侧面也反映了我国的立场,即除相关的刑事和行政案件外,其他事项应该属于民商事的范畴。至于具体的某一案件是否属于民商事范围,仍需要由我国的法院或相关机关来进行认定。当然,标准和依据依旧是客观之需。

(二)"民商事项"的识别依据和认定标准

在涉外案件的处理中,一个案件是什么性质,是个识别问题,首先需要找到识别的法律依据,然后根据该法律规定的判断标准来定性案件的性质。而我国《涉外民事关系法律适用法》第8条规定:"涉外民事关系的定性,适用法院地法律。"根据这一规定,对于我国法院审理的民事案件是何种性质的法律关系,主要是适用我国法律的规定。进一步而言,"民商事项"的权衡涉及公私法的划分,涉及我国民事、行政和刑事的范围,是法律制度层面最基础性的内容,属于法律基本原则的范畴;且公私法交叉的灰色区域,大都属于一国强行法规则的范畴。根据我国《涉外民事关系法律适用法》第4条的规定,我国法律对涉外民事关系有强制性规定的,直接适用该强制性规定。这些规定无疑都是适用我国法律的理由和依据。

就司法协助而言,我国《民事诉讼法》第260条规定:"中华人民共和国缔结或者参加的国际条约同本法有不同规定的,适用该国际条约的规定,但中华人民共和国声明保留的条款除外。"考虑到前述所讨论的国际公约和中外双边司法协助协定中并没有对"民商事项"的范围进行明确界定,因此,尽管海牙公约规定了自治性解释,但实践中如何处理,无疑有待我国相关机关具体落实。进一步来说,人民法院提供司法协助,依照我国法律规定的程序进行。[116] 对于不属于我国民事诉讼程序法所规定的范围内而是属于行政诉讼程序或刑事诉讼程序范围内的事项,我国可以拒绝司法协助。因此,作为被请求国的法律,这些规则依旧是我国在协助外国进行司法活动时判断是否属于民商事项的最终依据。

关于案件性质的判断,前述介绍了三种认定案件性质的标准,结合我国法律和法院的实践可分析如下:

一是法院的性质。在我国法院审理涉外案件或向国外请求司法协助时,若

---

[115] 徐宏:《国际民事司法协助》(第2版),同前注[5],第18页。
[116] 参见我国《民事诉讼法》第279条。

依法院的性质进行判断,则很难认定案件的性质。就法院的审判业务庭来说,2006 年《人民法院组织法》规定了我国基层人民法院可以设刑事审判庭、民事审判庭和经济审判庭;除前述三个审判庭外,中级人民法院、高级人民法院和最高人民法院还可以设置其他需要设置的审判庭。[117] 2018 年修订的《人民法院组织法》去除了关于审判庭设置的规定,但在第 2 条中规定人民法院审判"刑事案件、民事案件、行政案件以及法律规定的其他案件"。由此可以看出,我国法院的案件主要由刑事、民事和行政案件组成。各级人民法院都有审理这些案件的职能。近年来,我国设立了越来越多的专门人民法院,包括军事法院和海事法院、知识产权法院、金融法院、互联网法院[118];最高人民法院还专门设立了巡回法庭、国际商事法庭等[119]。有些专门性的法院专门审理刑事案件,如军事法院;而有些则只能审理民事和行政案件,如金融法院和互联网法院;而知识产权法院在设置时似乎考虑了三审合一的情形,即民事、行政和刑事三审合一。[120] 由是观之,仅根据法院的性质或法庭的性质很难判断一起案件是民事、行政还是刑事案件。在中国法院请求司法协助时,外国法院也很难知悉中国法院的性质设置。同样,在对外提供司法协助时,不管是我国的联络机关还是负责的法院,也都难以了解外国法院的性质。

二是当事人的性质。在我国,以国家作为一方当事人的案件来说,既涉及行政赔偿之诉,也涉及刑事赔偿。[121] 而国债权利确认纠纷、国债交易纠纷、国债回购合同纠纷又属于民事案件的范围。[122] 因此,以当事人的性质为标准也难以就此区分案件的性质。

三是法律关系的性质。根据最高人民法院关于案由的规定,目前主要分为民事、刑事、行政和执行案件,以民事涵盖相关的商事纠纷。2011 年最高人民法院发布了修改后的《民事案件案由规定》[123],该规定以民法理论对民事法律关系的分类为基础,结合现行立法及审判实践,将第一级案由划分为十大部分。[124] 关于案由的确定标准,最高人民法院特别说明:

---

[117] 参见我国 2006 年《人民法院组织法》第 18、23、26、30 条。
[118] 参见我国 2018 年《人民法院组织法》第 15 条。
[119] 参见我国 2018 年《人民法院组织法》第 19 条。
[120] 最高人民法院《关于知识产权法庭若干问题的规定》虽主要是针对民事和行政案件作出规定,但在第 2 条中也保留了"最高人民法院认为应当由知识产权法庭审理的其他案件"的规定。参见最高人民法院《关于知识产权审判工作情况的报告》,2012 年 12 月 25 日发布。
[121] 具体可参见《国家赔偿法》的规定。
[122] 参见最高人民法院《民事案件案由规定》的"二十四 证券纠纷"。
[123] 2007 年 10 月 29 日最高人民法院审判委员会第 1438 次会议通过;根据 2011 年 2 月 18 日最高人民法院《关于修改〈民事案件案由规定〉的决定》(法〔2011〕41 号)第一次修正。
[124] 即人格权纠纷,婚姻家庭继承纠纷,物权纠纷,合同、无因管理、不当得利纠纷,知识产权与竞争纠纷,劳动争议、人事争议,海事海商纠纷,与公司、证券、保险、票据等有关的民事纠纷,侵权责任纠纷,适用特殊程序案件。

民事案件案由应当依据当事人主张的民事法律关系的性质来确定。鉴于具体案件中当事人的诉讼请求、争议的焦点可能有多个,争议的标的也可能是多个,为保证案由的高度概括和简洁明了,修改后的《民事案件案由规定》仍沿用 2008 年《民事案件案由规定》关于案由的确定标准,即对民事案件案由的表述方式原则上确定为"法律关系性质"加"纠纷",一般不再包含争议焦点、标的物、侵权方式等要素。[125]

从上述案由规定可以看出,我国确定民事案件的案由主要是依据当事人主张的民事法律关系的性质来确定的。在刑事附带民事诉讼的情况下,案由会出现"附带民事赔偿纠纷"或根据最高人民法院《民事案件案由规定》来确定的情形。在需要外国执行时,刑事和民事部分是可以分割的,因此,也是可以依据双边司法协助协定来进行执行的。

而对于行政案件,其案由的构成要素和确定方法与民事案件不同,行政案件的案由分为:作为类案件、不作为类案件、行政赔偿类案件。前两类案件与民事案件容易区分,而对于行政赔偿类案件,其可以分为两种情况,即一并提起行政赔偿和单独提起行政赔偿。首先,对于一并提起的行政赔偿案件,在被诉具体行政行为案件案由后加"及行政赔偿"。例如,"工商行政登记及行政赔偿""诉公安机关不履行保护人身权法定职责及行政赔偿"。其次,对于单独提起行政赔偿的案件,案由的确定方法为"行政管理范围+行政赔偿"。以税务工作人员在执法中致人伤亡单独提起行政赔偿之诉为例,案由为"税务行政赔偿"。[126]这些表述清楚地表明其不属于民商事的范围。有意思的是,我国近年来也表现出利用海牙公约扩大寻求司法协助的趋势。例如,2004 年 7 月 20 日,最高人民法院办公厅的通知指出:"对于需要向海牙民商事送达公约成员国送达涉外行政案件司法文书的,可参照 1965 年订立于海牙的《关于向国外送达民事或商事司法文书和司法外文书公约》和我国国内相关程序向有关外国提出司法协助请求,通过公约规定的途径送达。"[127]这一通知的目的很清楚,即当今世界的一些国家并没有特别区分民事和行政诉讼程序,并不反对利用《海牙送达公约》送达行政案件的相关文书,海牙公约是一个可以利用的送达渠道。[128] 这一规定并不意味着我国扩大"民商事项"的范围。

针对前述国际社会普遍关注的国家和政府作为一方当事人所参与的诉讼,我国《国家赔偿法》对刑事赔偿、行政赔偿作出了明确规定,从而与《民事诉讼

---

[125] 参见最高人民法院《关于印发修改后的〈民事案件案由规定〉的通知》(法〔2011〕42 号)。
[126] 参见最高人民法院《关于规范行政案件案由的通知》(法发〔2004〕2 号)。
[127] 最高人民法院办公厅《关于向外国送达涉外行政案件司法文书的通知》(法办〔2004〕346 号)。
[128] 参见徐宏:《国际民事司法协助》(第 2 版),前注〔5〕,第 20 页。

法》中的民事诉讼较为清晰地区分开来。但在国际范围内,我国目前的行政赔偿可能存在是否属于"民商事项"的认定问题。毕竟,在英美法系国家,行政赔偿依旧适用的是民事诉讼程序;而且在欧盟,许多传统的行政案件也有着新的突破。在此问题上,首先,就主体而言,国家应该和国有企业区分开来,后者即使在某种程度上提供公共服务,但依旧是市场中的商业主体。而且国家与国有企业的区分,也是我国在处理涉外纠纷中的一贯立场。[129] 其次,对于国家和政府机关所参与的案件,如果一方当事人是以行使公权力行事,则争议就不能识别为"民商事项"。而对于是否构成"公权力行事",则可以适当考虑海牙判决公约在起草过程中所曾经达成的标准,即(1)诉讼请求所基于的行为是私人所从事的行为;(2)当事人所声称的损害是私人所承受的损害;(3)所请求的救济是私人针对相同行为所产生的相同损害而寻求的那一类型救济。

总体而言,"民商事项"的界定关涉民事、行政和刑事的划分。按照我国目前法院的组织机构以及诉讼实践,以法律关系的性质为判断标准不仅契合我国当前的司法实践,也是国际社会的共通做法。在对具体案件性质的判断上,我国法律应该是履约机关作出判断的法律依据。"法律关系的性质+被请求国法"模式应该是我国处理涉外案件判断"民商事项"范围的最终选择。当然,实践永远会走在理论的前边,对于一些特殊的涉外案件,本国的法律制度是判断的法律依据。在此前提下,顺应公约的自治性解释,扩大司法协助的范围也应是我国寻求国际司法合作的趋势。

五、结论

从上述的讨论可以看出,在国际社会,由于各国法律传统的不同,"民商事项"既牵涉公法和私法的划分,也牵涉民事、刑事和行政诉讼的区别。在大陆法系认为属于公法领域的案件,例如行政案件,在英美等国则经常被纳入民事诉讼的范畴。在此基础上,要形成国际上统一的规则似乎不具有可行性。

鉴于此种情形,不论是区域性国际组织的欧盟还是全球性国际组织的海牙国际私法会议等,都要求自治性地解释"民商事项"。自治性解释实际上在某种程度就是自由的解释,也是一种扩大的解释,它不依靠某一国的国内法,不论该国是请求国还是被请求国。但由于相关国际文书缔约国法律制度的多元性,在一国不认为是民商事项的内容在另一国可能属于民商事范围。再加上公约的特委会比较关注公约适用范围的扩张,经常收集公约的新发展和新突破,在某

---

[129] 参见韩德培主编:《国际私法》(第3版),高等教育出版社、北京大学出版社2014年版,第72页。

种程度上扩大了公约的适用范围,也扩大了"民商事项"的范围。

在具体的判断标准上,法院的性质、当事人的性质已经被放弃,法律关系的性质成为判断案件的性质的核心标准,但现有的实践中依然会进一步考虑当事人诉讼的基础、适用法律的性质等因素。而对于最为复杂的国家或政府机关作为一方当事人的案件,并不因为其身份而当然被识别为公法事项,具体要以其是否以"公权力行事"来进行判断。如果其所从事的是私人能够从事的行为,且并不涉及公权力,则依旧属于"民商事项"的范围。

作为国际社会的一部分,我国的实践并没有过多的特殊之处。"被请求国法+法律关系的性质"是我国判断民商事范围的基本模式。尽管现有的双边司法协助协定对于"民事"的概念进行了一些罗列,但这并不是官方的定义,而是谈判中的需要和妥协。考虑到我国近年来所主张的深化改革开放、"一带一路"倡议、自由贸易区的建设等大的政策背景,在维护法律基本原则的底线下,逐步扩大民商事领域的合作也是国家发展之需。可以预见,民商事范围不断扩张也应该是我国未来民事司法国际合作的发展趋势之一。

(审稿编辑　刘思艺)

(校对编辑　王泓之)

浅析国际投资协定的税收条款

张智勇[*]

On the Taxation Carve-out Clause of International Investment Agreements

Zhang Zhiyong

内容摘要：国际投资协定的税收条款具有将投资协定的义务排除适用于缔约方的税收措施的作用。不过，投资协定仍将特定的义务（比如征收）适用于税收措施，并允许投资者通过投资者—国家争端解决（ISDS）机制来挑战东道国的税收措施。在实践中，也出现了东道国败诉的情况，以及对于适用同一投资协定的不同案件，仲裁庭作出不同解释的问题。东道国败诉并不当然意味着其税收主权受到了限制。对于投资协定条款的解释不一问题，一方面缔约方可通过明确投资协定特定条款的含义来解决，另一方面则是进一步改革现行 ISDS 机制。

关键词：国际投资协定　国际税收协定　税收条款　税收措施　投资者—国家争端解决机制

---

[*] 法学博士，北京大学法学院副教授。本文系国家社科基金项目"国际投资协定例外条款的法律问题研究"（16BFX200）的阶段性成果。

引言

税收对于现代国家的重要意义毋庸讳言。为此,以保护外国投资为宗旨之一的国际投资协定(以下简称"投资协定")也通过专门的税收条款(taxation carve-out clause)将投资协定的义务排除适用于缔约方的税收措施(tax measures)。[1] 不过,国际投资的实践表明,投资者和东道国之间关于税收的争议并没有因为税收条款的存在而消除,也有东道国的税收措施被裁定违反投资协定义务的案例。抛开东道国的措施确实违反了投资协定义务的实体问题,之所以出现这样的情况,首先,与税收条款本身的规定有关。比如,作为投资协定例外条款的税收条款一般也存在例外,规定投资协定关于征收的规定仍适用于缔约方的税收措施。其次,与投资协定中的投资者—国家争端解决(Investor-State-Dispute-Settlement,ISDS)机制有关。ISDS 机制的核心是通过国际仲裁来处理投资者和东道国的投资争端。不过,现行 ISDS 机制仍存在一些问题,近年来也招致了一些批评。

本文拟在对现行国际投资协定中税收条款的模式和实践进行分析的基础上,就税收条款的适用和税收争端的解决等问题进行探讨。

一、投资协定税收条款的立法例

自 20 世纪 60 年代晚期以来,投资协定开始纳入税收条款。[2] 由于国际投资领域并不存在类似 WTO 的多边体制,双边或区域性的 BIT 以及包含投资章节的 FTA 是国际投资法的主要渊源[3],因此,投资协定中税收条款的立法例也不尽相同。这体现在:

首先,税收条款都具有排除投资协定义务适用于税收措施的作用,但排除的范围存在差别。税收条款排除投资协定义务适用的情况可归纳为三类:第一

---

[1] 国际投资协定的主要法律渊源是双边投资协定(BIT),也有少数的两个以上国家之间的投资协定,比如中日韩三国的投资协定。近年来的自由贸易协定(FTA)中也包含投资的议题,条款的内容和体例与 BIT 类似。此外,还有一些国际条约或协定也涉及国际投资的相关领域。WTO 框架下的《服务贸易总协定》(GATS)所界定的商业存在服务提供模式也与投资相关。《能源宪章条约》(ECT)则有关于能源投资的内容。除了现实中具有约束力的投资协定之外,有的国家(如美国)也制定了 BIT 范本作为其对外谈判投资协定的基础。在本文中,也将视需要选取相关国家的 BIT 范本进行阐述。

[2] Matthew Davie, "Taxation-Based Investment Treaty Claims", *Journal of International Dispute Settlement*, vol. 6, Issue 1, 2015, p. 211.

[3] WTO 框架下的 GATS 和与《贸易有关的投资措施协议》(《TRIMs 协议》)虽然涉及投资,但都没有建立类似于 BIT 的投资保护和促进机制。尽管国际投资领域存在两个多边公约——《多边投资担保机构公约》(称为《MIGA 公约》或《汉城公约》)和《解决国家与他国国民之间投资争端的公约》(《ICSID 公约》,也称《华盛顿公约》),但这两个公约分别是关于投资政治风险担保和投资争端解决的。

类是将投资协定整体排除适用于税收措施。如,我国和新西兰的 BIT 第 5 条"例外"第 2 款规定:本协定的规定不适用于缔约任何一方境内的税收事宜(matters of taxation),税收应受制于缔约各方的国内法和缔约双方于 1986 年 9 月 16 日在惠灵顿签订的《关于对所得避免双重征税和防止偷漏税的协定》。第二类是原则上将投资协定排除适用,但存在投资协定的特定规则适用于税收措施的情况。[4] 比如,《北美自由贸易协定》(NAFTA)第 2103 条"税收"第 1 款规定除该条之外,NAFTA 中任何规定都不适用于税收措施。[5] 该条第 6 款则规定第 1110 条"征收与补偿"适用于税收措施。第三类则是只将投资协定的特定义务排除适用于税收措施。比如,埃塞俄比亚和比利时—卢森堡经济联盟的 BIT 第 4 条"国民待遇和最惠国待遇"第 4 款规定,本条不适用于税收事项(tax matters)。英国和萨尔瓦多的 BIT 第 7 条"例外"规定,本协定关于缔约一方给予缔约另一方投资者不低于其给予缔约方或第三方投资者的待遇的条款,不应解释为缔约方有义务将税收协定或国内税收立法中的更优惠待遇也给予缔约另一方的投资者。[6]

其次,税收条款都承认税收协定优先于投资协定,即使税收条款排除适用的投资协定的义务存在范围差异。[7] 比如,新加坡和秘鲁的 FTA 第 18.3 条"税收"规定:除本条另有规定外,该协定不适用于税收措施。该协定不影响缔约方在任何税收协定下的权利和义务。在税收协定与该协定不一致时,税收协定优先。就该协定缔约方之间的税收协定而言,由税收协定下的税务主管当局来确定税收协定是否与该协定一致。再如,我国与特立尼达和多巴哥的 BIT 第 4 条"国民待遇和最惠国待遇"第 5 款规定:本条款项下所给予的待遇不适用于缔约任何一方基于避免双重征税协议或者其他有关税收的国际协议给予第三国投资者的优惠。虽然该条款没有明确规定税收协定优先,但实际上具有税

---

[4] 我国与新西兰在 2008 年还签订了 FTA,第 204 条(税收措施)第 1 款规定"除本条规定外,本协定的任何规定均不适用于税收措施"。该条规定的例外为征收和《WTO 协定》下的权利义务。

[5] NAFTA 是涵盖货物贸易、服务贸易和投资的自由贸易协定,其第 11 章关于投资的内容与美国的 BIT 基本相同。事实上,美国采取了自由贸易协定的投资章节与 BIT 一致的做法。参见余劲松主编:《国际投资法》(第四版),法律出版社 2014 年版,第 225—226 页。NAFTA 第 2103 条属于该协定第 21 章"例外"所规定的情形之一,该条款就货物、服务和投资方面的义务不适用于税收措施做了总括性的规定。而 1110 条则为关于投资的第 11 章的条款。

[6] 不过,也有将非歧视待遇等义务适用于税收措施的例子。比如,日本和阿根廷的 BIT 第 19 条第 1 款规定:本协定不适用于税收措施,但本条第 2、3、4 款列出的除外。根据第 19 条第 2 款,该协定第 3 条(关于国民待遇和最惠国待遇)和第 9 条(关于公正与公平待遇)的规定适用于税收措施。

[7] 本文中的税收协定是指通常意义的避免双重征税协定。现实中的税收协定一般是双边的,其体例和内容多以经合组织(OECD)《税收协定范本》(以下简称"《OECD 范本》")为基础制定。因此,本文主要结合《OECD 范本》(2017 年版)来论述税收协定的相关内容。

收协定优于投资协定的作用。

最后,有的税收条款也承认缔约方国内税收措施(包括反避税措施)优先于投资协定。从国内税法的角度讲,外国投资者在东道国税法上可能是居民,也可能是非居民,而居民和非居民的纳税义务是不同的,因此其税收待遇也是存在差别的。[8] 比如,欧盟与韩国的FTA第15.7条"税收"第3款和第4款规定:本协定不应解释为禁止缔约方对不处于相同情况的纳税人,特别是根据他们的居住地和投资地而采取差别的财税立法;本协定不应解释为禁止缔约方根据税收协定或国内财税立法而采取防范逃税和避税的任何措施。[9] 此外,有的投资协定的税收条款还参照了GATS第14条"一般例外"中关于税收例外的规定。GATS第14条第4项规定,与国民待遇不一致的所得税差别措施,只要差别待遇是为了保证对其他成员的服务或服务提供者公平或有效地课征所得税,就不构成对国民待遇义务的违背。[10] 比如,欧洲自由贸易联盟和韩国的FTA第4.15条规定,缔约方在GATS第14条一般例外下的权利和义务并入本协定并成为内容的一部分。

还需要指出的是,国际投资协定一般都有投资者—国家争端解决(ISDS)机制,其核心内容是通过国际仲裁来处理投资者与东道国之间的投资纠纷。[11] 就仲裁方式而言,包括临时仲裁和机构仲裁。在机构仲裁方面,1965年《关于解决国家与他国国民之间投资争端公约》(也称《华盛顿公约》)建立了专门处理

---

[8] 比如,外国投资者在东道国设立的具有法人资格的子公司为当地的居民,分公司则是非居民。居民要就其境内外全部所得向其居民国纳税,而非居民只就来源于当地的所得向东道国纳税。因此,税收协定也承认一国基于民事地位、家庭负担给予本国居民的任何扣除、优惠和减免可不给予非居民。参见《OECD范本》第24条第3款。

[9] 该条第1款明确该条只适用于为实施该协定所必需的税收措施;该条第2款强调该协定不影响韩国与欧盟成员国在它们之间的税收协定下的权利和义务,且在该协定与税收协定不一致时,税收协定优先。该条第3款进一步规定,在确定税收协定与该协定是否存在不一致时,只能由韩国和欧盟成员国税收主管当局共同决定。

[10] GATS关于第14条第4项的注释指出,旨在保证公平或有效地课征和收取直接税的措施包括WTO成员根据其自身税制采取的以下措施:(1)适用于非居民服务提供者的措施,且该措施承认这样的事实:非居民的纳税义务限于其来源于该成员境内的所得;(2)适用于非居民的以确保在该成员境内课税的措施;(3)适用于非居民或居民的防止逃税和避税的措施;(4)适用于购买另一成员境内服务的消费者的措施,以确保对这些消费者来源于该成员境内的所得课税;(5)基于全球所得纳税的服务提供者和其他服务提供者在税基上的差异而采取的措施;(6)为确保该成员的税基,在其居民与该居民的分支机构之间或该居民的不同分支机构之间分配所得、利润、损失、扣除或信用的措施。

[11] 投资者可以在其与东道国的投资合同(比如开采自然资源或进行公共项目建设的特许协议)中约定仲裁条款,这称为以合同为基础的仲裁(contract-based arbitration),适用于缔约方之间的合同纠纷。投资协定的仲裁机制(treaty-based investment arbitration)下,缔约方事先同意符合协定下投资者资格的所有外国投资者可以就其与东道国的相关投资争议诉诸仲裁。See M. Sornarajah, *The International Law on Foreign Investment* (3rd edition), Cambridge University Press, 2010, pp. 276-277, 306.

外国投资者和东道国投资纠纷的解决投资争端国际中心（ICSID），选择 ICSID 仲裁也是国际投资协定的通常做法。[12] 如果税收条款没有完全排除投资协定适用于税收措施（比如征收规则适用于税收措施），投资者就可通过 ISDS 机制来挑战东道国的税收措施。为此，有的税收条款还设置了投资者启动国际仲裁之前的前置程序。比如，韩国和新加坡的 FTA 第 21.4 条第 4 款虽然规定征收规则适用于税收措施，但该款要求投资者在诉诸该协定的争端解决机制之前，应先将争议提交缔约双方的税收主管当局来审议该税收措施是否涉及征收。如果缔约双方的税收主管当局在 6 个月内未能就该措施不构成征收达成一致看法，投资者可诉诸该协定的 ISDS 机制。也就是说，如果缔约双方的税收主管当局一致认为争议的税收措施不构成征收，投资者就不能启动 ISDS 机制，这实际上赋予了缔约方的税收主管当局在 ISDS 程序启动方面的否决权。我国和东盟的投资协议也规定了缔约方税收主管当局的作用，但没有赋予其否决权。该协议第 14 条第 9 款规定：当一投资者提出争端缔约方采取或执行税收措施已违背第 8 条"征收"，应争端缔约方请求，争端缔约方和非争端缔约方应举行磋商，以决定争议中的税收措施是否等效于征收或国有化。任何依照本协议设立的仲裁庭应根据本款认真考虑缔约双方的决定。

从上述税收条款来看，不论是否以专门的税收条款为立法例，即便其规定不尽相同，但都具有排除投资协定义务（不论是全部义务或特定义务）适用的目的。对于规定特定义务（比如征收）仍适用于税收措施的投资协定，也对 ISDS 程序的启动设置了控制。但是，这样的设计能否真正发挥作用，还需要看实践中的运用。本文接下来将根据 ISDS 机制下的仲裁实践来进一步探讨税收条款的适用。

二、何为税收措施？

税收条款的作用是将缔约方的税收措施排除适用投资协定。因此，税收措施是该条款适用的一个关键术语。对于完全排除税收措施的税收条款而言，如果某项措施被认定不属于税收措施，也会导致投资协定的适用。不过，现实中的税收条款对于"税收措施"进行界定的并不多见。但是，即使投资协定给出了税收措施的定义，也需要进一步解释。这涉及税收措施所包含的税种和"措施"的范围等问题。

---

[12] 国际投资协定也会选择其他机构仲裁，比如斯德哥尔摩商会仲裁。在临时仲裁方面，投资协定一般规定仲裁庭采用《联合国国际贸易法委员会仲裁规则》（UNCITRAL Arbitration Rules）。

税收理论上可分为直接税和间接税两类[13],而跨国投资活动也会涉及这两类税种[14]。因此,投资协定的税收条款要排除适用涉及哪些税种的税收措施是需要明确的。如果税收条款规定了税收协定优先于投资协定,则涉及所得税的相关措施可排除适用投资协定义务,因为税收协定是关于所得税和/或财产税方面的安排。那么,投资活动所涉及的间接税是否也为税收条款所排除呢?

在 Occidental v. Ecuador 案[15]中,美国投资者因厄瓜多尔政府拒绝给予其增值税退税待遇而诉诸美国—厄瓜多尔 BIT 下的 ISDS 机制。厄瓜多尔政府以美国—厄瓜多尔 BIT 第 10 条为抗辩。该条第 1 款规定每个缔约方在税收政策(tax policies)方面应努力给予另一方国民和公司的投资以公正与公平待遇。但是,该条第 2 款进一步明确,本协定条款,特别是第 6 条和第 7 条[16],仅在下列情况下适用于税收事项(matters of taxation):(a)征收;(b)投资转移;(c)涉及投资者和缔约方之间的投资协议或是缔约方外资主管当局给予投资者的投资授权的争端,且这样的争端不为缔约方之间的税收协定的争端解决条款所管辖,或是税收协定的争端解决机制未能在合理期限内解决该争端。厄瓜多尔政府认为增值税退税属于税收事项,而 BIT 第 10 条将税收争端排除适用 ISDS 机制。[17] 投资者则主张第 10 条只是将直接税措施排除适用 ISDS 机制,因为税收协定有关于处理直接税争议的机制,第 10 条将直接税争议排除适用 BIT 的 ISDS 机制是为了不与税收协定相冲突,而本案属于间接税争议。[18] 仲裁庭认为本案中投资者与东道国关于增值税退税的争议属于投资协议下的争议,属于第 10 条所适用的税收事项。[19]

在 EnCana v. Ecuador 案中,加拿大投资者和厄瓜多尔政府的争议也涉及厄瓜多尔的增值税措施。[20] 厄瓜多尔和加拿大的 BIT 第 12 条"税收"第 1 款规定,除本条另有规定外,该 BIT 不适用于税收措施(tax measures)。第 2

---

[13] 凡税负不能转嫁于他人,需由纳税人直接承担税负的税种为直接税,如各类所得税。凡税负可以转嫁于他人,纳税人只是间接承担税负的税种为间接税,如各类商品税。参见张守文:《税法原理》(第六版),北京大学出版社 2012 年版,第 15 页。

[14] 比如,外国投资者的投资所得要缴纳所得税,其销售产品或提供劳务要缴纳增值税。

[15] *Occidental Exploration and Petroleum Company v. The Republic of Ecuador*, London Court of International Arbitration Administered Case No. UN 3467, UNCITRAL, Award, 1 July 2004.

[16] 第 6 条是 ISDS 机制,第 7 条是缔约方之间关于投资协定解释和适用争端的解决机制(SSDS)。

[17] Supra note [15], Award, para. 65.

[18] Id., paras. 66-67.

[19] Id., paras. 70-75.

[20] *EnCana Corporation v. Republic of Ecuador*, London Court of International Arbitration Case No. UN 3481, UNCITRAL, Award, 3 February 2006.

款强调了该 BIT 不影响缔约方在税收协定下的权利和义务。如果 BIT 与税收协定不一致,税收协定优先。但是,第 3 款指出,如果投资者声称缔约方的税收措施违反了缔约方中央政府和投资者之间的投资协议,仍属于违反本协定的诉求,除非缔约方税收当局在收到投资者通知后不迟于 6 个月联合决定该措施不与该投资协议相冲突。第 4 款规定征收适用于税收措施,除非缔约方税收当局在收到投资者通知后不迟于 6 个月联合决定该措施不构成征收。第 5 款进一步规定,如果缔约方税收当局未能在 6 个月内就第 3、4 款的事项作出联合决定,投资者可诉诸该 BIT 第 13 条的 ISDS 机制。仲裁庭首先考察了"税收措施"的范围,因为这是适用第 12 条的前提。由于 BIT 未对税收措施进行定义,仲裁庭认为应根据 BIT 上下文的通常含义解释税收措施。同时,仲裁庭还特别指出:(1)税收应当依法课征,税收当局缺乏法律支持的武断的税收行为不能主张第 12 条下的豁免。(2)没有理由将"税收"限定在直接税,因此"税收"也包括增值税等间接税。(3)也认为没有理由将"措施"限定为税法条文,一国税制中用于确定纳税人缴税或退税数额的所有方面都属于税收措施的范畴,即税收抵扣和减免也属于税收措施。[21]

在 *Duke Energy v. Ecuador* 案中,仲裁庭认为美国和厄瓜多尔的 BIT 第 10 条包含关税,并赞同 *EnCana v. Ecuador* 仲裁庭的结论,即关于税收减免的措施也属于税收措施。[22]

在上述案件中,仲裁庭通过对于税收措施的解释取得了管辖权,而且也涉及东道国的税收措施应当接受审查和税收例外条款不能适用的情况。从仲裁庭的实践看,当投资协定没有对税收措施进行界定时,仲裁庭通常会对税收措施采取广义的解释,即税收包括直接税和间接税,税收措施包括税收规则本身以及征税措施和税收减免措施。此外,*EnCana v. Ecuador* 案的仲裁庭还指出税收应当是依法课征和善意的。这在其他仲裁案中也有体现。

在关于俄罗斯 Yukos 公司的数个仲裁案中,有的投资者认为俄罗斯政府对 Yukos 的征税行为构成了征收[23],并根据《能源宪章条约》(ECT)主张赔偿。[24] 俄罗斯政府以 ECT 第 21 条"税收"为抗辩理由。第 21 条第 1 款规定:

---

[21] *Id.*, para. 142.

[22] *Duke Energy Electroquil Partners & Electroquil S. A. v. Republic of Ecuador*, ICSID Case No. ARB/04/19, Award, 18 August 2008, para. 175.

[23] 有关 Yukos 案的背景,可参见 Paul B. Stephan, "Taxation and Expropriation—The Destruction of the Yukos Oil Empire", *Houston Journal of International Law*, vol. 35, no. 1, 2013,以及西克·史密斯:《普京 VS. 尤科斯——俄罗斯的石油战争》,周亚莉、董晓华译,华夏出版社 2011 年版。

[24] Yukos 有多个国家的投资者,因此这些案件中投资者主张权利的条约依据不尽相同。有的根据《能源宪章条约》,有的则依据其母国与俄罗斯的 BIT。

除非本条另有规定,本条约不对缔约方的税收措施(taxation measures)创设权利和义务。当本条与本条约的其他条款不一致时,本条规定优先。第21条第5款则规定第13条"征收"适用于税收(taxes)。第21条第7款(a)项对税收措施定义如下:(1)缔约方(包括其地方政府)涉及税收的国内法条款;(2)缔约方受约束的任何避免双重征税协定或其他协定中涉及税收的条款。*Veteran Petroleum Limited v. Russia* 案的仲裁庭认为第21条第1款只能豁免善意的税收行为。以税收形式伪装的行为,其实质在于实现与税收无关的目的(比如摧毁企业或消除政治对手)的行为,是不能根据第21条第1款主张豁免的。[25] 尽管第21条第5款规定征收适用于"税收",而非采用了"税收措施"的表述,但在仲裁庭看来,第21条第5款下的税收的通常含义不能被理解为比第21条第1款下的税收措施的范围更窄。俄罗斯对税收措施和税收的理解(税收只限于税款的收付而不包括征税和执法行为),将导致税收例外条款的扩大适用,从而限制对投资者免于征收的保护。这也将挫败ECT的宗旨和例外条款的作用。因此,任何属于第21条第1款税收例外的措施也属于第21条第5款的管辖范围。[26]

由上可见,在实践中,对于何为"税收措施",仲裁庭并未拘泥于严格的字面含义,而是采取了具有弹性和灵活性的解释,并强调要看相关措施是否具有税收的实质特点。当ISDS下的仲裁庭明确了税收措施的含义从而取得案件的管辖权后,将审查东道国的税收措施是否违反投资协定实体义务的问题。虽然不同的投资协定下税收条款的适用范围会有所不同,但通常会涉及税收措施是否构成征收,或税收措施是否违背投资协定的投资待遇义务的情况。本文接下来将分别予以探讨。

三、税收措施与征收

虽然税收条款原则上将投资协定的义务排除适用于税收措施,但基本上都规定关于投资征收的义务仍适用于税收措施,其目的在于防止缔约方借助税收的形式规避征收条款的义务。但是,如何区分构成征收的税收措施和缔约方正常的税收措施则是实践中需要解决的问题。此外,税收条款如果在投资者启动ISDS机制前设定了前置程序,前置程序能否绝对阻止仲裁的提起和ISDS机制下的仲裁庭行使管辖权也需要讨论。

---

[25] *Veteran Petroleum Limited (Cyprus) v. The Russian Federation*, UNCITRAL, PCA Case No. AA 228, Award, para. 1407.

[26] *Id.*, para. 1416.

(一)征收(间接征收)的界定

东道国对外国投资的国有化或征收是外国投资者面临的政治风险之一[27],而国有化或征收又是国家主权的体现[28]。为了平衡国家主权和外国投资者的利益,国际法上对国有化或征收限定了如下条件:国有化或征收应基于公共目的;以非歧视的方式进行;通过正当法律程序;给予补偿。[29]

从国际投资的实践看,经过"二战"后的国有化浪潮后,国家通过国有化或征收措施来直接取得外国投资所有权的做法已经很少见了。与此同时,间接征收(indirect expropriation)开始为国际社会所关注。间接征收,是与传统的国家直接取得外国投资的所有权或对其占有的方式(也称为直接征收)相对的。在间接征收的做法下,虽然国家并没有取得外国投资的所有权或将其占有,但相关措施具有与直接征收类似或等同的效果。间接征收具有这样几个特点:属于国家行为;对投资者的财产权或受法律保护的权利进行了干涉;干涉的程度导致投资者实际被剥夺了相关权利或几乎丧失了财产的全部价值;即使投资者仍对其财产享有所有权。[30]

间接征收问题的出现有两方面的原因:一是投资协定注重保护外国投资者的权利,投资者能够通过 ISDS 机制挑战东道国的行为;二是国家对经济的干预越来越频繁,特别是在经济危机发生时,国家管制经济的一些措施对私人投资者的经济利益产生了负面影响。[31] 为此,投资协定也把间接征收纳入了管辖范围。比如,根据 NAFTA 第 1110 条第 1 款,除非满足特定条件[32],任何缔约方不得对其境内另一缔约方投资者的投资直接或间接国有化或征收,或对此类投资采取等同于国有化或征收的措施。

不过,间接征收的认定远比直接征收复杂,一个突出的问题是如何划清间接征收与国家规制权利(the right to regulate)之间的界限。理论上讲,国家出于公共目的或公共利益而采取的规制措施,比如非歧视的反垄断、消费者和环境保护等措施,是国家主权和职能的体现。尽管这些措施会影响外国投资者的

---

[27] 一般来讲,国有化和征收是同义词,是指国家对原属于私人或外国政府所有的财产采取的收归国有的强制性措施。当然,二者也有细微的区别。征收仅影响个别人的权利和财产,而国有化是大规模的,反映了国家社会经济结构的变化。参见姚梅镇主编:《比较外资法》,武汉大学出版社 1993 年版,第 763—764 页,以及王贵国:《国际投资法》(第 2 版),法律出版社 2008 年版,第 202 页。

[28] 《各国经济权利和义务宪章》第 2 条第 2 款规定:"每个国家有权:……(c)将外国财产的所有权收归国有、征收……"

[29] UNCTAD, Expropriation, UNCTAD Series on Issues in International Investment Agreement II, UNCTAD/DIAE/IA/2011/7, p. 1.

[30] Id., p. 12.

[31] Id., p. 2.

[32] 这些条件是:出于公共目的;非歧视地实施;通过正当法律程序;按照该条第 2 款至第 6 款的规定给予补偿。

利益,但原则上不构成征收,也不需要给予补偿。与之相对,对外国人财产的征收(包括间接征收)原则上是需要给予补偿的。[33]

因此,投资协定一般都明确国家规制措施原则上不属于间接征收。比如,哥伦比亚和印度的BIT第6.2条c项规定:缔约方基于保护公共健康、安全和环境等目的而采取的非歧视的规制措施并不构成国有化或征收;除非在极其特殊的情况下,这些措施如此严厉以至于不能够被合理地认为是为实现其目标而善意实施的。在投资仲裁实践中,仲裁庭也承认国家的规制措施不需要补偿。比如,在 Saluka v. Czech 案中,仲裁庭指出:国际法承认,在一国正常行使其规制权力并且善意和非歧视地为实现公共福利而采取措施时,其无须对外国投资者给予补偿。[34]

为了进一步界定国家规制措施和间接征收,美国和加拿大在其各自的BIT范本中还专门通过关于征收的附件来做进一步的说明[35],这也为现实中的投资协定所借鉴。比如,日本和秘鲁2008年的BIT第13条是关于征收(包括直接征收和间接征收)的规定。该BIT附件4进一步说明:

(1)间接征收是指缔约方的措施或一系列措施,这些措施虽然并不导致投资者投资权益的转让或剥夺,但具有与直接征收等同的效果。(2)确定缔约方的这些措施是否构成间接征收,需要个案审查,以事实为依据,并考虑如下因素:(a)措施所造成的经济影响,尽管措施对投资经济价值的负面影响这一事实本身并不导致该行为构成间接征收;(b)措施对投资合理期待的干涉程度;(c)措施的特征,包括是否是歧视性的。(3)缔约方根据该BIT第19条"一般和安全例外"所采取的非歧视性的旨在保护合法公共利益的措施不构成间接征收。

(二)构成(间接)征收的税收措施

东道国的规制措施原则上不构成间接征收,这同样适用于税收措施。税收是国家取得财政收入的主要手段,是一种强制性的且不存在直接返还性的课征,税收同时还承担着社会收入再分配、宏观调控和保障经济和社会稳定的职能。[36]在 Feldman v. Mexico 案中,仲裁庭指出:政府必须能够为公共利益而自由行事,比如实施新的税制或修改现行税制、给予或撤销政府补贴、限制或提

---

[33] 国际投资协定并没有针对间接征收规定有别于直接征收的补偿规则。不过,在理论上对间接征收的补偿标准存在三种学说。参见蔡从燕、李尊然:《国际投资法上的间接征收问题》,法律出版社2015年版,第52—56页。

[34] Saluka v. the Czech Republic, UNCITRAL Arbitration, Partial Award, 17 March 2006, para.255.

[35] 比如美国2004和2012年的BIT范本。

[36] 参见同前注[13],第7—12页。

高关税水平。如果商业因此受到影响就寻求补偿,此类理性的政府规制措施就无法实现其自身的目的。习惯国际法也承认这一点。[37]

不过,这并不意味着东道国的所有税收措施都不会构成征收。在 Occidental v. Ecuador 案中,仲裁庭指出:税收能够导致与其他规制性措施一样的征收效果(taxes can result in expropriation as can other types of regulatory measures)。[38] Feldman v. Mexico 案的仲裁庭援引了《美国外国关系法重述》(Restatement on the Foreign Relations Law of the US),指出税收措施也可能构成征收并导致国家责任,特别是在这些措施造成了对外国人财产的无理干涉时。[39] 在 EnCana v. Ecuador 案中,仲裁庭指出:在征收的认定方面,税收是一个特殊的问题。原则上税收是对纳税人设定的金钱义务,且税款用于公共目的。这样的税收不是对财产的剥夺。只有异乎寻常、其数额具有惩罚性或是武断征收的税收才构成征收。[40]

因此,为了避免缔约方借助税收措施的形式来实现间接征收,投资协定中的相关条款也明确征收规则适用于税收措施。比如,新加坡和韩国的自由贸易协定第 21.4 条"税收"第 4 款规定,如果税收措施构成征收,则该协定第 10.13 条关于征收和补偿的规定也适用于该税收措施。

在实践中,仲裁庭通常是结合税收的特点以及根据征收的要件来判断税收措施是否构成征收。不过,即使东道国的税率很高,如果给投资者留有利润空间,也不一定会被认定为征收。[41] 在 EnCana v. Ecuador 案中,仲裁庭认为:尽管投资者没有取得增值税退税优惠(即使厄瓜多尔的做法是违反投资协定的),投资者仍然能够继续经营活动并获得利润,并不存在经营活动因此停滞或无法获利以至于实质剥夺其投资的情况。[42] 在 Paushok v. Mongolia 案中,蒙古援引了 LG&E v. Argentina 案中关于征收的认定标准,主张其暴利税不构成征收:税收措施并没有剥夺投资者的实质性总体利益(投资者没有丧失其对投资的实质控制);税收措施并非不恰当地行使国家权力;税收措施

---

[37] *Marvin Feldman v. Mexico*, ICSID Case No. ARB (AF)/99/1, Award, 16 December 2002, para. 103.

[38] *Supra* note [15], para. 85.

[39] *Supra* note [37], paras. 105-106.

[40] *Supra* note [20], para. 177.

[41] 就不涉及税收措施的征收认定而言,在 *Perenco Ecuador Limited v. The Republic Ecuador* 案(ICSID Case No. ARB/08/6)中,厄瓜多尔要求投资者将其销售收入的 99% 上交厄瓜多尔政府,仲裁庭也没有认定该措施构成征收。See *Decision on Remaining Issues of Jurisdiction and on Liability*, 12 September 2014, paras. 676-690.

[42] *Supra* note [20], para. 174. 在 *Azurix v. Argentina* 案(ICSID CASE No. ARB/01/12)中,虽然争议的措施并不涉及税收,由于投资者保留了对投资的控制权,仲裁庭也没有裁定阿根廷的措施构成间接征收。参见该案的裁决第 314—322 段。

并非持久性的。仲裁庭接受了蒙古的抗辩,裁定蒙古的暴利税措施并不构成征收。[43]

以上案例表明仲裁庭主要是结合税收的效果来审查税收措施是否构成征收,而且税收措施被认定为征收的门槛是比较高的。但是,如前所述,在关于俄罗斯 Yukos 公司的数个仲裁案中,也有仲裁庭以善意标准来审查税收措施。如果仲裁庭认为税收措施并非出于善意,那么该措施也可能构成征收。比如,在关于 Yukos 的另一个案件——*Quasar de Valores* 案中,仲裁庭裁定俄罗斯联邦税务当局对西班牙投资者所投资的 Yukos 公司采取的课征所得税的做法构成了间接征收。[44] 仲裁庭首先承认所有税收都具有取得纳税人财产的效果,就此而主张征税要给予补偿是荒谬的。但是,表面上是征税措施的做法,如果实质上为超出正常税收权力行使的措施并具有剥夺纳税人财产的效果,就属于西班牙—俄罗斯 BIT 第 6 条所管辖的征收,仲裁庭需要审查东道国是否对于该项征收给予了适当补偿。[45] 仲裁庭认为,俄罗斯政府的做法是故意阻止 Yukos 石油公司支付税款,而把 Yukos 石油公司因此导致的欠税作为征收 Yukos 石油公司的条件,并非合法征税的措施。[46] 另一个关于 Yukos 的仲裁庭也持同样的观点,即俄罗斯税收措施的主要目的不是征税,而是迫使 Yukos 破产并由政府取得其资产。[47]

---

[43] *Sergei Paushok, CJSC Golden East Company, and CJSC Vostokneftegaz Company v. The Government of Mongolia*, UNCITRAL Arbitration, Award on Jurisdiction and Admissibility, 28 April, 2011, paras. 285, 330-336. 有观点认为:暴利税虽然会使投资者蒙受重大损失,但一般情况下不太可能被认定为征收:东道国在确定征税方式和税率时一般会考虑投资者的利润空间,不太可能导致投资者对财产的享有变得无效,或重大地剥夺投资者对财产的使用。参见蔡从燕:《国际投资条约实践中的税收措施问题》,载《武大国际法评论》2010 年第 2 期,第 126 页。

[44] 该案的基本案情为:西班牙投资者持有俄罗斯 Yukos 石油公司的美国存托凭证(American Depository Receipt,ADR)。西班牙投资者并不参与 Yukos 石油公司的经营管理,属于证券投资人。西班牙投资者主张,俄罗斯税务当局对 Yukos 石油公司不当课征巨额税款,也不认可 Yukos 石油公司提出的偿还税款的方案,俄罗斯政府以此作为剥夺 Yukos 石油公司资产和强迫其破产清算的理由,西班牙投资者持有的 ADR 也因此没有什么价值。西班牙投资者根据西班牙和俄罗斯的 BIT 第 10 条要求仲裁庭判定俄罗斯政府给予充分补偿。*Quasar de Valores SICAV S.A., Orgor de Valores SICAV S.A. GBI 9000 SICAV S.A v. The Russian Federation*, Arbitration Institute of the Stockholm Chamber of Commerce, Award, 20 July 2012, paras. 9-10。西班牙和俄罗斯的 BIT 第 10 条规定,投资者和东道国关于征收补偿数额的纠纷可通过国际仲裁解决。双方选择了斯德哥尔摩仲裁院仲裁。

[45] *Id.*, Award, para. 48. 西班牙和俄罗斯的 BIT 第 6 条规定:缔约一方当局对缔约另一方的投资者在该缔约一方的投资所采取的任何国有化、征收或导致与国有化、征收类似结果的措施,应只基于公共利益并依据该国有效的立法进行,且这些措施不应是歧视性的。采取这些措施的缔约方应当对投资者给予充分且毫不迟延的补偿,并以自由兑换货币支付。

[46] *Id.*, Award, paras. 127, 128, 177, 227.

[47] *Yukos Universal Limited (Isle of Man) v. The Russian Federation*, UNCITRAL, PCA Case No. AA 227, Final Award, 18 July 2014, at ss 756; 1579.

(三) ISDS 关于征收争端的前置程序

为了在维护税收主权和保护投资者利益之间寻求平衡,有的投资协定还设定了投资者将其与东道国的税收争议提交国际仲裁之前的前置程序。

比如,NAFTA 第 2103 条"税收"第 6 款规定该协定第 1110 条"征收与补偿"适用于税收措施。但是,投资者如果认为税收措施构成征收并诉诸 NAFTA 第 11 章的投资仲裁规则发出仲裁意向通知时,须同时提请缔约双方税收主管当局审查税收措施是否不构成征收。如果缔约双方主管当局不同意进行审查,或是在 6 个月内不能就该税收措施不构成征收达成一致意见,投资者可提出仲裁请求。在实践中,曾有美国投资者主张加拿大 2006 年关于某项信托所得税的改变构成了间接征收,并试图通过 NAFTA 下的争端解决机制主张赔偿。但是,美国主管当局(主管税收政策的财政部助理部长)同意加拿大主管当局关于该项所得税改变不构成征收的观点,因而阻止了美国投资者启动 NAFTA 下的争端解决机制。[48]

ECT 第 21 条第 5 款也规定征收适用于税收,并就税收征收的争端解决程序作出了规定,但与 NAFTA 的条款有所不同。当投资者主张税收措施构成征收时,投资者应(shall)将争议中的税收措施提交相关缔约方税收主管当局审查。[49] 如果投资者没有提请税收主管当局审查,则处理投资者和缔约方争端的机构应(shall)将争议的措施提交相关税收主管当局。税收主管当局应尽力在 6 个月内就税收措施是否构成征收得出结论。处理投资者和缔约方争端的机构可考虑(may take into account)税收主管当局关于税收措施是否构成征收的结论(包括税收主管当局在 6 个月届满后得出的结论)。不过,在任何情况下,税收主管当局在 6 个月届满后的参与都不能导致投资者—缔约方争端程序的拖延。

在涉及 ECT 第 21 条的 *Plama v. Bulgaria* 案中,仲裁庭认为提请税收主管当局审查税收措施是否构成征收是投资者启动 ISDS 的前置程序,即投资者必须先将争议的税收措施提交税收主管当局处理,而投资者却没有这样做,这也无从谈及保加利亚的税收措施是否违反了 ECT 义务的问题。[50]

但是,在 *Yukos University limited (Isle of Man) v. Russia* 案中,仲裁庭对税收主管当局审查税收措施的前置程序却持相反的观点。俄罗斯认为,如果没有将争议的税收措施提请税收主管当局(本案中为俄罗斯财政部、塞浦路斯

---

[48] Alan S. Lederman, "When Can U.S. Trade Agreements Be Availed of to Compensate for Income Tax Liabilities?" *Journal of Taxation*, vol. 118, no. 2, 2013.

[49] ECT 第 21 条第 5 款也就缔约方之间关于一方的税收措施涉及征收的争端解决程序做了规定。本文在此仅就 ISDS 的情况进行说明。

[50] *Plarna Consortium Limited v. Republic of Bulgaria*, ICSID Case No. ARB/03/24, Award, 27 August 2008, para. 266.

财政部和英国财政部)审查,仲裁庭将不能就该措施是否构成征收作出裁决。投资者则认为提请税收主管当局审查的程序没有意义,特别是俄罗斯财政部会有自身的利益。[51] 仲裁庭承认提请税收主管当局审查的程序具有帮助仲裁庭区分正常的税收措施和滥用的税收措施的作用,但并不认为本案中该程序具有这样的效果,因为仲裁庭是基于所有证据裁决,而税收主管当局只关注税收措施。仲裁庭还认为,ECT 第 21 条第 5 款的程序应当善意解释之,而善意解释的结论是:

> 提起税收主管当局审查税收措施的程序不能适用于该程序明显看来将没有任何作用的情况。同时,第 21 条第 5 款的文义非常清楚,仲裁庭可(may)考虑税收主管当局关于税收措施是否构成征收的结论,而且争议的当事方就税收主管当局的结论对仲裁庭没有约束力也没有意义。因此,仲裁庭也不会将争议的税收措施提起税收主管当局审查。[52]

此外,仲裁庭还认为俄罗斯没有善意履行征税权,因而 ECT 第 21 条的税收例外不能适用,也就是说俄罗斯不能基于该税收例外条款主张豁免责任。如果税收当局针对投资者的措施没有正当理由或者实质上与税收无关,那么,由相同的税收主管当局就其措施进行审查对仲裁庭而言也是没有价值的。[53]

因此,就 ISDS 的前置程序而言,由于不同协定的税收条款不同,该程序的作用也有所差别。但是,涉及 ECT 第 21 条第 5 款的案例表明,即使是同一协定的同一条款,不同案件的仲裁庭也可能会有不同的解释。这一定程度上与 ISDS 机制本身的特点(比如缺乏上诉机制)有关。关于 ISDS 机制的问题,本文将在第五部分进一步讨论。

四、税收措施与投资者待遇

投资协定除了保护投资者免于东道国的征收之外,通常还给予投资者最惠国待遇、国民待遇和公正与公平待遇。如前所述,有的投资协定会将最惠国待遇和/或国民待遇排除适用于税收措施,但通常不排除公正与公平待遇。此外,也有的投资协定没有将非歧视待遇排除适用于税收措施。因此,这也可能产生投资者主张东道国的税收措施违反了上述待遇的争议。就 ISDS 机制来讲,投资协定一般都是在涉及征收的税收争议方面设定前置程序,但在涉及投资待遇的税收争议方面则没有特殊的程序限制。由此可见,主张税收措施构成征收的门槛较高,投资者借助投资待遇条款来挑战东道国的税收措施则相对

---

[51] *Supra* note [47], paras. 1418, 1419.
[52] *Id.*, paras. 1421-1429, 1435.
[53] *Id.*, para. 1430.

容易。

(一) 最惠国待遇、国民待遇与税收措施

投资协定的最惠国待遇要求东道国给予缔约另一方的投资者及其投资的待遇不应低于东道国给予相同或类似情况下的第三国投资者及其投资的待遇，国民待遇则要求东道国给予缔约另一方的投资者及其投资的待遇不低于其给予相同或类似情况下的本国投资者及其投资的待遇。由于最惠国待遇和国民待遇的认定需要与东道国给予第三国投资者或国内投资者的待遇进行比较，所以也称其为相对待遇（relative standards of treatment）。[54] 因此，外国投资者与第三国投资者和国内投资者之间是否具有可比性，是认定东道国是否违反了最惠国待遇或国民待遇的一个关键要素。如果投资协定没有将税收措施排除适用于非歧视待遇，而税收措施导致了具有可比性的外国投资者与本国投资者和/或第三国投资者的差别待遇，缔约方就可能被认定违反了非歧视义务。此外，虽然投资协定的税收条款一般会规定税收协定优先于投资协定[55]，但税收协定适用的税种为直接税，因此缔约方的间接税措施也存在违反非歧视待遇义务的可能性。

比如，NAFTA 第 1102 条要求缔约方给予缔约另一方的投资者及其投资活动的待遇不低于相同情况下（like circumstances）的本国投资者或第三国投资者及其投资活动的待遇，即要给予最惠国待遇和国民待遇。在 *Corn Products. v. Mexico* 案中，仲裁庭指出，投资者根据第 1102 条主张东道国违反了国民待遇义务时，需要满足如下条件：首先，东道国给予了外国投资者或其投资活动以相应待遇；其次，外国投资者应与东道国的投资者处于相同情况（in like circumstances）；最后，外国投资者的待遇低于东道国投资者。[56] *S. D. Myers v. Canada* 案的仲裁庭也指出：在国民待遇方面，"相同情况"意味着仲裁庭应审查外国投资者和本国投资者是否属于相同的部门（in the same "sector" as the national investor）。[57]

在 *Cargill v. Mexico* 案中，美国 Cargill 公司通过其墨西哥子公司在墨西哥生产高果糖玉米糖浆。墨西哥对含有高果糖玉米糖浆的软饮料课税，但墨西哥本国为软饮料提供蔗糖的厂商则没有这样的税收。美国投资者认为墨西哥

---

[54] Guiguo Wang, *International Investment Law: A Chinese Perspective*, Routledge, 2015, p. 263.

[55] 比如税收协定一般没有最惠国待遇，因此税收条款将导致投资协定的最惠国待遇不适用于税收措施。

[56] *Corn Products International Inc. v. United Mexican States*, ICSID Case No ARB (AF)/04/1, ICSID Additional Facility, Decision on Responsibility, para. 117.

[57] *S. D. Myers v. Canada*, UNCITRAL, NAFTA Arbitration, Partial Award, 13 November 2000, para. 250.

的做法干预了其在墨西哥的投资,违反了 NAFTA 第 1102 条的国民待遇义务。仲裁庭认为软饮料行业的高果糖玉米糖浆供应商和蔗糖供应商处于相同情况,裁定美国投资者的待遇低于墨西哥国内蔗糖生产商,墨西哥的做法构成歧视,从而违反了第 1102 条下的国民待遇义务。[58]

需要指出的是,在货物贸易领域,GATT/WTO 体制下也有国民待遇的规定。[59] *Cargill v. Mexico* 案中墨西哥的税收措施也被美国诉诸 WTO 的争端解决机制。专家组裁定墨西哥的税收措施违反了 GATT 的国民待遇义务。[60] 但是,在涉及投资争端的仲裁庭看来,货物贸易的国民待遇和投资领域的国民待遇是不同的。在 *Occidental v. Ecuador* 案中,从事石油行业的美国投资者主张厄瓜多尔违反了国民待遇义务,因为厄瓜多尔给予了许多出口鲜花、海产品和矿产品的厄瓜多尔公司以增值税退税优惠,而美国投资者则没有这样的优惠。厄瓜多尔以美国和厄瓜多尔的 BIT 第 2 条的相同情况(in like situations)为抗辩,认为这一义务限于相同部门的投资者。[61] 但是,仲裁庭最终支持了投资者的诉求,认定厄瓜多尔违反了 BIT 下的国民待遇义务。仲裁庭认为美国和厄瓜多尔的 BIT 第 2 条不能狭义解释,即基于出口产品是否属于同一部门进行比较。仲裁庭指出 BIT 的国民待遇不同于 GATT/WTO 的国民待遇。GATT 的国民待遇适用于货物贸易的相同产品(like product),与产品之间是否存在直接竞争或替代关系相关。但是,BIT 的国民待遇要求的是相同情况而并非相同产品的比较。从事石油出口的美国投资者和从事其他产品出口的国内厂家属于相同情况,这些出口商之间的待遇不能存在差别。[62]

---

[58] *Cargill, Incorporated* (*Claimant*) *v. United Mexican States* (Respondent), ICSID Additional Facility, ICSID Case No. ARB (AF)/05/2, Award, paras. 1-2,211-223.

[59] GATT 1994 第 3 条第 1 款规定:"国内税和其他国内费用,影响产品的国内销售、推销、购买、运输、分销或使用的法令、条例和规定,以及对产品的混合、加工或使用须符合特定数量或比例要求的国内数量限制条例,在对进口产品或国产品实施时,不应用来对国产品提供保护。"第 2 款规定:"一个成员领土的产品输入到另一成员领土时,不应对它直接或间接征收高于对相同国产品所直接或间接征收的国内税或其他费用。同时,成员不应对进口产品或国产品采用其他与本条第 1 款规定的原则有抵触的方法来实施国内税或其他国内费用。"第 4 款规定:"任何成员境内的产品被进口到其他任何成员境内时,在影响它们境内销售、推销、购买、运输、分销或使用的所有法令、条例和规定方面,应当给予不低于相同国产品的待遇。"

[60] 专家组认为使用高果糖玉米糖浆的软饮料和使用蔗糖的软饮料属于相同产品,而墨西哥的税收措施导致使用高果糖玉米糖浆的软饮料的税负高于使用蔗糖的软饮料,从而违反了 GATT 1994 第 3 条第 2 款第 1 句的义务。专家组还认为高果糖玉米糖浆和蔗糖属于直接竞争和替代产品,而墨西哥的税收措施为国产品(蔗糖)提供了保护,从而违反了 GATT 1994 第 3 条第 2 款第 2 句的义务。此外,专家组还认为墨西哥通过税收措施和其他国内法要求使得高果糖玉米糖浆的待遇低于蔗糖,从而违反了 GATT 1994 第 3 条第 4 款的义务。See Mexico—Tax Measures on Soft Drinks and Other Beverages (DS308), Report of the Panel.

[61] 该条第 1 款包含最惠国待遇和国民待遇两个方面,要求缔约方给予缔约另一方的投资者及其投资活动的待遇不低于相同情况下的本国投资者或第三国投资者及其投资活动的待遇。

[62] *Supra* note [15], paras. 173-179.

不过，即使投资领域的国民待遇和货物贸易领域的国民待遇不同，投资争端的仲裁庭在解释"相同情况"方面也宽严不一。比如，在 Occidental v. Ecuador 案中，仲裁庭认为进行比较的投资者应是"本地全体生产商"，而不应只看具体经济活动所在的部门。与之相反，在 Feldman v. Mexico 案中，仲裁庭进行比较的投资者为从事同一种业务的企业，即购买和转售香烟的企业。[63]

（二）公正与公平待遇

投资协定除了给予投资者非歧视待遇之外，还给予公正与公平待遇。公正与公平待遇是贸易协定和税收协定中所没有的。在投资协定中，如果只是规定缔约方应给予外国投资者公正与公平待遇而没有进一步明确其具体含义，就会存在不同的解读。比如，一种观点认为，公正与公平待遇只是习惯国际法下外国人最低标准的重述，并不增加新的义务；也有观点认为公正与公平待遇的含义不限于习惯国际法的最低标准，东道国对外国投资者的任何武断和歧视性的措施都可被视为违反了公正与公平待遇，包括外国投资者的合法期待（legitimate expectation）受到了损害。

解决投资争端国际中心（ICSID）的仲裁庭在解释和适用公正与公平待遇时[64]，倾向于采取比传统国际最低标准更为宽泛的解释，提出了分析公正与公平待遇的几个要素，以此来衡量公正与公平待遇是否被违反。其要点包括：公正与公平待遇要求提供稳定和可预见的法律与商业环境；不影响投资者的基本预期；不需要有传统国际法标准所要求的专断和恶意；违反公正与公平待遇条款必须给予赔偿。这就降低了投资者索赔的门槛，使公正与公平待遇成为 BIT 中投资者容易获得索赔的条款。[65]

因此，即使东道国的措施没有被仲裁庭认定为征收，但仍可能被裁定违反了公正与公平待遇义务。[66] 这同样适用于投资协定没有将公正与公平待遇排除适用于税收措施的情况。[67] 这方面一个典型的问题就是缔约方税收的变化

---

[63] 参见单文华、娜拉-伽拉赫：《中外投资条约研究》，魏艳茹、李庆灵译，法律出版社 2015 年版，第 166 页。

[64] ICSID 是根据《华盛顿公约》设立的。ICSID 通过调解或仲裁来处理缔约方投资者和另一缔约方的投资纠纷。纠纷的处理由个案组成的调解委员会和仲裁庭负责。此外，ICSID 行政理事会还制定了《附加便利规则》(Additional Facility Rules)，用以解决《华盛顿公约》所不管辖的一些投资争端，比如争端当事人一方为非缔约方或非缔约方国民之间的投资争端。

[65] 参见余劲松：《国际投资条约仲裁中投资者与东道国权益保护平衡问题研究》，载《中国法学》2011 年第 2 期，第 137 页。

[66] 比如 Perenco Ecuador Limited v. The Republic Ecuador 案中，虽然仲裁庭认为厄瓜多尔政府要求投资者上交 99% 销售收入的做法不构成征收，但裁定违反了公正与公平待遇。See, Decision on Remaining Issues of Jurisdiction and on Liability, supra note [41], paras. 603-607.

[67] 比如日本和越南的 BIT 第 19 条规定除该条第 2、3、4 款之外，BIT 不适用于税收措施，而根据第 19 条第 2 款，该 BIT 第 9 条关于公正与公平待遇的义务适用于税收措施。

是否影响了投资者的合法期待。[68] *CMS v. Argentina* 案的仲裁庭认为"稳定的法律和商业环境是公正与公平待遇的基本要素。公正与公平待遇与稳定性和可预测性是不可分离的"。[69] *TECMED v. Mexico* 案的仲裁庭也指出：公正与公平待遇要求东道国的行为具有一致性，使得投资者能够实现知晓影响其投资的规则，以便于在遵守规制的前提下筹划投资。[70]

不过，公正与公平待遇并不意味着东道国的法律不能发生任何变化，除非东道国针对投资者作出特别承诺（specific commitment）。*El Paso v. Argentina* 案的仲裁庭指出：当东道国存在严重的经济危机时，不存在法律不发生任何变化的合法期待。理性的投资者也不会有这样的期待，除非东道国对其作出了特别的承诺。[71] *EnCana v. Ecuador* 案的仲裁庭也认为：当缺乏东道国的特别承诺时，外国投资者没有税收体制在其投资期间不会发生变化的合法期待。[72] *Paushok v. Mongolia* 案的仲裁庭也持类似的观点。仲裁庭认为税收水平的实质变动对投资者来讲是一个严重的风险，特别是投资于经济初步发展的国家时。在许多情况下，投资者会得到确定保证，比如通过稳定协议来限制税收增长的可能性。不过，仲裁庭认为该案中不存在东道国的税收稳定承诺。[73]

五、进一步的思考

以上阐述了投资协定的税收条款的立法例和相关实践。如果税收条款没有完全将投资协定义务排除适用于税收措施，东道国的税收措施依然存在被认定违反投资协定义务的可能性，而且仲裁庭对于税收条款的解释似乎也并不一致。那么，如何看待税收条款的作用？通过现行的 ISDS 机制处理投资者和东道国的税收争端是否还有需要完善之处？本文接下来将做进一步的探讨。

（一）税收条款的作用

投资协定中写入税收条款的主要目的在于维护缔约方的税收主权，这一点

---

[68] 需要指出的是，在许多涉及间接征收的案例中，仲裁庭也依赖于投资者的合法期待来判定相关措施是否构成征收。比如，在 *Metalclad v. Mexico* 案中，投资者依赖墨西哥的承诺行事并得到了所有必要的许可。但是，墨西哥的市政当局拒绝批准建筑许可从而导致该项目被阻碍。仲裁庭认为这构成间接征收。参见鲁道夫·多尔查、克里斯托弗·朔伊尔编：《国际投资法原则》，祁欢、施进译，中国政法大学出版社 2014 年版，第 117—118 页。

[69] *CMS Gas Transmission Company v. Argentina*, ICSID Case No. ARB/01/8, Final Award, 12 May 2005, paras. 273-277.

[70] *Técnicas Medioambientales Tecmed, S. A. v. The United Mexican States*, ICSID Case No. ARB (AF)/00/2, ICSID Additional Facility, Award, para. 154.

[71] *El Paso Energy International Company v. Argentine Republic*, ICSID Case No. ARB/03/15, Award, para 374.

[72] Supra note [20], para. 173.

[73] *Sergei Paushok, CJSC Golden East Company, and CJSC Vostokneftegaz Company v. The Government of Mongolia*, supra note [43], paras. 301-302.

是毋庸置疑的。一国不仅可通过税收取得财政收入,也会通过税收政策或措施来实现经济、社会或政治目标(比如财富的再分配、支持国内产业或区域发展)。因此,投资协定的缔约方当然不希望投资协定对其采取的税收措施进行限制,或是通过投资协定的 ISDS 机制予以审查。如果将税收问题交由国际仲裁机构来审查将影响政府关于税收政策的主权和裁量权。[74] 即使是税收协定,也是以国内税法为基础,其主要目的在于通过协调、划分征税权来消除双重征税,并不干涉缔约方的税收政策主权和税收政策。[75]

投资协定的税收条款明确税收协定优先也有税收协定和投资协定管辖是两个并行的体系的原因。从历史沿革看,税收协定的出现要早于投资协定。税收协定的历史可追溯到 19 世纪。[76] 德国和巴基斯坦于 1959 年签订的投资促进和保护协定被认为是世界上第一个双边投资协定。[77] 投资协定的功能之一在于保护投资者利益,税收协定的功能之一则是消除投资者面临的双重征税。为了吸引投资和保护投资者,投资协定一般给予投资者以最惠国待遇、国民待遇和公正与公平待遇,并承诺缔约方原则上不对外资进行征收以及设置了征收的严格条件。税收协定则通过在居民国和来源国之间分配税收管辖权以及居民国采取免税法或抵免法等方式来消除双重征税[78],且在税收待遇方面只给予外国投资者类似于国民待遇的无差别待遇,普遍没有投资协定中的最惠国待

---

[74] Thomas W Wälde and Abba Kolo, "Coverage of Taxation under Modern Investment Treaties", in Peter Muchlinski, Federico Ortino, and Christoph Scheruer(eds.), *The Oxford Handbook of International Investment Law*, Oxford Unicersity Press, 2008, pp. 323-324.

[75] Arnold A. Knechtle, *Basic Problems in International Fiscal Law*, W. E. Weisflog (trans.), Kluwer 1979, p. 175.

[76] 参见廖益新:《国际税法学》,北京大学出版社 2001 年版,第 136—143 页。

[77] Pieter Jan Kuijper, "Study on Investment Protection Agreements as Instruments of International Economic Law", in European Parliament Policy Department DG External Policies, Investor-State Dispute Settlement (ISDS) Provisions in the EU's International Investment Agreement, vol. 2-Studies, p. 9.

[78] 国际层面的双重征税包括法律性双重征税和经济性双重征税。OECD《税收协定范本》引言部分的第 1 段是如下定义法律性双重征税的:指两个或两个以上的国家或地区对同一纳税人的同一课税对象在同一征税期内征收同一或类似种类的税。经济性双重征税是指两个或两个以上的国家对属于不同纳税人的来源于同一税源的课税对象在同一征税期内征税。See *supra* note [75], p. 31. 在各国普遍同时主张居民税收管辖权和来源地税收管辖权时(居民纳税人就其全球所得向其居民国纳税,而非居民就其来源于当地的所得向来源国纳税),一国的居民纳税人可能面临三种类型的法律性双重征税,即居民管辖权和居民管辖权重叠导致的双重征税;居民管辖权和来源地管辖权重叠导致的双重征税;来源地管辖权和来源地管辖权重叠导致的双重征税。比如,对于居民管辖权和来源地管辖权重叠导致的双重征税,税收协定首先在缔约方之间划分征税权,如果征税权划归居民国或来源地国单独享有,就从根本上消除了双重征税。不过,在大多数情况下,税收协定是把征税权划归居民国和来源地国共享。此时,来源地国的优先征税权得到承认,但来源地国的征税范围或税率一般要进行限制。在来源地国课税之后,居民国要对本国居民在来源地国的所得采取免税法或抵免法等措施来消除双重征税。

遇和公正与公平待遇。[79] 鉴于已有专门的税收协定来处理国际双重征税等事宜,投资协定的缔约方也不希望投资协定的规则影响税收协定的适用。在联合国贸发会议(UNCTAD)看来,缔约方可通过税收协定给予来自另一国的投资在对等减让的基础上以更优惠的税收待遇,而不需要担心其他国家基于投资协定的最惠国待遇条款来主张同样的待遇。税收问题的复杂性也决定了其不适宜纳入与投资协定一样的待遇条款。[80]

不过,如前所述,投资协定也将特定的税收措施纳入管辖范围,前述案例也表明有关税收措施的争端在涉及投资协定相关条款的解释时,不同的仲裁庭也会作出不同的解释。那么,如何看待这一现象?

首先,这一问题的出现并没有改变投资协定和税收协定是两个并行体制的状况,投资协定也没有取代税收协定的功能。虽然某些税收争议通过投资协定的ISDS机制解决,但这些争议并非税收协定所管辖的双重征税等问题,而是限于涉及特定投资协定义务的税收措施,或者说是为了防止缔约方借助税收措施的形式来规避投资协定的义务。[81] 事实上,投资协定管辖某些税收措施,是从该措施的效果是否会影响到投资者利益而切入的,措施采取税收形式并不重要。这样的情况在其他领域也有体现。比如某些税收措施也可能受到贸易协定的约束。在货物贸易领域,WTO框架下的GATT 1994第3条为WTO成员设定了国民待遇义务。[82] 在 FSC 案中,专家组认为:第3条并没有明确排除所得税措施的适用。第3条第4款也适用于针对产品的所得税措施。[83] WTO框架下的《补贴与反补贴措施协定》也禁止WTO成员实施出口补贴。该协定附件1"出口补贴的解释性清单"列举的第5项措施即为"对工商企业已

---

[79] 比如OECD《税收协定范本》第24条"无差别待遇"(non-discrimination)是税收协定中的标准条款,包括国籍无差别、常设机构无差别、扣除无差别和资本无差别等内容。税收协定的无差别待遇条款主要针对外国投资者和生产者在境内的待遇方面,但以承认国内所得税法中居民和非居民的划分为前提。税收无差别待遇的适用要求非居民和居民处于基于相同情况(in the same circumstances, carrying on the same activities)。税收协定的无差别待遇缺乏最惠国待遇的内容。OECD认为第24条的税收无差别待遇并不能解释为要求缔约方提供最惠国待遇(参见OECD《税收协定范本》关于第10条的注释第48段)。也就是说,一国可以在与不同国家的税收协定中给予来自不同国家的服务提供者或投资者以差别待遇。

[80] UNCTAD, Taxation, UNCTAD Series on Issues in International Investment Agreement, UNCTAD/ITE/IIT/16, 2000, p. 36.

[81] 比如,在美国看来,BIT谈判在开始时的目标就是防止利用税收措施侵害条约在征收与转移方面的权利。参见肯尼斯·J·范德威尔德:《美国国际投资协定》,蔡从燕、朱明新等译,法律出版社2017年版,第481页。

[82] 第3条第1款明确要求国内税费和规章不能用来对国产品进行保护。第3条第2款和第4款则进一步阐述了国民待遇原则对于进口方国内税和规章的具体要求。

[83] Report of the Panel, United States—Tax Treatment for "Foreign Sales Corporations", Recourse to Article 21.5 of the DSU by the European Communities, WT/DS108/RW, para. 8.142-8.143.

经缴纳或应缴纳的与出口有关的直接税的全部或部分免税、退税或递延"。为了明确贸易协定和税收协定或国内税法的划分,《补贴与反补贴措施协定》的注释 59 也规定:出口补贴清单第 5 项的"对工商企业已经缴纳或应缴纳的与出口有关的直接税的全部或部分免税、退税或递延"措施并不限制 WTO 成员采取避免其企业境外所得的双重征税。

其次,投资协定将某些税收措施纳入管辖范围也并不当然构成对缔约方税收主权的限制。投资协定中税收条款的设计是缔约方之间谈判的结果,即使税收条款将投资协定义务适用于特定的税收措施,也是缔约方自我同意约束的结果(包括缔约方与投资者之间投资协议的税收稳定条款)。从仲裁实践来看,如果东道国确实违反了投资协定义务,仲裁庭裁定东道国败诉恰恰是投资协定能够保护投资者利益的体现,也是约定必须遵守的国际法原则的要求。另外,ISDS 机制下的仲裁庭关注的是东道国的税收措施是否违反了投资协定的义务,并不审查东道国的税收措施在国内法中的效力。或者说,即使东道国的税收措施符合国内法,但仍可能违反投资协定义务。[84]

最后,这一问题的出现与投资协定相关条款不够明确有关。如前所述,在投资协定没有将公正与公平待遇排除适用于税收措施时,不同的仲裁庭会有不同的解释。为此,缔约方可以采取在投资协定中澄清或限定公正与公平待遇范围的做法。比如,NAFTA 的缔约方曾于 2001 年对该协定第 1105 条第 1 款中公正与公平待遇的含义进行了澄清。[85] NAFTA 的自由贸易委员会认为第 1105 条第 1 款中的待遇是指根据习惯国际法而给予外国人的最低待遇标准。[86] 欧盟与加拿大的 CETA 关于投资的第八章的第 8.10 条没有将公正与公平待遇与习惯国际法相联系,但对缔约方在公正与公平待遇条款下所承担的义务作出了更为细致的列举。[87] CETA 对公正与公平待遇的规定实际上是封闭性的,减少了仲裁庭在这方面解释的裁量权和不确定性。[88]

当然,对于适用同一投资协定的不同案件的不同仲裁庭作出的不同解释,

---

[84] Julien Chaisse, "Investor-State Arbitration in International Tax Dispute Resolution: A Cut above Dedicated Tax Dispute Resolution", *35 Virginia Tax Review*, p.220.

[85] NAFTA 第 1105 条第 1 款规定,各缔约方应根据国际法给予另一缔约方的投资者的投资以待遇,包括公正与公平的待遇以及全面保护和安全。

[86] NAFTA Free Trade Commission, "*Notes of Interpretation of Certain Chapter 11 Provisions*"(July 31, 2001), at http://www.naftaclaims.com/commissionfiles/NAFTA_Comm_1105_Transparency.pdf(last visited May.7, 2019).

[87] 缔约方违反公正与公平待遇义务的措施包括:在刑事、民事或行政程序中拒绝司法;根本违反了正当程序,包括在司法和行政程序中根本违反透明度原则;明显的武断行为;基于明显错误理由(比如性别、种族或宗教)的有针对性的歧视措施;对投资者的强迫、胁迫等行为;CETA 的贸易委员会所认定的其他行为。

[88] European Commission, Investment Provision in the EU-Canada Free Trade Agreement (CETA), 26 September 2014.

这涉及 ISDS 机制本身可能存在的问题。本文接下来将予以讨论。

(二) ISDS 机制与税收争议的解决

需要指出的是,对于投资者与东道国产生的税收争议,除了国内法的救济之外,税收协定还存在相互协商程序可供投资者选择。为什么投资协定仍规定特定的税收措施可通过 ISDS 机制解决呢?这仍与投资协定和税收协定的不同功能相关。以《OECD 范本》第 25 条为例,其第 1 款和第 2 款规定,当一个人认为缔约一方或双方的措施已经导致或将要导致对其不符合本税收协定的征税时,他可不考虑缔约方国内法的救济手段,将案件提交任一个缔约方的税收主管当局。如果缔约方主管当局认为案件所提意见合理,又不能单方面满意地解决时,应努力与缔约另一方主管当局相互协商解决本案,以避免不符合本税收协定的征税。因此,相互协商程序所处理的税收争端与涉及投资协定义务的税收争端是不同的。事实上,如果 ISDS 机制要解决特定的税收争端,投资者挑战的东道国的征收措施应当是针对投资的。在 *EnCana v. Ecuador* 案中,投资者主张厄瓜多尔税务当局拒绝增值税退税构成征收。仲裁庭需要确定增值税退税权利是否构成加拿大和厄瓜多尔 BIT 中的投资。该 BIT 对投资的定义广泛,包括金钱请求权,仲裁庭认为 VAT 退税权可构成投资。如果 BIT 对投资定义有限定或指向财产或财产权,就可能是相反的结论。[89] 此外,为了划分投资协定与税收协定在税收事项的管辖权,对于投资者主张构成征收的税收措施,投资协定一般在 ISDS 机制方面也会设置前置程序。

不过,从仲裁实践看,即使是同一个投资协定,不同的仲裁庭也会对相同的条款作出不同的解释,或者基于相同的事实得出不同的结论。这就导致投资协定条款解释的不确定性,也无法为将来的案件中适用这些协定提供可预见性。[90] 这是现行以仲裁为核心的 ISDS 机制所普遍存在的问题。个别国家甚至采取了退出《华盛顿公约》或者在投资协定中不规定 ISDS 机制的做法。[91] 那么,作为一个基础性的问题,投资协定设置 ISDS 机制是否有其必要性?

从近年来关于 ISDS 机制的讨论和实践看,不在投资协定中设置 ISDS 机制的做法仍是个别现象,更多的是对 ISDS 机制进行改革。以欧盟为例,欧盟在投资协定谈判中并没有放弃 ISDS 机制,而是采取保留 ISDS 机制并对其加

---

[89] UNCTAD, Expropriation: A Sequel, UNCTAD Series on Issues on International Investment Agreement II, 2012, p.24.

[90] UNCTAD, Reform of Investor-State Dispute Settlement: In Search of a Roadmap, IIA Issues Note, No.2, June 2013.

[91] 比如,玻利维亚、厄瓜多尔和委内瑞拉退出了《华盛顿公约》。澳大利亚和新西兰的《更紧密经济关系贸易协定》的投资议定书没有规定投资者—东道国争端解决机制。参见王彦志:《投资者与国家间投资争端仲裁机制的废除:国际实践与中国立场》,载中国国际法学会主办:《中国国际法年刊》(2012 年),法律出版社 2013 年版,第 455—489 页。

以改进的策略。欧盟认为投资协定中的 ISDS 机制仍有其积极作用。ISDS 机制的宗旨在于保护外国投资者不受东道国的歧视或不公平待遇。欧盟委员会认为,在某些情况下,投资者通过东道国的司法体系取得救济可能并不容易。比如,东道国司法系统对外国投资者存在偏见,或者法院拒绝审理外国投资者与本国政府之间的征收争议。当东道国没有把投资协定转化为国内法时,东道国法院即使受理投资者的起诉,投资者也可能无法在国内法院中主张适用投资协定。[92] 此时,ISDS 机制对投资者就非常重要。缺乏 ISDS 机制的投资协定将使东道国的投资环境缺少竞争力。[93] 此外,就 ISDS 机制和东道国的规制权的关系来讲,欧盟认为外国投资者通过 ISDS 机制挑战东道国的措施并不意味着东道国就当然丧失了规制权。东道国改变法律从而导致投资者成本增加或利润减少并非投资者胜诉的当然理由。外国投资者需要证明东道国存在违反投资协定义务的情况,才有胜诉的可能。[94]

至于现行 ISDS 机制下存在的仲裁不一问题,欧盟还提出了建立投资法庭和上诉机制的方案。投资法庭和上诉法庭的法官是由缔约方任命的。CETA 规定初审法庭由 15 名法官组成。其中,5 名为欧盟成员国的国民,5 名为加拿大国民,剩余 5 名为第三国国民。初审法庭案件的审理由 3 名法官负责,其中 1 名来自欧盟成员国,1 名来自加拿大,1 名来自第三国。审理案件的法官不是由争端当事方选择,而是由初审法庭的主席任命。具体由哪三位法官审理案件,以轮换为基础并确保具有随机性和不可预测性。[95] 这与仲裁机制下投资者和东道国可选择仲裁员是截然不同的。对于上诉法庭法官的人数 CETA 没有作出具体规定,而是由欧盟和加拿大组成的联合委员会来决定。上诉法庭审理对初审法庭裁决的上诉。上诉法庭审理案件的上诉由随机挑选的 3 位法官负责。[96] 上诉法庭可以维持、修改或推翻初审法庭的裁决。[97] 上诉法庭的裁决是终局的。[98] 根据 CETA 第 8.39 条,当法庭裁决东道国败诉且需要对投资者赔偿时,赔偿应与投资者实际遭受的损失相当,不得裁定惩罚性赔偿。同时,裁决也不具有废除欧盟及其成员国以及加拿大的措施的效力。[99]

---

[92] European Commission, Incorrect Claims about Investor-State Dispute Settlement, 3 October 2013.

[93] European Commission Communication, Towards a Comprehensive European International Investment Policy, (COM) 2010, 343 final.

[94] *Supra* note [92].

[95] 参见 CETA 第 8.27 条第 7 款。

[96] 参见 CETA 第 8.27 条第 7 款和第 5 款。

[97] 参见 CETA 第 8.28 条第 2 款。

[98] 参见 CETA 第 8.28 条第 9 款。

[99] European Commission, Investment provisions in the EU-Canada Free Trade Agreement (CETA), February 2016.

建立投资法庭的观点在欧盟的方案提出之前就已有理论上的讨论[100],但欧盟是首次将其纳入投资协定。现行 ISDS 机制下的仲裁是参照传统的国际商事仲裁设计的。但是,投资者与东道国的投资争端与一般的国际商事纠纷是不同的。国际商事纠纷当事人的地位是平等的,而投资者与东道国的投资纠纷则是国家行使公权力采取规制措施所导致的。在国内法中,这是通过行政诉讼和司法审查来解决的。因此,设立国际投资法庭在理论上是有依据的。既然设立了投资法庭,那么上诉机制也是不可或缺的。事实上,在国际贸易领域就有这样的例子。最典型的就是 WTO 争端解决机制下的上诉机制,虽然 WTO 争端解决机制并不冠以法庭的名称。理论上讲,在投资领域的 ISDS 机制中建立上诉机制,也能够避免目前仲裁机制下法律解释和裁决不一致的问题,也为纠正仲裁庭的法律错误提供了渠道。

不过,投资法庭方案目前仅见于欧盟对外签订的包含投资内容的自由贸易协定之中。美国主导谈判完成的《跨太平洋伙伴关系协定》(TPP)文本并未建立上诉机制。[101] 因此,ISDS 机制本身的改革还要看后续的发展。此外,对于税收争端而言,还有一个特殊问题就是投资者在特定情况下仍试图通过投资协定的 ISDS 机制解决,而非通过税收协定的相互协商机制。这与税收协定的管辖范围和相互协商程序也存在问题都有关系。

税收协定主要管辖直接税领域的事项,一般不涉及间接税领域。另外,税收协定也没有投资协定的公正与公平待遇。因此,投资者就可能诉诸 ISDS 机制来处理其与东道国的税收争端。前述的 *EnCana* 案等涉及增值税退税的案件就是例子。当然,如果投资者母国和东道国之间没有税收协定,投资者也可能诉诸投资协定的 ISDS 机制。在 *Enron v. Argentine Republic* 案中,美国和阿根廷之间没有税收协定[102],美国投资者和阿根廷的争端之一涉及印花税,投资者主张阿根廷违反了美国和阿根廷 BIT 的公正与公平待遇。[103]

投资者诉诸 ISDS 机制解决税收争端,也与税收协定的相互协商程序存在不足有关。在相互协商程序下,缔约方税务机关只是被要求努力(endeavor)解

---

[100] See Gus Van Harten, *Investment Treaty Arbitration and Public Law*, Oxford University Press, 2007.

[101] 不过,美国在其 BIT 范本中曾表现出倾向于通过多边协定建立上诉机制的意愿。比如,美国 2004 年颁布的 BIT 范本第 28 条第 10 款提出:若对缔约双方生效的另一单独的多边协定建立了审查投资纠纷仲裁裁决的上诉机构,则缔约双方应当努力达成一致,允许在该多边协定对缔约双方生效后启动的仲裁中,由该上诉机构审查根据本协定作出的仲裁裁决。美国 2012 年的 BIT 范本第 28 条第 10 款也有类似表述:若未来在其他制度安排中产生了审查投资者-国家争议解决仲裁庭裁决的上诉机制,缔约方应考虑该上诉机制是否适用于根据本协定作出的仲裁裁决。

[102] 之所以没有税收协定,可能与阿根廷采用单纯的地域管辖权有关。

[103] *Enron Corporation and Ponderosa Assets, L. P. v. Argentine Republic*, ICSID Case No. ARB/01/3, Award, 22 May, 2007.

决税务争议,但没有义务一定达成结果。缔约方税务当局通过相互协商程序解决税务争议时,纳税人也不是相互协商程序的当事人。即使程序启动后,纳税人也不一定有机会陈述其观点。税务机关的协商结果对政府之间来讲可能是公平的,但对纳税人不一定公平。税务机关的协商结论一般不公开因而缺乏透明度。[104] 另外,尽管 OECD 范本规定缔约方主管当局通过相互协商程序达成的协议应予以执行,但相互协商协议在缔约方国内法中的地位仍需根据其宪法或国内法来确定。[105] 这与 ISDS 机制下的仲裁形成了鲜明的对比。鉴于相互协商程序的这些问题,近年来税收协定中也开始引入税收仲裁程序。不过,税收仲裁程序依然是相互协商程序的延伸而非替代程序。[106]

因此,对于税收争端,除了明确投资协定的管辖范围和改革 ISDS 机制之外,也有必要进一步完善税收协定下的争端机制。

结语

投资协定的税收条款具有将投资协定的义务排除适用于税收措施的作用。这是出于维护缔约方税收主权的需要。鉴于业已存在以消除双重征税为功能的税收协定,投资协定的税收条款也承认税收协定的优先性。由于税收协定和投资协定是两个并行的体制,投资协定中税收条款的安排无疑是合理的。不过,由于投资领域并不存在类似于贸易领域中 WTO 那样的多边体制,投资协定中税收条款的体例和适用范围也存在差异。但是,从大多数投资协定来看,都有两个共同特点:一是为了避免缔约方借助税收形式规避投资协定的义务,投资协定也将特定的义务(比如征收)适用于税收措施;二是投资协定的 ISDS 机制为投资者挑战东道国特定的税收措施提供了救济渠道。

从涉及税收争端的 ISDS 仲裁实践看,也出现了东道国败诉的情况,以及适用同一投资协定的不同案件的仲裁庭作出不同解释的问题。东道国败诉并不当然意味着其税收主权受到了限制。仲裁实践也承认缔约方有权改变其税收措施。对于投资协定条款的解释不一致问题,一方面缔约方可通过明确投资协定特定条款的含义来解决;另一方面则是进一步改革现行 ISDS 机制,比如可考虑建立上诉机制。

---

[104] M. Zuger, "Conflict Resolution in Tax Treaty Law", 30(10) *INTERTAX* 345(2002).

[105] 比如,荷兰认为协商协议是主管当局之间的君子协定(gentleman's agreement),对荷兰没有法律约束力,不能成为荷兰国内法的组成部分,也不能为个人创设权利和义务。大多数学者认为对税收协定具有解释效果的协商协议属于条约,如被纳入国内法,则对法院有约束力。不过,在不将协商协议转化为国内法的情况下,该协议也不能为个人创设权利和义务。See Gerrit Groen, "Arbitration in Bilateral Tax Treaties", *INTERTAX*, vol. 30, Issue1, 2002, p.7.

[106] 以《OECD 范本》第 25 条第 5 款为例,仲裁只能在缔约方主管当局通过相互协商程序在 2 年内无法达成解决方案时启动。

本文关于投资协定税收条款的一般性问题的讨论也适用于我国对外签订的投资协定的情况。我国目前的投资协定中税收条款的体例也不尽相同。比如,我国和欧盟成员国的现行BIT并没有专门的税收例外条款,而是采用了将特定投资待遇排除适用于税收措施的做法。[107] 我国近年来与其他国家签订的投资协定中开始写入专门的税收例外条款。[108] 不过,我国的情况也可单独作为一个题目来研究,在此不予展开。需要明确的是,我国目前既是吸引外资的大国,海外投资也日益增长。因此,我国的投资协定应如何定位,税收条款应如何进一步完善,也应在综合国际发展趋势和我国国情的基础上进行设计。

(审稿编辑　刘思艺)
(校对编辑　康　骁)

---

[107] 比如,我国和德国2003年的BIT第3条(投资待遇)第4款规定,该条第1款到第3款所述的待遇(指公正与公平待遇、国民待遇、最惠国待遇),不应解释为缔约一方有义务将由下列原因产生的待遇、优惠或特权给予缔约另一方投资者:(1)任何现存或将来的关税同盟、自由贸易区、经济联盟以及共同市场的成员;(2)任何双重征税协定或其他有关税收问题的协定。

[108] 比如,中日韩BIT第21条(税收条款),我国和加拿大的BIT第14条(税收),我国和智利的FTA第101条(税收),我国与韩国的FTA第21章(例外)中的第21.3条(税收)。

熊猫债、单边模式与国际法的终结

唐应茂[*]

Panda Bonds, Unilateralism and Demise of International Legislation

Tang Yingmao

内容摘要：熊猫债是境外机构在中国大陆发行的、以人民币计价的债券的俗称。本文讨论近年来熊猫债监管过程中出现的单边模式现象及其成因。本文发现，在熊猫债监管过程中，我国越来越多采用单边模式，即通过国内立法处理跨境监管问题，而不依赖传统的多边模式（如签署国际公约）或双边模式（如签署双边条约或双边监管备忘录）来处理跨境监管问题。本文认为，熊猫债监管单边模式的出现，与"冷战"结束后国际法终结的历史背景相关。本文还认为，支持单边模式的强政府和强市场两个因素，并非债券跨境发行监管的必要条件。在监管分割的弱政府背景下，以及在市场主体缺乏国际竞争力的弱市场背景下，单边模式在中国的发展仍然存在空间。

关键词：熊猫债　单边模式　国际法　跨境监管

---

[*] 法学博士，北京大学法学院副教授。

一、引言：问题与文献

在处理国际和跨境法律问题方面，中国越来越多地采用单边模式做法，中国法律模式和美国法律模式将越来越接近，这恐怕是一个让人很难接受的观点。从实践来看，我国一直奉行多边主义或双边主义，不时谴责美式单边主义的各种举措。

2017年是美国单边主义盛行的一年。在短短的几个月时间里，美国总统特朗普宣布退出TPP（《跨太平洋伙伴关系协定》）[1]，宣布退出《联合国气候变化框架公约》机制下达成的《巴黎协定》[2]，并援引美国1974年《国内贸易法》对中国展开"301调查"[3]。美国采取的这些措施，都属于典型的单边主义措施，也都是我国谴责的对象。比如，针对美国的"301调查"，我国商务部发言人指出："'301'制度自面世以来，就具有浓厚的单边主义色彩，一直为其他国家所反对。美方已经向国际社会做过承诺，以符合世贸规则的方式执行该制度。美方应该严守承诺，不要成为多边规则的破坏者。"[4]

实际上，在特朗普单边主义开始盛行的时候，我国领导人在2017年世界达沃斯论坛上就强调，"要坚持多边主义，维护多边体制权威性和有效性……《巴黎协定》……应该共同坚守，不能轻言放弃"[5]。同时，在国际法的诸多领域，我国一直采取多边或者双边主义立场。比如，为了应对气候变化，我国参与并签署了《巴黎协定》；我国以举国之力参与的入世谈判前后长达十五年，在2001年最终加入世界贸易组织。《巴黎协定》、世贸规则，这都是典型的多边框架下达成的国际法规则。

在国际金融法律领域，我国也一直抵制美国的单边主义模式，向来主张通过双边和多边渠道解决跨境金融争议。比如，2012—2013年的中美审计风波中，美国援引其国内法——2002年《萨班斯—奥克斯利法》——规定，针对中国审计机构开展调查，并希望到中国境内开展执法活动。对审计机构跨境活动的法律规制，美国采取了典型的单边主义做法。从形式上看，这种单边主义表现为通过国内法规制跨境审计活动，并主张美国国内法的域外效力。美国国内法

---

[1] 人民网：《美国总统签署行政命令宣布退出跨太平洋伙伴关系协定》，http://world.people.com.cn/n1/2017/0124/c1002-29045005.html，最后访问日期：2018年9月24日。

[2] 人民网：《美国总统特朗普宣布退出〈巴黎协定〉》，http://world.people.com.cn/n1/2017/0602/c1002-29313208.html，最后访问日期：2018年9月24日。

[3] 新华网：《美国正式对中国发起"301调查"》，http://news.xinhuanet.com/2017-08/19/c_1121508900.htm，最后访问日期：2018年9月29日。

[4] 光明网：《美国"301调查"的虚实与远近 中国将如何应对》，http://world.gmw.cn/2017-08/19/content_25715754.htm，最后访问日期：2018年9月29日。

[5] 新华网：《习近平主席在世界经济论坛2017年年会开幕式上的主旨演讲》，http://news.xinhuanet.com/politics/2017-01/18/c_1120331545.htm，最后访问日期：2018年9月29日。

域外效力的极端表现,就是美国监管机构的官员到其他国家境内,针对其他国家境内机构违反美国法开展执法活动。我国强烈反对美国国内法在中国境内的法律效力。在我国的抵制下,美国放弃了单边执法模式。最终,中美两国签署了双边监管备忘录,在备忘录约定的框架下,由中国协助美国开展对中国审计机构的调查。[6]

从学术文献来看,认为中国法律模式与美国法律模式具备相似性,中国将更多地采取单边模式处理国际或者跨境问题,这是一个学术界忽略的问题。这个问题之所以被忽略,其中的原因很简单,不论从哪个角度来看,中国和美国之间都不存在可比性。以某种方式将中国和美国归为一个"队列",这是学术上难以处理的问题。

比如,近二十年来,"法律和金融"(Law & Finance)学派在国际金融和法学领域影响很大。1996年/1997年前后,这个学派的学者发表了几篇开创性文献。[7] 在这些文献中,中国是一个哪个法系都不是的国家。中国既不像美国,也不像其他国家。根据他们的分类,美国是典型的普通法系国家,或者说英国法系(English-origin)国家和地区,因此,英国、我国香港特区与美国归为一类,同属英国法系国家和地区。同样道理,我国台湾地区、日本和韩国受德国法系影响较大,因此,它们被归为德国法系(German-origin)国家和地区,与法国法系国家、斯堪的纳维亚法系国家并列。在"法律和金融"学派眼里,中国是一个被忽略的国家,是一个无法归类、大概也无须归类的可有可无的国家。几年以后,"法律和金融"学派名声大噪,他们一篇关于法院研究的文章,才开始把中国与俄罗斯和东欧国家并为一组,归入"社会主义法系",成为与普通法系、法国法系、德国法系、斯堪的纳维亚法系并列的法系。[8] 因此,在"法律和金融"学派看来,至少从法律历史渊源来讲,中国和美国没有可比性,中美属于法律渊源完全不同的国家。

虽然也有学术文献将中国与美国归为"一类",但在这类文献中,中国与美

---

[6] 中证网网站:《证监会:正式开展中美会计审计监管跨境执法合作》,http://www.cs.com.cn/sylm/jsbd/201305/t20130524_3997956.html,最后访问日期:2018年9月30日;赤择远:《中美会计审计跨境执法具两方面重要意义》,http://zqrb.ccstock.cn/html/2013-07/10/content_365367.htm,最后访问日期:2018年9月30日。

[7] "法律和金融"学派早期的代表作参见 Rafael La Porta, Florencio Lopez-de-Silanes, Andrei Shleifer, and Robert Vishny, "Legal Determinants of External Finance", *Journal of Finance*, volume. 52, issue. 3, 1997, p. 1131; Rafael La Porta, Florencio Lopez-de-Silanes, Andrei Shleifer, and Robert Vishny, "Law and Finance", *Journal of Political Economy*, vol. 106, no. 6, 1998, p. 1113; Rafael La Porta, Florencio Lopez-de-Silanes, and Andrei Shleifer, "Corporate Ownership around the World", *Journal of Finance*, vol. 54, no. 2, 1999, p. 471.

[8] Simeon Djankov, Rafael La Porta, Florencio Lopez-de-Silanes, and Andrei Shleifer, "Courts", *The Quarterly Journal of Economics*, vol. 118, no. 2, 2003, pp. 453—517.

国是两个"极端",中国是作为美国的"另类"和"替代"出现的。比如,在法律和发展(Law & Development)学派的文献中,在20世纪90年代苏联和东欧的经济转型过程中,世界银行经济学家提出了"华盛顿共识"(Washington Consensus),将其作为苏联和东欧国家经济转型的指导方针。在法律和经济的关系上,"华盛顿共识"强调,保护私有产权、独立司法乃至更为广义的法治和开放是经济转型和发展的前提。要发展经济,就得有私有产权、独立司法以及法治。与此相对,中国并未采用"华盛顿共识",但中国经济实现了高速增长,"华盛顿共识"没有得到中国的经验支持。为此,部分学者提出了"北京共识"的概念,来解释中国经济为什么能够长期高速增长。[9] 他们认为,企业的国家所有权、政府对金融的管制以及政治控制是经济发展的前提。

或多或少受到"北京共识"的影响,在金融法、公司法等领域,部分美国法律学者开始将中国法律发展经验、中国式企业管制和中国式金融制度的特点加以提炼,把中国法律模式描述为与美国法律模式对应的另外一个独特法律模式。比如,美国法律学者凯瑟琳娜·皮斯托(Katharina Pistor)把中国金融治理模式总结为党领导下的干部管理模式。她用的英文原文是 Human Resource Management,即人力资源管理模式。[10] 这与部分中国经济学者提出的通过"党管干部""一手高指标、一手乌纱帽"的中央和地方关系理论非常类似。[11] 毫无疑问,在皮斯托教授眼里,党领导下的金融干部管理模式是个另类,与美国金融治理模式没有直接可比性,尽管两者在功能和作用上存在一定的相似性。此外,部分美国政治学者提出了"中美国"(Chimerica)或"G-2"概念,在我看来,它与"北京共识"的讨论有类似背景。[12] 因此,虽然在法律和发展学派的文献以及近期美国公司法和金融法文献中,西方学者把中国和美国放在一起讨论,但中国和美国代表了完全不同的两种模式。

英文学术文献中的这种两极化趋势——中美两国无法归为一类进行讨论,

---

[9] 有关华盛顿共识与北京共识的讨论,参见 Yasheng Huang, "Debating China's Economic Growth, the Beijing Consensus or the Washington Consensus", *Academy of Management Perspectives*, vol. 24, no. 2, 2010, p. 40.

[10] Katharina Pistor, "The Governance of China's Finance", in Joseph P. H. Fan and Randall Merck(eds.), *Capitalizing China*, The University of Chicago Press, 2012.

[11] 周黎安:《中国地方官员的晋升锦标赛模式研究》,载《经济研究》2007年第7期。

[12] 哈佛历史经济学家尼尔·弗格森最早提出"中美国"(Chimerica)的概念,用来描述"中美国"这样一种中美关系:一个国家负责出口,另一个国家负责进口,一个国家负责花钱,另一个国家负责储蓄。See Niall Ferguson, "Niall Ferguson Says U. S.-China Cooperation Is Critical to Global Economic Health", *Washington Post*, November 17, 2008, at http://www.washingtonpost.com/wp-dyn/content/article/2008/11/16/AR2008111601736.html(last visited November 30, 2018). "G2"是美国经济学家、美国彼得森国际经济研究所长弗雷德·伯格斯腾提出的概念。See C. Fred Bergsten, "Partnership of Equals How Washington Should Respond to China's Economic Challenge", *Foreign Affairs*, vol. 87, no. 4, 2008, pp. 57—69.

或者中美两国是两个完全不同的模式——虽然很难在中文学术文献中找到完全一样的论述,但是,我们也大体能从中发现英文文献所隐含的思路和范式。

比如,"本土资源"理论背后隐含的法律作为地方性知识的概念,实际上是强调中国与其他国家,包括美国的不同,从而说明简单的法律移植做法存在缺陷。[13] 在国际法领域,后现实主义(post realist)国际法学者的观点——国际法不仅反映传统国际法理论所说的大国政治意愿,也反映地方性和主观性知识——在欧洲、在我国都有很大的市场。[14] 考虑到美国在国际金融法律制度(如"二战"后建立的世界银行体系)、国际贸易法律体系(如世界贸易组织体系)和国际投资法律制度(如《华盛顿公约》,即《关于解决国家与他国国民之间投资争端公约》设立的外国投资人与被投资国家政府争议解决的仲裁制度)中的绝对领导地位,强调国际法作为地方性知识,实质上是强调中国与美国的不同,即便中国和美国都认可同一国际法律制度。

中文学术文献中的另一派理论,即"移植法学"理论,在国际法学和国内部门法学中影响更大。"移植法学"虽然强调中国与美国(以及其他国家)之间的相似性,或者说强调国际法规则的普适性,从而为移植国际法规则或其他国家法律到中国提供了形式上的论据支持。但是,"移植法学"所隐含的中美两国之间的相似性,实际上并非两个国家真正的相似性,而是中国与被臆造出来的某种"国际共识"的相似性。

比如,2004年,联合国大会通过了《联合国国家及其财产管辖豁免公约》。中国是该公约的签署国。该公约获得通过,引发了我国相当多国际法学者的关注和讨论。[15] 不少文献支持中国加入该联合国公约。这类学术文献背后隐含的逻辑是,既然美国等二十多个国家采用了限制豁免原则,"传统的主权豁免理论已失去意义,不再被认为是国际法规则","有限的国家豁免理论已经普遍确立。"[16] 那么,美国有、其他国家有乃至联合国也有的有限国家豁免法律制度,

---

[13] 苏力:《法治及其本土资源》(修订版),中国政法大学出版社2004年版。苏力近期的"法律是地方性知识"的论述,参见苏力:《公民权利论的迷思:历史中国的国人、村民和分配争议》,载《环球法律评论》2017年第5期,第5—26页。

[14] Martti Koskenniemi, "International Law in a Post-Realist Era", *Australian Yearbook of International Law*, vol. 16, 1995, p. 19 ("Where traditional international law attempted to constitute itself in opposition to the local, partial and subjective and of course failed-post-realist law would seek both to embrace these perspectives and subject them to critical scrutiny")。何志鹏:《中国特色国际法理论:问题与改进》,载《华东政法大学学报》2013年第1期,第89页("国际法规则及其操作都具有国家观念、国家文化的地域特征,关于国际法的理论也就自然会显示出民族文化的特质")。

[15] 这方面的文章很多,如黄进、杜焕芳:《国家及其财产豁免立法的新发展》,载《法学家》2005年第6期,第7—14页。

[16] 我国国际法学家李浩培先生的观点,转引自胡德胜:《国家信贷中的主权豁免问题》,载《河南社会科学》1999年第2期,第52—55页。

中国当然也应该有。但是,"移植法学"理论所不能解释的是,为什么美国在20世纪70年代就颁布了有限主权豁免的国内成文法,但美国却不是2004年这部联合国公约的签署国?为什么美国不愿意加入联合国公约,不愿意通过多边模式来处理国家主权豁免这一传统国际法问题?从历史来看,特朗普单边主义不是一个新事物,它有着很深的法律历史渊源。

在"移植法学"学者的潜意识里,中国和美国是相同的,法律的移植、国际法在中国的适用是存在基础和条件的。但问题在于,既然两国存在相似性,法律规则存在可移植性,那么,为什么中国和美国采取了截然不同的两种立场?"移植法学"学者提出了中美两国存在相似性这一假设,但是,在选择什么样的法律规则可以移植、什么样的法律模式可以借鉴的问题上,"移植法学"学者错误地将国际法规则(如上述联合国公约)作为可以移植的对象,错误地将多边模式(国际公约)作为可以借鉴的模式。"移植法学"潜意识中存在的中美两国之间的相似性,其实并不是中美两国之间的真实相似性,而是中国和代表某种"国际共识"的、被抽象出来的国家之间的相似性。但是,我们经常会发现,美国常常特立独行,并不是代表这种"国际共识"的国家。

因此,无论是英文学术文献,还是中文学术文献,无论是"法律和金融"学派,还是"法律和发展"学派,无论是本土资源理论,还是"移植法学"理论,中国和美国的明显差异,中国和美国的不可比性,中国和美国模式的显著区别,这几乎是一个潜意识的存在、一个很难反驳的论点,也是一个通常不需要证明的问题。但是,在本文中我希望指出,在国际金融法领域,在本文所讨论的熊猫债发展过程中,在中国资本市场对外开放的过程中,中国已经开始向美国靠近。中国开始越来越多采用单边模式处理金融市场开放问题,中国的法律和监管规则也越来越接近美式的法律规则。中国会"变成"美国吗?这可能已经不是一个问题。真正的问题是,中国在多大程度上会"变成"美国?为什么会这样?这样的变化在多大程度上还将持续?

二、债券跨境监管的多边、双边和单边模式

在债券的跨境发行和交易活动中,从法律规制角度来看,多边模式、双边模式和单边模式都是经常采用的模式。在这一部分,我将举例说明,我所谓的多边、双边和单边模式,在跨境债券发行和交易法律规制的背景下,它们的具体含义是什么。在下一部分,我将进一步说明,在熊猫债的发展过程中,中国如何从多边和双边模式朝着单边模式演进,从而更接近于美国处理国际金融法律问题的单边模式。

(一)多边模式

债券的跨境发行和交易涉及不同环节和领域。在部分环节和领域,多边

模式仍然起着比较重要的作用。比如,国际证监会组织(International Organization of Securities Commissioners, IOSCO)是以各国证券监管机构为核心成员的国际金融组织,中国证监会也是该组织的成员。2002年,国际证监会组织发布了《关于磋商、合作和信息交流的多边谅解备忘录》(Multilateral Memorandum of Understanding Concerning Consultation and Cooperation and the Exchange of Information)(以下简称"《多边谅解备忘录》")。2012年,《多边谅解备忘录》得到了进一步修订。《多边谅解备忘录》的核心是各国证券监管机构的信息交换合作机制。比如,英国调查一个上市公司的财务披露是否存在问题,如果涉及美国的审计机构,那么,英国可以借助《多边谅解备忘录》的机制,请求美国协助调查该美国审计机构。2007年,中国证监会签署了《多边谅解备忘录》;截至2015年,有105个成员机构签署了该备忘录。[17]

《多边谅解备忘录》不是各国政府签署的公约,不具备国际法意义上的强制力。与关于银行资本充足率监管的《巴塞尔协议》类似,它大体属于国际"软法"或国际最佳实践的范畴,属于多边模式处理国际金融法律问题的例子。此外,从国际公约层面来看,各个国家虽然没有达成国际公约来规制跨境发债活动,但是,跨境发债活动的某些领域,仍然受到国际公约的规制。

比如,外国主权政府到其他国家发行债券,这涉及该发债行为究竟是商业行为因此需要遵守"欠债必须还钱"的商业准则,还是说该发债行为属于政府管理行为因而属于主权行为而不受商业法律的规范。在主权豁免这一问题上,1972年,部分欧洲国家签署了《欧洲国家豁免公约》(European Convention on State Immunity of 1972),以国家之间签署国际公约的形式,对国家商业行为如跨境发债行为是否属于主权豁免行为进行规制。这部公约的批准国包括欧洲的六个国家,即奥地利、比利时、塞浦路斯、荷兰、瑞士和英国。[18]《欧洲国家豁免公约》对其缔约国具有国际法意义上的强制力,属于以多边模式处理主权政府跨境发行债券问题的例子。

与《欧洲国家豁免公约》相比,2004年的《联合国国家及其财产管辖豁免公约》的缔约国范围更广。它是联合国国际法委员会的立法成果,目前有30多个国家签署了该公约。该公约规定了公约生效的机制,即该公约将于第30份国家批准书交存联合国秘书长后第30天生效。截止到2016年年底,批准该公约

---

[17] 中国证监会网站:《国际证监会组织简介》,http://www.csrc.gov.cn/pub/newsite/gjb/gjzjhzz/ioscojj/201305/t20130529_228755.html,最后访问日期:2018年11月30日。

[18] Philip R Wood, *Project Finance, Subordinated Debt and State Loans*, Sweet & Maxwell, 1995, p. 143. 张美榕引用的文献认为公约批准国有8个,除了正文所述6个国家外,还有德国和卢森堡。参见张美榕:《〈联合国国家及其财产管辖豁免公约〉及其批准情形对中国的启示》,载《南京工业大学学报(社会科学版)》2013年第2期,第30—36页。

的国家还不到30个,因此,该公约尚未生效。[19] 不过,从其模式来看,《联合国国家及其财产管辖豁免公约》也属于比较典型的多边模式的例子。

(二)双边模式

在债券跨境发行和交易的法律监管问题上,采取双边模式处理不同国家证券监管机构之间合作问题的例子非常多。比如,除了国际证监会组织主导的《多边谅解备忘录》机制以外,两个国家或地区之间也可以通过签署双边的信息交换与合作备忘录的方式来实现监管合作。比如,从中国证监会官方网站的披露来看,中国证监会与近三十个国家的证券监管机构签署了双边监管合作备忘录。[20]

有的时候,是否存在双边的监管合作安排,是东道国设置的境外机构市场准入的前提条件之一。比如,2017年,中国人民银行发布了"7号公告",允许境外评级机构到中国境内开展评级业务,但前提是"所在国家或地区信用评级监管机构已与中国人民银行签署信用评级监管合作协议"。[21] 这即是将双边合作安排作为市场准入条件的例子。

在其他国家、债券跨境发行的其他领域,类似的双边模式也比较常见。比如,在会计准则监管领域,欧盟采用等效认可制度,这属于比较典型的双边模式。所谓等效认可制度,它的含义是,欧盟以外的其他国家的企业到欧盟发债,可以采用自己本国的会计准则来准备财务报表,这样能减少境外企业到欧盟境内发债的负担,增加欧盟债券市场的吸引力。但是,允许在欧盟境内使用其他国家的会计准则,比如美国的会计准则,其前提条件之一在于,欧盟要作出认定,认为美国会计准则与欧盟的会计准则(欧盟采用的国际会计准则)类似,同时美国也要允许欧盟的会计准则在美国境内使用。

因此,这是一个双边互惠安排:你允许在你的国家使用我的会计准则,我才会允许你的会计准则在我的领土范围内使用。为此,在欧盟作出的认可其他国家会计准则的决定中,它"不厌其烦"地列举了被认可的每一个国家是如何接受欧盟的会计准则的,从而强调这种安排的双边性。比如,在欧盟2015年《认可决定》序言第(6)条,欧盟提到,2006年,美国财务会计准则委员会(Financial Accounting Standards Board)与国际会计准则委员会签署了备忘录,确认了美国的会计准则与(欧盟的)国际会计准则趋同的目标;同时,该决定还提到,欧盟

---

[19] 有关《联合国国家及其财产豁免管辖公约》的签署和批准情况,参见齐静:《国家豁免立法研究》,人民出版社2015年版,第74页。

[20] 中国证监会网站:《中国证监会与境外监管机构签署的备忘录一览表》,http://www.csrc.gov.cn/pub/newsite/gjb/jghz/200803/t20080307_79412.html,最后访问日期:2018年10月7日。

[21] 中央人民政府网站:《中国人民银行公告〔2017〕第7号》,http://www.gov.cn/xinwen/2017-07/04/content_5207929.htm,最后访问日期:2018年10月4日。

委员会与美国证监会进行了协商,美国证监会不再要求采用国际会计准则的发行人提供美国会计准则下的差异调节表,也就是说,不再对欧盟企业提出额外要求。[22]

(三)单边模式

在本文中,所谓的单边模式是相对于上述多边、双边模式而言的,主要通过国内立法、单边自主决策的方式处理国际或跨境问题的法律模式。比如,就上面提到的主权豁免问题的公约模式而言,美国既不是《欧洲国家豁免公约》的缔约国,也不是《联合国国家及其财产管辖豁免公约》的缔约国。在国家豁免问题上,美国采取的是国内成文法模式,通过 1976 年《外国主权豁免法》(Foreign Sovereign Immunities Act of 1976)来处理外国主权国家的豁免问题。

换句话讲,在 21 世纪初,阿根廷政府出现主权债危机,无法归还以前从美国借的钱,美国投资者在纽约法院起诉阿根廷政府,要求后者归还之前发债的本金和利息。美国法院直接根据 1976 年《外国主权豁免法》作出判决,要求阿根廷政府归还欠款。美国法院不需要援引任何国际公约,美国投资者也不需要等待美国某一天加入《联合国国家及其财产管辖豁免公约》,或者等到该联合国公约生效,才能向阿根廷政府主张求偿权利。美国通过国内成文法处理主权豁免问题的模式,属于比较典型的单边模式。

同样的道理,在会计准则监管问题上,美国也采用了境内立法、自主决策的模式。境外某个国家的会计准则是否可以在美国使用,并不依赖美国与该国是否签署了任何监管协议,也不依赖美国与该国是否达成了任何双边安排。在美国模式下,根据美国证监会发布的部门规章,美国以外的任何国家的企业到美国境内发行债券,它们都可以用其本国的会计准则准备财务报表,前提是它们需要向美国投资者提供"差异调节表"(reconciliation table)。差异调节表是一个非常技术性的文件,其核心在于,美国境外企业按照美国法律要求准备这个文件,并通过这个文件告诉美国投资者,如果根据美国的会计准则来处理财务问题,与根据其本国的会计准则相比,这些美国境外企业的财务报表存在哪些主要差异。

比如,根据巴西会计准则,某巴西企业计算出来的净利润是 5000 万美元。根据美国的"差异调节"制度,巴西企业不仅要根据巴西会计准则计算其财务数据(5000 万美元),还需要根据美国会计准则计算其财务数据(比如 3000 万美元),并向美国投资者同时披露这两套财务数据。美国政府不承认巴西会计准则与美国会计准则等效,美国证监会和巴西证监会之间没有达成任何会计监管

---

[22] 该决定为 Commission Decision of 12 December 2008 (consolidated text with amendment in 2012 and 2015),来源于欧盟网站,http://eur-lex.europa.eu/legal-content/EN/TXT/?qid=1487835351709&uri=CELEX:02008D0961-20150101,最后访问日期:2018 年 10 月 30 日。

领域的双边安排,这都不影响巴西企业到美国发债。双边认可、互惠安排,这不是巴西企业或者任何其他国家企业到美国发债的前提条件。美国通过其国内法律法规处理境外会计准则在美国境内使用问题的模式,不依赖任何双边互惠安排,这也属于比较典型的单边模式。

当然,单边模式并不排斥多边模式和双边模式,比如,美国证监会也是国际证监会组织《多边谅解备忘录》的签署方,美国证监会也和中国证监会达成了双边监管合作备忘录。但是,单边模式的运作,不以任何多边规则或双边安排为前提。因此,美国对债券跨境发行的监管,对准入条件的设置,乃至相关的执法、司法行为,都通过其国内法来加以规定和处理。任何多边或双边安排,都不是美国国内法相关规定的前提条件。

在本文中,我使用单边模式这一相对中性的术语,以区别于单边主义(unilateralism)这一带有负面色彩的提法。[23] 在国际法领域,单边主义中的单边、单边行动通常指超越甚至规避某种国际法程序的行为模式。[24] 因此,在国际法文献中,根据学者的一般看法,单边主义的存在,其前提是国际法的存在,而且,单边主义下的单边行动与国际法之间存在某种关系。比如,本文开头提及的美国通过其《国内贸易法》"301条款"制裁其他国家的做法,20世纪末曾被欧盟等国家诉诸世界贸易组织的争端解决机制,将美国基于国内法采取的单边行动放在国际贸易法的框架下来审查其合法性。[25]

在国际金融法领域,尤其是本文讨论的国际债券法领域,虽然不乏类似于《多边谅解备忘录》等国际软法意义上的国际法,但单边行动或单边模式的出现,常常是以国际法的缺失为前提的。这种背景下的单边行动或单边模式,更接近于部分国际法学者提出的跨国主义(transnationalism)概念,即在国际法缺失的背景下,一个国家采取单边法律行动对其他国家施加限制的例子。[26]

---

[23] 在国际法领域,单边主义几乎"人人喊打"。对单边主义进行批评的学术文章很多,美国在20世纪末到21世纪初的部分单边主义做法,曾经引起了国际法学者的广泛讨论和批评。See Pierre-Marie Dupuy, "The Place and Role of Unilateralism in Contemporary International Law", *European Journal of International Law*, vol. 11, issue 1, 2000, pp. 19-30; Daniel Bodansky, "What's So Bad about Unilateral Action to Protect the Environment", *European Journal of International Law*, vol. 11, issue 2, 2000, pp. 339-348.

[24] Monica Hakimi, "Unfriendly Unilateralism", *Harvard International Law Journal*, vol. 55, no. 1, 2014, p. 110. 耶鲁法学院 Michael Reisman 教授也曾对单边行动做过解释,See W. Michael Reisman, "Unilateral Action and the Transformations of the World Constitutive Process: The Special Problem of Humanitarian Intervention", *European Journal of International Law*, vol. 11, issue 1, 2000, pp. 3-18.

[25] 参见陈安:《美国单边主义对抗 WTO 多边主义的第三回合——"201条款"争端之法理探源和展望》,载《中国法学》2004年第2期,第153—164页。

[26] Gregory Shaffer and Daniel Bodansky, "Transnationalism, Unilateralism and International Law", *Transnational Environmental Law*, vol. 1, issue 1, 2012, pp. 31-41.

这方面的案例很多。比如,20世纪70年代冰岛通过国内法将其渔业管辖权从12海里扩展到200海里,英国认为冰岛的单边行动影响了公海航行自由,以此为由将冰岛诉诸国际法院,并由此催生了1982年《联合国海洋法公约》200海里专属经济区的概念。[27] 从这个角度看,跨国主义意义下的单边行动或单边模式,接近于部分美国学者提出的促进国际法立法的单边主义概念。[28] 也就是说,某些单边行动的出现,其背景在于国际法规则的缺失,但该单边行动促成了国际法规则的形成。因此,从某种意义上讲,单边主义、单边模式、单边行为这些概念之间并无明确界限,在国际法领域也常常被替换使用。不过,为避免混淆,除特别说明外,本文采用单边模式这一术语,以区别于国际法领域带有强烈负面认知的单边主义这一提法。

三、中国走向单边模式——熊猫债的监管实践

熊猫债是境外机构到中国境内发行的债券,是境外机构向中国投资者发行的债券,是以人民币计价的债券。[29] 熊猫债是一个昵称。在国际金融法领域,境外机构到日本发行的债券被称为"武士债";境外机构到澳大利亚发行的债券被称为"袋鼠债"。熊猫作为我国特有的吉祥物,被用来指代境外机构在中国发行的债券。2005年,国际金融公司(International Finance Corporation)和亚洲开发银行在我国发行了人民币债券,这标志着熊猫债市场正式对外开放。从2015年开始,熊猫债的发展提速。各类境外机构,包括境外主权政府、金融机构、非金融企业,都纷纷到我国发行熊猫债。比如,韩国政府、英国汇丰银行、法国威立雅、俄罗斯铝业,都在中国发行了金额、期限不等的熊猫债。熊猫债的发行方式既包括面向公众投资者的公开发行,也包括面向少数机构投资者的私募发行。

2018年9月,中国人民银行和财政部联合发布了《全国银行间债券市场境外机构债券发行管理暂行办法》(以下简称"《熊猫债管理暂行办法》"),这是国际开发机构和外国政府在我国发行熊猫债的现行规则。在此之前,从2015年到2017年,熊猫债处于试点阶段。我国监管机构主要通过窗口指导、一事一批的方式来监管熊猫债的发行和交易。从熊猫债监管实践来看,监管机构的立场出现了比较明显的变化,从依赖多边、双边方式处理熊猫债市场开放问题,逐渐转向更多以单边自主决策的方式处理相关问题。从法律形式上看,这种变化表

---

[27] 劳伦斯·布瓦松:《单边主义与环境保护》,周珂、赵秀文等译,载《环球法律评论》2002年第4期。

[28] Monica Hakimi, "Unfriendly Unilateralism", *supra* note [24].

[29] 2017年8月,世界银行在中国境内向中国投资者发行了以特别提款权(SDR)计价的债券,俗称"木兰债"。除了债券的计价货币不同以外,木兰债与本文所说的熊猫债完全相同。从某种意义上讲,木兰债也可以归入熊猫债范畴。

现为从依赖多边国际公约、依赖双边互惠安排的模式,转向更多依靠国内法规定的单边模式来处理相关问题。

(一) 熊猫债监管的多边模式和双边模式

2002年,国际证监会组织发布了《多边谅解备忘录》。2007年,中国证监会就签署了该备忘录。目前,熊猫债存在两个市场,即银行间债券交易市场(以下简称"银行间市场")和上海证券交易所市场(以下简称"交易所市场"),分别受中国人民银行和中国证监会监管。[30] 对于在交易所市场发行和交易的熊猫债,如果需要与境外证券监管机构合作,中国证监会可以通过《多边谅解备忘录》的机制进行。中国已经签署的《联合国国家及其财产管辖豁免公约》,也是多边模式的例子。一旦该公约符合生效条件(至少30个国家批准),那么,该公约对中国就具有法律约束力,成为中国处理外国主权政府发行熊猫债的国际法规则。此外,1958年联合国《承认及执行外国仲裁裁决公约》(以下简称"《纽约公约》")也是多边模式的例子。在熊猫债纠纷解决机制中,如果外国机构出现债务违约现象,我国仲裁机构为此作出仲裁裁决,那么,我国投资者到其他国家执行该裁决需要借助于《纽约公约》的跨境仲裁裁决执行机制。

在双边模式中,除了上文提到的中国证监会与其他国家监管机构签署的双边监管合作备忘录,以及中国人民银行在2017年7号公告中提到的中国人民银行与境外其他国家或地区签署的信用评级监管合作协议之外,在熊猫债监管领域,最为典型的例子就是会计和审计跨境监管。在会计和审计跨境监管领域,我国移植了欧盟的等效认可制度,强调政府间的双边合作安排是中国会计和审计市场开放的前提条件。

比如,2010年中国人民银行等四部委颁布了《国际开发机构人民币债券发行管理暂行办法》(2018年9月8日已失效)。该办法第11条规定,"发行人民币债券的国际开发机构应当按照中国企业会计准则编制财务报告,除非该国际开发机构所采用的会计准则经财政部认定已与中国企业会计准则实现了等效"。这里所谓"实现了等效",在法律上表现为联合声明、双边备忘录等形式。例如,2007年12月,中国注册会计师协会发布了《中国会计准则委员会与香港会计师公会关于内地企业会计准则与香港财务报告准则等效的联合声明》,这一联合声明被认为是中国财政部认可的、实现中国内地和香港特区会计准则等效的形式。

同样的,在审计跨境监管问题上,上述办法第11条继续规定,"发行人民币债券的国际开发机构的财务报告应当经中国具有证券期货资格的会计师事务

---

[30] 2018年3月,上海证券交易所发布了《关于开展"一带一路"债券试点的通知》,深圳证券交易所发布了《关于开展"一带一路"债券业务试点的通知》。这是针对"一带一路"国家的国际开发机构、外国政府和企业在交易所市场发行和交易熊猫债而推出的规则。

所进行审计,除非该国际开发机构所在国家或地区与中国财政部签署了注册会计师审计公共监管等效协议"。在这里,该办法明确规定,境外国家或地区需要与中国财政部签署监管等效协议,该境外国家或地区的审计机构出具的审计报告才可以在中国债券市场使用。从实践来看,这里所谓的等效协议表现为双方联合声明等形式。比如,2010年7月,欧盟内部市场与服务总司与中国财政部签署了中欧会计审计合作联合声明,欧盟随后宣布将中国认可为审计公共监管等效国家。[31]

因此,从会计和审计跨境监管来讲,我国移植了欧盟的等效认可制度,采取了比较典型的双边模式,强调双边安排是境外机构进入中国金融市场的前提条件。

(二)熊猫债监管转向美国单边模式?

我国虽然并没有明确放弃多边和双边模式,但从最近十几年法律规则的演进来看,尤其是从2015年熊猫债迅猛发展以来的监管立场变化来看,我国对熊猫债的监管模式朝着非常明显的单边模式演进。

比如,2004年,联合国大会通过了《联合国国家及其财产管辖豁免公约》;2005年9月,中国宣布加入该公约。几乎与此同时,2005年10月,全国人大常委会颁布了《外国中央银行财产司法强制措施豁免法》,针对外国中央银行财产的司法豁免问题作出法律规定。这部法律仅适用于外国中央银行在中国财产的司法豁免问题。虽然也存在外国中央银行跨境发行主权债券的先例,从而存在该法适用于熊猫债的可能性,但相对而言,这种可能性比较小。至少迄今为止,外国政府在中国发行熊猫债,都是由政府本身或者政府下设平台作为发行人,还没有看到外国中央银行到中国发行熊猫债的例子。同时,这部法律非常简单,只有四条规定,全文只有三四百字,与美国1976年《外国主权豁免法》的全面和详尽程度不可同日而语。但是,在我看来,颁布这部法律是比较典型的单边模式。从事后来看,在《联合国国家及其财产管辖豁免公约》通过后十几年间未能生效并接近"难产"的情况下,这一国内立法堪称单边模式的成功范例,与美国《外国主权豁免法》相比毫不逊色。不过,这部立法过于简单,常常为国内学者所诟病。但是,它所采取的单边模式已经得到相当多国内学者的支持。比如,有学者呼吁中国制定外国主权政府豁免的单行立法,甚至提出了学者的立法建议稿。[32]因此,无论是立法实践,还是学术文献讨论,在主权豁免问题上,不依赖或者不完全依赖多边模式,中国部分采取单边模式,或者未来将要朝

---

[31] 参见中国财经报:《合作才能赢——财政部全面加强与欧盟、美国审计监管合作纪实》,来源于财政部网站,http://www.mof.gov.cn/zhengwuxinxi/caijingshidian/zgcjb/201111/t20111128_610625.html,最后访问日期:2018年11月30日。

[32] 齐静:《国家豁免立法研究》,人民出版社2015年版,第228页。

着单边模式方向发展,这是一个非常明确的趋势。

如果说《外国中央银行财产司法强制措施豁免法》带有适用范围上的局限性,很难用来支持我所提出的熊猫债监管转向单边模式的论点。那么,在会计和审计跨境监管问题上,这种从双边模式转向单边模式的倾向则非常明显。

比如,2017年7月,马来亚银行在我国发行了熊猫债。根据马来亚银行2016年的财务报表,马来亚银行根据马来西亚会计准则(Malaysia Financial Reporting Standards)和国际会计准则准备其财务报表,该财务报表经过了在马来西亚注册的安永会计师事务所(Ernst & Young)的审计。[33] 马来西亚会计准则并没有被我国财政部认定为与中国会计准则等效。从公开信息来看,我国财政部也没有与马来西亚监管机构签署任何审计监管等效协议。因此,从理论上来讲,马来亚银行根据马来西亚会计准则准备的财务报表、在马来西亚注册的安永会计师事务所出具的审计报告都不能直接在熊猫债发行中使用。

但是,在马来亚银行的熊猫债项目中,注册于中国的安永华明会计师事务所出具了一份报告,名为《马来亚银行有限公司主要会计政策与中国会计准则差异情况表鉴证报告》。[34] 在这份鉴证报告中,马来亚银行管理层制作了该银行会计政策与中国会计准则的差异情况表,对金融资产的重分类、非金融资产减值等四个方面的差异做了文字性说明。中国的安永华明会计师事务所则对该差异情况说明进行了鉴证,认为该差异情况表反映了两国会计准则之间的主要差异。要求马来亚银行向中国投资者提供会计准则差异情况表,这是类似于美国处理会计跨境监管问题的模式。在美国模式下,美国根据其国内法律规定对其他国家会计准则的准入问题进行监管,并不以美国与该国签署任何双边互相认可协议作为准入的前提条件。

因此,从马来亚银行发行熊猫债的做法来看,我国放弃了原有的双边模式,采用了差异调节这一带有很浓厚美国色彩的单边模式做法,甚至连"差异情况表"这一名字都直接沿用了美国国内法律的术语。实际上,马来亚银行并非孤例。在此之前,2016年11月,加拿大国民银行在银行间市场公开发行了熊猫债。在加拿大国民银行的熊猫债披露材料中,也包含了一份差异情况表鉴证报告。该报告名为《加拿大银行会计政策与中国会计准则差异情况表鉴证报告》,报告的出具人是在中国注册的德勤华永会计师事务所。[35] 只不过,加拿大国

---

[33] 上海清算所:《马来亚银行2016年度经审计的财务报表》,第29—31页,http://www.shcleating.com/xxpl/fxpl/rmbl/201906/t20190614_532810.htm,最后访问日期:2019年9月1日。

[34] 上海清算所:《马来亚银行有限公司主要会计政策与中国会计准则差异情况表鉴证报告》,http://www.shclearing.com/xxpl/fxpl/rmbl/201906/t20190614_532810.htm,最后访问日期:2019年9月1日。

[35] 中国货币网网站:《加拿大会计政策与中国会计准则差异情况表鉴证报告》,http://www.chinamoney.com.cn/fe/Info/33729011,最后访问日期:2018年11月30日。

民银行采用的是国际会计准则,而国际会计准则与中国会计准则差异不大,且欧盟版国际会计准则已经被我国财政部认定为与中国会计准则等效。加拿大国民银行的做法虽然是中国转向美国模式的标志,但因为中国会计准则与国际会计准则本来就差异不大,要求提供两个准则的差异调节表缺乏实质意义,因此,它受到的关注要少很多。

2018年9月,中国人民银行和财政部发布了《熊猫债管理暂行办法》。《熊猫债管理暂行办法》对境外机构到我国境内发行熊猫债,包括国际开发组织、境外金融企业和境外非金融机构发行熊猫债,规定了一系列发行条件和要求。其中,在会计准则这一问题上,它完全确认了马来亚银行、加拿大国民银行的上述做法,明确规定允许采用美式的差异调节做法,以满足我国会计监管要求。比如,《熊猫债管理暂行办法》第15条规定,国际开发机构发行债券时,"若未使用中国企业会计准则或经财政部按照互惠原则认定已与中国企业会计准则实行等效的会计准则(以下简称'等效会计准则')编制所披露的财务报告,应同时披露所使用会计准则与中国企业会计准则重要差异的说明"。第16条进一步规定,"境外金融机构法人和非金融企业法人发行债券时","若未使用中国企业会计准则或等效会计准则编制所披露的财务报告,应同时提供如下补充信息:(一)所使用会计准则与中国企业会计准则的重要差异;(二)按中国企业会计准则调节的差异调节信息,说明会计准则差异对境外机构财务报表所有重要项目的财务影响金额"。

因此,中国放弃原有的多边、双边模式,采用接近于美国的单边模式处理熊猫债监管问题、跨境债券发行的监管问题,在我看来,这是一个比较明显的发展趋势。中国更加接近美国,"法律和金融""法律和发展"、国际法的地方性知识、"移植法学"等学术文献几乎完全忽视的问题,在熊猫债短短十来年的发展过程中成为现实。中国法律模式会不会接近美国法律模式,这几乎是不需要回答的问题。真正的问题是,这仅仅是一个偶然的、短期的现象,还是代表了某种必然的趋势?

四、一个更加单边化的中国?

更多采用单边模式处理金融市场对外开放、跨境金融活动的规制问题,在我看来,是未来中国法律模式发展的一个趋势。中国法律模式的变化,中国更加接近美国的趋势,这背后隐含着必然逻辑。

(一)"国际法的终结"

从某种程度来讲,美国单边模式的重新兴起、中国单边模式的出现都是20世纪90年代"冷战"结束后"国际法终结"背景下的产物。芬兰国际法学者马蒂·寇斯克尼米(Martti Antero Koskenniemi)曾经提到,《联合国国家及其财产管辖豁免公约》是国际法学家赫希·劳特派特(Hersch Lauterpacht)向联合国国际法委员会提出的并于1949年被后者采纳的14个联合国立法项目之一,是"冷战"背景下由少数国际法专家将国际规则和实践法典化的产物。但是,随着20世纪90年代初"冷战"的结束,该公约以及与其类似的其他联合国立法项目所呈现的"中立性""专家性""非政治性"受到了挑战。尽管《联合国国家及其财产管辖豁免公约》只是试图总结以往的实践与惯例,在某种程度上具备一定的"科学性",但在"冷战"终结的背景下,在其他关于贸易、投资、气候变化等更吸引眼球的国际法议题层出不穷的情况下,这部联合国主导的国际公约被认为与世界的关注点"不再相关"(irrelevant)。联合国国际法委员会完全失去作用,以及更为广义的国际法立法成为历史,在寇斯克尼米看来,这是"国际法的终结"(the demise of international legislation)。[36]

因此,在主权豁免问题上,我国加入《联合国国家及其财产管辖豁免公约》"受挫",我国希望通过多边模式处理国际法问题受阻,进而颁布《外国中央银行财产司法强制措施豁免法》这样的国内单行法,乃至部分学者提出我国应该通过更为全面的主权豁免单行立法来全面解决主权豁免问题,在"国际法终结"的背景下来看,中国单边模式的出现带有历史的必然性。

同样的,寇斯克尼米提到了"国际法终结"后出现的两个趋势,即国际软法(soft law)的兴起和政府专业监管机构在跨境合作中形成非正式网络(informal network)。国际证监会组织颁布的《多边谅解备忘录》、中国证监会与其他国家证券监管机构签署的双边合作备忘录,就是这两个趋势的具体表现形式。然而,国际软法没有法律强制力,需要国内法来加以确定,跨境活动中形成的所谓"事实性实践做法"(*de facto* practices)存在不确定性(fluid)、缺乏统一和协调(uncoordinated),这都为单边模式的存在提供了理由。

比如,在会计的跨境监管问题上,既不存在政府间会计监管机构组成的国际组织,也不存在任何国际法意义上的"非正式网络"。欧盟的双边认可模式与美国的单边"差异调节模式"也完全不同,很难谈得上存在任何公认的、确定的国际实践做法。从这个角度来讲,美国的"差异调节模式",中国借鉴美国模式后形成的单边模式,以及其他国家诸如日本采取的更加单边化的政府审批模式,都存在其历史的合理性。

(二)"弱市场"能否支持单边模式?

但是,美国采取单边模式,其中一个重要的原因在于,美国存在一个强大的

---

[36] Martti Koskenniemi, "International Legislation Today: Limits and Possibilities", *Wisconsin International Law Journal*, vol. 23, no. 1, 2005, pp. 69—78. 该文章第三部分的标题是"the demise of international legislation",直译为"国际立法的终结",作者指的是联合国国际法委员会立法已经成为历史。但是,该文章实际上是从更广的层面讨论国际法规则的形成越来越困难。从这个角度出发,我把它译为"国际法的终结"。

市场,存在很强竞争力的市场主体。在境外主体的市场准入监管问题上,这种强大的国内市场能够"抵御"境外主体的竞争,减少监管机构在保护国内市场、保护国内主体方面的顾虑。

比如,在境外审计机构的跨境监管问题上,美国采取准入层面的注册制和持续监管层面的单边监管模式。后者就是本文开头提到的中美审计冲突的根源。就准入问题而言,美国根据 2002 年《萨班斯—奥克斯利法》的规定,要求所有审计机构,不管是美国境内的审计机构,还是美国境外的审计机构,必须在美国公众公司会计监督委员会(PCAOB)注册,注册之后才能在美国境内开展审计活动,比如为美国境外公司——如百度——在美国发债出具审计报告。

同欧盟的等效认可制度相比,美国的注册制不以国家间双边互惠安排为前提,属于本文意义上的单边模式的例子。同时,在美国公众公司会计监督委员会注册的审计机构一共有两千多家,其中,美国境内的审计机构占了一半,有一千家左右。[37] 从某种意义来讲,美国实行单边模式意义上的注册制,愿意向全世界所有国家开放其审计市场,这和审计行业美国本土审计机构占有相当份额、具备很强的竞争力有直接的关系。

那么,对于本土市场较小、本土机构较弱、本土机构缺乏竞争力的中国而言,在缺乏支持单边模式的"强市场"的制度背景下,中国采用的单边模式是否能够持续?实际上,上面提到的我国借鉴美国"差异调节"制度的例子,虽然在会计准则的跨境监管上我国采用了美国的单边模式,但是,我国仍然要求中国本土的会计师事务所出具"鉴证报告"。在美国单边模式下,境外发行人提供"差异调节表"就够了,不需要任何美国境内审计机构再鉴证一遍。我国要求境内审计机构鉴证,是在允许境外审计机构的审计报告在我国境内使用的同时,增加一个境内审计机构鉴证的环节。从这个角度来看,保护本土审计机构仍然是背后的重要考量因素之一。这也间接印证了单边模式与"强市场"之间的某种关联关系。

同样,2017 年中国人民银行发布了"7 号公告",采取了和美国一样的市场开放态度,允许境外评级机构如穆迪、标准普尔申请在中国境内从事评级业务的资格。在境外评级机构的跨境监管问题上,欧盟的立场比较保守,不允许境

---

[37] 根据美国公众公司会计监督委员会官方网站提供的注册信息,截至 2017 年 6 月 30 日,共有 1931 家美国境内外审计机构在该委员会注册,其中,美国境内的审计机构有 1034 家,美国境外的审计机构为 897 家。乔炜报告过截止于 2011 年的数据。根据他的研究,截至 2011 年底,共有 2407 家审计机构在该委员会注册,其中非美国机构为 905 家,来自 85 个国家和地区,约占注册总数的 40%。参见乔炜:《会计监管的国际合作机制研究》,财政部财政科学研究所 2012 年博士学位论文,第 86 页。最新的美国公众公司会计监督委员会注册机构信息,可以登录该委员会网站,https://pcaobus.org/Registration/Firms/Pages/RegisteredFirms.aspx,最后访问日期:2018 年 11 月 30 日。

外评级机构申请欧盟境内评级的资格。相比而言,"7号公告"采取了比欧盟更为开放的态度。但是,"7号公告"在设置资格条件时又明确要求,境外评级机构所在国的政府监管机构必须与中国人民银行达成评级监管合作协议,这是境外评级机构申请境内执业资格的条件之一。这似乎又从以往的单边模式转向双边模式。

"7号公告"未来的适用究竟如何还有待观察。但从中国人民银行采取的既开放又限制的模式来看,近几年熊猫债评级几乎由中诚信等中外合资评级机构垄断,大公国际、中债资信、鹏元资信和东方金城等本土评级机构几乎毫无建树,以某种方式保护本土评级机构,比如以政府双边合作协议作为市场开放前提,这似乎是"7号公告"背后隐藏的逻辑之一。从这个角度来讲,单边模式需要一定程度的"强市场"来支撑。没有一个"强市场",没有本土机构的支撑,单边模式可能缺乏持续性。

但是,"弱市场"是否必然带来单边模式?"弱市场"是否必然导致单边模式不可持续?我认为这不存在必然的逻辑关系。实际上,在审计机构跨境监管问题上,与会计准则的跨境监管一样,2018年9月中国人民银行和财政部联合发布的《熊猫债管理暂行办法》也同样采用了美国的单边注册模式。比如,《熊猫债管理暂行办法》第20条规定:"境外会计师事务所接受境外机构委托对其在中华人民共和国境内发行债券相关财务报告进行审计的,应当接受财政部监管,并按照有关要求向财政部备案。境外会计师事务所所在国家或地区与财政部签署审计监管等效协议,或就发债签署专门审计监管合作协议的,按照协议约定执行。"也就是说,在我国审计市场的结构并无实质变化的情况下,我国一方面继续沿用原有的欧盟版双边模式;另一方面,我国监管机构也开始采用美式单边监管模式,允许境外审计机构到我国备案,不以国家之间双边合作监管安排为前提。只不过从形式上讲,我国把它叫作"备案制",以区别于美国的"注册制"。

此外,"弱市场"和某种形式的单边模式共存,这在其他国家仍然存在先例。比如,日本是世界第二大债券国家,仅次于美国。在境外评级机构的监管问题上,从日本法律规定来看,日本的模式与中国人民银行7号公告采用的模式非常类似。可以在日本开展评级业务的评级机构既包括"根据《日本金融工具和交易法》第2条第36款(设立)的日本境内评级机构",也包括"根据外国法设立的评级机构,前提是该外国对评级机构的监管框架与日本对其国内评级机构的监管框架等效"。[38] 这里"等效"的概念源自欧盟,在某种程度上接近于7号公

---

[38] JPX:"Q&A about the TOKYO PRO-BOND Market"(1 June 2019), at http://www.jpx.co.jp/english/equities/products/tpbm/outline/02.html(last visited sep.1, 2019).

告隐含的双边模式逻辑。

但是,在向境外发行人开放的专业债券市场(Pro-Bond Market)中,东京证券交易所采取一事一议方式,既明确许可穆迪、标准普尔、惠誉这三家国际评级巨头开展评级业务,也允许马来西亚的评级机构 RAM Rating Services Berhad 开展业务。东京证券交易所还表示,来自其他国家的评级机构也可以一事一议,根据情况确定是否可以在该市场从事评级业务。[39] 在这个问题上,日本《金融工具和交易法》提出的"等效"概念更像是一个幌子。或者说,从实际运作来看,"等效"并不是"对等";是否"等效",并不与双边互惠相联系,而是日本监管机构单边决定的结果。同时,从历史来看,日本的本土评级机构,即日本信用评级公司和(日本)评级信息投资公司,成立于20世纪80年代。在很长一段时间,日本也大体属于本土评级的"弱市场"国家。日本采用的一事一议模式,实际上就是一种单边模式。从日本经验来看,"弱市场"与单边模式之间并不存在必然的排斥关系。

如果说评级市场太小导致评级机构数量太少,即便是开放程度高、市场发达的美国,证监会批准的所有境内外评级机构也只有十来家,因此,日本对境外评级机构的单边监管模式与"弱市场"之间的关系还不够明显。在境外审计机构准入问题上,世界"四大"会计师事务所无一来自日本。和中国一样,日本在某种程度上属于审计"弱市场"国家。但是,在境外审计机构的准入问题上,日本采用"境外审计机构通知+境内监管机构审批"的制度,实质上也是一种单边监管模式,由金融监管机构一事一议来审批确定某一境外审计机构能否进入日本市场。

比如,日本金融厅公布了"适格外国审计机构"的名单。[40] 名单中包含了近90个境外审计机构,来自日本以外的31个国家和地区。日本"适格外国审计机构"数量远远不如在美国注册的一千家境外审计机构的数量多,但与其他国家或地区,比如英国的100多家或者卢森堡的几十家相比,被日本认可的境外审计机构的数量相当可观,涵盖的国家也相当广泛。

从本质上看,日本模式就是一种单边模式。而且,从一事一议、政府审批的实质来看,同美国的注册制相比,日本模式的单边性更强,至少政府在审批过程中的自由裁量权要比注册制下政府的干预程度大得多。一个审计"弱市场"的日本,通过单边审批模式将来自几十个国家的近百家审计机构认定为"适格外国审计机构",允许这些境外审计机构到日本开展业务。因此,"弱市场"支持一个相当规模的单边模式似乎并不存在障碍。

---

[39] Id.

[40] 参见"Foreign Audit Firms having made notification to the FSA", http://www.fsa.go.jp/en/regulated/licensed/fafia.pdf,最后访问日期:2018年11月30日。

我国未来的模式能否更接近日本的模式,这存在不确定性。但是,日本模式至少提供了一种可能性:在存在"弱市场"的情况下,某种形式的单边模式仍然是可行的,而且,这种单边模式可能比美国的单边模式带有更强的单边色彩。同时,日本模式中很强的政府干预色彩,与我国熊猫债试点阶段所采取的"一事一议"的政府审批特点非常接近。从强调政府干预的角度来讲,日本模式对于我国存在很强的吸引力。对于熊猫债未来的发展,单边模式不仅存在空间,而且还可能会有持续发展的条件。

五、还有什么能够阻挡中国的单边化?

如果"弱市场"也可能支持某种程度的单边模式,那么,还有什么能够阻挡中国向单边模式的演进?除了"强市场"以外,支持美国单边模式的另一个重要因素在于,美国有一个强大的政府,监管机构拥有很大的权力。与此相对,中国不仅存在"弱市场"的约束,也存在"弱政府"的约束。那么,存在"弱政府"约束的中国,单边模式是否还能够持续?

(一)"强政府"与单边模式

美国之所以能够采取单边模式和美国证券监管机构的权力大有直接关系。狭义的证券监管,主要涉及证券发行和交易的监管、上市公司的监管以及交易所和证券中介机构(如券商)的监管。广义的证券监管,除了狭义证券监管范围以外,还包括与证券监管相关的会计准则、审计机构以及评级机构的监管。美国负责证券监管的政府机构是美国证监会。从历史上看,美国证监会监管权的边界一直在发生变化。比如,在 1933 年美国证监会成立之后的很长一段时间里,美国证监会的精力都放在如何把纽约证券交易所纳入其监管范围这个问题上。[41] 从目前美国证监会的权力来看,它的监管权力涵盖了广义证券监管的范围。从某种意义来讲,美国证监会是全世界最有权力的证券监管机构。

比如,1933 年美国《证券法》和 1934 年美国《证券交易法》颁布之后,美国证监会得以设立,并开始行使证券发行和交易层面的监管权限。2002 年,美国颁布《萨班斯—奥克斯利法》,设立了公众公司会计监督委员会,由它负责美国境内外审计机构的监管。根据该法第 101 条,美国公众公司会计监督委员会的主席由美国证监会任免,美国证监会还有权罢免该委员会的其他成员。换句话说,美国证监会是美国公众公司会计监督委员会的上级领导,通过监管后者来实现对会计审计事务的监管。此外,2006 年,美国颁布《信用评级机构改革法》,赋予了美国证监会对评级机构的监管权力。因此,美国证监会集证券发行

---

[41] 乔尔·塞利格曼:《华尔街变迁史——证券交易委员会及现代公司融资制度的演化进程》(修订版),田风辉译,经济科学出版社 2004 年版,第六章(完成任务的人)。

和交易监管权、会计审计监管权和评级监管权于一身,涵盖了证券监管的各方面内容。美国模式是比较典型的"大一统"证券监管模式。

美国之所以能够采取非常强势的单边模式,"大一统"的证券监管模式无疑起到了重要作用。比如,通过公众公司会计监督委员会的运作,美国证监会实现了对境内外审计机构的监管,有能力实行带有很强单边色彩的境外审计机构注册制,以及注册之后的单边持续监管制度,包括本文开头提到的在美国境外的单边执法制度。与此相对,同样强势的欧盟,在审计监管问题上,虽然欧盟委员会层面实行等效认可制度,由欧盟委员会统一对其他国家审计监管的等效程度进行认定,但是,欧盟各成员国的审计监管机构设置得五花八门,对审计机构的监管权力非常分散。

比如,英国负责审计机构监管的是自律组织,名为"财务报告委员会—职业监管委员会"(Financial Reporting Council—Professional Oversight Board);而德国由政府专门设立的审计监管机构负责监管,即德国的"审计师监管委员会";丹麦没有设立专门的审计监管机构,而是由政府财政或经济管理部门负责审计机构的监管,即丹麦的"商业和公司管理局"(Danish Commerce and Companies Agency)。

欧盟双边认可模式之所以不那么成功,至少在审计跨境监管领域,欧盟成员国监管机构设置不一致、权限不统一是很重要的原因。而美国之所以能够在会计、审计、评级以及传统证券发行和交易领域都采取单边色彩浓厚的措施,这和美国证监会监管权力集中有很大关系。

(二) 中国式证券监管竞争

如果说有什么能够阻挡中国向单边模式演进,那么,中国证券监管权的分割、证券监管机构权限不统一,也许是唯一可能的因素。在中国目前的监管模式下,会计审计监管与传统证券发行监管出现分离,分别由财政部和证券监管机构行使。同时,债券发行和交易市场本身也出现市场分割和监管分离的局面。熊猫债市场被分割成银行间市场和交易所市场两个市场,分别由中国人民银行和中国证监会监管,适用不同的监管规则。很显然,监管权被不同政府部门分割行使,不同政府部门甚至相互竞争,至少在债券监管领域,我国是一个"弱政府"国家,而不是一个美式的"强政府"国家。从美国经验看,单边模式需要"强政府"支撑。熊猫债背景下的"弱政府",似乎很难支持我国的单边模式。

"弱政府"背景下的监管分割,虽然也会阻碍单边模式所需要的权力集中行使,但是,监管分割同时伴随的监管竞争,从具体的历史背景来看,也能够为打破既有的监管权力集中所产生的障碍提供机会。实际上,熊猫债2015年之后的迅猛发展,很大程度上就是证券监管竞争的产物。

2005年,熊猫债市场向国际开发组织开放之后,根据当时的《国际开发机构人民币债券发行管理暂行办法》(已废止),审批和监管国际开发机构熊猫债的职责主要由财政部承担。也就是说,财政部不仅监管会计、审计事务,也负责狭义上的证券发行和交易监管。不过,财政部在证券监管上的权力受限,监管对象范围窄,主要针对国际开发机构。从这个背景来看,除了评级监管权不属于财政部以外,通过财政部对国际开发机构的熊猫债实行统一监管,我国采用了某种程度的"大一统"证券监管模式。但是,在近十年的时间里,在财政部相对保守的监管理念下,熊猫债市场几乎处于停滞状态,仅有国际金融公司和亚洲开发银行发行了少数几笔熊猫债。

  2015年开始,熊猫债获得迅速发展。其背后的主要动因在于,为了在当年底推动人民币加入国际货币基金组织的特别提款权货币篮子,在人民币国际化背景下,中国人民银行以银行间市场为依托,实际上"夺回"了熊猫债的监管权。这是监管竞争打破监管垄断,形成新的权力配置,从而促进市场发展的典型例子。

  具体来讲,根据国际货币基金组织对货币能否自由使用的定义,在四十来个资本管制项目中,中国仅有少数几个"不达标",其中就包括是否允许非居民(境外机构)在境内发行债券这个问题。[42] 资本项目管制是中国人民银行的传统监管范围。为此,在2015年年底决定人民币是否能够"入篮"的背景下,为了尽可能让人民币"达标",熊猫债提速发展。加拿大不列颠哥伦比亚省、韩国政府等境外机构相继发行熊猫债,为人民币最后成功"入篮"解决了法律障碍。在推动人民币"入篮"、放松资本项目管制、扩大人民币国际化的进程中,中国人民银行起到了决定性的作用。2015年以来熊猫债的迅猛发展,也是中国人民银行主要推动的结果。

  因此,中国人民银行和财政部的监管"竞争",重新改变了熊猫债的监管格局,促成了熊猫债市场的进一步开放和发展。熊猫债背景下的监管分割和监管竞争,实际上就是耶鲁大学法学院诺马诺教授所说的"赋予发行人选择权"的证券监管竞争。[43] 监管分割、权力分割一方面对监管机构采取单边模式起到了限制作用,但另一方面,它也为推翻原有市场和监管格局、重塑新的市场和监管格局提供了契机。从这个意义上来讲,权力分割、监管竞争的"弱政府",在特定的历史条件下,至少为某种新的单边模式的创立创造了条件。

  进一步讲,熊猫债背景下的监管竞争,不仅表现在中国人民银行(以及中国证监会)从财政部手中重新"夺回"传统意义上的证券监管权力,还表现在重塑

---

[42] IMF, *International Monetary and Financial Committee Thirty First Meeting April 18, 2015, IMFC Statement by ZHOU Xiaochuan, Governor, People's Bank of China*《周小川行长在国际货币基金组织国际货币和金融委员会第31次会议的讲话》,(18 April 2015), at http://www.imf.org/external/spring/2015/imfc/statement/eng/chn.pdf,最后访问日期:2018年11月30日。

[43] Roberta Romano, "Empowering Investors: A Market Approach to Securities Regulations", *Yale Law Journal*, vol. 107, no. 5, 1998, p. 2359.

后的监管格局下,财政部对会计审计的监管模式也开始调整,并形成某种比美国模式单边色彩更浓厚的单边监管模式。

前面提到,在马来亚银行熊猫债中,在其他国家会计政策跨境使用的监管问题上,我国监管机构采用了美国的"差异调节"模式。实际上,进一步探究我国采取的模式,我们可以发现,马来亚银行熊猫债中的差异调节表属于文字描述性的差异调节表,与美国所要求的数字性的差异调节表存在很大差异。在美国的数字性差异调节表中,境外发行人不仅需要披露其本国会计准则与美国会计准则在文字上的差异,还需要具体计算文字上的差异是否带来财务数据上的差异。如果存在差异,还需要具体披露差异的金额。

然而,马来亚银行的差异调节表没有披露差异的金额。相对于美国的差异调节模式来讲,中国财政部采用的差异调节模式给马来亚银行带来的负担更小,属于"简化版"的美国差异调节模式。我国之所以愿意采纳"简化版"的美国差异调节模式,这和当时财政部面临的监管竞争压力有很大关系。[44] 在人民币国际化、资本市场对外开放和熊猫债大发展的背景下,继续坚持原有的欧盟双边模式,会计审计对外开放滞后,实际上将封闭熊猫债开放的大门,封闭资本市场开放的大门,给人民币"入篮"之后的表现带来负面影响。在这个问题上,财政部面临监管竞争压力。"简化版"的美国差异调节模式的出现,也就是诺玛诺教授预测的监管竞争的结果,即监管竞争演进出对发行人更为友好的监管制度。[45]

从这个例子来看,在特定历史时点,中国模式比美国模式的单边色彩更为强烈,更接近于上文讨论的日本一事一议的政府审批模式。因此,监管分割、权力分割的"弱政府",既可能对单边模式的持续起到制约作用,在特定的条件下,也可能为单边模式的出现创造条件,甚至可能创造出单边色彩更强的做法。从这个角度来看,"弱政府"或许能够阻碍单边模式的持续,但在监管竞争的背景下,也可能推动其向更加单边化的模式演进。"弱市场"和"弱政府"的中国,与"强市场"和"强政府"的美国一样,在"国际法终结"的背景下,采取单边模式处理跨境金融问题和金融市场开放问题,这存在很大的可能性,甚至必然性。

六、单边模式的规范解读

认为中国会更加接近美国,这是一个让人喜忧参半的结论。作为唯一的超

---

[44] 在这个问题上,2018年9月中国人民银行和财政部发布的《全国银行间债券市场境外机构债券发行管理暂行办法》强化了美式差异调节模式,要求金融机构和非金融企业都要采取量化的差异调节模式,只允许国际开发组织采取"简化版"的美式差异调节模式。

[45] 2018年9月中国人民银行和财政部发布的《全国银行间债券市场境外机构债券发行管理暂行办法》第16条将差异调节界定为量化的差异调节,实际上是重新收紧了监管态度,更接近美式差异调节制度。

级大国,美国在资本市场、律师行业等几乎所有重要领域都排名第一。将中国与美国并列,放在近一百年来"赶英超美"、追逐"中国梦"的背景下来看,大多数中国人心中恐怕多少有些自豪感。但是,当美国与单边、"任性""傲慢"这样的描述联系在一起的时候,将中美两国并列,尤其是在法律模式上认为中国和美国具备相似性,而且可能越来越接近,不少政府官员、学者和一般民众心理恐怕会觉得别扭。在单边模式这个问题上,从规范(normative)或者说价值层面而言,我希望在此进一步澄清以下四个问题。

首先,在国际法学界讨论多边、双边和单边主义的时候,即便单边主义通常被赋予负面的评价,多边主义通常被贴上正面的标签,对于多边主义和单边主义,仍然存在中立角度的学术解读。比如,在21世纪初美国重新兴起单边主义的时候,相当多的学者,包括美国学者对美国单边主义持批评态度,而美国国际法学者侯赛·艾乌芮茨(José Alvarez)指出,单边主义或多边主义究竟是好事还是坏事,这无法作出抽象的回答。答案因时而异。某些多边主义措施,也许是符合国际法规定的,但可能是不明智的,甚至可能是损害法治的;某些单边主义行为也许是需要采取的,尽管它可能是不合法的。[46] 进一步讲,单边主义虽然被贴上负面标签,但也不乏为单边主义进行温和辩护的学术文献,包括本文提及的、部分学者提出的促进国际法规则形成的单边主义或跨国主义的学术文献。[47]

实际上,在中国没有加入联合国之前,美国针对中国采取的措施大多以联合国名义作出,多边措施也可能做恶事;而中国采取的措施大多是单边性质的,在历史背景下将单边措施与维护中国自身安全的善相联系具备历史的合理性。因此,本文提出的单边模式的概念,虽然采取了"单边"这一可能带有负面意义的术语,但单边模式并不必然代表任性、不遵守规则和游离于国际法之外。

其次,本文所说的单边模式,并不完全等同于国际法文献意义上的单边主义,它实际上强调的是通过国内法、通过自主决策方式处理跨境法律问题、处理国际法问题。从这个角度来讲,单边模式并不排斥多边模式和双边模式。签署和批准《联合国国家及其财产管辖豁免公约》,采用多边模式处理主权豁免问题,与通过颁布国内法的方式处理同一问题并不矛盾,多边和单边可以并存。但是,我提到的多边、双边向单边模式演进,实际上批评的是试图以多边、双边模式替代单边模式,或者将多边和双边安排作为单边模式的前提的做法。中国

---

[46] José E. Alvarez, "Multilateralism and Its Discontents", *European Journal of International Law*, vol. 11, no. 2, 2000, p. 403.

[47] *Supra* note [24], and Christine Chinkin, "The State that Acts Alone: Bully, Good Samaritan or Iconoclast", *European Journal of International Law*, vol. 11, issue 1, 2000, pp. 31—42.

加入世界贸易组织,通过多边框架处理国际贸易问题,中国加入时作出的承诺文件直接具有中国国内法的效力,不需要任何国内法的支持,这一模式固然非常成功,但是,认为这可以替代国内立法,不需要国内反倾销、反补贴甚至类似于本文开头提到的美国"301调查"等法律制度的支持,这种国际法至上的思维,在"国际法终结"的背景下,明显忽略了国内立法的重要性。

再次,单边模式的运作,仍然需要考虑多边和双边安排,从而设计出一种多边利益博弈和单边决策平衡后的国内立法模式。因此,以开放促改革,根据国际规则调整国内立法的策略,虽然仍将继续起到不小的作用,但如果试图以国际法来替代国内法,采取多边和单边模式互相排斥的态度,恐怕很难有实际效果。换句话讲,《外国中央银行财产司法强制措施豁免法》的成功,很大程度上在于考虑了《联合国国家及其财产管辖豁免公约》可能无法生效且生效时间未定的情况,从而同时以国内立法的方式解决当时面临的急迫问题。但是,这部单行法的缺陷,也在于立法者未能预测到资本市场对外开放的速度,从而将单行立法的适用范围过窄地限定为特定的外国主权财产和行为。如果当初的法律适用范围更广一点,这部单行立法所代表的单边模式,就是本文意义上的单边模式的完美代表。因此,一个成功的单边模式,既要考虑本国所面临的多边和双边规则(以及没有规则情况下)的约束和空间,考虑国内法与现行以及未来可能生效的多边和双边规则之间的协调,也要考虑国内法不仅要用来解决当时的急迫问题,还要为未来发展预留足够的空间。

最后,从国内法学学者的研究来看,中国法律的单边模式特点已经在相当多的部门法中讨论,本文提出的国际金融法领域的单边模式并非孤例。比如,在国际私法(冲突法)领域,国内学者对中国国际私法的单边模式或单边主义特色已经有了非常深入的讨论和分析。[48] 在这些国内学者的论述中,不仅存在对我国《涉外民事关系法律适用法》中单边规范的界定,而且存在与本文对单边模式(以及单边主义)类似的解读。[49] 同时,国内学者对中国法律模式中的单边主义倾向或潜在倾向的讨论,不仅在国际私法中可以看到,而且在其他部门

---

[48] 参见耿勇:《单边主义法律选择方法》,载《政法论坛》2007年第4期,第88—96页;杨利雅:《冲突法语境中的单边主义》,载《当代法学》2010年第3期,第136—145页;叶竹梅、米江霞:《〈涉外民事关系法律适用法〉中的单边主义分析》,载《西部法学评论》2011年第6期,第127—131页。

[49] 耿勇:《单边主义法律选择方法》,同前注[48],第90页("在任何一个国家的成熟的冲突法立法和司法中,不可能只采用单边主义的方法,要么采用多边主义。当我们说欧洲大陆国家的冲突法具有多边主义的传统,而美国冲突法具有单边主义传统的时候,并不是一种非此即彼的可以完全替代的选择,只是采用哪种方法更普遍。而在这种对比中,只能说美国采用单边主义方法比欧洲国家更频繁,但即使在美国内部对这两种方法采用的频率相对比,应该说美国主流的冲突法方法仍然是多边主义的,因为美国《第一次冲突法重述》和《第二次冲突法重述》都主要采用的是多边主义方法,但在美国的冲突法司法实践中,单边主义方法的采用比其他国家更常见")。

法如环境法[50]、海商法[51]、金融法[52]中都可以看到。因此,在熊猫债领域,在跨境债券发行领域,中国法律发展呈现的单边模式特点,存在某种一般性和普适性。但是,由于单边主义隐含的负面评价,由于我国相当多国际法学者对双边主义或多边主义的潜意识支持,本文讨论的单边模式很少被国内学者系统梳理,或者常常在支持多边主义的正确政治话语的语境下被忽视。

所以,本文意义上的单边模式,在某种程度上是一个"混合模式",一个反映了多边和双边规则的内容,但并不以多边和双边安排为前提的国内自主立法模式,同时也是一个可以做善事而非游离于国际规则之外的处理跨界金融问题的法律模式。

(审稿编辑　刘思艺)
(校对编辑　邓　伟)

---

[50] 浦晔、侯作前:《论环境保护中的单边主义及中国的政策选择》,载《中国法学》2002年第4期,第141—146页。

[51] 马亚东:《论船舶污染防控国际统一立法下的单边主义》,载《中国海商法研究》2014年第2期,第46—53页。

[52] 葛淼:《美国单边金融制裁的国际法性质与应对》,载《上海金融》2018年第10期,第55—59页。

强权还是规则：美国单边贸易措施对 WTO 的解构路径分析

——基于多边规则与国内法之间的权力划分

曹亚伟[*]

Power or Rule:
Analysis of the Deconstruction Path of U.S. Unilateral Trade Measures to WTO Based on the Division of Power between Multilateral Rules and Domestic Law

Cao Yawei

内容摘要：本次中美贸易争端中，美国尝试利用 WTO 多边机制存在的固有缺陷寻求在 WTO 框架内建立其所实施的单边贸易措施的适法性，通过利用形式上兼容于 WTO 的国内法条款，以超出 WTO 议题范围的缘由实施单边贸易制裁，并在适用过程中对 DSB 未曾释明的规则进行扭曲解释，对 WTO 多年来精心维系的多边机制与国内法之间的权力平衡构成严重挑衅。现行 WTO

---

[*] 中国海洋大学法学院讲师，师资博士后，法学博士，中国海洋大学海洋发展研究院研究员。本篇文章受到中国博士后科学基金第 61 批面上资助（二等，2017M612347）、第 11 批特别资助（2018T110709），中央高校基本科研业务费专项（201813003），以及青岛市社会科学规划项目（QDSKL1701006），山东省社会科学规划项目（18DFXJ07）支持。

争端解决机制虽然能够通过具体案件的审理否定"301条款""232条款"及其调查行为的合法性,但终因 WTO 争端解决的时间迟滞、解释的被动性与个案局限性以及欠缺对恶意违法的惩罚机制而使 DSB 打击单边贸易措施的效力大为减损。为此,有必要改革现行 WTO 争端解决机制,建立快速宣告违法程序及其配套的惩罚性赔偿机制,明确对适用缘由超出 WTO 议题范围而实施方式违反 WTO 义务的贸易措施的管辖权,并建立 WTO 规则的释明程序,在不减损 DSB 权威性与公正性的前提下,增强 WTO 多边规则应对单边贸易措施的能力与效率,有效打击单边贸易措施,维护 WTO 多边规则的拘束力。

关键词: 多边规则　单边贸易措施　国内法

引言

2017年8月14日,特朗普签署行政备忘录,授权贸易代表对中国开展"301调查",拉开了中美贸易争端的序幕。[1] 其间中美双方多次谈判,几经波折。[2] 总体来看,美国对中国采取的主要贸易措施包含两类:一是基于美国《1962年贸易扩展法》(Trade Expansion Act of 1962)第232条实施的针对中国钢材和铝材的高关税,该条款授权美国总统基于维护国家安全的目的保护美

---

[1] 参见美国白宫办公室网站,https://www.whitehouse.gov/presidential-actions/presidential-memorandum-actions-united-states-related-section-301-investigation/,最后访问日期:2019年1月3日。

[2] 截至本文成稿,中美共有四次磋商谈判,均以失败告终,2019年1月1日中美双方达成一致,暂缓征税,新一轮磋商谈判正在进行。2018年5月3日至4日,中美第一次谈判,中美双方在北京进行首次磋商,双方认识到在一些问题上还存在较大分歧,需要继续加紧工作,取得更多进展。双方同意继续就有关问题保持密切沟通,并建立相应工作机制。2018年5月17日,中美第二次谈判,习近平主席特使、国务院副总理刘鹤率团与美方在华盛顿举行第二次磋商,双方同意将采取有效措施实质性减少美对华货物贸易逆差。为满足中国人民不断增长的消费需求和促进高质量经济发展,中方将大量增加自美购买商品和服务。这也有助于美国经济增长和就业。2018年5月29日白宫声明显示美方突然变卦。2018年6月2日至3日,中美第三次谈判,双方就落实两国在华盛顿的共识,在农业、能源等多个领域进行了良好沟通,取得了积极的、具体的进展,相关细节有待双方最终确认。然而,2018年7月6日,美国开始对340亿美元中国商品加征25%的关税,中美贸易争端升级。2018年8月22日至23日中美就经贸问题举行副部级磋商,但是与此同时,美国宣布对160亿美元中国商品加征25%的关税,美国并于2018年9月18日宣布,自9月24日起,对来源于中国的2000亿美元商品加征10%的关税,且该税率随后将提至25%。相关信息,可参见美国白宫办公室网站,https://www.whitehouse.gov/issues/economy-jobs/,中国商务部网站,http://www.mofcom.gov.cn/article/ae/ai/?7,以及美国国际贸易法委员会网站,https://ustr.gov/about-us/policy-offices/press-office/press-releases/2018/september/ustr-finalizes-tariffs-200,最后访问日期:2019年1月3日。

国产业。[3] 二是基于美国《1974年贸易法》实施的"301条款"制裁。[4] 针对美国的上述措施，中国分别于2018年4月、7月和9月采取了有针对性的反制措施。[5] 随后，中美双方均在WTO提起申诉，控告对方违反WTO的贸易规则。[6] 中美争端双方均诉诸WTO争端解决机构（Dispute Settlement Body，以下简称"DSB"）针对对方的贸易措施进行评判本身就说明了WTO多边贸易体制的正当性与约束力，WTO多边规则仍然是评判中美贸易争端的最重要的衡量标准与尺度。以此为基础，从国际法角度分析美国采取的两类贸易措施显得尤为必要，包括这两类措施是否违反WTO规则，其对WTO多边体制造成何种影响和冲击，WTO又当如何应对以维系WTO的多边贸易体制等。

学界已经对美国"301条款"以及"232条款"进行了专门研究。国内研究成果主要聚焦于"301条款"的演变及DSB在DS152案件中对该条款的审查过程，和本次美国援引"301条款""232条款"在WTO下的合法性分析。[7] 孔庆江、韩逸畴讨论了单边贸易措施在国际法上以及在WTO多边贸易体制内的适

---

[3] 在《美国法典》（U.S. Code）中，"232条款"对应条款为第1862条。

[4] 美国"301条款"并非指单个条款，而是指美国《1974年贸易法》第301—310条的一系列条款。在《美国法典》（U.S. Code）中，为19 U.S.C. §§ 2411-2417构成的一系列条款。

[5] 2018年4月中国针对美国"232措施"采取反制措施。2018年7月6日，中国对美国依据"301调查"实施的对340亿美元中国商品加征关税措施实施反制措施。2018年8月23日，中国对美国依据"301调查"实施的对160亿美元中国商品加征关税措施实施反制措施。2018年9月24日中国对美国依据"301调查"实施的对2000亿美元中国商品加征关税措施实施反制措施。具体信息参见中国财政部关税司网站，http://gss.mof.gov.cn/zhengwuxinxi/gongzuodongtai/，最后访问日期：2019年1月3日。

[6] 美国针对中国知识产权保护措施提起磋商，认为违反了TRIPS协定下的国民待遇义务。参见 China-Certain Measures Concerning the Protection of Intellectual Property Rights (DS542), Request for Consultations by the United States, WT/DS542/1, 23 March 2018. 同时，美国就中国采取的反制措施提起申诉，认为该措施违反了最惠国待遇，参见 China-Additional Duties on Certain Products from the United States (DS558), Request for Consultations by the United States, WT/DS558/1, 19 July 2018. 中国就美国依据"301调查"所采取的两次加征关税措施分别提起磋商，认为其违反了DSU第23条，参见 United States-Tariff Measures on Certain Goods from China(DS543), Request for Consultations by China, WT/DS543/1, 4 April 2018 以及 United States-Tariff Measures on Certain Goods from China II(DS565), Request for Consultations by China, WT/DS565/1, 27 August 2018. 中国并就美国依据"232调查"所采取的加征关税措施提起磋商，认为其违反了WTO下对保障措施的要求，参见 United States- Certain Measures on Steel and Aluminium Products (DS544), Request for Consultations By China, WT/DS544/1, 5 April 2018. 此外，中国已经对美国依据"301调查"结果于9月18日宣布的对来源于中国的2000亿美元商品加征关税的措施向世界贸易组织追加起诉，具体参见中国商务部网站，http://www.mofcom.gov.cn/article/ae/ai/201809/20180902788222.shtml，最后访问日期：2019年1月3日。

[7] 参见徐泉：《美国贸易法中的"301条款"与其经济霸权论》，载《西北大学学报（哲学社会科学版）》2007年第2期，第137—141页；何力：《美国"301条款"的复活与WTO》，载《政法论丛》2017年第6期，第3—11页；倪慧：《基于国家安全的保障措施——美国贸易232措施详解》，载《人民法治》2018年第10期，第45—50页；李洁：《美国贸易232调查及中国的应对》，载《人民法治》2018年第10期，第59—62页。

法性问题,认为单边贸易措施的援用应当遵守国际法以及WTO协定下的相关限制。[8] 管健详细梳理了本次中美贸易争端的历程,并论证了中国采取的反制措施的合规性。[9] 国外研究探讨了"301条款""232条款"与WTO多边机制之间的兼容性问题,C. O'Neal Taylor 认为在WTO多边机制下,"301条款"的适用面临适法性风险[10];Jared R. Silverman 认为DSB应当及时制止以美国"301条款"为代表的单边贸易措施对WTO多边机制的冲击[11];Alan O. Sykes 则认为美国"301条款"的实施具备一定正当性和合理性[12];Jaemin Lee 认为"232条款"在寻求WTO安全例外条款下的正当性时需要满足"供应军事部门为目的"或者"国际关系中的其他紧急情况"的要件[13]。

本次美国单边贸易保护措施无论在实施方式、适用理由还是适用强度上均与之前存在本质差别。本次"301条款"的援引理由已经远远超出了WTO管辖的议题范围,其适用过程直指WTO多边规则的效力边界与薄弱环节,是美国国内法对WTO现有多边机制的一次全面和根本的挑战。上述研究未能从WTO多边机制与国内法权限划分的角度对本次美国采取的单边贸易措施进行整体分析,尤其是其如何挑战并尝试解构WTO多边机制的规则约束,在现行框架下WTO应当如何回应,为应对单边贸易保护措施WTO应当进行哪些有针对性的改革等。本文将以WTO多边机制与国内法之间的权限划分为主线,在指出WTO多边规则约束的薄弱环节以及美国单边贸易措施如何有针对性地冲击该薄弱环节的基础上,分别从现行WTO机制以及DSB改革两个层面分析提出应对美国单边贸易措施的策略与具体措施。

---

[8] 参见孔庆江:《浅论单边贸易措施的适法性》,载《现代法学》2006年第6期,第25—33页;韩逸畴:《论国际法中的单边贸易措施》,载《国际经济法学刊》2012年第2期,第34—56页。

[9] 参见管健:《中美贸易争端中的焦点法律问题评析》,载《武大国际法评论》2018年第3期,第142—157页。

[10] See C. O'Neal Taylor, "The Limits of Economic Power: Section 301 and the World Trade Organization Dispute Settlement System", *Vanderbilt Journal of Transnational Law*, vol. 30, no, 2, 1997, pp.209-348.

[11] See Jared R. Silverman, "Multinational Resolution over Unilateral Retaliation: Adjudicating the Use of Section 301 before the WTO", *University of Pennsylvania Journal of International Economic Law*, vol. 17, no. 1, 1996. pp. 233-294.

[12] See Alan O. Sykes, "Constructive Unilateral Threats in International Commercial Relations: The Limit Case for Section 301", *Law and Policy in International Business*, vol. 23, no. 2, 1992, pp. 263-330.

[13] See Jaemin Lee, "Commercializing National Security: National Security Exceptions' Outer Parameter under GATT Article XXI", *Asian Journal of WTO and International Health Law and Policy*, vol. 13, no. 2, 2018, pp. 277-310.

一、WTO规则约束的命门：多边权限与国内法权限之间的艰难平衡

WTO多边机制建立在各国主权让渡与妥协的基础上。从其前身GATT聚焦于关税问题，到之后的八轮回合谈判，WTO多边机制不断由市场准入阶段的关税减让约束延伸至准入后阶段的非关税壁垒约束。[14] 在这一过程中，WTO多边机制的效力不断扩张至原本由国内法监管的事项。但是，这并不意味着WTO多边机制的效力不受制约，没有边界。恰恰相反，WTO多边机制的权限扩张以各国国内法权限的让渡为基础，尊重和维系多边机制与国内法之间的权限划分是WTO多边机制约束力的来源与依据。WTO多边机制的效力主要受到三个方面的制约：

第一，效力发生方式的制约。WTO多边机制作为国际法机制，并不能当然地在其成员方境内发生效力，其具体发挥效力的方式要受到各国调整国际法与国内法关系的法律制度和政治习惯的制约。换言之，处理国际法与国内法关系属于每个国家的国内法权限，只有在采取"一元论"的国家，WTO多边机制才能被直接视为国内法律而生效。事实上，各国处理国际法与国内法关系的具体方式涉及非常复杂的法律问题，远非理论上简单的"一元论"与"二元论"可以概括，这也就导致WTO多边机制的效力发挥面临不确定性的问题，进而受到制约。[15]

第二，效力范围的制约。虽然WTO多边机制涵盖的议题范围在逐渐扩张，但同样面临限制。这方面主要受限于WTO的资源与能力，部分议题由于过多涉及国内政策，WTO多边机制无法作出公正和有效的平衡，如竞争政策。不同国家的竞争法律制度存在巨大差异，且实际执行过程往往受到司法政策与国内产业政策的影响，在多边层面订立统一的竞争规则显然存在障碍。[16] 盲目扩张议题，只会透支WTO下DSB的公正性和权威性。

第三，效力强度的制约。由于WTO多边规则的订立是众多成员方妥协

---

[14] 在GATT成立后的八轮回合谈判中，东京回合是一个转折点，在该回合谈判中，就非关税壁垒达成了一系列协议，包括补贴与反补贴措施、技术性贸易壁垒、进口许可程序等。乌拉圭回合则将东京回合中部分只在少数成员之间生效的约束非关税壁垒的协议扩展为多边义务，参见约翰·H.杰克逊：《国家主权与WTO——变化中的国际法基础》，赵龙跃、左海聪、盛建明译，社会科学文献出版社2009年版，第155页。

[15] 同前注[14]，第146页。

[16] 部分国家有完善的竞争法，部分国家甚至没有竞争法制度。即便在拥有竞争法律制度的国家，制定法规则往往非常简单，具体的执行要靠国内司法机构结合国内竞争政策和产业政策来适用。即便在一国之内，如美国，其竞争法规则虽然没有大的变化，但是在具体适用过程中，法院受到不同经济学派（哈佛学派、芝加哥学派、后芝加哥学派）观点的影响，司法政策出现了重大变迁。在此情形下，作为多边机制运行的WTO及其DSB要想制定和运行统一的竞争政策，显然存在困难，参见同前注[14]，第156页。

的结果,对于词语的模糊处理和宽泛界定是促使规则尽快达成和通过的必要代价。而《WTO协定》对于针对多边规则作出权威性解释的绝对多数表决要求使得这一填补多边规则空白、消除规则模糊性的方式几无用武之地。[17] 此时,WTO多边机制与国内法权限的具体划分很大程度上依赖于DSB对多边规则的解释。通过DSB的解释,强化了WTO多边机制的约束力,明确了国内法权限的边界。但是,囿于DSB的职权,其仅能在具体案件中作出具有个案拘束力的解释。这既使得DSB的解释无法对后续争端产生绝对的拘束力,又无法确保其对多边规则的解释具有唯一性。[18] 这为成员方尝试利用国内法对WTO规则进行单边解释提供了可能性。

受限于上述三个方面,WTO多边机制的效力容易受到国内法权限的制约,同时也为成员方利用国内法权限挑战和侵蚀WTO多边机制的约束力提供了可能。本次中美贸易战中美国的单边贸易措施即是充分利用WTO多边机制在上述三方面的薄弱环节,试图通过国内法从根本上解构WTO规则,挑战WTO多边机制的权威。

二、打破平衡:美国单边贸易措施的工具组合及其对WTO平衡法则的挑战

美国此次单边贸易措施主要包含两类:一类是根据"301条款"发起的"301调查",一类是根据"232条款"发起的"232调查"。这两类措施的实施均直指WTO多边机制的效力边界,试图通过国内法突破WTO多边规则的约束,打破两者之间的平衡状态。

(一)挑战的基础:"232条款""301条款"与WTO多边机制的兼容

在国际法上,无论是采取"一元论"还是"二元论"的国家,采取何种方式履行国际条约义务均是该国国内法的自主选择。美国"232条款"和"301条款"产生于WTO成立之前。作为WTO的成员方,美国在加入WTO之后必须确保其行为遵守WTO的义务。"232条款"在本次中美贸易争端之前并未受到质疑,因而其在WTO内的合法性得以当然保留,而"301条款"则已经经历过DSB的审查。

根据《关于争端解决规则与程序的谅解》(Understanding on Rules and Procedures Governing the Settlement of Disputes,以下简称"DSU")第23.2条

---

[17] 根据《建立世界贸易组织协定》(WTO协定)第9条的规定,部长级会议和总理事会享有对附件1中的协定进行权威性解释的权力,这需要全体成员的3/4以上通过。

[18] DSU虽然没有明确规定,但是专家小组在具体案例中广泛援引了《维也纳条约法公约》中的解释方法进行解释。但是,援引该方法并不能将合理解释限定为一种情形。在涉及国内具体操作和政策法律执行层面时,这一点表现得尤为明显。例如,《反倾销协定》第17.6条第2款明确专家组将会依据国际公法的习惯规则解释本协定的条款,如果专家组发现协定项下某条款具有一种以上可能的解释,那么只要某成员方的行为符合其中一种解释,专家组即视为与协定一致。

的规定,成员方非经DSU中规定的争端解决程序,不得确定违反协定的行为已经发生,或者协定项下的利益受到侵害,以及该协定项下目标的实现受到阻碍。[19] 从"301条款"的文本规定来看[20],由于"301条款"并未排除USTR（United States Trade Representative）在DSU争端解决程序之前认定美国在WTO贸易协定项下的权利受到侵害的可能性[21],单就文本规定中这种可能性和不确定性而言,专家组认为其已经构成对DSU第23.2条所要求的成员方应将DSU作为解决协定项下有关权益受损争议唯一途径的义务的违反。因此,专家组认定"301条款"构成表面违法。[22] 但是,专家组认为确定"301条款"是否最终构成违法不仅要看文本规定,还要看其具体执行机制。如果美国能够以合法方式确保USTR在实际实施"301条款"的过程中不违反DSU第23.2条的义务,则仍可消除文本规定的表面违法性。[23] 专家组认为成员方遵守和履行WTO义务应以对成员方冲击最小的方式作出,并且在确保WTO义务履行方面应当给予最大自由。[24] 随后,专家组认定美国加入WTO之时所作的《行政行动声明》(Statement of Administrative Action, SAA)经过国会认可,具备权威性与合法性,其中明确承诺任何"301措施决定"将会基于DSB的决定。[25] 由此,美国"301条款"得以保留。但同时,专家组附加了限制条件,即如果美国以任何方式违反了其承诺,则其当然要承担其违反DSU第23.2条的法律责任。因此,在WTO框架下,"301条款"本身是能够得以兼容的。

"232条款""301条款"与WTO多边机制的兼容为后续美国依据该条款实施单边贸易措施提供了暂时的合法依据,也是美国单边贸易措施尝试超越与解构WTO多边机制的前提。

（二）效力范围挑战:"301条款""232条款"的适用理由对WTO多边机制的超越

根据美国法律的规定,发起"301条款"调查主要包括三种情形:(1) 违反贸

---

[19] DSU第23.2条。
[20] 此处具体是指美国《1974年贸易法》第304条,其具体条文参见DS152, (United States-Sections 301-310 of the Trade Act of 1974), pp. 358-359。
[21] 第304条(a)款(2)项要求USTR在发起调查后18个月内决定美国在贸易协定项下的权利是否受到损害。考虑到磋商程序本身没有时间限制,且"301条款"所要求的18个月的时间限制是以"301调查"发起为起算点,可能早于DSU的磋商程序,DSB无法保证案件一定会在18个月内解决。因此,从该条的文本规定看,USTR在具体案件中有在DSU程序结束之前即单方面认定美国在WTO协定项下的权益受损的可能性。关于专家组对此问题的解释,参见DS152, Report of the Panel, pp. 308-309。
[22] Id., p. 327.
[23] Id., p. 328.
[24] Id., p. 328.
[25] Id., p. 330.

易协定;(2)行为或政策不公平(与美国享有的国际法权利不一致),限制了美国的商业利益;(3)行为或政策不合理或存在歧视,限制了美国的商业利益。其中,歧视包括任何拒绝给予美国货物、服务或投资以国民待遇或最惠国待遇的行为、政策;不合理的行为、政策,其不一定违反美国的国际法权利或与之不一致,但是是不公平、不公正的。[26] 考虑不合理性时,USTR 将一定程度上考虑外国公司在美国是否受到同样的限制。[27] 在"301 调查"适用的三种情形中,只有第一种和第二种情形主要指向美国贸易协定下的权利,第三种情形则并不以违反某项贸易协定或损害美国享有的某项国际法权利为限。美国本次发起的"301 调查"恰恰主要是依据第三种情形。[28]

因此,美国本次发起"301 调查"的依据和理由本身并不限于中国违反了 WTO 下的义务。[29] 本次"301 调查报告"对中国的指责主要包括五个方面:(1)中国政府主导并实施了不公正的强制技术转让机制;(2)中国歧视性的技术许可限制;(3)中国政府主导的外资并购;(4)中国政府主导的网络经济间谍行为;(5)其他的不合理行为,包括基于国家安全或网络安全的审查与数据控制、知识产权保护不力、不透明地适用中国《反垄断法》、中国《标准化法》对美国企业的不利规定以及中国政府主导的人才战略造成的技术转移。上述五个方面中,只有第二个方面直接涉及 WTO 下的义务,即美国认为中国没有根据 TRIPS 协定为美国权利人行使专利权提供充分保护。而事实上,在上述五个方面中,美国也仅针对第二个方面在 WTO 中提起了磋商请求。[30] 因此,本次美国援引"301 条款"的理由已经远远超出了 WTO 的议题范围。

"232 调查"的基本逻辑是钢制品和铝制品的大量进口冲击了美国本土的钢制品和铝制品产业,而这些产业是国防的必需产业,因此有必要对这些进口

---

[26] 参见"301 调查报告"(Findings of the Investigation into China's Acts, Policies, and Practices Related to Technology Transfer, Intellectual Property, and Innovation under Section 301 of the Trade Act of 1974, 22 March, 2018),第 44 页。相关法条依据为《美国法典》中 19 U.S.C. § 2411(d)(3)(A)。

[27] 参见"301 调查报告",同前注[26],第 44 页。相关法条依据为《美国法典》中 19 U.S.C. § 2411(d)(3)(D)。

[28] 参见"301 调查报告",同前注[26],第 3 页。

[29] 甚至本次"301 调查报告"(22 March, 2018)中"WTO"出现的次数都非常少。

[30] 参见 DS542 的磋商请求,以及案情简介,即 China-Certain Measures Concerning the Protection of Intellectual Property Rights, Request for Consultations by the United States, 23 March 2018. 该案中美国指责中国涉嫌违反 TRIPS 协定第 3 条及第 28.1(a)、28.1(b)、28.2 条。该案案情简介参见 https://www.wto.org/english/tratop_e/dispu_e/cases_e/ds542_e.htm,最后访问日期:2019 年 1 月 3 日。

产品采用关税或配额限制,以维护国家安全。[31] 尽管该调查的逻辑并未排除通过限制相关产品的进口数量以保护本国相关产业的目的,本次美国却没有援用国内法中的"201条款"实施保障措施,而是以维护国家安全为由,援引"232条款"。与保障措施不同,WTO内就维护国家安全而实施的限制措施并不存在像保障措施一样成型的具体规定。DSB对"国家安全"事项的审查权本身存在争议,而成员方国家对"维护国家安全所必需的手段"则享有高度的自由界定权。[32] 这本身便体现了美国试图用国内法权限突破WTO多边约束的意图。

(三)解释权限挑战:"232条款"与"301条款"对WTO规则的解释

本次中美贸易争端中,美国运用"232条款"对"国家安全"进行了解释。而以国家安全为由违反WTO项下的义务被规定在GATT第21条的安全例外中。但是,DSB从未在具体案件中解释"国家安全"的含义。[33] 由此,"232条款"在实质意义上以国内法对"国家安全"的解释取代了WTO多边规则中"国家安全"的含义。

"232条款"为美国《1962年贸易扩展法》所规定,基于维护国家安全的目的,由美国商务部发起调查,而后由美国总统根据调查结果决定是否采取以及采取何种进口限制措施。在本次争端中,美国商务部借鉴了2001年美国针对铁矿石与钢铁半成品的调查报告,解释和适用"232条款"中的"国防"与"国家安全",认为"232条款"中的"国家安全"包括"某些产业的一般安全与福利,不止于满足国防的必需要求,这对于确保经济和政府运行必需的最低需要至关重要"[34]。

根据"232条款"的要求,美国商务部开始调查进口钢制品和铝制品对国家安全需要的影响。在此过程中,美国商务部还将考虑美国经济福利与国家安全之间的密切关联。最终,经过调查,美国认定:(1)国内钢制品和铝制品产出能力是国防所必需,关系国家安全;(2)国内钢制品和铝制品生产依赖于健康和具有竞争力的本国产业;(3)大量进口钢铁冲击了美国钢制品和铝制品产业的

---

[31] 参见"232调查报告——钢制品"(The Effect of Imports of Steel on the National Security, An Investigation Conducted under Section 232 of the Trade Expansion Act of 1962, as Amended, January 11, 2018),第55—56页。同时参见"232调查报告——铝制品"(The Effect of Imports of Aluminum on the National Security, An Investigation Conducted under Section 232 of the Trade Expansion Act of 1962, as Amended, January 17, 2018),第104—105页。

[32] 参见李巍:《新的安全形势下WTO安全例外条款的适用问题》,载《中国政法大学学报》2015年第3期,第101页。

[33] 在GATT和WTO时期均有援引安全例外条款的案件,但是均未走完实质性的争端解决程序。WTO时期的1996年"欧共体诉美国对古巴贸易限制案"(DS38, WT/DS38/6),最终以欧共体与美国和解而结束。2000年"哥伦比亚诉尼加拉瓜对洪都拉斯和哥伦比亚贸易限制案"(DS188, WT/DS188/1),最终被提交给海牙国际法庭而结束。

[34] "232调查报告——钢制品",同前注[31],第1页。

经济状况;(4)国际钢铁产量大幅上升进一步削弱了国内钢制品和铝制品产业的经济状况。[35]

基于上述理由,美国商务部作出肯定结论,进而建议美国总统采取措施,限制钢制品和铝制品进口。

本次中美贸易争端中,"301条款"的适用则主要针对中国政府扭曲市场经济条件,从而造成不公平竞争的情形。在报告中,美国主要指责中国政府在以下三个方面未能遵循市场经济原则:(1)通过设置合资要求与行使审批权,变相强制美国企业向中国企业转让技术;(2)创设不公平的技术许可条款,限制美国企业按照市场经济条件行使技术许可权[36];(3)通过产业政策、资金控制等手段主导企业对外并购美国拥有先进技术的企业。[37] 虽然除第二个方面外,美国并没有就其余两个方面诉诸 DSB 解决,但是,这事实上在指责中国违反 WTO 的"市场导向要求"。在 WTO 的现有法律文件中,并未有"市场导向"的专门规则。在 1994 年《马拉喀什宣言》的序言中,提及了"市场导向"的精神。因此,美国的"301 报告"暗含了一种对 WTO 规则体系的整体目的解释,即 WTO 规则体系内含有"市场导向"的专门要求,而中国违反了这一要求。[38]

三、有限的砝码:WTO 争端解决机制应对美国单边贸易措施的可行路径与不足

在现行 WTO 体系下,面对挑战,WTO 只有寻求通过 DSB 回应美国单边贸易措施扩张国内法权限、解构多边规则约束力的企图。在这一过程中,DSB 也将重新明晰多边规则与国内法之间权力平衡的合法性界限。中国等美国单边贸易措施的受害方通过现行 WTO 争端解决机制对美国提起申诉,本身即是 WTO 多边机制正当性和权威性的体现。同时,这也是从根本上否定美国单边措施的合法性,强化 WTO 作为全球唯一多边贸易平台的基础地位,联合抵制美国单边措施的有效路径。

---

[35] "232 调查报告——钢制品",同前注[31],第 2—5 页;"232 调查报告——铝制品",同前注[31],第 2—4 页。

[36] 对于该种情形,前已述及,美国已经以中国违反 TRIPS 协定下国民待遇原则为由在 DSB 提起申诉,即 DS 542 案。

[37] 参见"301 调查报告",同前注[26],第 46 页,第 60—61 页,第 150 页。

[38] 这一指责和解释与 2018 年 7 月 26 日美国驻 WTO 大使指责中国经济发展模式具有一致性。关于辩论中美国大使的发言内容,参见美国驻 WTO 使团网站,https://geneva.usmission.gov/2018/07/27/55299/,最后访问日期:2019 年 1 月 3 日。关于中国大使的发言内容,参见中国商务部驻 WTO 代表团网站,http://wto2.mofcom.gov.cn/article/chinaviewpoins/201807/20180702770676.shtml,最后访问日期:2019 年 1 月 3 日。这次辩论美国提交 WTO 的支撑文件为 China's Trade-Disruptive Economic Model (WT/GC/W/745),2017 Report to Congress on China's WTO Compliance (WT/GC/W/746),中国提交 WTO 的支撑文件为 China and the World Trade Organization (WT/GC/W/749)。

(一) 违反承诺:"301条款"兼容性基础的丧失

前已述及,在 DS152 案中,DSB 已经明确,"301 条款"与 WTO 多边机制的兼容建立在美国政府的单边承诺基础之上。本次美国的"301 调查"中,虽然并未将调查缘由限定于被调查方违反贸易协定或减损美国的国际法权利[39],但是,其中涉及对中国违反 TRIPS 协定国民待遇义务的判定。在本次"301 调查报告"中,美国指出,外国企业向中国企业许可技术适用中国《技术进出口管理条例》,该条例要求外国技术转让方对合同受让人按照合同约定使用让与人提供的技术而侵害他人合法权益的行为承担责任。[40] 但是,如果是中国企业之间转让技术,则适用中国《合同法》,该法允许当事人就受让人按照约定使用技术侵害他人合法权益的法律责任另作约定。[41] 此外,中国《技术进出口管理条例》明确规定改进技术的成果属于改进方,并且禁止让与方限制受让人改进技术或使用改进技术。[42] 但是,中国《合同法》却允许当事人约定改进技术成果的分享办法,只有在无法确定约定结果的情形下,才推定由改进方享有。[43] 由此,美国认定其享有的国民待遇权利受到侵害。

根据美国的《行政行动声明》(SAA),"美国将把关于美国权利是否受到减损或侵害的任何 301 决定建立在 DSB 通过的专家组或上诉机构裁决基础之上"。[44] 在本案中,关于中国是否违反了 TRIPS 协定下的国民待遇义务进而导致美国在 WTO 下权利的减损或侵害,DSB 并未有专家组或上诉机构裁决定。在此情形下,美国直接依据"301 条款"通过发起调查确定中国侵害了美国享有的国民待遇权利,违反了美国在 WTO 内就"301 条款"与 WTO 多边机制的兼容性所做的政府承诺。[45] 而 DS152 案中专家组也已经明确,一旦美国以任何方式违反该承诺,"301 条款"将被认定违反 DSU 第 23.2 条的义务,美国也因此将承担法律责任。[46] 由此,专家组可以径直根据美国本次开展"301 调

---

[39] 参见"301 调查报告",同前注[26],第 44 页。

[40] 参见"301 调查报告",同前注[26],第 49 页。同时参见我国《技术进出口管理条例》第 24 条。

[41] 参见"301 调查报告",同前注[26],第 51 页。同时参见我国《合同法》第 353 条。

[42] 参见"301 调查报告",同前注[26],第 53 页。同时参见我国《技术进出口管理条例》第 27 条,第 29 条第(3)款。

[43] 参见"301 调查报告",同前注[26],第 53 页。同时参见我国《合同法》第 354 条。

[44] See supra note[21], p. 330.

[45] 本次争端中美国"301 调查报告"发布的时间是 2018 年 3 月 22 日,美国总统特朗普当即签署备忘录,该备忘录基于美贸易代表办公室公布的对华"301 调查报告",指令有关部门对从中国进口的约 600 亿美元商品大规模加征关税。而美国就这一问题向 DSB 提起磋商请求的时间为 2018 年 3 月 23 日(DS542 案),目前案件仍然处于磋商阶段。关于 DS542 案所处的状态,参见 WTO 官方网站,https://www.wto.org/english/tratop_e/dispu_e/cases_e/ds542_e.htm,最后访问日期:2019 年 1 月 3 日。

[46] See supra note[22], p. 335.

查"的行为宣告"301条款"违反了DSU第23.2条的义务。

对于本次"301调查"中美国所主张的超出WTO议题范围的适用缘由以及对WTO规则体系的整体解释,根据DSB处理争端的惯例,则可适用"司法经济原则",不必予以审查。[47]

(二)安全例外的解释:"232条款"在WTO下的合法性质疑

本次美国援引"232条款",明确表示其与国内法的"201条款"不同,"201条款"为国内法的保障措施条款,而"232条款"则为基于国家安全而采取的产业保护措施。当然,依照WTO对于采取保障措施的要求,"232调查"的过程和考虑的因素显然均不符合,因为美国调查机关并没有证明进口产品对国内相关产业造成严重损害或严重损害威胁。[48] 此外,保障措施的适用要求针对特定产品,不区分来源国,而本次"232调查"最终采取的贸易措施则针对多国给予豁免,仅针对中国等少数国家适用[49]。因此,"232条款"在WTO下获得合法性的唯一可能便是证明其符合GATT第21条安全例外条款的情形。

1. 多边规则下的"国家安全"释义以及"232调查"的违法

与本案直接相关的WTO例外条款为GATT第21条b款的规定。根据该款的规定,本协定不阻止任何成员方采取其认为对保护其根本国家安全利益所必需的任何行动:(1)与裂变和聚变物质或衍生这些物质的物质有关的行动;(2)与武器、弹药和军火有关的贸易的行动,以及与直接或间接供应军事机关的其他货物或物资有关的贸易的行动;(3)在战时或国际关系中的其他紧急情况下采取的行动。[50]

虽然到目前为止,DSB尚未在任何具体案件中就该条款进行解释,在援引GATT"安全例外条款"的既有案例中,对GATT或WTO针对国家安全事项

---

[47] 司法经济原则是专家组和上诉机构节约司法成本,回避政治难题,维系DSB裁决的权威性和公正性的必然选择。美国限制印度羊毛衫和上衣进口案(DS33,WT/DS33/AB/R)是WTO成立以来正式确立适用司法经济原则的第一案。在该案中,上诉机构通过对DSU第3条和第11条的分析,明确了DSB适用司法经济原则的依据。

[48] 参见 Agreement on Safeguards, Article 2。

[49] 就针对钢制品采取的"232调查"制裁措施来讲,美国总统先后赋予了加拿大、墨西哥、阿根廷、巴西、澳大利亚、韩国、欧盟各成员国不同期限的豁免权。具体参见 Presidential Proclamation Adjusting Imports of Steel into the United States(August 10, 2018), at https://www.whitehouse.gov/presidential-actions/presidential-proclamation-adjusting-imports-steel-united-states-5/(last visited Jan.3, 2019).就针对铝制品采取的"232调查"制裁措施来讲,总统同样已经赋予了阿根廷、巴西、澳大利亚、加拿大、墨西哥、韩国、欧盟各成员国不同期限的豁免权。具体参见 Presidential Proclamation Adjusting Imports of Aluminum into the United States(May 31, 2018), at https://www.whitehouse.gov/presidential-actions/presidential-proclamation-adjusting-imports-aluminum-united-states-4/(last visited Jan.3, 2019).。

[50] 参见GATT第21.b条。

是否应当具有管辖权以及在何种程度上可以行使审查权尚存争议[51],但是,DSU 的管辖规则和解释规则毫无疑问赋予了 DSB 处理与援引安全例外条款相关争端的权力以及对安全例外条款的解释权。[52] 就具体解释规则而言,在既有案件中,DSB 的专家组和上诉机构已经在事实上确认《维也纳条约法公约》中的解释规则属于 DSU 第 3.2 条认可的解释方法。[53] 因此,在本次争端中,专家组和上诉机构完全可以采用《维也纳条约法公约》中的解释规则对 GATT 第 21 条以及"232 条款"进行文义解释和目的解释。

根据该解释规则,GATT 第 21 条 b 款中的国家安全情形主要包含两种:一是与军事活动直接有关的专属物资、物质或装备相关的行动;二是在战时或其他随时可能涉及战争或军事行动的国际关系紧急情况下的行动。[54] 这两种情形分别从两个方面限定了"根本国家安全利益"的含义。第一种情形从行动所针对的事项和内容上将 GATT 下的国家安全行动严格限定为与军事活动直接相关。在这种情形下,贸易限制的对象应当仅限于军事专用物资,对于"军民两用物资"应当严格限定为直接用于军事活动或战争活动的部分,而不能进行任意的扩大解释。[55] 第二种情形则从行动采取的具体情境上强调必须是战时

---

[51] 对于安全例外条款中的"自决性"问题,一直备受争议:一种解释认为根本国家安全利益及所采取的措施是否必要完全由成员自行决定;一种解释认为成员有权自行决定根本国家安全利益,但是成员的决定应是善意的,并由 DSB 根据具体标准审查所采取的措施是否为"善意";还有一种解释认为成员有权自行采取措施,维护根本国家安全利益,但是措施的"必要性"以及安全例外条款所列的条件必须接受 DSB 审查。See Raj Bhala, "National Security and International Trade Law: What the GATT says, and What the United Does", *University of Pennsylvania Journal of International Law*, vol. 19, no. 2, 1998, pp. 263-318. See also Wesley A. Cann, Jr., "Creating Standards and Accountability for the use of the WTO Security Exception: Reducing the Role of Power-Based Relations and Establishing a New Balance Between Sovereignty and Multilateralism", *Yale Journal of International Law*, vol. 26, no. 2, 2001, pp. 413-486. See also Dapo Akande, Sope Williams, "International Adjudication on National Security Issues: What Role for the WTO", *Virginia Journal of International Law*, vol. 43, no. 2, 2003, pp. 365-404.

[52] DSU 第 1.1 条和第 23.2 明确了 DSB 对 WTO 相关协议(covered agreements)有关争端的专属管辖权,当然也包括处理 GATT 中"安全例外条款"相关争端的权力。DSU 第 3.2 条则明确了 DSB 对 WTO 相关协议条款的解释权。

[53] 参见"美国汽油标准案",即 United States-Standards for Reformulated and Conventional Gasoline(DS2),该案上诉机构报告 WT/DS2/AB/R,29 April 1996,第 17 页。"日本酒精饮料税案",即 Japan-Taxes on Alcoholic Beverages (DS8,DS10,DS11),该案上诉机构报告 WT/DS8/AB/R, WT/DS10/AB/R, WT/DS11/AB/R,4 October 1996,第 10 页。WTO 上诉机构在"美国汽油标准案"中明确,《维也纳条约法公约》具有国际习惯或一般国际法的性质,构成"国际公法解释的习惯规则"的一部分。在"日本酒精饮料税案"中,WTO 上诉机构将该公约第 31 条整个条文以及第 32 条的补充性解释规则全部纳入 DSU 第 3.2 条规定的"国际公法关于解释的习惯规则"。

[54] 同前注[32],第 105 页。从文义解释来看,"国际关系的紧急状况"与"战时"并列,因此,应当解释为仅次于"战时"的危机情况,即达到随时有可能爆发战争程度的紧张状况,而非一般性的关系紧张。

[55] 同前注[32],第 105 页。

或者随时可能导致战争这种强度的紧张关系的情形下,且紧急情况意味着该情形应为突发情况或达到紧迫状态,而非多年前就持续存在的情形。[56] 由于事发紧急,在这种情形下贸易限制可以涉及"军民两用物资",甚至可以涉及一切普通的民用物资。[57]

GATT 与 WTO 时期援引 GATT 第 21 条安全例外条款的既有案例也刚好印证了上述解释。[58] 而从本次中美贸易争端来看,美国根据"232 调查"所实施的贸易限制所针对的对象为钢铁制品和铝制品,是针对钢铁制品和铝制品产业涉及的所有相关产品。这些产品是日常经济生产和生活所普遍应用的产品,措施并未限定在专属于军事活动或战争活动的物资。此外,美国根据"232 调查"实施贸易限制并未发生在战时,也并未达到随时可能爆发战争程度的紧急状况。因此,本次中美贸易争端中美国的"232 制裁措施"显然不符合 GATT 第 21 条安全例外条款的基本含义,系属违法。

2. "232 条款"本身违反 GATT"安全例外条款"

不仅如此,美国"232 条款"中对于"国家安全"的解释扩大了 GATT 第 21 条下国家安全的含义,条款本身系属违法。从"232 条款"的立法目的看,该条款的适用情形包括保护国防安全所需要产品的产出能力能够满足需求。因此,当特定产品的进口会损及国内生产国防相关产品的特定产业时,即可被视为危及国家安全,此时可由总统进行限制。根据既有报告的解释,"232 条款"将"国家安全"解释为包括"某些产业的一般安全与福利,不止于满足国防的必需要求,这对于确保经济和政府运行必需的最低需要至关重要"。[59] 具体到调查中,调查机关完全围绕与国家安全相关的产业状况进行分析,主要考虑两方面的因素:一是国家安全所需的产业发展条件;二是进口产品对国内相关产业经

---

[56] 同前注[32],第 105 页。

[57] 同前注[32],第 105 页。

[58] 根据《维也纳条约法公约》第 31 条第 3 款 b 项的规定,条约解释应当一并考虑嗣后在条约适用方面确定各当事国对条约解释之协定之任何惯例。既有案例,如 1948 年"美国对捷克斯洛伐克贸易限制案"[US-Export Restrictions (Czechoslovakia), Contracting Parties Decision, 08/11/1952],该案发生于"冷战"时期,该限制措施为"马歇尔计划"的一部分;1982 年"欧共体对阿根廷贸易限制案"(Trade Restrictions Affecting Argentina Applied for Non-Economic Reasons, L/5319/Rev.1, 18/05/1982),发生于英阿"马岛之战"期间;1985 年"美国对尼加拉瓜贸易限制案"(US-Trade Measures Affecting Nicaragua, Panel Report Unadopted, 13/10/1986)也发生在"冷战"时期,贸易限制措施与美苏两国在中美洲的政治军事势力角逐密切相关;1991 年"欧共体对南斯拉夫贸易限制案"(Trade Measures Taken by the European Community Against the Socialist Federal Republic of Yugoslavia, L/6948, 2/12/1991),该案与北约对南斯拉夫的军事打击密切相关;2000 年"哥伦比亚诉尼加拉瓜对洪都拉斯和哥伦比亚贸易限制案"(DS188, WT/DS188/1),与领土及海上边界划分密切相关。

[59] 参见"232 调查报告——钢制品",同前注[31],第 1 页,并参见"232 调查报告——铝制品",同前注[31],第 1 页。

济状况的影响。[60]

由此可以看出,"232 条款"中的"国家安全"与 GATT 第 21 条安全例外条款中对于"根本国家安全利益"的界定完全处于两个层次,前者对后者做了大幅延伸与扩展。GATT 中的国家安全利益仅限于特殊情形,即与军事活动直接相关或者发生在战时或类似的紧急时刻,而"232 条款"则着眼于一般意义上的国防安全[61],而且进一步延伸至与国防安全相关的产业安全维护与产业竞争力保护,即"国防安全所必需产品的相关产业的安全,以保证必要的生产能力和产业竞争能力"。

从"安全例外条款"的立法目的来看,GATT 与 WTO 中设置该例外条款是为了平衡多边贸易自由利益与国家核心安全利益。一方面,成员方不能以牺牲国家核心安全利益的代价加入 WTO,另一方面,成员方应当善意地援用该例外条款保护根本安全利益,而不能用于经济目的和贸易保护。该条款尤其不针对各成员方的经济危机和困难,或者产业安全保护。[62]

综上,"232 条款"下的"国家安全"情形不仅已经超越了 GATT 第 21 条规定的范围,而且已经跨入了 GATT1994 下有关保障国际收支平衡以及对产业安全进行救济的措施范围。[63] 因此,"232 条款"明显不符合 GATT 第 21 条安全例外的规定。[64]

----

[60] U. S. Code, 19 U. S. Code § 1862. 国家安全所需的产业发展条件包括:(1) 产品的现有国内产量;(2) 未来需要的产量;(3) 人力资源,原材料,生产设备,其他为满足国防需要所需的材料;(4) 增长所需,包括投资、研发以及必要的发展;(5) 任何其他相关因素。进口产品对国内相关产业经济状况的影响则包括:(1) 外国产品竞争对国家安全必需产业的冲击;(2) 取代国内相关产品的后果,包括实质性失业、财政收入的减少、特殊技能的流失或者生产能力的丧失,任何其他正在或将会削弱国家安全的相关因素。

[61] 仅就一般概念区分来讲,国防安全的范围要远大于军事活动,国防安全可以包括为军事活动提供广泛支撑的一切民事活动与经济活动。

[62] 同前注[32],第 102—103 页。事实上,为了多边贸易自由而成立 GATT 与 WTO 是成员方对"二战"深刻反思的结果,更是着眼长远,避免战争手段解决贸易争端,更好地维护各国的核心安全利益。对于贸易引发的国际收支失衡、产业损害或产业安全问题,WTO 中有专门条款予以调整,包括 GATT 1994 第 12 条国际收支平衡条款、GATT 1994 第 19 条保障措施条款、GATT 1994 第 6 条反补贴和反倾销条款、保障措施协定、补贴与反补贴协定等。

[63] 也因为"232 条款"维护产业安全的目的,中国和欧盟一并认为美国"232 调查"后所采取的措施其实质为保障措施,当然,"232 措施"因为仅对部分国家适用,而且并未调查进口产品是否造成严重损害或严重损害威胁,因此,显然不符合 GATT 1994 以及 Agreement on Safeguards 下保障措施的实施条件和要求。参见 United States-Certain Measures on Steel and Aluminium Products (DS544), Request for Consultations by China, WT/DS544/1, 9 April 2018,以及 United States-Certain Measures on Steel and Aluminium Products (DS544), Request for Consultations by the European Union, WT/DS548/1, 6 June 2018.

[64] 事实上,这种将 GATT 第 21 条安全例外条款应用于维护产业安全的情形已经在 1975 年"瑞典鞋进口配额案"(Sweden-Import Restrictions on Certain Footwear, C/M/109)中遭到各成员方的普遍质疑。

（三）现行WTO争端解决机制应对美国单边贸易措施挑战方面的不足

就本次美国实施的单边贸易措施而言，虽然现行WTO争端解决机制也能在个案中明确WTO多边规则与国内法之间的权力界限，通过解释WTO规则认定其违反WTO多边规则的约束，宣告相关行为与相关国内法违法，但是，面对美国依靠国内法对WTO多边规则权限的挑战，现有WTO争端解决机制仍然存在以下不足：

首先，断法迟滞。在DS152案中，专家组已经明确了"301条款"与WTO多边规则之间的平衡界限。本次美国的单边贸易措施公然打破该平衡，用国内法权限挑战WTO多边规则的权威性和约束力，其违法确定无疑。在此情形下，仍然要通过一方提起申诉，然后在具体案件中确定美国本次"301调查"的合法性，这中间的时间跨度刚好为美国单边贸易措施的实施提供了机会，而且"合法性"存疑甚至使得美国可以在DSB中针对对方国家采取的反制措施提起申诉[65]，这种迟滞无形中削弱了DSB维护WTO多边规则权威性、防止成员方通过单边措施侵蚀WTO多边规则权限的能力。

其次，慑乱无威。前已述及，本次美国"301调查"及制裁的缘由均已经超出WTO多边规则的议题范围。其依托国内法对"国家安全"以及"市场导向"的解释又恰好涉足DSB解释的空白。这使得其他成员方对WTO多边规则能否有效约束美国的单边贸易措施以及美国采取的贸易措施在WTO内的违法性产生了质疑。加之DSB一直以来所奉行的在个案中根据具体事实解释WTO规则、认定行为违法性的一贯做法，大大减损了DSB裁决的可预期性，更加动摇了WTO多边规则的权威性与约束力。

最后，惩恶无力。即便通过现行WTO争端解决程序认定美国采取的一系列单边措施违法，但是，在长时间的争端解决程序中，美国单边贸易措施的实施已经给其他成员方造成了巨大损失。而依据现行WTO争端解决程序，对于任何违法行为本质上"既往不咎"，仅要求停止违法行为，或修改法律使得行为符合WTO规制的要求，在一定程度上是在鼓励美国实施单边贸易措施。

四、重塑平衡：强化多边约束与WTO争端解决机制改革

为弥补现行WTO争端解决机制的缺陷，更好地应对单边贸易措施对多边规则的挑战，有必要针对WTO争端解决机制进行改革。

---

[65] See WT/DS558/1, *supra* note [6]. 此外，美国一直阻挠通过上诉机构专家组成员的任命，使得争端解决机制的运行濒临崩溃。具体参见 Tom Miles, *US Blocks WTO Judge Reappointment As Dispute Settlement Crisis Looms*, at https://www.reuters.com/article/us-usa-trade-wto/u-s-blocks-wto-judge-reappointment-as-dispute-settlement-crisis-looms-idUSKCN1LC19O, last visited Jan. 3, 2019。

(一)形式适法性:美国式单边贸易措施的特点与要素

美国此次实施的单边贸易措施的显著特点在于其本身具备一定的适法性空间,或者说至少在形式上具备一定的适法性空间。具体来讲,大致包含三个特点:

一是兼容于 WTO 的独立国内法措施。单边贸易措施的发动依赖独立于 WTO 的国内法措施,并且该措施之前未被 WTO 明确宣告违法或者未经 WTO 审查其合法性。如果单边贸易措施所依据的国内法条款本身已经被宣告违反 WTO 规则,则自然无适法性可言。[66] 在此情形下,实施该单边贸易措施的违法性可立即获得确定,其他国家自然可以行使国际法下一般的反制权利。[67] 但是,在依据兼容于 WTO 的国内法措施予以实施时,单边贸易措施的违法性本身便无法直接明确,其自身可能由于执行国内法、国内政策或者其他国际条约的义务而具备一定的适法性空间。

二是适用缘由超出 WTO 现有规则范围与议题范围。单边贸易措施的适用缘由如果为 WTO 范围内的规则,则根据 DSU 第 23.2 条的规定,DSB 享有对案件的专属管辖权,任何成员方在诉诸 DSU 程序解决争端之前,不能确定其 WTO 下享有的权利是否受到减损或受到侵害。因此,在此之前依据国内法实施单边措施确定违法无疑。但是,对于超出 WTO 现有规则范围与议题范围实施的单边贸易措施,DSB 首先面临的一个问题便是能否进行管辖、是否属于其管辖范围。在此情形下,单边贸易措施便可能具有一定的适法性空间。

三是正当性源于针对 WTO 规则的解释空白或模糊地带的单方解释。违反 WTO 下的义务本身需要从 WTO 规则中寻求正当性,而如果寻求的对象是已经为 DSB 所明确解释或者含义确定的规则,单边贸易措施则无法获得正当性。但是,如果涉及的 WTO 规则是未经 DSB 解释或者含义本身模糊的,那么,依据国内法进行解释,便可以使单边贸易措施获得一定的适法性空间。

面对具备一定适法性空间与基础的单边贸易措施,争端解决机制必须进行有针对性的改革,以增强其应对单边贸易措施挑战的能力。

(二)建立快速宣告违法程序与惩罚性赔偿机制

长期以来,WTO 争端解决机制以其在案件中具体细致的分析、详细充实的论证赢得了各成员方的认可与尊重,同时也得以成功维系 WTO 多边规则与国内法之间微妙的权力平衡。但是,对于某些明显违反 WTO 规则的案件,如果仍然坚持案件只有经过 DSB 的专家组或上诉机构裁决通过之后方可认定该条款违法,则只能加重申诉方的损失,这显然不利于 WTO 多边规则权威性的维护。相反,如果 DSB 能够在就该行为事实审核无误的情况下快速宣告违法,

---

[66] 参见孔庆江:《浅论单边贸易措施的适法性》,同前注[8],第 26 页。
[67] 参见韩逸畴:《论国际法中的单边贸易措施》,同前注[8],第 46 页。

则可以使该单边贸易措施所依赖的合法性基础迅速消解,进而立即进入确定的违法状态。

当然,快速宣告违法程序的建立必须兼顾效率与公正,其适用应当在提升救济效率的同时,最大限度降低因其程序迅速而对WTO争端解决机制的权威性可能造成的损害。为此,快速宣告违法程序的适用必须受到范围和条件的限制。

首先,快速宣告违法程序只能适用于明显违反WTO规则的情形。判定争端是否达到明显违反WTO规则的情形,可以看能否仅凭某项事实的发生与存在证明行为违法。比如,在本次争端中,针对"301调查",由于"301条款"属于合法性已经附条件的国内法条款,因此只要确定美国在未诉诸DSB解决争端的情况下,就依据"301调查"判定其WTO项下的权利受到侵害并实施制裁这一事实或行为存在,即可认定该行为违法。但是,对于"232调查",仅确定以维护国家安全为目的实施对特定产业的保护行为并不能直接确定该行为违法,还要看该行为是否符合WTO下例外条款的规定。这需要对WTO的安全例外条款进行解释,同时对照"232条款"中的"国家安全"含义才可以确定,这就需要进一步对比分析。在这种情况下,就不宜适用快速宣告违法程序。

其次,快速宣告违法程序的适用需经申请方提供金钱担保,以承担因为错误适用而给被申请成员方造成的损失。[68] 此外,申请方还应当提供被申请方的基本违法事实,且事实的充分程度应当能够达到证明被申请方违法的程度。金钱担保制度以及事实充分性要求主要用来提升申请适用快速宣告违法程序的成本,从而避免该程序为成员方所滥用。如快速宣告违法程序认定行为不构成违法的决定被维持或者快速宣告违法程序认定违法的决定被推翻,则作为惩罚,申请方丧失担保金额。

再次,申请方与被申请方均保留申请进入正式争端解决程序的机会。双方均有权对快速宣告违法程序的结果提出质疑,而后双方进入正式的争端解决程序,由专家组和上诉机构按照正常审理程序处理相关纠纷。最终裁决结果以正式争端解决程序的裁决结果为准。快速违法程序不能完全取代正式争端解决程序的权威性地位,而应当给予双方通过正式争端解决程序进行申诉的机会,兼顾效率与公正。

最后,应当结合快速宣告违法程序建立配套的惩罚性赔偿机制,以惩罚恶意违法行为。如果单边贸易措施经过快速宣告违法程序确定为违法,实施方应

---

[68] 与现有DSU争端解决程序相比,快速宣告违法程序因缺乏必要的审理环节而导致误判风险显著增加,在此情况下,如不要求申请方提供金钱担保,则将会使得滥用该程序的成本为零,且极易因误判导致被申请人面临巨大负担。在误判违法的情况下,被申请人面临或者因停止实施涉案措施而遭受损失,或者因不停止涉案措施而可能被处以惩罚性赔偿的两难境地。相反,考虑到快速宣告违法程序仅适用于明显违反WTO规则的情形,要求提供担保并不会对申请人申请适用该程序构成不必要的阻碍。

当立即停止措施的执行。如果被申请方被认定违法后既不申诉也不停止实施该措施,则属于恶意违法。此时,各国不但可以当然地采取报复措施,而且DSB应当对实施方适用惩罚性赔偿,由实施方向DSB缴纳。如果实施方在不停止单边贸易措施的情况下对快速宣告违法程序提出质疑,则取决于DSB的审理结果,如结果与快速宣告违法程序结果一致,则仍然适用惩罚性赔偿。

(三) 明确对适用缘由超出WTO议题范围而实施方式违反WTO义务的贸易措施的管辖权

单边贸易措施常以超出WTO多边规则议题范围的原由实施,从而使得其他成员方对该措施是否可以为DSB所管辖以及DSB对该措施合法性的裁决结果产生担忧。但是,单边贸易措施的实施通常采取贸易制裁的方式,因而大多涉及对WTO下关税减让承诺义务及其他协定义务的违反。根据DSU第23条的规定,DSB当然享有对该类单边贸易措施的管辖权。[69]因此,有必要进一步明确DSB对适用缘由超出WTO议题范围但是实际实施涉及对WTO协定义务违反的贸易措施的管辖权。

事实上,WTO已经通过例外条款或者明示可为的方式列明成员方可以基于WTO议题范围之外的目的实施贸易限制措施[70],但是必须符合特定的限制性条件。在DSB已经审理的案件中,以涉及环境保护、人类与动植物保护的案件最为突出。在这些案件中,涉案措施所涉及的议题目标多来源于相关国际公约或国内法政策。[71]在具体审查时,DSB专家组或上诉机构的关注点并不

---

[69] DSU第23条明确了DSB对WTO协定下义务违反及利益受损争端的管辖权。WTO下的关税减让承诺及其他协定义务当然属于该管辖范围。单边贸易措施的适用原由虽然超出了WTO协定的议题范围,但是其实际实施却涉及对WTO协定义务的违反。

[70] 以例外条款列明的如GATT第20条一般例外条款以及GATT第21条安全例外条款,明示可为的如《技术性贸易壁垒协议》(Agreement on Technical Bariers to Trade,以下简称"TBT")第2.2条明确承认政府可以通过采用技术壁垒措施追求的合法目标。

[71] "美国涉及金枪鱼及制品进口和销售措施案",United States- Measures Concerning the Importation, Marketing and Sale of Tuna and Tuna Products, DS381. 该案涉及TBT第2.2条,该条允许成员方采取符合合法目标的措施。本案中美国采取措施的目标为在金枪鱼作业中保护海豚群安全,同时,确保消费者在金枪鱼捕捞中是否以对海豚不利的方式进行方面不受误导或欺骗。美洲热带金枪鱼委员会(Convention for the Establishment of an Inter-American Tropical Tuna Commission, IATTC)制定了《国际海豚保护项目协定》(the Agreement on the International Dolphin Conservation Program, AIDCP)等一些在金枪鱼作业中保护海豚的相关协定,具体参见 Report of the Panel, 15 September 2011, DS381, p. 18。
"美国禁止进口虾及虾制品案",United States- Imports Prohibition of Certain Shrimp and Shrimp Products, DS58. 该案涉及GATT第20条,该条允许成员方基于合法政策目标(包括保护动物的生命或健康、保护可用竭自然资源等)实施例外措施。该案中美国采取措施的目标为确保捕虾的过程中海龟的安全。《濒危野生动植物种国际贸易公约》及《联合国海洋法公约》均提出了保护海洋生物资源的要求,具体参见 Report of the Panel, 15 May 1998, DS58, p. 55。
"欧共体影响石棉及石棉制品措施案",European Communities- Measures Affecting Asbestos and Products Containing Asbestos, DS135. 该案同样涉及GATT第20条,该案中欧盟采取措施的目标为禁止销售石棉制品,维护人类健康,具体参见 Report of the Panel, 18 September 2000, DS135, p. 436。

在于国际公约的内容与政策目标本身,而在于审查成员方所采取的贸易措施与履行国际公约以及实现国内政策目标之间的关系,并围绕此关系设置限制性条件,以保证上述贸易措施不对贸易造成扭曲。[72] 这些限制性条件包括贸易措施是否为实现目标所必需的、是否以一种武断或者在成员间造成不合理的歧视的方式实施等。[73] 这恰恰符合 WTO 多边规则追求的价值目标——在与其他目标兼容的前提下消除贸易壁垒,促进贸易自由。[74] 因此,从 DSB 的现有实践出发,在单边贸易措施中,即便对方适用国内法措施的原由超出了 WTO 规则涵盖的议题,WTO 争端解决机制也应当明确规定,只要该措施涉及对 WTO 多边规则下义务的违反,DSB 就享有管辖权。

以本次美国采取的"301 调查"为例,美国在调查中要求中国逐步取消外商投资中的股权比例限制,并质疑中国政府存在主导本国外资并购、扭曲并购价格与市场条件,进而导致不公平竞争的行为。[75] 这些指责并不涉及 WTO 内的规则义务,而是更多涉及投资法的问题。但是,美国以此为由对中国实施制裁,违反了其在 WTO 下的关税减让承诺。因此,DSB 应当享有管辖权。在 DSB 对该案件的审查中,根据现行实践,DSB 首先应当审查"301 调查"所追求的目标是否为国际条约下的目标,或者是否为执行国内政策。如果是执行国内政策,该国内政策所追求的目的是否为 WTO 所承认。显然,本次美国"301 调查"中所主张的上述超出 WTO 的适用原由既没有依托于任何国际公约,也并

---

[72] European Communities- Trade Description of Sardines, DS231. 在该案中,专家组认为追寻合法目标的成员方有权界定其想要实现的目标。但是专家组可以决定上述目标的合法性。该案的上诉机构明确认可了专家组的判断,参见 Report of the Panel, DS231, at para. 7.121. Report of the Appellate Body, para. 286. 但是,由于专家组与上诉机构审查目标合法性的依据主要是 WTO 内协定的条款明确列举的政策目标,因此,在多数案件中,当事双方对目标是否合法的争议比较少,专家组或上诉机构的认定也比较简单。但是,对于采取的贸易限制措施是否符合相关限制条件,以及是否对贸易进行了不合理的扭曲则争议较大,这也是专家组或上诉机构审查的重点。关于 GATT 第 20 条一般例外条款、GATS 第 14 条一般例外条款以及 TBT 第 2.2 条的案件多围绕"必要性"或"必需性"进行审查即体现了这一点。例如"欧共体影响石棉及石棉制品措施案"(DS135)、"美国禁止进口虾及虾制品案"(DS58)、"中国稀土案"(DS431)均涉及 GATT 第 20 条,"美国跨境赌博案"(DS285)涉及 GATS 第 14 条,"美国涉及金枪鱼及制品进口和销售措施案"(DS381)涉及 TBT 第 2.2 条。在这些案件中,关于成员方采取的贸易限制措施是否是必要和必需的或者措施与目标是否具有相关性均为案件争议的焦点。

[73] GATT 第 20 条一般例外条款(a)(b)(d)项,以及 GATS 第 14 条一般例外条款(a)(b)(c)项的情形同时体现了这两类限制条件。

[74] See Marrakesh Agreement Establishing the World Trade Organization. 在宗旨部分,明确了协定的目的是"提升生活水平,保障充分就业和收入以及需求的稳步上涨,扩大货物与服务贸易,同时以可持续发展为目标促进全球资源的合理利用,保护环境,以与各国经济发展水平所对应的需求相一致的方式,提升保护环境的手段"。可见,WTO 促进贸易自由的目的本身便体现了对各国多元政策目标与需求的兼容。WTO 各协定的例外条款便很好地体现了这种平衡,即既赋予各成员方追求自身非贸易政策目标的空间,又防止各国滥用该权利扭曲贸易。

[75] 参见美国"301 调查报告",同前注[26],第 44—45 页,第 147—150 页。

非属于 WTO 所明确承认的国内政策目标。对于贸易措施的实施，WTO 一贯倡导优先采用双边或多边协商的方式，通过谈判解决相关问题。[76] 而且，本案中美国"301 调查"涉及的投资法问题原本属于两国之间自由协商的议题，除非自愿接受，并不存在约束中国的特定规则和义务。在此情形下，美国通过"301 调查"强行对中国施加制裁，属于明显违反 WTO 下关税减让承诺的单边措施。该单边措施的实施如不能受到 DSB 的制裁，必然诱导其他成员方借由 WTO 下承诺的违反逼迫相对方在投资等领域作出让步，这与 WTO 多边机制背道而驰。毕竟，依靠规则而非强权解决问题是 WTO 争端解决机制成立的目的和追求的目标。[77] 因此，即便忽略司法经济原则，单独对美国本次"301 调查"中基于超出 WTO 议题范围的缘由而实施贸易制裁的行为进行审查，其仍然违反了 WTO 的义务。[78]

（四）对单边贸易措施涉及解释空白或模糊地带的释明程序

单边贸易措施常常借由 WTO 多边规则的解释空白或模糊地带寻求措施的正当性。这种正当性的寻求通常是对 WTO 规则的明显歪曲解释。此时，若仍然经由 DSB 按照正常程序进行争端解决，则耗时过长，不利于对单边措施的有效遏制。针对这种情况，WTO 争端解决机制应当设置专门的规则释明程序，对贸易措施涉及的 WTO 多边规则条文的基本含义进行释明。

同样，与快速宣告违法程序类似，该释明程序的设立必须在追求效率的同时，将其对 WTO 争端解决机制权威性的影响降至最低。为此，也应当如快速宣告违法程序一样，限制该释明程序的适用范围与条件。

首先，释明程序应当仅适用于明显歪曲解释 WTO 规则的情形。对于有争议的情形，尤其是需要在复杂事实分析基础上予以认定的情形，则应当交由 DSB 按照正常的争端解决程序解决。比如，在本次争端中，美国"232 调查"所主张的"国家安全"并不在 GATT 第 21 条安全例外条款的范围内。对此，可经由释明程序予以解释。类似的，对于"301 调查"中美国认为 WTO 内含有"市场导向"的规则要求，也可以适用释明程序立即作出解释，即 WTO 规则本身倡导市场导向，同时也将市场导向体现为 WTO 的具体规则以及规则中的权利与

---

[76] United States-Import Prohibition of Certain Shrimp and Shrimp Products, DS58, Report of the Appellate Body (WT/DS58/AB/R, 12 October 1998), pp. 66-68.

[77] 参见约翰·H. 杰克逊：《国家主权与 WTO——变化中的国际法基础》，同前注[14]，第 164—165 页。

[78] 本文第三部分分析现行 WTO 争端解决机制下对美国单边措施的回应时没有分析美国本次"301 调查"超出议题范围这种情形，是因为既然"301 条款"以及"301 调查"本身已经足以被认定为违法，根据司法经济原则，就没有必要再单独审查超出 WTO 议题的缘由。

义务,履行承诺、遵守义务本身即为对 WTO 倡导"市场导向"的尊重。[79] 但是,倘若本次争端中"232 条款"对"国家安全"的解释与 GATT 第 21 条安全例外条款中对"国家安全"的解释一致,那么,对于该措施的适用是否是适当的,即是否真正为国家安全考虑而采取"必需的"措施进行审查,就应当寻求 DSB 通过正常的争端解决程序予以认定。[80] 因为在这种情况下,必须根据特定的事实予以判断分析,而这显然已非释明程序能够承受。

其次,释明程序仅涉及特定 WTO 规则的法律解释,不针对贸易争端本身。[81] 释明程序由专家组成员根据申请方、被申请方提供的基本事实,针对涉案规则的基本含义进行解释。释明程序不涉及争端本身,其对 WTO 规则含义的解释对具体的案件争端具有重要参考价值,可构成相关贸易措施违法的初步证据,但不具有最终拘束力。[82] 如任何一方申诉,释明结果可以被 DSB 的专家组或上诉机构在具体案件的审理中予以推翻。参加释明的专家自动回避参加相关案件的审理。

最后,担保机制与惩罚性赔偿机制的适用与快速宣告违法程序存在不同。

---

[79] 参见中美驻 WTO 大使在总理事会上第二次辩论的中方发言内容(Views on China's Trade-Disruptive Economic Model and Implications for the WTO-Submissions from the United States, Geneva, 26 July 2018)。中方认为,《马拉喀什宣言》强调"决心通过使各自的经济融入建立在开放的市场导向政策及乌拉圭回合协议和决定所列各项承诺基础上的世界贸易体制"。因此,该《宣言》既强调了规则的市场导向,也强调了遵守协定的各项承诺。WTO 本身即是规则导向的,这意味着成员方不能自由创设权利义务,而遵守协定项下各项权利义务本身即是对追求贸易自由的市场导向与各国国内法政策的平衡。需要说明的是,在本文第三部分分析现行 WTO 争端解决机制对美国单边贸易措施的应对时未对此问题进行分析,主要是考虑到现行争端解决机制下,专家组或上诉机构一般采用司法经济原则,在有充分理由彻底否定"301 条款"以及"301 调查"的合法性之后,就没有必要再分析该条款适用的每一个具体理由的合法性。

[80] DSB 所审理的涉及一般例外条款的诸多案件,已经充分证明了判断"必需"的复杂性和不确定性。虽然在 GATT 第 21 条安全例外条款中,其语言为"it considers necessary",由此很多人认为"必需"的判断标准应当归属成员方自己认定,而不应当由 DSB 审查。但是,根据 DSB 针对一般例外条款的解释以及 GATT 第 21 条 b 款序言,该条款在赋予成员自身界定其认为必需的利益的同时,并未排除 DSB 对其"必需性"的审查权。See Dapo Akande, Sope Williams, "International Adjudication on National Security Issues: What Role for the WTO", *supra* note [51], p. 386。

[81] 释明程序的设置需要在提升对恶意违法行为打击力度的同时,最大限度地减少对 DSU 争端解决程序权威性的损害。如释明程序涉及具体的贸易争端,势必将对现有的 DSU 争端解决程序构成冲击,同时因程序的简化而减损裁决的权威性。此外,释明程序涉及具体贸易争端还有可能使其异化为 DSU 争端解决程序的初审程序,在消耗 WTO 本已紧张的争端解决资源的同时显得冗余。

[82] 条约解释权的配置属于 WTO 组织内部的权力分配问题。《建立世界贸易组织的马拉喀什协议》第 9.2 条将 WTO 规则的解释权赋予了成员方。根据 DSU 第 3.2 条的规定,DSB 仅享有根据国际法解释的习惯规则对 WTO 协议的条款予以澄清的权力。因此,如果释明程序对规则本身的解释具有最终拘束力,则将会从根本上冲击 WTO 现有的权力分配格局。其改革的可行性将大幅降低。释明程序的意义在于快速打击单边贸易措施的表面适法性,并为对恶意违法实施惩罚性赔偿创造前置条件。

由于释明程序仅涉及特定 WTO 规则的解释,不直接认定特定贸易措施违法。因此,与快速宣告违法程序不同,担保机制与惩罚性赔偿机制不宜直接适用。但是,在被申请方申诉通过 DSB 根据正常争端解决程序处理争端后,如最终裁决采纳了释明程序的解释,并成为被申请方败诉的直接原因,则 DSB 可考虑被申请方在整个过程中是否实施了恶意违法行为,即恶意通过 DSB 申诉故意拖延单边贸易措施的实施,并根据具体情形酌情适用惩罚性赔偿。

(五)三项改革措施在应对单边贸易措施方面的作用与相互关系

三项措施分别从不同角度起到强化 WTO 多边规则拘束力的作用。通过快速宣告违法程序,可以使法律关系明确,既定事实发生即可确定的明显违反 WTO 规则的行为和条款立即被宣告为违法,使得部分单边贸易措施的国内法依据确定地丧失适法性空间。各成员方从而可以确定无疑地对该发起单边贸易措施的成员实施对等报复。在 WTO 内部,各成员也可以一致谴责实施单边贸易措施的成员方,从而极大地缩小了单边贸易措施对 WTO 多边机制的破坏力。惩罚性赔偿机制的建立则进一步提升了成员方恶意实施单边贸易措施的成本,将单边贸易措施的实施给受害方造成的损害降到最低。

通过明确 DSB 对适用缘由超出 WTO 议题范围而实施方式涉及对 WTO 义务违反的贸易措施的管辖权,可以避免成员方借由单边贸易制裁胁迫其他成员方在投资监管与开放等非 WTO 规则管辖领域接受其单方标准,从而维护 WTO 多边机制作为各方通过协商谈判推动机制改革、深化贸易与投资领域开放的平台,防止采取单边贸易措施的成员方借由超出 WTO 议题范围的缘由绕过多边规则约束,增强多边规则的约束力与可预期性。

通过建立释明程序,对无须涉及复杂事实分析的单边贸易措施所涉及的 WTO 规则进行解释,可以在不损害 WTO 现有权力分配格局与 WTO 争端解决机制权威性的前提下,迅速瓦解单边贸易措施在 WTO 内寻求适法性规则依据的企图,消解其措施的合法性基础,并为恶意违法情况下惩罚性赔偿机制的适用创造可能性。

三项改革措施之间具有密切的关联性。在特定情形下,快速宣告违法程序与释明程序可以结合适用,以达到更好打击单边贸易措施的效果。比如,针对美国本次发起的"232 调查",如直接申请快速宣告违法程序,由于"232 条款"的适用以"维护国家安全"为名,必然涉及与 GATT 第 21 条安全例外条款的比较分析,因此,该程序无法直接适用。但是,由于本案中不涉及复杂事实与法律分析,仅涉及比较"232 条款"中"国家安全"含义与 GATT 第 21 条安全例外条款中"国家安全"含义的异同,因此,适合适用释明程序。在释明之后,如对方并未提起申诉,则此时相当于在确定的规则下("232 条款"违反了 GATT 第 21 条安全例外条款的规定)是否发生了特定的事实的问题,即可立即宣告美国"232 调查"不符合 GATT 第 21 条安全例外条款,无法依据该条款获得豁免。

结论

WTO 多边机制旨在建立以多边规则为内容的规则导向型贸易组织。为此目的,WTO 需要建立和维系多边规则与国内法之间的权力平衡,限制贸易实力强大的国家通过单边贸易措施胁迫其他国家接受其单边标准与主张,维护多边规则的权威性与拘束力。但是,WTO 多边规则的效力受到三个方面的制约:效力发生方式的制约,即 WTO 多边规则只有通过国内法方可发生效力,从而为国内法侵蚀多边规则提供了可能;效力范围的制约,即 WTO 受限于资源与能力,仅能对有限范围的议题制定规则,为成员方寻求通过超出 WTO 议题范围而实施单边贸易措施提供了可能;效力强度的制约,即囿于 DSB 的职权,其仅能在具体案件中作出具有个案拘束力的解释,为成员方尝试利用国内法对 WTO 规则进行单边解释提供了可能。

本次美国采取的单边贸易措施很好地利用了 WTO 多边机制的效力缺陷,通过形式上兼容于 WTO 的"301 条款"与"232 条款",以超出 WTO 议题范围的缘由("301 调查"借由投资比例限制、政府主导并购,"232 调查"借由"国家安全"),绕开 WTO 具有确定性的规则,通过对 WTO 未曾明确或 DSB 未曾解释的规则进行单方面解释("232 调查"对"国家安全"的解释,"301 调查"对"市场导向"的解释),尝试建立单边贸易措施在 WTO 内的适法性,挑战 WTO 多边规则与国内法权限之间的既有平衡。

在现行 WTO 体制下,根据 DS152 案的裁决结果,DSB 可以在具体案件中直接认定"301 条款"和"301 调查"违法,也可以通过对 GATT 第 21 条安全例外条款中"国家安全"的解释认定"232 调查"以及"232 条款"违法,并根据司法经济原则,无须审查美国单边贸易措施的其他内容与事项。但是,现行 WTO 争端解决机制解决争端的长时间跨度、规则解释的个案性以及对适用缘由超出议题范围的贸易措施管辖权的模糊性给美国单边贸易措施违法性认定带来了不确定性,使其获得了一定程度的形式适法性,极大地减损了 WTO 多边规则的权威性,也给其他成员方造成了巨大损失。

为此,有必要改革现行 WTO 争端解决机制,针对具有明显违法性、规则清晰、只需证明事实存在或发生即可证明违法的争端设立快速宣告违法程序,建立惩罚性赔偿机制以惩罚恶意违法行为。明确 WTO 对超出议题范围的争端的管辖权,建立释明程序,对事实简单而有争议的特定 WTO 规则予以解释,快速消解单边贸易措施的表面适法性,同时为恶意违法下惩罚性赔偿机制的适用创造可能。在上述措施的建立过程中,应当有效平衡申请方与被申请方利益,保留双方的质疑权与申诉权。三项措施紧密结合,在不损及DSB公正性与权威性的前提下,能够强化WTO多边规则对单边贸易措施的打击力度与威慑力,有效维系WTO多边机制与国内法之间权限的平衡,维护WTO多边机制的权威。

(审稿编辑　刘思艺)

(校对编辑　谢可晟)

霍布斯论主权的三重合法性及其型构的公民义务
——兼与蒋庆先生商榷

唐学亮*

Hobbes on the Tripartite Legitimacies of Sovereignty and Citizen's Corresponding Obligations: and A Discussion with Mr. Jiang Qing

Tang Xueliang

内容摘要：在以霍布斯为代表的现代西方自然公法学派所建构的主权理论中，主权不仅是自然人授权的结果，同时还是一种自然权利和公共权力的复合体，这就意味着现代西方主权不仅具有民意-理性的合法性，还具有道德-神圣的和历史-传统的合法性。主权的不同合法性维度型构着不同的公民义务，消极公民是现代西方主权法理的一般规定，积极公民只是非常政治时刻的例外要求。因此，以蒋庆为代表的当代中国大陆新儒家认为现代西方主权合法性偏执于民意一端，并就此进行诘难是站不住脚的。中国古典"主权"和现代西方主权的合法性都呈现结构化和等级化特征，并且包含着相同的三重维度。但于前者

---

* 哲学博士，现为西安交通大学法学院副教授，硕士生导师，研究方向为法理学、公法理论与政治哲学，电子邮箱：tangxueliang2016@xjtu.edu.cn。本文系国家社科基金项目"现代法治视角下的霍布斯法律思想研究"（17XFX018）的阶段性成果。

而言,"主权在天"是基础和第一位的;于后者而言,"主权在民"是基础和第一位的。

关键词:霍布斯 主权 合法性 公民义务

一、引言:主权的出场及其合法性问题

在人们的日常生活中,权威可谓无处不在,并且也正因其存在,社会生活才变得稳定化、秩序化、仪式化甚至意义化。本文将要考察的是现代国家中最具代表性,同时也是最重要的权威——主权权威的合法性问题。尽管古典法政哲学中不乏对于国家最高统治权的阐释,但是彼时的哲学家均不约而同地将统治权的概念放在政体理论之下进行思考。柏拉图在《理想国》中根据享有统治权的人数及其德性,把城邦体系主要分为五种政体,并把其与人的灵魂类型对应起来。[1] 无独有偶,亚里士多德在《政治学》中同样根据享有最高治权的人数和统治者的德性,把城邦体制分为共和、贵族和君主三种正常政体,以及与之对应的民主、寡头和僭主三种变态政体。[2] 在以上城邦政体论的框架中,最高统治权或者主权体制本身并不是一个根本问题,更为重要的是彼时政体论政治哲学家的问题意识殊异于现代主权论公法学家的问题意识。对此,施特劳斯曾一针见血地指出,"古典政治哲学与当今政治科学最显著的差别是,后者全然不再关注对前者来说导引性的问题:何谓最好的政治秩序"[3],"'自然公法'学派以'合法政府'取代了'最佳制度'"[4]。

显而易见,这里的"当今政治科学"以及"'自然公法'学派",指的都是以霍布斯为代表的主权学说。[5] 因为,就政治科学而言,霍布斯在《论物体》的"献辞"中明确地说自己才是政治哲学的创始者,"自然哲学还很年轻,但政治哲学更加如此,它不会早于我的《论公民》一书"。[6] 在他看来,古典政治哲学缺乏由其开创的现代政治科学所具有的理性明证性和方法论自觉,从而是一场梦幻

---

[1] 参见柏拉图:《理想国》,王扬译注,华夏出版社2012年版,第166页。
[2] See Aristotle, *The Politics and The Constitution of Athens*, Stephen Everson(ed.), Cambridge University Press, 1996, pp.71-72.
[3] 列奥·施特劳斯:《什么是政治哲学》,李世祥等译,华夏出版社2011年版,第67页。
[4] 列奥·施特劳斯:《自然权利与历史》,彭刚译,生活·读书·新知三联书店2006年版,第195页。
[5] 就霍布斯政治哲学与其主权学说的关系而言,施特劳斯曾概括地指出:"就我们的论旨而言,没有必要追踪霍布斯从人人具有的自然权利或自然状态直到建立公民社会的思想历程。他的这一部分的学说不过是他恪守自己前提所得到的结果。其顶峰乃是主权学说。"因此,在一定意义上我们可以说,主权学说才是霍布斯政治哲学的浓缩、精华和代表。同前注[4],第194页。
[6] Thomas Hobbes, "Elements of Philosophy", in Sir William Molesworth(ed.), *Thomas Hobbes of Malmesburg (volume I)*, John Bohn, 1839, p.ix.

而非科学;就自然公法而言,"主权理论表达了自然公法"[7],但准确地说,这里所说的主权理论指的并不是博丹而是霍布斯的理论,也正因如此,施特劳斯才把霍布斯称为现代政治哲学的创始人[8],并称主权学说是霍布斯政治哲学的顶峰。至于所谓的以"合法政府"取代"最佳制度",不过是说现代政治哲学向后看,关注主权的理性建构与来源问题,而古典政治哲学则向前看,关注目的论建构与理想政体问题。

另外,尽管经常有学者把现代主权概念追溯到罗马法中的"治权"(imperium)问题[9],但实际上治权与主权在概念的内涵上存有根本的区别。根据基尔克的观点,后者是在经由现代自然法理论家打造的国家概念中成型的,他认为该国家理论存在两个必要的决定性特征:一是社会概念,二是主权概念,并且后者占据更为重要的地位,他甚至得出结论说"国家的哲学理论因此日益并从本质上变成了主权理论"[10]。虽如此,若是没有现代国家概念,断不会有主权的产生,但是一经形成其所拥有的对于一个政治共同体内外诸要素的双重整合以及对事实的抽象建构性力量,是治权概念所完全付之阙如的,所以无论之前的理论是否包含主权的要素,系统的主权理论及其已经意识形态化的原则都是现代的产物。所以有日本学者断言,"可以肯定地说,主权概念是存在于16世纪和17世纪现实的产物"[11],笔者深以为然。

纵然现代学术界几乎异口同声地认为,现代主权理论肇始于法国人博丹,但实际上博丹对主权理论的贡献是有限的。如果我们认可以上所引证的施特劳斯关于现代政治哲学主要是关涉合法性论证这一论断的话,其贡献将显得更为单薄。因为,博丹除了关于"主权是共同体所有的绝对且永久的权力"[12]"主权是凌驾于公民与臣民之上的最高的和绝对的权力"[13]这一主权的定义对后

---

[7] 同前注[4],第 194 页。
[8] Leo Strauss, *The Political Philosophy of Hobbes: Its Basis and Its Genesis*, Elsa M. Sinclair(trans.), The University of Chicago Press, 1952, p. viii. 中文版参见列奥·施特劳斯:《霍布斯的政治哲学:基础与起源》,申彤译,译林出版社 2001 年版,第 2 页。虽然施特劳斯在本文所参引的美洲版"前言"中放弃这种判断,并把该殊荣给予了马基雅维利,但是其前期的论断实如以塞亚·伯林所说,依然值得重视,况且其已为霍布斯研究界熟知。即便退一步说,霍布斯依然属于他所谓的"现代性的三次浪潮"第一波中与马基雅维利并列的两大弄潮儿之一,参见施特劳斯:《苏格拉底问题与现代性:施特劳斯讲演与论文集》(卷二),彭磊、丁耘等译,华夏出版社 2008 年版,第 32—46 页。
[9] 参见狄骥:《公法的变迁》,郑戈译,商务印书馆 2013 年版,第 9—11 页。
[10] Otto Gierke, *Natural Law and the Theory of Society: 1500-1800*, Ernest Barker(trans.), Cambridge University Press, 1934, p. 40.
[11] 篠田英朗:《重新审视主权:从古典理论到全球时代》,戚渊译,商务印书馆 2004 年版,第 15 页。
[12] 让·博丹:《主权论》,李卫海、钱俊文译,北京大学出版社 2008 年版,第 25 页。
[13] 同前注[12],第 25 页。

来的包括霍布斯在内的主权理论家有着较为深远的影响之外,只是一般性地提出了主权的本质、特征及其识别等问题,而并没有系统地阐释主权的来源及其合法性问题。他仅有的一些只言片语,也是矛盾丛生、逻辑混乱,这大概是因为这些观点既源于其经验主义的方法论,同时又杂糅了希腊、罗马和中世纪的理论成果。[14] 实际上,真正成熟和系统的主权理论,特别是关于主权合法性的理论,要等到霍布斯的出现才成为可能。

在把霍布斯而非博丹作为现代主权理论代表的基础上,本文认为,以霍布斯为代表的现代自然公法学派所建构的主权法理包含极其丰富的内涵,其并非如以蒋庆为代表的新儒家以及施特劳斯等人所认为的那样只具备民意-理性这样一重单薄的合法性。本文还将论证霍布斯的主权法理蕴含着深刻的现代公民理论,不同的主权合法性勾连着不同的公民义务,而且两者间的法理和逻辑关系明晰、融贯。这一关系的揭示,无论对于理解霍布斯,还是对于理解现代公民理论,特别是共和主义与自由主义的公民理论论战,都有重要的意义。在此必须说明的是,虽然蒋庆等人的相关论断主要针对的是现代西方民主理论,但其同样,甚至更加适用于霍布斯的主权理论。这不仅因为现代民主理论的背后有着现代主权理论的基础(因此讨论主权理论更为根本),而且因为霍布斯的主权理论能够包容现代民主。并且越到后来,蒋庆越是把其论断直接施用于现代西方主权理论上,因此,本文在这些意义上与蒋庆等人进行商榷。

鉴于研究重心的设置和问题间的逻辑秩序,在接下来的行文中,笔者首先讨论霍布斯主权理论所包含的授权、自然权利和公共权力这样三个维度。进而根据其中的法理,讨论这三个维度分别型构的公民义务。然后在此基础上,受当代大陆新儒家蒋庆所提炼的主权合法性理论的启示,笔者指出霍布斯主权理论同样包含理性、超越和传统这样三重合法性,并与中国古典"主权"(政治)合法性进行对勘,认为两者都是结构化和等级化的,但基础和底色不同。于前者而言,"主权在民"是基础和第一位的;但于后者而言,"主权在天"是基础和第一位的。因此,笔者认为,无论是施特劳斯还是蒋庆等人,他们对现代西方自由主义主权法理的认识都具片面之嫌,对它的反思和诘难也因此失去文本依据,变得可疑。

二、授权、主权与公民契约义务

霍布斯哲学是一种典型的现代公法学。因为霍布斯终其一生所做的主要

---

[14] See Wm. A. Dunning, "Jean Bodin on Sovereignty", *Political Science Quarterly*, vol. 11, no. 1 1896, pp. 87-92. 另外,关于博丹的方法论问题,学术界素有争议,但是其方法体系的庞杂基本上算是主流意见,中文研究成果参见孔元:《博丹与普遍法的"国家"转向》,载《清华法学》2017年5期,第105—127页。

工作无非是以更加清晰和科学的方式阐释国家或者主权者与公民之间相互的权利义务关系,并最终平衡权威与自由。虽然无论在《法律原理》[15]《论公民》[16],还是在《利维坦》[17]中,霍布斯都把国家秩序分为政治国家和自然国家两种,但实际上霍布斯主要关注的还是政治国家的建构原理,自然国家的建构在"霍布斯社会思想中始终只是第二位的"[18]。而且两者在法理关系上具有很大程度的一致性,因此本文主要集中讨论政治国家建构中的主权理论。

(一)授权及其限制

虽然许多学者对霍布斯的诸多观点都争论不休,但是令人称奇的是,有一大批学者对首次出现于《利维坦》中的"授权"和"代表"理论都表示出了极大的兴趣,并给予了极高的评价和礼赞。高希尔认为,授权概念是霍布斯对政治理论的持久贡献。[19] 魏欧拉认为,霍布斯的权威和授权理论是最早的和主要的现代政治代表理论模型之一。[20] 皮特金称,霍布斯是英语世界第一个广泛而系统地讨论代表理论的哲学家。[21] 中国学者李猛认为,正是基于授权概念才使得霍布斯所说的国家政治意志的统一问题真正实现。[22]

现在让我们回到霍布斯的文本,看看他是如何阐释这一授权—代表过程的。在《利维坦》中有一段非常著名的话:

> 我向这个人或者集体授权并放弃自我统治的权利,条件是你也把这个权利给他并以相似的方式授权他的一切行为。如此一来,统一在一个人格(person)之中的一群人就被称作国家,翻译成拉丁文就是CIVITAS。这就是伟大的利维坦或者用一种更虔诚的话说,可朽上帝的诞生,据此我们在不朽上帝之下获得和平与保护。[23]

这段话可谓《利维坦》的点睛之笔,但也是话中有话,机关重重。我们现在

---

[15] See Thomas Hobbes, *Human Nature and De Corpore Politico*, J. C. A. Gaskin(ed.), Oxford University Press, 1994, pp. 107-108.

[16] See Thomas Hobbes, *Man and Citizen*, Bernard Gert (ed.), Hackett Publishing Company, 1991, p. 171.

[17] See Thomas Hobbes, *Leviathan*, Edwin Curley(ed.), Hackett Publishing Company, 1994, p. 110.

[18] David P. Gauthier, *The Logic of Leviathan: The Moral and Political Theory of Thomas Hobbes*, Oxford University Press, 1969, p. 113.

[19] *Id.*, p. 171.

[20] See Francesco Viola, "Action, Authority and Authorization: Starting from Hobbes", *Hobbes Studies*, vol. 16, no. 1, 2003, pp. 3-14.

[21] See Hanna Fenichel Pitkin, *The Concept of Representation*, University of California Press, 1967, p. 14.

[22] 参见李猛:《通过契约建立国家:霍布斯契约国家论的基本结构》,载《世界哲学》2013年5期,第92—105页。

[23] *Supra* note[17], p. 109.

要集中处理的是其中的授权及其限度问题。授权是一条显明和公认的现代主权合法性的生成路径,但对霍布斯来说,伴随这一授权过程的是其限度问题,因为这是他的自然权利理论对这种合法性所规定的基本限度,并且也正是由于这种张力的存在,才有其他合法性出场以弥补合法性供给不足的余地。

根据霍布斯的权利理论我们知道,在自然状态中,自然人享有两种自然权利:一是基本的自然权利,即自保权,这种权利还可细分为作为生命权的第一权利和免于痛苦权的第二权利;二是经由扩展和交互化而推导出的对于世间万有的权利(right to all things)。与此同时,这两种权利不仅在内容上不同,而且在性质上也大相径庭。自保权是不可放弃、不可转让的权利。在讲到社会契约的时候,霍布斯明确说过有些权利是不可转让的,这些权利包括:第一,"一个人不能放下反抗那些以暴力攻击意图取走他生命的人的权利,因为我们不认为他这样做会得到任何的善"[24];第二,"同样的情况也适用于伤害、拘禁和监禁,因为这种忍耐的结果并没有好处,而且当他看到其他人对他使用暴力时,他也不知道他们是否意图置他于死地"[25]。这里不可转让的"第一"和"第二"两种权利实际上就对应笔者所讲的基本的自然权利中作为第一权利的生命权和作为第二权利的免于痛苦的权利。正因为有部分权利是不可转让的,所以我们就可以理解霍布斯为什么在《论公民》中只是讲"某些特定的权利应该得到转让或者放弃"[26],那么这些"特定的权利"指的是哪些权利呢?如果自然权利中的第一种,也即基本的权利不可放弃或转让的话,那么自然状态中的人们只能将第二种扩展性的权利予以转让以取得相互的和平,所以在《利维坦》中,在阐释第二条自然法的时候,霍布斯明确地说要予以放下的权利是自然权利中那种扩展性的"对万有的权利"。[27]

如此一来,对基本的自然权利的转让行为就是无效的,不仅因为这种权利具有不可交易性,更因为这种契约是违背自然法总戒条的。所以霍布斯说"不以暴力防卫加于自身的暴力的信约是无效的,因为正如我在前文中所展示的,没有人可以转移或者放下这种使自己免于死亡、伤害和监禁的权利,相反,避免这些结果是放下权利的唯一目标"。[28]正因为要规避自然状态中的这些风险,自然人才需要转让部分自然权利,如果在政治社会中这些风险同样存在,那么我们就没有任何的理由加入这样一个社会,因为最坏的结果都是一样的。正如瑞贝尔所指出的,"我进入社会的目的在于保命,这在战争的自然状态下是污

---

[24] *Id.*, p. 82.
[25] *Id.*, p. 82.
[26] *Supra* note[16], p. 123.
[27] See *supra* note[17], p. 80.
[28] See *Id.*, p. 87.

秽、短暂和悲惨的,如果主权者威胁到我的生命,我必须重新获得防卫的自由"。[29] 正是由于授权理论存在一个权利的缺口,所以其证成的合法性必定也是不饱满的,因此在诸如刑罚这些问题上霍布斯必须另寻合法性根据,这从一个侧面证明霍布斯的主权理论不可能只考虑一重合法性。

(二)授权与主权的凝结

根据上文我们知道,自然状态中的人们通过相互信约的方式进行授权的结果就是集体人格的形成。这个集体人格或者这一单独的人造人格被称作国家,霍布斯又称其为"利维坦"。实际上,把这一单独的人格称作完整意义上的国家是不准确的。从严格的意义上讲,这一通过授权形式凝结而成的虚构的人造人格,只是现代国家或者说主权国家的本质所在,而不是国家本身。因为16世纪以后的国家概念已经现代化了,其还包括诸如土地、领土、人口等其他要素,关于这一点洛克在《政府论》中已特别地予以强调。[30] 所以在《利维坦》中,霍布斯紧接着对前面那段话进行补充:

> 国家的本质存在于它身上,根据定义,它是一个人格,一大群人根据相互的信约使得他们自己成为其行为的原作者,为的是在其认为有利的情况下,运用他们所有的力量和手段来建立和平和共同的防御。[31]

从这段话中,我们可以更清晰地看出,通过授权程序,其最终建构的不仅是一个独立的承载现代国家本质的人造人格,而且还是一个共同权利和权力的形成。这个共同权力,霍布斯称其为人类所能建构的最伟大的权力。[32] 这一通过授权程序所凝结而成的权利和权力就是主权,所以在这个意义上,现代国家的抽象人格和主权是一同形成的,其合称就是主权国家。必须指出的是,在霍布斯那里,主权,正如国家的统一那样,绝不仅仅是个体力量的重叠性聚集,而是真正统一于主权者身上的全体的力量。但力量与权力作为自然身体的权能,如何才能将其授予主权者驱使呢? 这主要仰仗公民义务这样的规范性力量,因此笼统地讲凝结于主权者身上的共同权力,实际上只是一种政治修辞,其必须与公民义务挂起钩来才有具体的意义。此外,从以上引文中还可以看出,这个主权的主体或者说所有者,正是该人造人格,也就是现代主权国家的本质所在。所以,从这个根本的意义上说,霍布斯所建构的现代主权的主体就既不是通说

---

[29] Renato Janine Ribeiro, "'Men of Feminine Courage': Thomas Hobbes and Life as a Right", *Hobbes Studies*, vol. 24, no. 1, 2011, p. 46.

[30] 参见洛克:《政府论》(下),叶启芳、瞿菊农译,商务印书馆1964年版,第72—76页,第119—123页。

[31] *Supra* note[17], p. 109.

[32] *Id.*, p. 50.

中所认为的自然人,也不是有的学者所认为的政府机构[33],而是斯金纳所指出的作为人造人格的国家[34]。

在《利维坦》中,霍布斯把权威定义成"做任何行动的权利"[35],那么,主权权威也就是主权者实施任何主权行动的权利。由上文可知,这种权利它不是无中生有的创造,而是来自自然人经由授权程序对于自然权利的转让,如此一来,这里的主权合法性的根据也就在于自然人的授权或者权利转让行为,实际上也就是下文我们将要谈到的蒋庆和施特劳斯等人所说的"民意合法性"或者"民主合法性"。

(三) 授权与公民契约义务

霍布斯明确说过,"所有人的所有义务都来自他自己的某种行为,因为所有人同样的都是生来自由的"[36]。正因为所有人都同样的自由,所有人在自然状态中都是自己的主人,一个自我的主权者,所以要对这种自由施加任何的限制,必然也要出个人的自我意志。"所有的义务都由义务人的意志决定"[37],只有在自我意志对自由进行自我限制的情况下,才有义务的可能性,这就是霍布斯所说的"自由止,义务始"[38]的含义所在。那么,自由又是什么呢?在霍布斯的哲学中,自由基本上就等同于权利,因此,他对自然权利的界定就是"每个人以自己意愿的方式运用自己权力的自由"[39]。根据以上所述,这句话"所有人的所有义务都来自他自己的某种行为",就可以翻译成"所有义务都产生自权利终止的行为"。而权利终止的行为在霍布斯那里主要就是权利转让的契约行为,也就是这里的授权行为。

既然权利行为可以导致规范性义务的产生,那么,伴随这种"对万有的权利"的转移,将在公民与主权者之间产生什么样的义务呢?根据霍布斯的权利法理我们知道,自然权利具有程序性和开放性的特征,对这种"对万有的权利"而言,就更是如此。正如沃伦德所正确地指出的,在这种权利之上并不存在他者的关联性义务,它只意味着一个人没有义务去做某事[40]。既然它不是一种实体性的权利,在自然状态中它甚至是一种无效的权利,那么这种非实体性的

---

[33] Christine Chwaszcza, "The Seat of Sovereignty: Hobbes on the Artificial Artifical Person of the Commonwealth or State", *Hobbes Studies*, vol. 25, no. 2, 2012, pp. 123-142.

[34] Quentin Skinner, "Hobbes and the Purely Artificial Person of the State", *The Journal of Political Philosophy*, vol. 7, no. 1, 1999, pp. 18-23.

[35] See *supra* note[17], p. 102.

[36] *Id.*, p. 141.

[37] *Supra* note[15], p. 85.

[38] *Supra* note[16], p. 123.

[39] *Supra* note[17], p. 79.

[40] Howard Warrender, *The Political Philosophy of Hobbes: His Theory of Obligation*, Oxford University Press, 2000, pp. 18-21.

权利转让能在契约相关人身上产生怎样的约束性义务呢？从霍布斯的几部著作可以看出，此种权利转让的契约行为所产生的法律效果就是规范性义务的内容，因为伴随着这种"对万有的权利"而来的往往是进攻性的、积极性的伤害自由。那么转让该权利，即意味着放下该自由，也就是放下争夺同一标的物和伤害他人的自由，结果就是由一个局中人变成局外人以为他人的权利行使行为进行让路，这种义务就是典型的消极不干涉的义务。因此，根据该契约的法理，不可能在公民与主权者之间形成积极的协助义务，这种协助义务自有其他的来源。这种消极不干涉的义务典型体现在主权者对他人的惩罚上。"在签订契约时，每个人放弃防卫他人而不是防卫自己的权利"[41]，"放弃防卫他人"，就等于说，当主权者惩罚他人时，本人只能袖手旁观而不能进行干涉，这是授权行为所带来的典型的法律后果。

在这点上，霍布斯不同于洛克，洛克认为既然在由自然状态向政治社会过渡时，个人转让了私人执法权并由此形成国家立法权和执行权，那么，国家就有权使用他的力量进行执法，也就是说公民有积极协助的义务。[42] 可以看出，相较于霍布斯，洛克的公民理论包含了更多的积极要素，霍布斯则体现了更加典型的自由主义的消极自由和消极公民观。可能正是基于这一点，伯林在讨论"消极自由"的时候，首先谈到的是霍布斯而不是洛克，并且其自由理论也是主要取自前者，可谓慧眼独具。[43] 所以，那种试图以授权行为来证成公民积极协助义务甚至积极公民的努力[44]，是背霍布斯所设计的此种契约法理的。由此，我们也可以说消极公民是现代主权法理的基本规定。

三、自然权利、主权与公民无义务

根据上文我们可以清晰地看出，自然状态中的人们通过相互信约的授权程序凝结起共同权利和权力，也就是主权，而主权的主体是通过同一程序所凝结起来的抽象的集体人格。这个集体人格是不能言语和行动的，要使这一抽象的人格行动起来进入社会历史，必须要有具备行动和意志能力的自然人去发动它，让其自然化和意志化。这个人实际上就是霍布斯所讲的主权者："国家不是一个人，其只有通过代表（主权者）才有行动的能力。"[45]

因此，在《利维坦》描述国家成立的那一段话之后，霍布斯紧接着这样说道："那个承担这一人格的人就被称作主权者，其被认为拥有主权，而所有的其他人

---

[41] *Supra* note[17], p. 203.
[42] 同前注[30], 第53页。
[43] 参见以赛亚·伯林:《自由论》, 胡传胜译, 译林出版社2003年版, 第191页。
[44] 参见孔新峰:《从自然之人到公民：霍布斯政治思想新诠》, 国家行政学院出版社2011年版, 第160—163页。
[45] *Supra* note[17], p. 173.

都是他的公民。"[46] 从这句话中我们可以确定,对霍布斯来说,那个承载经由授权程序所形成的人造人格的自然人就是主权者。并且,经由同一程序所形成的主权要落到实处,也必然由其驱使,这一自然人也就顺理成章地成为主权的具体和实际的所有者。所以,在这个意义上,我们也可以说主权的主体是作为自然人的主权者。[47] 从这一程序当中,我们能够看清楚的是,从逻辑的意义上讲,主权是形成于主权者之前的;也就是说,先有主权,后有主权者。所以,霍布斯讲到公民的双重义务时明确指出,"并且同时他们已经把主权(sovereignty)给了那个承担他们人格的人了,因此,如果他们废黜他的话,那么就是从他那里拿走了属于他的东西,这是另一种不义"。[48] 在这句话中,霍布斯以十分明晰的口吻告诉读者,主权和抽象的人造人格,也就是利维坦,是一同产生的,并且先于作为自然人的主权者。所以无论是笼统地说主权是属于自然人的,还是说主权属于作为人造人格的国家,都不全面。在不同的层面和阶段,其分属不同的主体。如此一来,特别是联系到主权的另一重合法性及其构造的公民义务,以下问题不可不察。

(一)主权者是如何产生的?

在前述授权程序中,自然状态中的人们两两之间相互签订信约,就在这一瞬间,"一道理性(ratio)闪光闪现了,于是乎,新的上帝突然间就站在我们面前"[49]。我们知道这个上帝就是霍布斯所说的作为国家本质的人造人格——利维坦。由此也可以说明一个问题,那就是形成国家的授权过程遵循的是全体一致原则,否则就不可能有呈现两两形式的相互信约了,而剩下的那些不同意如此行动的人将重返敌对的自然状态中去。这就表明,全体一致原则起到的是划线和站队的作用,一边是自然状态,一边是政治社会。但霍布斯所设想的国家代表,也就是作为自然人的主权者的产生,遵循的并不是全体一致原则,而是多数决原则。在《利维坦》的第18章,他明确地将此原则用于描述主权者的产生过程:

> 当一群人同意并通过相互订立信约,经由多数同意将呈现(present)他们人格的权利授予一个人或者一个团体[也就是说,使之成为他们的代表(representative)],每个不管是对其投赞成票还是反对票的人,为了能够在他们自己中间和平地生活,并且防卫其他的人,都应授权那个人或团体的所有的行动和判断,就像这些行动和判断是自己作出的一样,此时,国家

---

[46] Id., p.109.
[47] See supra note[34], p.11.
[48] Supra note[17], p.111.
[49] 施米特:《霍布斯国家学说中的利维坦》,应星、朱雁冰译,华东师范大学出版社2008年版,第68页。

才能说是按约建立了。[50]

关于国家成立的全体一致原则和作为自然人的主权者代表产生的多数决原则,《利维坦》与《论公民》[51]是一致的。但在《法律原理》中,霍布斯虽然坚持这同一的法理,却将多数决原则的民主属性与政体顺序联系在了一起,故而认定民主乃是人类政治的第一种政体。[52] 而在前两者中,多数决原则只是选举主权者的一个纯程序问题而并不与政体类型挂钩。如果我们以这样的方式来理解霍布斯的这两个原则的话,那么著名的霍布斯学者哥德斯密斯的论断将失去文本和逻辑的支撑,他认为《利维坦》中的多数决原则来自霍布斯的早期著作《法律原理》,并且认为这两个原则间的抵牾系出于霍布斯的疏忽。[53] 与此同时,马克内利的非难也就迎刃而解。一如哥德斯密斯,他认为霍布斯的这两个原则相互抵牾,并且在逻辑上都难以令人满意。[54] 从上文中的分析中我们可以看出,这两个原则解决的并不是同一个层面的问题,不存在冲突的可能性,以上非难系对霍布斯的误读。

另外必须指出的是,这种主权与主权者在逻辑上的二分,看似使得霍布斯普芬道夫化[55],特别是洛克化[56],并为人民的革命权留下空间,但实际上对霍布斯来说,这种风险非但不存在,且恰恰是他所明确反对的。熟悉霍布斯的人都知道,人民和社会在他那里都不是一个独立的实体概念。人民在一定意义上就是主权者;或者如果没有主权者代表的话,人民的概念是没有意义的。社会指的主要就是政治社会,而不是独立于政治或政府社会的一种形态或阶段。因此,人民是不可能通过革命的手段从一个政府的治下返回到社会那里去的,革命权也就无从谈起。

(二)主权者在什么意义上拥有自然权利?

或者我们还可以追问,主权在什么意义上还是一种自然权利?在霍布斯的主权学说中,主权者不仅享有自然状态中自然人转让的权利,他更享有自然权利。在这个意义上,主权也就是一种自然权利,这是霍布斯所建构的主权权威的第二个维度或者说第二重合法性。

如果说在自然状态中,人们享有自然权利尚属合理的话,那么,为什么在进

---

[50] *Supra* note[17], p. 110.
[51] See *supra* note[16], p. 175.
[52] See *supra* note[15], pp. 118–119.
[53] See M. M. Goldsmith, *Hobbes's Science of Politics*, Columbia University Press, 1966, pp. 156–161.
[54] See F. S. McNeilly, *The Anatomy of Leviathan*, Macmillan, 1968, pp. 218–231.
[55] 参见塞缪尔·普芬道夫:《人和公民的自然法义务》,鞠成伟译,商务印书馆2010年版,第192—193页。
[56] 同前注[30],第59—60页,第81—82页。

入政治社会之后,主权者还能享有自然权利呢?霍布斯论证主权者自然权利的主要根据在于其勾画的契约法理。我们知道,霍布斯所设计的社会契约的基本结构是自然状态中的自然人作为契约的当事方,未来的主权者作为第三方受益人。正因为未来的主权者不作为契约当事人,不受权利转让的影响,也就是说其在自然状态中原本所享有的自然权利并没有受到触动和影响,所以在进入政治社会时主权者的自然权利也能够被完整地保存下来,这是主权者享有自然权利的第一个,也是最重要的一个法理依据。

主权者享有自然权利的第二个法理依据在于霍布斯所例举的惩罚权,这是一种反推性的理解。因为从法理上讲,它不可能来自授权,因为人们不可能授权别人惩罚、伤害自身。惩罚、伤害的权利属于前文所述的基本的自然权利,其具有不可剥夺和不可转让性,霍布斯明确说过,转让这些基本的自然权利的契约是无效的,所以人们不可能授权主权者惩罚自身。霍布斯学者高希尔为了霍布斯授权理论的圆融,提出一种修正的授权理论。他认为"每个人所授权的不是对自己而是对其他人的惩罚。当主权者惩罚一个具体的人时,他的行为不是基于该人而是基于所有其他人的授权"。[57] 这虽然是一个奇特的设想,但是它一方面直接违背了霍布斯的意图,另一方面会造成社会契约的结构出现裂缝。因为在主权者每实施一个惩罚行为时,契约的当事方至少会出现一个缺口,并且每次出现的缺口还不一致,这样似乎每一次的惩罚都在订一个新约,这与霍布斯所设想的一劳永逸的社会契约法理是相悖的。

在谈到惩罚权时,霍布斯明确地说:

> 很明显(由一人或多人所代表的)国家的惩罚权不是来自公民的任何让与或赠与。我在前文(第 14 章)中已经表明,在国家建立之前,每个人都拥有对所有事物和做一切他认为为其自我保存所必需的事情的权利,为此他可以征服、伤害或杀死任何人。这就是在每个国家中都存在的惩罚权的基础。[58]

由此可以明显地看出,自然权利,特别是作为其扩展形态的"对万有的权利",才是主权者惩罚权的真正来源。这种惩罚权的效力基础在于,在政治社会只有主权者才拥有这种遗留下来的自然权利,而所有的公民皆已转让了部分自然权利。而且公民经由权利转让而产生的契约义务,即前文所述的消极不干涉义务,配合了主权者自然权利的实施。因此,如果仅有自然权利,尚不能保障主权者的权威,其权威必得授权契约的支撑才能有效地运转。

除了以上从正面进行法理的论证之外,霍布斯还从否定的层面进行反证。

---

[57] *Supra* note[18], p.148.
[58] *Supra* note[17], p.204.

如果霍布斯假设主权者不再享有自然权利或者说主权不是一种自然权利,而是像洛克一样,把主权者作为契约的一方,并接受人民设置的各种条件(这是现代学者所普遍青睐的宪政模式,即主权是有条件的、受到约束的),那么对他来说,这至少将出现以下两方面的困难:首先,假如主权者与作为整体人格的公民,也就是霍布斯所说的人民签约的话,这种契约不具备现实可能性。因为在主权者出现之前,人民人格只是一种语词的建构,不具备实体独立性,在霍布斯的理论中,人民的人格必须具备承担者才能实在化,而人民的人格是由主权者承担的,所以,在这个意义上霍布斯认为主权者就是人民。其次,假如主权者与其公民分别签约的话,姑且不论该主权者是如何产生出来的,其结果必然会出现这种情况:"如果一个人(或更多的人)主张在主权成立时,主权者违反了信约,而其他一些人(或一个人)或者主权者自己却主张没有违反,那么在这种情况下,就没有法官来裁决这个争议,因此,就再次返回到了自然状态。"[59]

因此,无论从正反两个方面的任一方面来看,主权者都拥有自然权利,亦即主权具备自然权利的合法性。而根据前文我们知道,主权者是现代国家的代表,人造人格的承担者,同时,根据霍布斯的代表理论我们又知道,作为自然人、生物人的主权者,当其作为国家的代表时,其实际上承担着双重人格,一个是上述讲到的经由授权程序所凝结而成的虚构的、公共性的人造人格,一个是自然人格。

在《利维坦》的过渡章,即第 16 章中,霍布斯首次集中讨论了代表的概念。他说人格(person)分两种,一种是"其言行被认为出自其自身",另一种是"其言行以真实或拟制(fiction)的方式代表可归因于他的其他人或者事物的言行";前者就叫作自然人格,后者则被称作虚拟人格或者人造人格(artificial person)[60],也就是代表人格。由此可以看出,代表人格是与自然人格相对的一种角色,这就表明这里所讲的代表人格不是自然人格意义上的。并且,由此我们还知道,代表人格的产生有两种基本的方式,即真实的或拟制的。霍布斯接着说,人格一词源自希腊语和拉丁语,原意是舞台演出时的妆容或者面具,后来演化成法学和普通用语中的代表概念,由此,"人格就和演员(actor)一样具有相同的意义",一个人可以扮演他自己,也可以扮演其他人,那么,代表亦是,他说"代表就是扮演或代表他自己或其他人"。[61] 如此一来,霍布斯就悄悄地扩展了代表概念的内涵,把其分为两种。一种是代表自己的人格。这时的代表被称作自然人,比如很多的国家元首在外交场合经常会说,"我代表某某政府和人民并以我个人的名义……",当作为演员的国家元首在外交的舞台上代

---

[59] Id., pp. 111-112.
[60] Id., p. 101.
[61] Id., p. 101.

表他个人时,他就是一个自然人格。就此我们看到,生活中的自然人实际上也是一种代表或者说演员,只不过因为代表的是自己,所以我们一般不把其称作代表,正如在日常生活中我们很少在每句话的前面补充说明"我代表我自己"一样。第二种是代表他人或者它物。这是一种典型的代表,就像在上例中,当作为演员的国家元首在外交场合代表某某国家或人民时,他就是一个十足的代表,这也是霍布斯以及我们日常生活中所理解的典型的代表概念。从以上的例子我们可以清晰地看出,一个自然人可能承担双重人格,即自然人格和人造人格,也就是说一个人可能同时作为自然人和代表。对霍布斯来说,代表他人,就是承担他人的人格或以他人的名义行事。[62]

在以上理论的基础上,让我们回到本节的主题,即在何种意义上主权者还能拥有自然权利?之所以如此设问,一个重要的原因在于高希尔认为这种自然权利说使得霍布斯的主权理论退回到其初期的状态,并进而对其展开了批评。高氏认为这是因为"他不是把主权看作是人造的运用公民权利的权利,而是把其当作自然的,是一个人所没有放下的自然权利的这种权利"。[63] 这体现出包括高希尔在内的很多学者对霍布斯主权和代表理论存在一个巨大误解。我认为,享有自然权利的主权者只可能是人造的、公共意义上的抽象人格承担者的主权者,也就是国王的政治身体[64],而不可能是自然人格意义上的主权者或者说国王的自然身体,原因如下:

第一,如果是自然人格意义上的主权者享有自然权利,自然权利具有属人性的话,那么当政体变换,作为主权者的自然人替换时,被换掉的自然人必然继续享有自然权利,而原本不是主权者现在成为主权者的自然人必然不具备自然权利,而这显然与主权法理相违背,因为随着政体的更替,作为主权的自然权利没有完成相应的更替。

第二,从霍布斯主权契约结构上看,该契约是所有人对所有人的授权契约,伴随这一契约诞生的只可能是抽象的人造人格,只不过经由逻辑上在后的多数决程序,这一人格由选出的一个自然人来承担,这个自然人正是霍布斯所说的主权者,这从《利维坦》一书封面的铜版面中可以看得十分清楚。利维坦只是由无数小人组成的人的联合,而不是一个独立的人或者附在某一个自然人身上的人的联合。"霍布斯的意思是说主权者承担他(或它)的公民的集体'人格'"[65],这就说明从逻辑上讲,自然人格意义上的主权者在先,人造人格意义

---

[62] *Id.*, p. 101.
[63] *Supra* note[18], pp. 147-148.
[64] 参见〔德〕恩斯特·康托洛维茨:《国王的两个身体》,徐震宇译,华东师范大学出版社 2018 年版。
[65] Noel Malcom, *Aspects of Leviathan*, Oxford University Press, 2002, p. 201.

上的主权者在后,这进一步表明了自然人意义上的主权者代表他自己是参与利维坦建构的,即他是签约者之一。既然他是签约者之一,他就不可能再享有完全的自然权利了。相反,因为新诞生的利维坦,也就是由主权者承担的公共人格并没有参与签约过程,所以其不可能受契约的约束,因而享有完全的自然权利,因此,享有自然权利的只可能是作为代表而不是作为自然人格的主权者。而代表的权利、权力实际上就是主权,所以我们才说主权同时也是一种自然权利。

第三,从反面看,如果作为自然人格的主权者享有自然权利的话,这就表明该自然人没有参与签约过程,那么在签约之前,他就必得以某种方式先行独立出来,但这样就造成一个悖论,即在国家或人造人格还没有形成之前,国家或人造人格的代表,也即主权者既已产生,而这是不可能的。且自然人代表是由民主选举产生的,既然是由民主选举产生,这就表明所有人都是参与选举的,而不可能在选举之前代表已经产生,这与逻辑是相悖的。由此可以看出,洛克对霍布斯不点名的著名批判也就成了无稽之谈。洛克这样说道:

> 这仿佛是当人们摆脱自然状态进入社会时,他们同意,除一人之外,大家都应当受法律的约束,但他一个人仍然可以保留自然状态中的全部自由,而这种自由由于他掌握权力而有所扩大,并因免于惩罚而变得肆无忌惮。这就是认为人们竟如此愚蠢,他们注意不受狸猫或狐狸的可能搅扰,却甘愿被狮子所吞食,并且还认为这是安全的。[66]

原因是洛克跟高希尔一样,把这里的自然权利的主体当成了自然人。而我们认为,这里的自然权利只可能是人造的、公共意义上的主权者人格所具有的主权权利。在自然人承担这个公共人格,履行代表职能时,他就自然享有这一权利;在出现政体变换时,该自然权利就由承担国家公共人格的其他自然人享有,这样才能确保政权的和平交接和政治秩序的稳定,也才能使霍布斯的主权理论顺理成章,避免诸多逻辑和法理的悖论。

另外必须指出的是,由于主权者不但承担自己的自然人格,同时还承担代表人格,即人造人格,所以学术界的一个普遍担心在于,在政治实践中主权者的双重人格间有可能出现冲突,所以就存在专制与暴政的可能性,因此,宪政遂成为现代政治的普遍意识形态。但是霍布斯是反对这种可能的冲突的,一是因为他认为主权者能够认识到他的真正利益所在;二是因为主权者也是参与签约过程的,而签约的过程其实就是一个理性化、社会化的过程,经由此过程教育出来的主权者不太可能行非理性化的暴政。

---

[66] 同前注[30],第57页。

（三）自然权利与公民无义务

既然主权者享有从自然状态中遗留下来的完全的自然权利，而根据霍布斯的权利理论，自然权利作为一种自由，具有开放性。所谓自然权利的开放性，是指这种自然权利具有单向性，没有形成一个闭合的双向循环结构，因此是种漂移不定的权利样态。在霍布斯的理论里，权利就等于自由，也就是"做或者不做某事的自由"。[67] 权利又可分为自然权利和政治权利，自然权利是"每个人为了保存他自己的本性即生命而按照自己的意志运用自己的权力的自由"。[68] 权利是一种自由，这是现代法理学的主流论说之一，但是在霍布斯那里，在自然状态中，自然权利却是一种绝对的、无可顾忌、无所约束的自由。

我们可以从肯定和否定两个方面来看待这种绝对自由的状态。从肯定的立场看，这种绝对的自由体现在自然人运用自己的理性与判断并以之为标准进行行动，直至推导出对世间万有的占有和保全的自由，也就是著名的"对万有的权利"；从否定的立场看，其可以进一步细分为否定的自我角度和否定的他者角度。先说否定的自我角度，因为霍布斯所说的自由即是不存在外在障碍的状态，那么这里"外在障碍"指的是什么？是物理的？还是规范性的？虽然在一般的意义上，霍布斯所说的自由即是外在物理障碍的缺失状态，也即斯金纳视之为与共和主义自由相抗衡的那种自由观。[69] 但是在这里，根据语境，笔者同意著名的霍布斯学者卡夫卡的观点，认为这里的"外在障碍"指的是规范性的，"外在障碍"的缺席，指的就是法律、道德原则和义务等的付之阙如。[70] 所以这个意义上的绝对自由就是不存在规范性义务牵绊的自由。从否定的他者角度说，因为每个人都是自由平等的，自我的否定性的绝对自由理应推广、扩充为普遍的绝对自由，如此一来，这就意味着霍布斯的自然权利是一种缺乏他者相应义务支撑、构架的空洞的直线型权利，这种权利"并不包含他者相应的义务，在义务条件有效的情况下，它属于个体没有义务去做的理论"[71]。因此，它是一种高度不稳定的、流动性的虚无自由。

当然，这种分析进路，一如霍布斯学界的普遍做法一样，受到了霍菲尔德权利理论的影响，把霍布斯的权利等同于霍菲尔德的"特权"（privilege），而不是

---

[67] *Supra* note[17], p. 79.
[68] *Id.*, p. 79.
[69] 参见昆廷·斯金纳：《霍布斯与共和主义自由》，管可秾译，上海三联书店 2011 年版，特别是其中的第 5 章，第 114—162 页。
[70] See Gregory S. Kavka, *Hobbesian Moral and Political Theory*, Princeton University Press, 1986, p. 299.
[71] *Supra* note[40], p. 21.

严格意义上的权利或请求权概念。[72] 这种权利分析的进路近年来遭到了霍布斯学者卡兰的强烈反对,卡氏认为用霍菲尔德的理论解读霍布斯的权利理论是一种误读,自由比请求对理解权利来说更加有效。[73] 虽然这种反对放在霍布斯文本的语境中有一定的道理,但是这对于当代普遍接受的权利理论来说却是无效的。因为在当代法学中,权利往往与相对人的义务关联在一起,虽然基于不同的权利,关联义务的性质和具体含义可能不同,但是我们基本上都不否认这种关联性。[74] 但是在霍布斯这里,自然权利完全是无关联义务的,正因为没有相对人义务的支撑,所以导致的结果就是,虽然从表面上看,所有人都享有对万有的这种看似极端广泛的权利,但实际上跟所有人都没有权利差不多。[75] 正因为自然权利不具备义务相关性,也就是说没有相对人的义务来保障自然权利的施行,因此根据同一法理,在政治社会中,相对于主权者的自然权利,公民也就不承担与之相应的直接的相关义务。但是基于公民的授权行为而产生的消极不干涉义务,正如上文所指出的,在实效性上消除了主权者自然权利实施的障碍,所以在一定意义上,我们似乎可以说公民的契约义务成了主权者自然权利的间接性、支撑性的关联义务,至少是其有效实施的规范性保障。

四、权力、主权与公民自然法义务

霍布斯所建构的利维坦或者说国家主权,不仅是授权的结果,它还是一种自然权利。与此同时,它不仅是前述两种权利的复合体,还是一个权力体。也就是说,霍布斯所建构的主权不仅具有规范的、自然正当的维度,还具有实效的、历史性的维度。

(一)主权的权力属性

我们知道,自然状态之所以是一个不堪忍受的人人相互为战的状态,其中一个根本的原因在于自然状态中缺乏一个有效并且为所有人所畏惧的共同权力或力量。这一方面导致自然状态无法摆脱人与人之间致死的权力平等,进而无法遏制人们虚荣自负的欲望;另一方面即使在自然状态中依照自然法的指示,人们达成了相互间的信约,由于没有有效权力的存在,依然无法克服履约过

---

[72] See Wesley Newcomb Hohfeld, *Fundamental Legal Conceptions as Applied in Judicial Reasoning and Other Legal Essays*, Walter Wheeler Cook (ed.), Yale University Press, 1923, pp. 23-114.

[73] See Eleanor Curran, "Lost in Translation: Some Problems with a Hohfeldian Analysis of Hobbesian Rights", *Hobbes Studies*, vol. 19, no. 1, 2006, pp. 58-76. See also Eleanor Curran, "Blinded by the Lights of Hohfeld: Hobbes's Notion of Liberty", *Jurisprudence*, vol. 1, no. 1, 2010, pp. 85-104.

[74] See David Lyons, "The Correlativity of Rights and Duties", *Nous*, vol. 4, no. 1, 1970, pp. 45-55.

[75] See *supra* note[16], p. 117.

程中的"囚徒困境"问题。因此,自然法的自治契约不足以建构普遍的和平,其结果就是要想获得和平的生活,就必须通过契约建立主权国家,这就是笔者曾称之为真正契约的主权契约。[76] 所以霍布斯在《法律原理》中以这种方式来界定国家,"国家或者希腊人所称的城邦就是为了公共的和平、防御和利益,通过公共权力把一群人统一成一个人格"。[77] 由此可见,国家或主权的一个重要方面在于其权力属性,在霍布斯的眼里,国家不仅具有权力属性,而且该权力还是人类所能创造的最伟大的权力。[78] 正因为这个最伟大的权力的存在,才使得人类得以过上和平幸福的生活,对霍布斯来说,哈雷所说的那种"没有权力的权威"[79]是不可想象的,起码是没有实效性的。这一公共权力或者说主权建构的过程,就是我们上文所说的授权-代表的过程。在经由授权建立国家之后,霍布斯说:"根据国家中每个人给予的权威,他(主权者——引者注)能运用赋予他的如此巨大的权力和力量,经由威慑使他们的意志合于国内和平和通过互助抵御外敌。"[80]接着他又说:"信约不过是空口白话而已,除非其来自公共之剑,也就是来自那些拥有主权的一个人或一群人的联合的力量(hands),这些人的行为得到了他们全体的承认(avouch)和联合在主权者身上的他们全体力量的保障,否则它就没有力量。"[81] 与此同时,霍布斯非常清楚的是,个人的权力和力量作为自然身体的权能,是不可能简单地像财产一样赋予主权者并为其驱使的,对个人权力的调动必须建立在义务的基础上,否则公民就没有道德的动机去履行这个权力的承诺。而通过前文的分析我们知道,一般情况下公民并没有积极的协助主权者的义务。因此,主权者为了维持国家的权力属性,必须发展属己的自主权力或权威。这就是霍布斯非常看重的官僚科层制的力量,下文我们将对其进行具体的阐释。

不仅通过授权和利维坦的形象能够看到国家权力的影子,在国家的存续以及公民对国家的服从关系上,尤其是对自然王国而言,国家的权力属性更是彰显无遗。在《利维坦》第 21 章,霍布斯这样说道:"公民对主权者的义务只存在于他能被权力所保护的时期之内。因为,当没有其他人能够保护他们时,人们保护自身的自然权利不能被任何信约所取消。"[82]在该书的第 29 章,他同样指

---

[76] 参见唐学亮:《霍布斯契约论的二重性与三部曲:一个法哲学的视角》,载《西南大学学报(社会科学版)》2015 年第 6 期,第 13—22 页。
[77] *Supra* note[15], p. 107.
[78] See *supra* note[17], p. 50.
[79] See John Owen Haley, *Authority Without Power: Law and the Japanese Paradox*, Oxford University Press, 1991.
[80] *Supra* note[17], p. 109.
[81] *Id.*, p. 112.
[82] *Id.*, p. 114.

出,"在(国外或国内)战争中,当敌人取得完胜时,因为(国家的军队不再能守住疆土)效忠的公民不能得到进一步的保护,那么,国家就解体了。"[83]在该书最后一章"回顾与总结"中,他直白地提出:"一个人如果在其国家被征服时他在国外,那么他就没有被征服或者成为其公民,但当他回国臣服于该政府时,他就有义务服从它。"[84]在该章的结尾处,他更是画龙点睛般地指出,他写作《利维坦》的目的仅仅在于告诉人们"保护与服从间的相互关系"。[85]

以上关于保护与服从的论说,从霍布斯的同时代直至当代招致大量的批评。霍布斯的好友、保皇派著名人士克拉朗顿(Clarendon)指摘他背叛国王,倒向新政府。[86] 许多学者认为霍布斯的保护与服从理论是一种事实(de facto)理论,该理论的要旨在于主张事实上的权力占有能够产生相应的统治权利和服从义务,有人认为霍布斯在《利维坦》,特别是该书的"回顾与总结"部分中,正持有这种主张。[87] 这种判断不仅得到霍布斯同时代许多人的认同——这也被思想史研究所证实,而且更是得到了当代著名霍布斯学者斯金纳和柯林斯等人的附和。[88]

笔者认为上述主张实际上是一种误解,理由如下:

第一,霍布斯虽然明确指出,"在自然状态中,不可抵抗的力量就是权利"[89],但是这里有两个前提不应忽视。其一,这个权利公式适用于自然状态;其二,更为重要的是,他指的是不可抗拒的力量。那么谁可能拥有这种不可抗拒的力量呢?霍布斯认为在自然状态中不可抗拒的力量只可能来自非人,即上帝。在回应布拉姆霍尔时,霍布斯曾对此予以明确,"一个人的不可抗拒的权力可以证成其所有的行为。小一些的权力不能。并且因为只有上帝拥有该权力,所以它必然在所有事情上都是公正的"。[90] 所以从这句话的语境看,它并不能证明霍布斯持一种事实理论。

第二,众所周知,在霍布斯的政治划分中,存在两种国家秩序,一种是所谓

---

[83] Id., pp. 218-219.

[84] Id., p. 491.

[85] Id., p. 497.

[86] See John Bowle, *Hobbes and His Critics: A Study in Seventeenth Century Constitutionalism*, Alden Press, 1951, pp. 157-173.

[87] See Kinch Hoekstra, "The de facto Turn in Hobbes's Political Philosophy", in Tom Sorell & Luc Foisneau(eds.), *Leviathan After 350 Years*, Oxford University Press, 2004, pp. 33-73.

[88] See Quentin Skinner, *Visions of Politics: Hobbes and Civil Science*, Cambridge University Press, 2002, pp. 264-307. See also Jeffrey R. Collins, *The Allegiance of Thomas Hobbes*, Oxford University Press, 2005, p. 119.

[89] Supra note[15], p. 81.

[90] Thomas Hobbes, *The Questions Concerning Liberty, Necessity, and Chance*, William Molesworth(ed.), John Bohn, 1839, p. 116.

的政治国家,一种是所谓的自然国家,后者正是他所说的"以力取得的国家"。但即使在这种国家中,公民对主权者的服从也并非建立在单纯的权力压制与恫吓的基础上,而是建立在公民的同意、契约的基础上。所以在霍布斯那里,权力不可能直接产生服从的义务,这中间必经契约的介入,如果忽略这些介于其间的各种形式的同意或契约,学者们就很容易在权力与权利或服从义务之间画等号,进而得出他赞成事实理论的判断。

第三,从技术性的角度考虑,霍布斯设计的这种独特的主权契约结构,决定了在法理上,我们只能判断其生效的时间,而不可能决断其失效的时间。所以霍布斯必须在契约之外再单独设立一个契约解除的环节或程序,这个环节就是他提出的"保护-服从"理论。也就是说,当一个政权由于权力疲软在事实上不能行使保护其公民的职能时,这个政权就名存实亡了,这就意味着我们可以借此推定契约解除了。而这种推定的依据恰恰在于自然法的目标,即和平和安全:当一个政权不能行保护之实时,主权建国契约的目标也就落空了,这个时候我们就可以合理地结束对该政权的忠诚。胡克斯特拉曾精辟地指出,"霍布斯的基本目标在于和平与安全,这就排除了他对任何的人、家庭、党派或政府形式的固定忠诚……霍布斯并没有使其政治理论偏离根本的忠诚,毋宁说这种忠诚使其政治理论与时俱进"[91],笔者深以为然。

所以如果进一步诉诸霍布斯的人性论的话,那么,我们在整体上可以断定保护性的权力是公民服从的根本原因,但是权力却不能直接导致统治权利或公民服从义务的产生。

虽然对霍布斯而言,强力或者权力并不能直接产生统治的权利或权威,但是毋庸置疑的是,主权必须是一个强有力的权力存在。国家一方面必须有权力和能力维持国内秩序以免返回自然状态,另一方面必须有权力和能力在国与国近乎自然状态般的竞争中维持国家的国防安全,否则,将出现国将不国的状况。在国家权力疲软的状态下,即使一个政权能够获得其治下公民的支持,其统治本身也符合自然正当的标准,但是其仍然难以自立为一个完整意义上的国家,并进而进入"失败国家"行列。究其原因,根本上还在于其主权缺乏权力有效性。由此可见,虽然霍布斯并不认为单纯的权力能够证成统治的合法性,但对霍布斯来说,主权的这种权力性、实效性维度或者本文所称的合法性,并非只是主权合法性的结果,而是其前提和来源之一,否则主权根本就不会存在或者没有合法性。在霍布斯看来,如果一个政权具备民意和天道的基础,但没有国家硬实力的支撑,它依然处于自然状态之中。实效性权力既不是其他合法性的结果,也不是它们的补强,而是独立的一极。从这个意义上讲,霍布斯具有一定的

---

[91] *Supra* note[87], p. 73.

现实主义色彩,虽然笔者并不认为在一般意义上他是一个现实主义者。[92] 所以,国家权力和能力建设就成为现代国家建设的重中之重,这也是从众多"失败国家"的案例中所得到的深刻启示,而早在300年前,霍布斯就为我们指出了个中的法理。

(二) 权力与公民自然法义务

就国家作为一种权力体而言,公民义务可以分为两个层面来进行讨论,一是一般公民的层面,二是特殊公民,即主权者的科层制官僚层面。

第一,一般公民的义务。既然自然的权力事实不能直接产生法权关系,那么,在政治社会的状态下,面对作为公共权力的利维坦,公民除了承担经由契约、同意中介而产生的契约义务之外,还要承担额外的义务吗? 笔者认为答案是肯定的。

在谈到法律的定义时,霍布斯说,"一般意义上的法律不是建议而是命令,也不是任何人对任何人的命令,而仅仅是一个人对先前就有义务服从他的人所发布的命令"。[93] 对照霍布斯后期专门的法律著作,我们可以清楚地看出,这里的命令发布者即是主权者,这里的"先前就有义务服从他的人"即是主权者治下的公民。[94] 同时,根据霍布斯的义务理论我们又知道,真正的义务只可能是契约的义务,也就是说只可能是前述授权契约在公民身上产生的相应的规范性义务。根据前述论证,契约义务仅仅只是一种消极服从的义务,即不干涉义务,而不可能承担积极的协助义务,这就与霍布斯所阐释的义务体系相悖谬。因为在这个体系中,公民不仅存在消极义务,有的时候还要承担积极的协助义务。他说:

> 没有人根据言词本身有义务杀死自己或者任何的其他人。因此,根据主权者的命令,一个人有时候承担的执行危险或不名誉任务的义务就不可能来自我们臣服的言辞,而是来自意图,这种意图就是目标。因此,当我们拒绝服从就会使建立主权的目标落空时,我们就没有拒绝的自由,否则则有这种自由。[95]

这就充分说明在某些情况下,公民还要承担积极的协助主权者的义务。不仅如此,利维坦作为最伟大的权力存在,仅靠主权者单枪匹马的力量不足以构成这种最伟大的权力。对霍布斯来说,自然人的身心能力是大致平等且极其有

---

[92] 参见唐学亮:《霍布斯不是现实主义者:论霍布斯的国际关系哲学的规范面向》,载《西南大学学报(社会科学版)》,2018年第5期,第13—23页。

[93] *Supra* note[17], p. 173.

[94] See Thomas Hobbes, *A Dialogue Between A Philosopher and A Student of the Common Laws of England*, Joseph Cropsey(ed.), The University of Chicago Press, 1997, p. 71.

[95] *Supra* note[17], p. 142.

限的,所以承担国家人格的自然人纵然是一个团体,他们也不可能拥有三头六臂并进而构成最大的权力存在,只有举国公民全体的力量联合起来才能组成这种最高、最伟大的权力,也才能维护一国及其公民的自由与和平。

那么,这种积极义务的根据何在呢? 从上面的引文中,我们可以看到,"根据言词"实际上就是根据契约,因为契约就是一种言词。如此一来,引文的第一句话就等于说,根据契约本身,我们没有杀死自己或者别人的义务,其中没有杀死自己的义务很好理解,因为包含这样条款的契约是无效的。那没有杀死别人的义务,说的是什么呢? 我们认为这再一次充分说明授权契约不能在公民身上产生规范性的协助主权者执行法律的积极义务。但是在某些特定的情况下,又会产生这种义务,那么这种义务是什么义务呢? 其又是如何产生的呢? 首先可以肯定的是它不可能是契约义务,因为上文已经说过契约产生不了这种义务,那这种义务必另有其来由。

笔者认为,这种义务属于自然法的总体义务。国家和主权者是由公民立约建立的。虽然根据授权契约本身,我们找不到公民的积极协助义务,但是在某些特定的情况下,如果公民不承担该积极义务,那么公民期望通过立约建立和平的目标就会落空。因为仅靠主权者的一己之力是无论如何不能维持一个国家的和平与安全的,而实现和平与安全正是自然法的目标和要求所在。因此霍布斯说,在这个时候公民就应承担协助的积极义务,这是一种来自自然法的整体义务,类似于霍布斯学者梅所讲的"法律忠诚"[96]。

如果要继续追问公民为什么要承担该自然法义务,笔者认为这一方面源自既然自然人自愿在自然法的指引下通过契约建立国家以实现和平,那么就理应受到自然法的约束,力图实现自然法的和平目标,因此,当和平即将失去,国家步入灭亡之际,自然法作为一种和平法即刻就发挥作用,规定公民的积极义务。因此根据霍布斯的主权法理,积极公民只是非常政治时刻或者布鲁斯·阿克曼所说的宪法时刻的一种例外要求。由此观之,如果我们把霍布斯当作典范性的现代自由主义思想家的话,那么前述伯林对自由主义以及霍布斯的自由观的把握就是不全面的,因此当代共和主义对自由主义公民理论的批判就是站不住脚的。[97] 因为在霍布斯的理论中,不仅蕴含消极自由和消极公民观,而且包括在某种非常时刻的积极自由和积极公民观,其理论比一般认为的要更加复杂和辩证。另一方面,这种自然法的整体义务更是一种功利计算的理性义务、明智的审慎(prudential)义务,所以在这个意义上,这种义务,一如主权者所承担的义

---

[96] See Larry May, *Limiting Leviathan: Hobbes on Law and International Affairs*, Oxford University Press, 2013, pp. 122-138.

[97] 因共和主义学派总体上接受伯林的前提而掉入伯林误入的陷阱之中,典型观点参见菲利普·佩蒂特:《共和主义:一种关于自由与政府的理论》,刘训练译,江苏人民出版社2012年版。

务一样,不是一种严格意义上的规范性义务,而是一种源于自然法的审慎职责。

第二,科层制官僚的义务。因为作为自然个体的主权者没有三头六臂,他或者他们不可能亲自执行所有的司法、行政、军事等事务,更何况其也不大可能具备相应的司法、行政或军事等方面的知识,所以其必须依赖由其任命的具有相应专业技能的职业官僚来执行事关国内和平和国防的事务。如果说现代国家是一个"人造人"的话,那么"长官和其他的司法、行政官员就是人造的关节"[98],主权者只有通过这些"人造的关节"才能行走,国家也才能运动,因此,如果把国家比作机器的话,那么,这些技术官僚就是这架机器上的"螺丝钉",其重要性可见一斑。这也是为什么霍布斯除了在其他章节附带讨论官僚制之外,还要在《利维坦》中专辟第23章"论主权的政务官"的原因所在。在该章中,霍布斯说,"政务官是主权者在任何事务中所雇佣的在其本职工作中有权(with authority)代表国家人格的人"。[99]而雇佣的表现形式是获得主权者的授权,主权者授权的表现形式即契约,契约的物质表现则是工资、薪水制度,这与韦伯的科层制官僚是一致的。霍布斯说:"奖赏不是作为一个礼物,就是根据契约进行的。根据契约的奖赏,就是工资和薪水,这是完成任务或承诺的预期利益。"[100]主权者既然通过契约对官员进行授权,并且后者接受前者提供的相应的物质利益,那么此时就在主权者与其官僚之间建立起一种特别的市民法法律关系,由后者承担特别的法律义务。根据前文的分析我们知道,霍布斯意义上的一般公民并不承担积极的协助主权者的义务,除非在国家的和平目的将要失去的危机之秋或"宪法时刻",但是科层制官僚不一样,中国有一句俗语叫作"拿人钱财,替人消灾",能很好地概括这种关系。因为官僚接受根据契约的工资,所以其在法律上就有积极的协助主权者的义务,这是一种规范性的实证法义务。因此,霍布斯说:

> 当国家的主权者为一个公共职位规定工资时,在正义观上讲,接受者有义务执行他的职责,否则,他仅仅只是在荣誉上有义务去承认和回报。尽管当人们在没有奖赏或工资的情况下被命令放弃自己的私人事务去服务国家时,没有要求补偿的权利,但是根据自然法或建国契约,他们却没有义务这样做,除非这一任务非做不可;因为人们认为主权者可以运用他们的一切手段,以致就算最普通的士兵都能把战争的薪水当作自己的一项债权。[101]

---

[98] *Supra* note[17], p.3.
[99] *Id.*, p.155.
[100] *Id.*, p.208.
[101] *Id.*

关于这一点，霍布斯在拉丁文版的《利维坦》中也对此予以强调。[102]这段话除了再次印证笔者上文中关于一般公民的消极义务和"宪法时刻"积极义务的论断之外，还说明了主权者的特殊公民，即科层制官僚的一般性的积极义务。因为既然公共官僚可以把其薪水作为一项债权进行主张，那么他们就要承担相应的义务以作为这项债权的对价。霍布斯在"论公民的自由"一章中说，一般公民并没有法定的服兵役的义务，当其被命令作为一个士兵进行作战而他拒绝时，主权者虽然有权利将其处死，但在许多场合他这样做却并非不正义，比如他可以用另外一个合格的士兵替换他，他还可以以胆怯、恐惧等辱没名声的理由予以拒绝或者逃跑。但是对于一个领取工资的职业士兵来说，他"不但有义务参加战斗，而且有义务除非有首领的允许，否则不得逃离战场"。[103] 由此，我们不难看出：其一，在官员与主权者的关系上，霍布斯走到了博丹和中世纪封建政治思想的反面而返回到了阿尔恰托那里。[104] 其二，在官僚科层制方面，霍布斯早在韦伯之前，在现代性的开端处即从主权法理的高度对其进行了系统的规定，并型构了现代行政国家的雏形。

以上种种不难看出，在日常政治的情形下，国家的权力属性是通过官僚科层制体现出来的，这就是说国家的权力从根本上体现为主权者自身的自主权力，虽然这种权力为公共所用，但是除在民主体制之外，这种权力，就其来源来说公共性并不明显。在这个意义上，笔者不赞成国内学者李猛对该权力公共性的论断。[105]

五、现代西方主权与中国古典主权的合法性对勘

近年来，伴随着中国的大国崛起和对近代以来中国思想史的反思，中国学者或凭靠儒学资源或借助西学思潮，对现代西方政治，特别是民主政治，进行了深入的反思和批判，这已成为时下的一股热潮，其中尤以当代大陆新儒家最为深刻和激进。学者蒋庆以公羊学为宗，认为中国古典主权或政治秩序因其具备"天""地""人"三个维度，而使其拥有三重合法性，即"超越合法性""传统合法

---

[102] *Id.*

[103] *Id.*, p.143.

[104] 关于这方面的研究，参见昆廷·斯金纳：《现代政治思想的基础》（下），奚瑞森、亚方译，译林出版社2011年版，特别是该书关于反抗的理论部分。另外，富兰克林在博丹《主权论》一书的"导论"中也提到了博丹与阿尔恰托的区别，同前注〔12〕，第8—9页。关于博丹对"官员"与"专员"的区分，参见邦尼：《博丹与法国君主制的发展》，王涛译，载娄林主编：《博丹论主权》，华夏出版社2016年版，第31—54页。

[105] 参见李猛：《自然社会：自然法与现代道德世界的形成》，生活·读书·新知三联书店2015年版，第418—428页。

性"以及"理性合法性"。[106] 他认为现代西方主权政治形态,特别是民主政治"极端地偏至地以'理性合法性'为政治权力合法的最高唯一标准,使得现代民主政治不承认任何政治上的超越性、神圣性与文化独特性,最后导致政治生活完全变为人类有限意志的产物而彻底世俗化、平面化、西方化"。[107] 如上文所示,当代西方著名的政治思想家施特劳斯也认为,现代西方政治只关注合法性问题。当然他这里的"合法性",根据语境分析,指的应就是蒋庆所说的"理性合法性""人心民意的合法性",因为施特劳斯在《自然权利与历史》一书中明确地把合法性等同于民主。[108] 那么,这两位当代著名的保守主义学者对现代西方主权/政治合法性问题的判定是否准确?中国古典主权与现代西方主权的合法性呈现出一种什么样的关系?如上所述,现代西方主权理论是以霍布斯为代表的,虽然前两者批判的矛头主要对准世俗化的现代民主政治,但是因为现代自由主义民主政治的根实际上在霍布斯那里,所以即使霍布斯没有明确肯认民主政体的唯一合法性从而没有终结历史,其主权理论依然处于合法性批判的射程之内,甚至在一定意义上是其批判对象的最高存在形态。那么,现在就让我们回到霍布斯的主权学说以检验和评述以上两位学者的论断。

(一)理性合法性

蒋庆所称的"理性的合法性",就是"人心民意的合法性",也就是施特劳斯所讲的狭义上的民主合法性。这种主权或者统治合法性的根据在于其治下人民的同意与自愿服从,其在当代的主要表现形式基本上就等同于赵鼎新所谓的"法治选举"的合法性。[109] 蒋庆和施特劳斯都正确地认识到现代西方主权建构包含民意合法性的维度,可以说这在中西方都没有任何疑义。这从前述所讨论的授权程序中可以一目了然地看出,并且霍布斯在文中也明确地说过,"根据权威的行为就是得到那些拥有权利的人的委托或同意的行为"[110],主权权威作为一种最高的政治权威,当然是自然人同意的结果。除此之外,一个更加显明的表现是主权的承担者,即主权者,其本身就是根据多数决原则而来的选举程序的结果。

但蒋庆和施特劳斯的共同错误之处在于,认为现代西方主权政治只具备民

---

[106] 参见蒋庆:《政治儒学:当代儒学的转向、特质与发展》,生活·读书·新知三联书店2003年版,第303页。蒋庆在后期著作中,将这三重合法性分别称作"超越神圣的合法性""历史文化的合法性"以及"人心民意的合法性",参见蒋庆:《再论政治儒学》,华东师范大学出版社2011年版,第108页。必须说明的是,由于本文主要致力于清理一些学者对现代西方主权合法性问题的错误认识,所以关于中国古典政治秩序的合法性结构问题暂从蒋庆先生的论断。

[107] 蒋庆:《政治儒学:当代儒学的转向、特质与发展》,同前注[106],第303页。

[108] 同前注[4],第197页。

[109] 参见赵鼎新:《"天命观"及绩合法性在古代和当代中国的体现》,龚瑞雪、胡婉译,载《经济社会体制比较》2012年第1期,第116—121页。

[110] *Supra* note[17], p.102.

意或民主这样一维的合法性,而不具备其他两种合法性。此外,必须予以明确的是,霍布斯意义上的民主合法性与卢梭意义上的人民主权还是不同的,两者的最大区别在于卢梭的主权者是不可代表的,否则其就成了奴隶[111],而霍布斯的经由授权程序所形成的集体人格必得自然人的代表才能进入政治现实。

(二)超越合法性

前文中我们已经指出,对霍布斯而言,主权不仅是授权的结果,它同时还是一种自然权利,既然主权是一种自然权利。那么我们要问的是,自然权利又是一种什么性质的权利呢?熟悉霍布斯文本的读者都对自然状态中由于自然权利,特别是那种所有人对万有的自然权利所导致的所有人对所有人战争的结果印象深刻。因此在很多学者的心中,霍布斯意义上的自然权利是与暴力、混乱、无序、敌意、残忍、死亡、去规范性等联系在一起的。也正是如此,李猛等学者才把霍布斯所建构的主权不视为霍布斯自己所声称的自然权利,而视为一种制度性的"共同权力"[112],目的正是要避免使主权变成一种在他们看来是无序性和不受限制性的暴力的印象,以使其常态化和规范化。这实际上是一种误解。

在谈到权利的定义时,霍布斯这样说道:"任何不违反理性的事情,人们就或称作权利(right)或拉丁文的 jus,或者无可责难地(blameless)运用我们自身的自然权力和能力的自由。"[113]所以在霍布斯的语境中,权利是与正当、正确和理性高度联系,甚至可以替换使用的。在这个意义上,权利在霍布斯体系中,就成了一个道德的概念。那么,什么又是自然权利呢?在《论公民》中,霍布斯明确说,"自然给予每个人以一种对于万有的权利"。[114] 自然权利就是自然给予每个人的权利,而权利又等同于正当和理性,那么自然权利也就是一种自然正当和自然理性,这是自然权利道德性的一个层面。与此同时,对霍布斯而言,自然权利更是一种超越神圣的权利,在《利维坦》的"导言"中霍布斯明确指出,上帝创造了自然,人要模仿上帝进行造人。[115] 既然上帝是自然的主人,自然授予的权利实际上是上帝授予的权利,由此,自然权利超越、神圣的一面既已表露无遗。此外,霍布斯的自然法也包含自然权利的维度,在《利维坦》霍布斯所给出的自然法的总定义中,它既包含一个狭义的自然法维度,又包含一个自然权利的维度并作为自然法的限制条款或者保底条款,而对霍布斯而言,"自然法的科学是真正和唯一的道德哲学"[116],所以在这个意义上,自然权利的道德性亦不言自明。

---

[111] 参见卢梭:《社会契约论》,何兆武译,商务印书馆 2003 年版,第 31 页。
[112] 同前注[105],第 418—428 页。
[113] *Supra* note[15], p.79.
[114] *Supra* note[16], p.116.
[115] See *supra* note[17], p.3.
[116] *Id.*, p.100.

以此观之，虽然霍布斯研究界对他的宗教信仰问题争论不休，并且在可预见的将来也不可能形成定论，但这是霍布斯建构现代国家的法理要求使然，也可以说是霍布斯有意而为之。为什么这么说呢？因为霍布斯的现代国家只求管束人的外在行为，而不求管束内在的良心和信仰，"人法不意在约束人的良心，其仅仅约束人的行为。因为除上帝之外，如果它们没有通过言论或身体的其他部位转化成行为的话，没有人知晓一个人的内心或良心"[117]。如此一来，人就被截然二分，虽然外在领域无时不在利维坦的监控之下，但是内在领域却是无比自由。施密特正是看到现代国家的这个软肋，才义正词严地指出，现代国家成了中立性的技术装置，现代人的良心被一些人俘获，现代国家的头颅被一些"中间势力"砍下。所以他才提出要重新找回国家区分敌友的政治行动[118]，以为利维坦重新安上这颗被砍下但尚有一定温度的头颅。虽然我们无法准确把握霍布斯内在的信仰问题，但是有两点是非常明确的：一是宗教问题对霍布斯建构现代主权国家而言是一个非常重要和棘手的问题，因此宗教问题才占据了《利维坦》一半的篇幅；二是霍布斯非但没有公开反对宗教和否认上帝的存在，而且还在外在形式上通过重新解释《圣经》，特别是《旧约》以证成其思想立场，这样他就把基督教与其政治哲学进行了调和，使其政治哲学获得来自宗教、神学理论和力量的支持，这样我们也起码能在形式上作出判断——霍布斯的自然权利有上帝作为最终根据。因此，当我们把霍布斯哲学当作一个世俗理性体系加以对待时，一如罗尔斯一样，我们并不是否认其神学背景，而是说其神学不但不违背反而是起到顺向加强其世俗推理的作用。[119]

由此不难看出，霍布斯所建构的自然权利意义上的现代主权，不仅是一种道德意义上的权利，而且在一定意义上，起码在形式的层面上，它还是一种超越神圣的权利。这充分说明了蒋庆和施特劳斯等人断言的现代主权缺乏道德或者超越神圣合法性的认识是片面的、站不住脚的。

(三) 传统合法性

传统合法性在蒋庆那里又被称为"历史文化的合法性"，现在就让我们看看霍布斯的主权理论是否包含这一合法性的维度。根据上文我们知道，现代主权不仅是授权的结果和自然权利，其还具有权力的属性，是一个权力体。如果说前两者属于主权的规范合法性的话，那么，作为一种暴力控制机制的主权，其合法性就属于实效合法性。

---

[117] *Supra* note[15], p. 142.

[118] 参见卡尔·施米特：《政治的概念》，刘宗坤等译，上海人民出版社 2004 年版，第 106—108 页。

[119] 参见约翰·罗尔斯：《政治哲学史讲义》，杨通进等译，中国社会科学出版社 2007 年版，第 26—30 页。

任何一个国家,其必须有能力对内维持国内的和平,对外维持独立,否则就是一个"失败国家",或者对霍布斯来说,这压根就不是一个国家,而是自然状态。因此,对霍布斯来说,国家,一如韦伯所认为的那样,是一个合法使用暴力的垄断组织[120],是一个权力和暴力的复合体。公共权力的形成是区分自然状态与政治社会的根本所在,不仅如此,在霍布斯看来,国家权力首先是主权者与其科层制官僚所组成的自主的统治权力,其次才是凝结在主权者身上的所谓"最伟大的力量"。而霍布斯所说的权力,特别是自主的和共同的权力,更是一种历史性的权力,因为它是历史性地累积而成而非一蹴而就的。霍布斯虽然否认力量、权力能够直接产生权利,但是也承认某一事件在历史长河的神秘洗礼下可以获得人民的习惯性服从,并进而获得合法性,比如 1066 年英国历史上著名的"诺曼征服"所形成的权力统治。这与博丹的观点是一致的,他认为"虽然说主权不能通过时效取得,但这只适用于不超过一百年的情况,尤其是不存在来自臣民的异议或反抗的话"。[121] 实际上这种合法性的根源,在还原主义的意义上,仍然在于契约,因为习惯性的服从可被视作是一种默示的同意或契约。但是在这里契约或者蒋庆所说的民意合法性不足以泯灭历史性权力本身的合法性,因为仅仅根据契约的权力不足以支撑一个理性、和平的现代国家,因此必须另辟历史性、持续性的权力本身的合法性,即历史合法性,以填补契约合法性留下的裂缝。

如果从功利角度考量,即使是僭主或篡位者的统治,经过一段较长的时期之后,为了政治秩序的稳定,在理论上也必须认可其合法性。否则至少在理论上,我们无法阻却不知凡几的"反清复明"运动,如此一来,政治社会就将重新返回霍布斯所言的自然状态。而且现实中,一个国家往往是建立在征服、内战等暴力基础上的,所以霍布斯明确地说"一个国家的建立在良心上殊少是正当的"[122]。因此对霍布斯来说,讲国家的权力属性,其实主要讲的是国家的历史属性,其理论的一个功能正在于将这种历史性的暴力、权力转化为合法化、正常化的统治权力以取得和平的政治生活。此外,关于历史合法性问题,霍布斯的一个更重要的问题意识在于化解围绕英国历史中的"诺曼征服"问题而引起的普通法与封建法的巨大的史学论争。[123] 霍布斯期望通过哲学的方式独辟蹊径,明确"诺曼征服"的主权和制度意义,"据此在'征服者'的问题上套上了一套

---

[120] 参见马克斯·韦伯:《学术与政治》,钱永祥译,广西师范大学出版社 2004 年版,第 197 页。

[121] 同前注[12],第 178 页。

[122] Supra note[17], p.492.

[123] 参见 J. G. A. 波考克:《古代宪法与封建法:英格兰 17 世纪历史思想研究》,翟小波译,译林出版社 2014 年版。

法律的架构,而以为消除了英国历史的这种深层的权力斗争的结构"[124]。由此观之,霍布斯所建构的主权并不缺乏历史合法性的维度。

以上种种使我们有充分的理由认为,以霍布斯为代表的现代自然公法学派所建构的主权,同样包括新儒家学者蒋庆所言的三重合法性,即人心民意的合法性、道德—神圣的合法性以及历史文化的合法性,并分别对应主权的授权、自然权利和权力的维度。

因此,可以得出下面的结论:中国古典主权和现代西方主权的合法性理论都是结构化和等级化的并且包含相同的三个维度,这是两者的相通之处。两者最大的不同在于,对现代西方主权理论而言,授权也就是民意居于最底层、最基础的地位,是其他两个合法性的基础和底色。因为如果没有契约就没有居于契约结构之外的享有自然权利的人造人格,也就没有道德—神圣的合法性;如果没有契约就没有作为主权的权力统治,也就没有历史文化的合法性,从上文的分析中可以清晰地看出此中的逻辑。而对中国古典主权理论而言,"主权在天"而非"主权在民"成为合法性结构的底座和根本所在,"主权在民",也就是"人心民意的合法性"只居于末流和现象的层次:

"人"与"民"没有政治上最终的"主权",故"人心""民意"本身就缺乏最高的、自足的、终极的政权转移上的正当性……儒家关于政治合法性的思想中,还有比"民意合法性"更高、更根本、更重要的合法性,即作为合法性首出的"天道合法性",这一"天道合法性"正是儒家"王道政治"思想中"主权在天"的根本义理在政治权力证成中合乎逻辑的体现。[125]

由此可见,虽然中国古典主权与现代西方主权包含相同的三个合法性维度,但是两者却呈现出颠倒的结构和等级秩序。也正是如此,前者更容易走向暴政和历史中的治乱循环,后者往往导向民主政治、常规政治。因为"天"一如霍布斯的人造人格,既不能言,更不能行,所以孔子曾经感叹道:"天何言哉?四时行焉,百物生焉,天何言哉?"(《论语·阳货》)。就连蒋庆引证以为主张根据的孟子也说:"天不言,以行与事示之而已矣。"(《孟子·万章上》)而孟子这里所谓的"事"更多的是结果主义甚至机会主义的,起码实践中往往如此。结果就是,谁都可以声称为天的代言人,特别是谁的拳头大,谁就更理所当然地成为天的代理人或代表,一如霍布斯的主权者,进而行王者之事,并且还自我宣称为"真命天子"。所以中国历史上不但有"王侯将相宁有种乎"的呐喊,更有"皇帝

---

[124] 蔡英文:《主权国家与市民社会》,北京大学出版社2006年版,第24页。
[125] 蒋庆:《儒学的最高合法性是"主权在天"而非"主权在民":"政治儒学"对自由主义学理的回应之二:以白彤东教授为例》,http://www.thepaper.cn/newsDetail_forward_1514140,最后访问日期:2017年12月20日。

轮流做,明年到我家"的期待。如此一来,因其在理论上无法阻却"替天行道"的叛乱、动乱和起义,所以实践上也就不可逆转地造成"天下大势,分久必合,合久必分"的治乱循环,而这些正是霍布斯的主权理论所要努力予以规避的。

因此,笔者认为尽管站在"原教旨主义儒学"的立场,蒋庆关于中国古典政治合法性结构的论断具有一定的合理性,但在这个和平和民主化的时代,在形而上学的意义上过多地强调以"主权在天"为最终和最高根据,是不合时宜的。恰当的做法是紧扣时代课题进行创造性的转化,祛除"天"的本体性,以人道挟制天道并摈弃后者作为合法性的最高甚至独立极。这才是中华文化具有强大生命力的表征并且也是其保持这种生命力的不二法门——所谓"周虽旧邦,其命惟新"(《大学》)也。

六、结论

综上所述,我们虽然可以在古希腊哲学和罗马法中找到主权概念的因子,但是真正的主权理论却是现代国家理论建构的产物,其始于博丹,成熟于霍布斯。后者建立了现代自然公法主权理论的一座丰碑,特别就本文所探讨的现代主权政治的合法性而言,更是如此。

对于霍布斯而言,自然状态就意味着"孤独、贫穷、猥琐、残忍和短命"。[126] 为了摆脱这种不可欲的状态,过上和平、舒适的生活,人们只有放弃自我统治的权利和部分自然权利,并把这种权利授权给将来的主权者行使。可以说授权或者同意使得现代主权成为可能。在这个意义上,对于启蒙思想家所建构的现代主权来说,民意合法性就是第一个,也是最重要的一个合法性,与之相伴的是公民的消极不干涉义务对于主权权力的支撑。

现代主权不仅是授权的结果,其本身还具有自然权利属性。其根本的可能性在于,由全体一致同意的授权程序所凝结而成的人造的集体人格是不可能参与信约过程的,而一旦这一建国过程结束,其就以某种独立的姿态成为一种形而上学式的存在。这种形而上学式的存在,既不能说话,更不能行动,要进入历史实践,必须通过代表来予以落实和推进。这个代表就是通过多数决程序选出的某个或某些自然人,亦即主权者。因此,正是主权者的存在才使得现代国家灵动起来。一个顺理成章的结果就是,主权者基于其代表人格而享有这种自然权利,这一过程的逻辑顺序绝不是如洛克等所误读的主权者外在于信约过程并作为自然人格享有不受限制的自然权利,这种主张是学术界普遍持有的对于霍布斯的无端诘难。但就主权作为一种自然权利而言,其治下的公民并不承担任何义务,因为自然权利并无义务相关性。自然权利是由自然授予的权利,其具

---

[126] *Supra* note[17], p.76.

有自然正当和理性的特征，并且包括自然权利条款的自然法对于霍布斯而言，是一种真正和唯一的道德哲学。因此，自然权利是一种道德的权利。进而言之，在霍布斯那里，自然权利不但具有道德的属性，它还具有某种神圣性。他明确说过是上帝创造了自然，自然的主人是上帝。那么，自然权利也就是上帝授予的权利，自然法也就是上帝之言。由此观之，现代主权的合法性就包含道德的和超越神圣的维度，因此，蒋庆和施特劳斯等人对于现代主权缺乏道德，特别是缺乏超越神圣维度的批评，就成了无稽之谈。

除此之外，霍布斯所建构的现代主权还是一个权力体、一个暴力机制的垄断组织。而对霍布斯来说更有意义的是，作为一种权力机制的主权更是一种持续性、历史性的权力，否则就不是一个正常国家。所以现代主权亦不乏历史文化的合法性。

在关于现代西方主权政治的合法性问题上，蒋庆，以及当代西学名宿施特劳斯等人的认识都有某种偏颇。笔者认为在理论上，现代西方主权政治跟中国古典政治秩序一样包含民意—理性、道德—神圣和历史—传统这样三重合法性，只不过两者的合法性结构和秩序呈现颠倒之势，这才导致了中西政治形态和走向的不同。在中华文明伟大复兴的今天，对西方现代性进行反思和批判，对中华古典文明进行重新理解和解释，都是必要和有益的，但是所有这一切都必须建立在文本和理性而不是态度和浪漫的基础上，主权合法性问题也理应如此。

（审稿编辑　张天白）

（校对编辑　谢可晟）

密尔的社会主义者身份之谜[*]

张 印[**]

The Enigma of Mill's Socialist Identity

Zhang Yin

内容摘要：从19世纪20年代开始，密尔便接触和评论社会主义，起初持警惕和观望立场；40年代末以后，其态度有所缓和，同情和支持社会主义者的改革主张；到60年代末，其立场逐渐明确，批判和拒斥社会主义的普遍控制倾向。密尔对社会主义的看法确实发生过一些变化，若从其思想体系的整体来理解，这种变化顶多算是细枝末节。空想社会主义为密尔提供了丰富的理论资源，在某些方面与密尔的理论意图相一致，但是密尔不可能成为社会主义者。在他看来，空想社会主义的一些举措具有全面控制的风险，可能危及个体自治。自治是密尔思想的终极目标，控制必须从属于该目标。一切理论和制度一旦可能触及这条红线，密尔立刻进行激烈抵抗。

关键词：社会主义 控制 自治

---

[*] 因译本不同，本文"穆勒""约翰·穆勒"即"约翰·斯图亚特·密尔"，特此说明。

[**] 法学博士，西南政法大学行政法学院讲师，重庆市地方立法研究协同创新中心专职研究人员。本文系司法部国家法治与法学理论研究课题"民族区域自治与公民国家观研究"（编号16SFB3009）的阶段性成果。

约翰·斯图亚特·密尔对空想社会主义产生过浓厚兴趣,愿意吸纳空想社会主义者的一些理论主张,还曾不止一次宣称自己是一名社会主义者。密尔对社会主义的评论主要在《政治经济学原理及其社会哲学上的若干应用》(以下简称"《原理》")各版和《社会主义残章》(以下简称"《残章》")之中。事实上,《原理》在密尔生前总共有七版问世,其中关于他对社会主义的看法的章节发生过一些变动,挖掘这些变动背后的东西则颇有意义。特别是《原理》第三版(1852年)与第一版(1848年)之间的变动较大,再加上《残章》(1869年)的问世,使得有些人认为密尔对社会主义的看法存在颠覆性的转变。

威廉·托马斯曾说:

> 阅读穆勒的著作就象(像)在观看一个裁判在一场重量级拳击赛中的表演。这个身材瘦弱打着领结并一脸严肃的人在满场跳来跳去,准确地计数着点数。在第一轮结束时(1848年),他宣布私有制获胜。第二轮中(1852年),他又判社会主义获胜,但警告它要遵守规则。而在最后一轮中(1869年),社会主义因犯规而被罚下场,因此私有制便因为比赛的中止而赢得胜利。[1]

虽然拳击比赛的例子形象生动,但这种观点是否恰当,亦值得谨慎考证。

密尔对社会主义的态度真的发生过如此巨大的转折吗?密尔到底是不是一个社会主义者[2]?该问题的答案取决于另外一个问题的答案:对密尔的社会主义者身份的肯定或质疑是在何种语境之下展开的?

一、密尔到底是不是社会主义者?

1861年,车尔尼雪夫斯基在《穆勒政治经济学概述》中对密尔的思想进行评论。在他看来,密尔并非一味地反对社会主义或者共产主义,相反,密尔还认为最好的社会主义制度优于现有的私有财产制,同时指出,当前的社会和道德水平不具备实现这种理想制度的条件。

> 他(密尔)关于共产主义的最后结论是:"如果私有制将是完善的,——何以见得?——它可能比共产主义还好呢,不过目前这种形式的私有制远不如共产主义。"他对社会主义寄予更多的同情,不但没有从中发现不好的,而且也没有发现不妥当的。他只提出一个疑问:当前社会道德水平非常之低,在目前这种情况下,人们是否有能力接受任何良好的制度呢?[3]

---

[1] 威廉·托马斯:《穆勒》,李河译,中国社会科学出版社1992年版,第121页。

[2] 严格说来,在密尔的年代里,"空想社会主义"或者"空想社会主义者"这样的词汇并不存在,欧文、圣西门、傅立叶都被笼统地称为"社会主义者"。

[3] 参见尼·加·车尔尼雪夫斯基:《穆勒政治经济学概述》,季陶达、季云译,商务印书馆1984年版,第16页。

车尔尼雪夫斯基意识到了密尔的犹豫,他觉得密尔可能更愿意改进现存制度而非实施理想制度。总之,车尔尼雪夫斯基认为密尔是一个谨慎而诚实的思想家,并不容易接受协作公社的观念。毫无疑问,密尔不属于空想社会主义的阵营。

1985年,威廉·托马斯提出,密尔对社会主义的态度曾经发生过巨大转变,这些变化与英法两国当时的历史事件联系在一起:1848年之前,密尔对社会主义的批评较多,1852年之后,则较为认同,但是已经对社会主义有所怀疑和警惕,到了1869年,密尔表达了他对私有制的青睐和对社会主义的排斥。[4]

哈耶克认为密尔本人深受社会主义的影响,并且将诸多的人引向了社会主义。他说:"被他引向社会主义的知识分子数量之多,大概任何人都无法相比:费边社最初基本上就是由他的一群追随者组成的。"[5]传记作者艾伦·艾博斯坦对哈耶克的观点进行了评论,他认为,哈耶克过于强调密尔的社会主义倾向,密尔本人确实对社会主义作出了让步,但是密尔所欣赏的是自由经济之下的合作协会,而非哈耶克定义之下的现代社会主义(国家控制)。密尔实质上是一名自由主义者,而非国家社会主义者。[6]

密尔的传记作家卡帕尔迪认为密尔不属于现代的社会主义者,哈耶克误解了密尔和哈丽雅特对社会主义的定义。他对"社会主义"的定义不同于现代的定义(指称"国家所有权"或者"国家控制")。密尔不会同意将私人的善从属于集体的善,其终极追求是自治。如果将密尔视为一个19世纪中叶的空想社会主义者的话,那么空想社会主义的意图应该被定义为促使每个人都成为实业家阶层的一员。"在密尔看来,不管是为了我们自己还是他人,我们都追求自治。因为普遍的自治是终极的共同善,密尔希望去除工人与雇主间的阶级划分,但他设想的解决方式是自由文化,在其中每个人都是自治的实业家。"[7]

哈利迪则认为,不论将"社会主义"定义为革命性的运动、还是反对私有财产制抑或对完善的制度保持信心,密尔都不是一个社会主义者。哈丽雅特去世之后,他对社会主义的热情逐渐冷淡下来。哈利迪的结论便是:"密尔实质上是一个怀疑论者。千真万确,不管面对保守主义或者社会主义,他都没有停止怀疑。"[8]

格莱戈里·克雷斯在其论文《正义、独立与工业民主:密尔关于社会主义的

---

[4] 同前注[1],第121页。

[5] 哈耶克:《致命的自负》,冯克利、胡晋华译,中国社会科学出版社2000年版,第171页。

[6] 参见阿兰·艾博斯坦:《哈耶克传》,秋风译,中国社会科学出版社2003年版,第221—222页。

[7] Nicholas Capaldi, *John Stuart Mill: A Biography*, Cambridge University Press, 2004, p. 212.

[8] R. J. Halliday, *John Stuart Mill*, Routledge, 2004, p. 94.

看法之发展》中认为,密尔对社会主义的接受并未受到太多哈丽雅特太多的影响,相反这些观点与密尔的自由哲学能够契合,密尔的态度与个体性、独立以及自我培养相一致。[9] 在《约翰·斯图亚特·密尔:1848—1849年代空想社会主义的自由主义一瞥》中,迈克尔·拉维恩认为马克思和恩格斯对空想社会主义持贬抑态度,有必要对空想社会主义的概念进行重新界定。法国"二月革命"对密尔的影响颇大。在《政治经济学》的前三版中,密尔对空想社会主义的同情不断加深。密尔徘徊在社会主义的边缘,但是最终并未走向社会主义。[10] 在《密尔、社会主义与英国浪漫主义:一个解释》中,依莱诺·戴维斯认为对浪漫主义和社会主义的研究使得密尔的世界观发生了巨大改变。[11] 此外,还有诸多的论文涉及密尔对社会主义的评论,都从不同层面对此问题进行了阐释,具有颇大的启发意义。

罗伯森的理解方式更为可取,他将密尔的全部作品当成一个整体来解读。罗伯森认为应当在密尔的整个思想体系中来理解他对社会主义的评论。在不同时期中,密尔的用词确实发生过一些变化。但是,总体而言,密尔对社会主义的态度自始至终没有发生过根本性的动摇和变化。[12]

在《折衷主义大师——约翰·穆勒》中,孔凡保认为,密尔既不是空想社会主义者,又不是现代意义上的社会主义者。实质上,在承认市场竞争的前提下,密尔试图将社会主义和私有制进行折中。他之所以对空想社会主义感兴趣,在于当时的人们并未找到确切的社会改良措施,因此,他对一切改良的理论抱有宽容态度。密尔早已发觉共产主义可能限制个人的自由和自治能力,所以他不会真正赞同共产主义。[13]

综上所述,国外学者对密尔的研究更为深刻和全面,具有诸多值得借鉴的地方。很多作品都以密尔的文本为中心,并将思想史和社会史与密尔的文本进行了结合。越来越多的论者从密尔思想的整体性入手,对其进行解读,密尔对空想社会主义的评论也应当被理解成其思想整体的重要部分,对该部分的解读也应当谋得与其他部分之间的统一。不论国外学界还是国内学界,他们对密尔与空想社会主义的关系问题关注不够,研究也不够深入和充分。密尔对社会主

---

[9] See Gregory Claeys, "Justice, Independence, and Industrial Democracy: The Development of John Stuart Mill's Views on Socialism", *The Journal of Politics*, vol. 49, no. 1, 1987, p. 122.

[10] See Michael Levin, "John Stuart Mill: A Liberal Looks at Utopian Socialism in the Years of Revolution 1848-1849", *Utopian Studies*, vol. 14, no. 2, 2003, p. 78.

[11] See Elynor G. Davis, "Mill, Socialism and the English Romantics: An Interpretation", *Economica*, vol. 52, no. 207, 1985, p. 345.

[12] See John Stuart Mill, *The Collected Works of John Stuart Mill* (CW.), John M. Robson(eds.), University of Toronto Press, 1965, p. 75. (后简用 CW.)

[13] 参见孔凡保:《折衷主义大师——约翰·穆勒》,江西人民出版社2007年版,第193页。

义(狭义指空想社会主义)的评论散见于多处,有必要对此进行系统梳理。

一些控制因素被密尔添加到自由主义的思想底色之上,他并未片面地强调个人自由,也没有完全拒斥国家和社会控制。"自治"观念对于理解其整体思想具有重要意义,但是国内外的研究文献对此鲜有专门论述。

二、空想社会主义及其理论风格

阅读者应当回到问题的开始:空想社会主义提出了什么样的理论主张?或者说沿着空想社会主义的逻辑进行推导可以得到什么样的结论?

18世纪末至19世纪初,在对社会现实进行深刻批判的基础上,一些思想家着力于构建一种摆脱悲惨生活的理想制度。特别是拿破仑战败之后,出于对暴力革命和政治混乱的恐惧,再加上对工业革命进程中涌现出的社会弊端的反思,人们向往一种符合正义观念的和平秩序。"空想社会主义"应运而生,其中具有代表性的思想家当属欧文、圣西门和傅立叶。私人主体或者市场早已无力改变现状,唯有国家与经济活动之间的持续联系才能改善工人阶级的处境。不论个人还是国家,都意图整合重组产业机构。

空想社会主义者对社会的不公正现象和不合理制度进行了深刻批判,对劳工阶层的生活状况给予了较多关注。他们为了改革现存秩序而高声疾呼,同时提出了自己的建构计划。空想社会主义者对"最大多数人的幸福"表示出深切的关怀,批判了社会现实中的混乱和暴力以及利己主义。他们的思想立足于工业社会的现实,意图建立一种不同于封建制度亦不同于现有制度的新体系。[14]

(一)空想社会主义者的理论主张

在欧文看来,自私之心本身就是罪恶的,人类社会的合理基础是合作原则而非自利原则。圣西门的思想,具有明显的集体主义特征,他将个体的自由理解为实现终极目标的工具,提升个体的能力以实现集体利益为目的。傅立叶对法郎吉进行了全面、精细的安排,其中涉及人员构成、住房、伙食、教育、产业等方方面面。

在《新道德世界书》中,欧文对私有制进行了批判。在他看来,社会的灾难与私有制紧密相关,对财产的争夺导致了暴力和战争,它也是造成贫穷的原因。私有制败坏人类的性格,对财产的渴望使得人们极度利己,对于同伴的疾苦和社会的利益毫不关心,私有者逐渐丧失了思考长远利益和共同利益的能力。[15]于是,欧文断言:

---

[14] 参见萨尔沃·马斯泰罗内:《欧洲政治思想史——从十五世纪到二十世纪》,黄华光译,社会科学文献出版社1992年版,第256页。

[15] 参见欧文:《欧文选集》(第2卷),柯象峰等译,商务印书馆1981年版,第11—13页。

当纯粹个人日常用品以外的一切东西都变成共有财产,而公有财产又经常能够绰绰有余地满足一切人需要的时候,当财富的人为价值不再存在,而所需要的只是财富的内在价值的时候,人们自然会了解到财产公有制较之于引起灾祸的财产私有制具有无可比拟的优越性。[16]

上述判断必定不会赢得密尔的称赞,因为密尔肯定不会将自己的理论完全建立在团结合作的原则之上。

欧文对当时的工业体系进行了全面的批判。其中,人人忙于追逐利润和财富,雇主和雇工的关系类似于暴君和奴隶的关系,残忍和冷漠败坏了道德。与成年人一样,儿童在工厂里承受着压榨和伤害。疲惫不堪的人缺乏休息时间,更谈不上充实大脑,愚昧、无知以及低级趣味成为社会的常态。工厂的恶劣环境对工人的健康产生不良影响,过低的工资使得工人及其家庭成员徘徊在饥饿线上。[17] 毋庸置疑,这就是18—19世纪英国社会的真实写照,工业革命为英国创造巨额财富的同时,也带来了灾难。欧文强烈建议缩短工人的劳动时间,提高儿童的雇佣年龄。

什么样的制度是富有理性的制度呢?欧文的理想社会是一个拥有集体主义特征的社会,一定程度上,个人在集体目标的实现过程中找到自己的价值。按照欧文本人的说法:"'理性的社会制度',在原理上和实践方法上,都是统一和不可分割的;它的每个部分都是为整体而存在的。"[18]

欧文始终反对革命,他认为,在暴力革命中,人们必定失去理性,结果对所有阶级都没有好处。新的社会需要一种新的社会组织,政治革命并不能解决所有的社会问题。他意图使雇主和工人之间进行妥协与和解,既不支持工人的过激举动,又反对富人的保守自私。改革是必需的,而过程则要渐进。实际的工作使他发现:"劳动阶级的生活状况很容易得到重大改善,他们的天赋能力对于他们自己和整个社会都可以作更有利的运用,而不致对任何阶级或任何个人造成任何损害。"[19]欧文的这种和平改革的思想回应了19世纪上半叶英法国内紧张的政治气氛。当时要求改革的声音越来越强,一旦无法控制局势,大有爆发革命的危险。法国革命的恐惧还未远去,英国国民对战争亦充满厌恶,这使得改革迫在眉睫。

同时代的法国,空想社会主义思想则呈现出与欧文不同的风格。英、法两国的思想家之间往往有着千丝万缕的联系,对傅立叶和圣西门的思想进行研

---

[16] 同前注[15],第13页。
[17] 参见欧文:《欧文选集》(第1卷),柯象峰等译,商务印书馆1979年版,第138、142、149页。
[18] 同前注[15],第16页。
[19] 同前注[17],第196页。

究,能够更好地理解18世纪末至19世纪初的社会问题。当然,这个阶段的社会现状也为密尔所关注。

圣西门害怕革命,反对暴力,希望实现阶级之间的和解与合作。法国大革命之后的社会动荡使得人们迫切需要一种建构性的理论来恢复秩序,圣西门的思想就是对这种社会愿望的回应。另外,工业革命和法国革命相继发生,资产阶级和无产阶级的力量蓄势待发,因此,当时的社会理论不得不同时关注这两个阶级的利益诉求。圣西门对法国革命进行了反思,认为流血和暴力并未帮助人们实现自由,相反,仅仅是用新的奴役替代了旧的奴役。他认为自由只能在和平与理性的条件下实现,实业才是自由的基础。实业者终将成为理想社会的统治者,革命、战争和骚乱与他们的利益相悖,因此,圣西门曾多次说过,起义并不能实现自由。[20]

在圣西门的设想中,实业制度必将代替封建制度,政权会从不劳而获者手中转移到生产者手中。旧有的混乱而无组织的生产活动必须被一个合理有序的工作计划所指导,他不废除生产资料私有制,也不打算消灭阶级。进行生产并不必须实行公有制,私有制和私人利润应当被保留下来。有必要对现有的法律进行改革,竞争使得社会富有活力,完善的社会必须尊重所有权。正如他在《加强实业的政治力量和增加法国的财富的制宪措施》一文中的观点所示:"毫无疑问,确立所有权和使它受到尊重的法令,是可以向政治社会提供的唯一基础。如果没有法律,连习惯都不承认所有权;在这种情况下,就连最不完善的政治社会也将无法存在。"[21]

在圣西门的思想中,包含一些自由主义者所赞同的主张,但圣西门思想中的集体主义倾向却是密尔万万不能接受的,前者所理解的自由无疑是集体主义式的。正如拉吉罗所言:"圣西门的政治理想是集体主义,是替代自由主义或个人主义之国家有机体的东西。"[22]在圣西门看来,个体自由并不具有目的性的价值,集体才是自由的终极目的。为了实现终极目的,应当对个人的行为提出严格的要求,应当充分发展个人的才能以促进集体利益的实现。随着文明的发展,个人之间的相互依赖逐渐减弱,取而代之的是个人对集体的依赖。个人自由会削弱集体对个人的影响,自由与文明和秩序之间互相矛盾。在一个有序的文明社会中,个人从属和依附于社会,为了整体的存在,各个部分之间必须互相配合。不妨来看看圣西门的原话:

> 我再复述一遍,文明社会需要一个活动目的,而自由不可能成为这样

---

[20] 参见圣西门:《圣西门选集》(第1卷),王燕生等译,商务印书馆1962年版,第182、183、227页。

[21] 同前注[20],第191页。

[22] 圭多·德·拉吉罗:《欧洲自由主义史》,杨军译,吉林人民出版社2011年版,第143页。

的目的,因为自由恰好要以这种目的为前提,因为真正的自由绝不在于社会成员可以随心所欲,游手好闲,无所事事;任何地方出现这种倾向,都应当严格制止;恰恰相反,真正的自由,在于尽量广泛地和毫无障碍地发展人们在世俗方面或精神方面有利于集体的才能。[23]

与密尔一样,圣西门也是社会改革的倡议者。他反对暴力革命,支持阶级和解和社会合作。不愿废除生产资料私有制这一主张使得密尔与他进行理论探讨的基础尚存。从根本上来说,圣西门的学说明显不具有个人主义的风格,这与密尔的个人主义论证方法水火不容。圣西门努力地拉拢资产阶级,但是他们并不会对实业制度抱有兴趣。正如维·彼·沃尔金所言:

> 制定整个社会的工作计划,实行协作,把国家变为生产的组织,实行劳动义务制和才能等级制,由学者掌握精神权力——这些才是圣西门学说的独特之点。这些东西结合在一起,就使得圣西门主义不能见容于圣西门所依靠的那个社会阶级——资产阶级。[24]

在傅立叶的思想中,私有财产本身未被废除。他批判了欧文构想的协作制度,并认为欧文主张公有制度并强制维持财产平等的构想与人性相悖,因而无法赢得人们的支持。相较而言,欧文的思想更为激进,这与英国率先开始工业革命存在关联。在当时的英国,资本家与工人之间的冲突更为激烈。英法两国的思想存在千丝万缕的联系,其根源不仅在于两国的地理位置,更在于两国国民对彼此的看法。在一国国民的眼里,对方强盛的国力可能威胁到本国的安全,而对方优越的思想和制度应当进行学习和借鉴。因此,两国之间一直存在竞争与合作、批判与学习的关系。到了18世纪末至19世纪初,英法两国都处在资产阶级革命和工业革命的浪潮之下,两国思想家的理论存在诸多的共同点。而具体历史环境的差异,也使得他们的理论各具风格。

与密尔一样,傅立叶也是一位改革者。傅立叶时刻将协作制度与文明制度进行比较,从而得出结论:真正的幸福存在于"谢利叶"制度之中。他批判现存制度,表达出对穷人的同情。他认为科学的发达使得人类享乐的资料极为丰富,同时却加深了穷人的贫困。只有少数人分享了科学的成果,这本身助长了人类的贪欲和堕落。在文明社会中,弱者和老实人处在被遗忘的角落,最需要工作和援助的穷人得不到保护,而富人却更加奢侈。正义已被排除出这个魔鬼当道的社会。傅立叶赞同男女平等和婚姻自由,认为文明制度之下的家庭以强制性和物质的关联为基础,不允许任意解散。要想获得幸福,必须将女性从被

---

[23] 同前注[20],第256页。
[24] 维·彼·沃尔金等:《论空想社会主义》(中卷),郭一民等译,商务印书馆1980年版,第180页。

奴役和被压迫的状态下解放出来。工人在有害的环境中从事过于繁重和漫长的劳动,健康受到严重影响。富人游手好闲,不遵循自然规律作息,引起身体病变。[25]

傅立叶所向往的社会处于一种和谐状态,依据吸引力的原则进行劳动分工,尊重个人的性格差异,每个人按其本性获得劳动成果。以正义和真理为基础的理想社会,男女平等,人们的才能、兴趣和特点被有序地汇聚起来,最终促进普遍利益的进步与和谐。他反对自由竞争和利润,提出能够适应集体生活的新体系,其不需要命令和强制就能运作。傅立叶谈道:"在和谐制度下,任何时候人们都不能接受命令,除非是自愿的、集体的和大家所热烈赞同的纪律。在这一情况下,发布命令不是专断行为,而服从也不是屈辱。"[26]

贫穷和革命为法国带来了巨大的灾难,因此,傅立叶本人反对革命,并致力于消除贫穷。在傅立叶看来,18世纪科学和艺术获得了巨大成功,而作为次要科学的政治学并未取得应有的成就,甚至像孟德斯鸠和卢梭这样的一流人物也没有找到济世良药。贫穷的雇佣劳动者和女性真正需要的是劳动权而非主权,对此社会契约论束手无策。政治学往往用抽象的共同幸福来压制个人的幸福,革命的接连爆发宣告了政治学的破产。他说:"文明制度下两个无药可医的毛病,郑重地宣告了自古以来政治科学的软弱无力:这两个毛病就是折磨个人的贫困和折磨国家的革命。"[27]与圣西门不同,傅立叶对于集权国家的观念没有多少兴趣。正如拉吉罗所言:"他的概念来自于自由主义的动机,植根于自由和自发的个人联盟之上,而没有任何外部的强制。"[28]

(二)空想社会主义的控制特征

欧文、圣西门和傅立叶的思想与18世纪的唯理论之间存在巨大差别。他们认为政治和社会制度具有相对性,能够变革和改进,并不需要探索能够适用于全人类的理性统治。空想社会主义者对社会的不公正现象和不合理制度进行了深刻批判,对劳工阶层的生活状况给予了较多关注。他们为了改革现存秩序而不停地呼吁,同时提出了自己的建构计划。帮助工人阶级摆脱悲惨境地的愿望已经超出了市场本身的调节能力,工人阶级被排挤出集体生活领域,唯有国家与经济活动之间的持续联系才能改善工人阶级的处境。

毫无疑问,空想社会主义者的思想中有太多的东西能够赢得密尔的共鸣。与密尔一样,他们都重视教育的作用,要求男女平等而且将女性从家务劳动和

---

[25] 参见傅立叶:《傅立叶选集》(第1卷),赵俊欣等译,商务印书馆1979年版,第19、66、71、170页。
[26] 傅立叶:《傅立叶选集》(第2卷),赵俊欣等译,商务印书馆1981年版,第99页。
[27] 傅立叶:《傅立叶选集》(第3卷),汪耀三等译,商务印书馆1982年版,第135页。
[28] 同前注[22],第145页。

不自由的婚姻制度中解放出来。他们意图谋求阶级谅解与社会和谐,反对暴力革命和阶级斗争,将社会改革的希望寄托在各阶级的克制和主动合作之上。他们都是和平改革者,而非革命者。

空想社会主义者反对革命和阶级斗争,法国革命对他们造成的恐惧和战栗还未走远,他们很清楚革命的意义。因此,他们意图谋求阶级谅解与社会和谐,将社会改革的希望寄托在各阶级的克制和主动合作之上。与他们一样,密尔同样反对暴力革命和阶级斗争。一旦革命爆发,民众的理性将会丧失,人们渴求的和平与秩序并不会自然地到来。他们都是和平改革者,而非革命者。在密尔这里更加清楚的是:私有制本身应当保留,只需改良即可。

密尔本身反对极端的自私自利,并关注社会的道德进步,他为国家干预市场预留了较大的空间。在密尔的年代,资本家追求私人利益的行为早已暴露出颇多的弊端,有些问题甚至是灾难性的。自由放任的经济政策已经无法解决社会的新问题,因此,国家和社会对市场活动的调整干预已成必要之势。而空想社会主义为治疗社会疾病提出了药方,着眼于政治现实和理论创设的密尔,无法忽视欧文、圣西门和傅立叶的思想。

虽然如此,密尔并不同意将社会建构于利他之上。在欧文看来,自私之心本身就是罪恶的,人类社会的合理基础是合作原则而非自利原则。显然,欧文过高地估计了人类的思想与道德水平。空想社会主义,特别是圣西门的思想,具有明显的集体主义特征。他将个体的自由理解为实现终极目标的工具,照此推论,为了实现集体利益,需要提升个体的能力。显然,这种观点无法获得密尔的赞同。在密尔这里,个体自由本身富有意义,培养个人的能力、进行独立的选择、实现个人为自己设定的目标具有终极性的价值。

但是,空想社会主义具有普遍的控制特征,这种过度控制的风险最终被密尔识别出来。在空想社会主义的理论框架内,政府或者管理者拥有广泛的权限,在预防和劝说之下,全面地安排人们的生活。在欧文的思想中,每个人的性格都是由外界环境和社会制度塑造的,为了培养出理性而富有公德心的人,国家和社会的管理者必须为人们营造一个合理适宜的外在环境。遵循上述逻辑,管理者应当对人们的生活进行全面的照料,其影响力深入到法律体系、教育制度、生产制度、生活习惯等各个领域。毫无疑问,欧文思想中的政府或者管理者拥有广泛的权限,在预防和劝说的方法之下全面安排社会生活。对此,密尔必定不会赞同。傅立叶对法郎吉进行了全面、精细的安排,其中涉及人员构成、住房、伙食、教育、产业等方方面面。这种统一安排,不论出于国家之手还是社会之手,密尔都不会认同。

空想社会主义要求国家或者社会对个人进行较为普遍的指导或者干预,这种趋势被涂尔干定义为"建立联系"。有时候,对个人的指导甚至是全面而普遍

的,几乎深入到社会生活的方方面面。正如涂尔干的定义所说:

> 我们称之为社会主义的每一种学说,都要求所有经济功能,或其中的某些功能(目前这些功能依然是分散的)与带有指导性的和有意识的社会核心建立联系。重要的是,我们必须即刻注意到,我们所说的是联系,而不是服从关系。[29]

三、密尔对空想社会主义的态度转变

密尔对空想社会主义的接触始于1825年。密尔生前,《原理》再版过六次,加上1848年的初版,总共有七个版本。对于社会主义的看法,第二版对第一版的修正程度较小,两个版本的内容相差不大。第三版(1852年)和第七版(1871年版)之间基本相同,没有多少实质意义上的改动。因此,第三版成为一个可以代表以后各版的文本。第一版和第三版之间的改动较大,需要详细比较。而1869年完成的《残章》则代表了密尔对社会主义的看法的另一个阶段。从《原理》的完成到《残章》的完成,历时十多年,其间在欧洲大陆(特别是法国)和英国发生了一系列政治和社会事件,密尔的观念可能会有一些变化。

结合历史背景阅读文本,能够较为立体地呈现出密尔对空想社会主义的看法。对密尔各个时期的观点进行梳理和比较,便能发现密尔思想的演进规律,进而准确地评价密尔对空想社会主义的态度。

(一) 接触与评论:反对普遍规制

密尔对空想社会主义的关注始于19世纪20年代。在《原理》出版之前,他对空想社会主义已有所论述。因此,非常有必要对这一阶段的文本进行解读。在这一时期,密尔明确反对共产主义并对竞争进行辩护,这一态度在其后的作品中并未发生改变。[30]

由欧文主义者组织的合作协会定期进行公开辩论。为了反驳欧文主义,在1825年,密尔参加了一些辩论活动。辩论主题始于人口问题,现存的一些未发表的手稿便是密尔为辩论所做的准备工作。在《合作协会里的预备演讲》(Intended Speech at the Co-Operative Society)中,密尔明确提出:"但是我应当努力揭示:欧文的理论建立在错误的人性与人类事务进程的观念之上,采用其支持者强烈推荐的措施,他们内心向往的目标——最大多数人的幸福——可能不会实现,或者被挫败。"[31] 为了反驳欧文的理论,密尔对欧文理论的基本原则

---

[29] 爱弥尔·涂尔干:《涂尔干文集》(第5卷),李鲁宁等译,上海人民出版社2003年版,第147页。

[30] See *supra* note[9].

[31] *CW.*, vol. XXVI, pp. 308-309.

进行了逐条批判。他认为,财富并非由"无辅助的"(unassisted)劳动创造的,其他阶层为此付出了代价,也应当得到回报。原始资本的来源大多都有其劳动根据,资本家以其勤劳和节制积累起了财富。[32] 正如密尔的原话所示:"第一资本是由劳动创造的,但它来自资本家的劳动:正是这位资本家,只有他才能正当地拥有。"[33]

自食其力是自治的当然之义。有必要指出,密尔对勤劳的人总是赞赏有加,而对那些挥霍无度、毫无节制之人大加挞伐。这种观念在密尔的思想中一以贯之,读者可以在1834年的《论济贫法》中获得相同的印象。密尔反对户外救济制度,认为那些身强力壮之人应当在济贫所内强制劳动,这种待遇能够促使他们尽早摆脱无所事事状态。"如果被恰当执行的话,仅凭剥夺放纵的机会、通过服从一个管理良好的济贫所的纪律,如自愿放弃一样牺牲一定的自由,便足以促使每个体格健全的人脱离救助;而且不管在什么地方一经采用,全部或几乎全部的强壮的被救济者便会迅速地被雇佣,不仅不会减少,而且会增加整个教区的工资。"[34]

在人口问题上,密尔与欧文主义者的立场大大相异。欧文主义者对马尔萨斯的理论大加批判,而此时的密尔则是马尔萨斯的信徒。密尔认为人口的增长趋势远远超过了工资的增长趋势,任何不限制人口的改良必定是徒劳的。[35] 最终,密尔用归谬法证明了"消灭所有权"与"公平分配"之间互相矛盾。[36] 在《合作协会闭幕词》(Cooperation: Closing Speech)中,密尔将其观点进行总结。他概括了欧文主义者的观点,包括竞争与仁慈相矛盾;竞争导致供需分配的困难;竞争的结果是战争和政府负债;工人的损失由机器与他们的竞争造成。密尔对上述几点进行了反驳,其理由如下:对财富的追求并非是竞争的唯一形式,还包括对荣誉和行善之乐的竞争;一些不便并非源自竞争,而是商业体系的本性;与其说一些恶果来自竞争,不如说它们源自糟糕的政府;机器的采用短期内降低了工资,但从长远来看,将会提高工人的待遇;竞争根本无法消

---

[32] 在谈到资本的诞生过程时,密尔举了如下例子:一个节制之人积累了一定数量的财富,而一个懒惰放纵之人浪费了他的财富,后来,除了出卖劳动外,挥霍者无法继续维持生活,资本家恰好能够为挥霍者提供劳动的机会。从上述理解可以看出,密尔认为资本家与雇佣工人之间可以建立合作关系,各取所需。无疑,一个无偏见之人必定会同意保护通过正当手段(劳动、积累、经营等)获得的财富。但是,在这里,密尔对资本的积累过程描述得过于理想,事实上,勤劳并不一定都能发家致富。财富的获取过程非常复杂,勤劳、忍耐、节制并不足以使人成功。了解这一点后,读者可以恰当地向密尔提出建议:正是由于财富积累过程充满了不公平与不合法,国家的干预才显得尤为重要。密尔本人自然乐于承认这种补充。See CW., vol. XXVI, p. 311.

[33] CW., vol. XXVI, p. 310.

[34] CW., vol. XXIII, p. 687.

[35] See CW., vol. XXVI, p. 312.

[36] See CW., vol. XXVI, p. 313.

灭,当人们能够较为容易地获取生存所需时,竞争的激烈程度可能会被缓解。[37]

对于合作体系,密尔同样提出了多种批判意见。密尔认为合作制度将个人的幸福与其劳动相分离,间接鼓励了懒惰、粗心和愚蠢,它使得社会的生产能力无法达到完全的活跃状态。[38] 在该体系下,对安逸的热爱将会弥漫到整个社会。"正如一句谚语所言:每个人的事情便不是任何人的事情。"[39]对于合作制度的广泛规制特征,密尔提出了至关重要的批驳。正是这种无所不在的管理和控制令他难以接受,此处的观点在他后来的作品中得到了一致的贯彻。密尔并不反对适当程度的干预,他所反对的是普遍性的规制。正如密尔所示:"我并不是将自由树立为一个用以崇拜的偶像,当管理和控制存在一种特殊优势时,在管理和控制上,我甚至愿意比大多数人走得更远。"[40]个人的自由和独立极为重要,密尔明确提出,"一个人成为一个独立的存在是可喜的",但是,他又指出,欧文新构建的社会意图赋予人们完全的自由,这显然是一个"白日梦"。"这便是在为19世纪创造一个仁慈的狂热者的新宗派,他们的白日梦已是完全奴役之梦。"[41]另外,合作体制耗资巨大,无法顺利实施。[42]

圣西门及其学派的思想对密尔产生了深远影响。相较于欧文的理论,密尔对圣西门的理论拥有颇多的欣赏之意。他认为圣西门及其弟子的思想为社会的改良提供了一种可能的理想前景,这种前景即使是不可完全实现的,也是值得人们渴望的。他在1834年《伦敦的圣西门主义者》中谈道:

> 这种事实上无法实践的构想——但不同于欧文主义,也不同于我们曾经读到的每种其他乌托邦,在其中,不可实践性仅仅是程度上的,而非种类上的;而大多数其他改良社会的空想计划不仅仅是不可能的,就算可能,也是糟糕的,而这个计划如果能够实现,将会是良好的。它是真正理想的完满人类的社会;随着人类变得更聪明、更优秀,这种精神将越来越多地遍及现存社会机构;如同任何其他不可实现的完满模式一样,每个人都更为向往它,即使它不可能达到。[43]

到19世纪40年代,越来越多的人开始热切地关注工人的境遇。因此,"劳动的权利"(claims of labour)成为当时的公共话题。欧文的"道德新世界"要求

---

[37] See *CW.*, vol. XXVI, pp. 316-318.
[38] See *CW.*, vol. XXVI, p. 319.
[39] *CW.*, vol. XXVI, p. 320.
[40] *CW.*, vol. XXVI, p. 321.
[41] *CW.*, vol. XXVI, p. 321.
[42] See *CW.*, vol. XXVI, p. 322.
[43] *CW.*, vol. XXIII, p. 678.

雇主和土地所有者为工人地位的改善作出贡献,包括支付可观的工资、改善工作环境、缩短工作时间以及获得公平对待。在密尔看来,这种改良手段虽然有用但不充分。工人的自助才能最终帮助他们走出困境。如下论断便是密尔的立场所在:"千真万确,富人在他们的行为中有许多事情要为穷人负责。但是谈到穷人的贫困,除了诱导他们进行自助外,富人没有可以帮助他们的地方。"[44]

唯有教育才能真正实现穷人的自助。社会应当将他们视为一个人而非仅仅当成一种劳动工具。读写和讨论是培养自治能力的第一步,然后是实践性的学校教育,使大脑和双手都能得到训练。人们还应当在学校中养成遵守秩序和规则的习惯,在此基础上,培养人的理性和预见能力,在多种途径中选择适于达成目标的方式。另外,社会施于工人的自发教育甚至比学校教育更为重要。[45]在后文中,密尔明确提出富有号召力的宣言:

> 在这个时代中,权利与特权所有者对政治权利的要求,对政治特权的滥用,在阅读丰富的人们的头脑中,是最重要的问题。这个时代的所有精神都在鼓动每个人为了自我奋斗而要求公平对待,而不是寻找或期待来自他人的帮助。在这样一个时代,在涉及具有如此特性的头脑时,必需的东西是正义而非善意(kindness)。[46]

密尔对个人自治极为重视,这一立场可能促使他离圣西门和孔德越来越远。密尔与圣西门的分歧具有必然性,正如卡帕尔迪所言:"此外,正如在圣西门的作品中发现的机械进步论,并未给个人的主动性留有余地。任何技术官僚甚或精英管理的概念最终无法与个人自治相兼容。"[47]1828年,古斯塔夫·戴希塔尔将孔德的《实证政治体系》(Système de Politique Positive)寄给了密尔,密尔于1829年5月给戴希塔尔回信。在孔德看来,国家以及社会联盟的意义在于将所有的社会力量集中起来并指向某一个目的。密尔极力反驳上述观点,他宣称:"政府存在的所有目的都是为了人的利益;而最高和最重要的目的则是作为一个道德和理智的存在的人本身的进步,这种目的在孔德先生的范畴中根本不包括。"[48]

其实,在社会主义与私人所有制孰优孰劣的问题上,此时的密尔并未找到肯定而确切的答案。与其说他进行了两难选择,不如说他一直处在探索的路上。读者能够发现密尔的态度一直颇为宽容,在社会主义和私有制之间进行了

---

[44] 密尔:《密尔论民主与社会主义》,胡勇译,吉林出版集团有限责任公司2008年版,第150页。
[45] 同前注[44],第151—154页。
[46] 同前注[44],第159页。
[47] Supra note[7], p. 81.
[48] CW., vol. XII, p. 36.

反复比较。直到1869年的《残章》,他的观点才明晰起来。但是,其中一些观点是始终清晰的:自治是最为重要的价值之一,适当的干预能够得到支持。因为涉及废除私有财产制并主张普遍的规制,共产主义(欧文主义)本身为密尔所反对。

(二) 态度缓和:同情改革主张

《原理》第一版中,《论所有制》这一章包含六节,按照前后顺序,具体包括:导言性质的评论;涉及所有权问题的陈述;对共产主义的考察;对圣西门主义的考察;对傅立叶主义的考察;财产制度需要改良而非摧毁。第一节和第二节与后来版本之间的区别不大,其中最为显著的差别将在下文进行讨论。

在《原理》第一版第二编第一章第二节"涉及所有权问题的陈述"中,密尔对欧文主义和圣西门主义进行了简短解释。在第二版(1849年)中,密尔删除了该段落,重写了一个较长的解释,这种更改在以后的各版中被基本保留下来。从行文可以看出,在该处,相较于第一版,第二版对社会主义更为欣赏。

在第一版中,密尔对欧文主义和圣西门主义没有过多的解释和评论,仅仅是一种叙述。在第二版中,这种态度有所变化。具体而言,他对社会主义和共产主义进行了更为详细的区分,而且提到了路易·勃朗、卡贝以及傅立叶主义,同时将一定的赞誉给予了圣西门主义和傅立叶主义。在第二版中,密尔对圣西门主义和傅立叶主义的评价更为积极。他说:

> 在这些体系中,知识要求最高的两种是圣西门主义和傅立叶主义,它们都是以其真实的创始者或者被普遍认为的创始者命名的。前者作为一个体系已经不存在,但在其公开传播的这些年间,播下了几乎所有社会主义思潮的种子,这些思潮在法国广泛地传播。后者信徒的人数、才能和热忱现在处于全盛时期。[49]

1848年,《原理》出版之后,密尔就已经意识到了问题:他对社会主义者提出的方案进行的批评可能遭到误解。对于社会主义的理想和计划,密尔并非一概反对。因此,为了避免他人对自己的误解,他打算对第一版进行修订,但是,文本内容的变动之处并不多。1849年,密尔在第二版的序言中写道:

> 本版中的增补和修订显得无足轻重;但是,《原理》完成之后,针对社会主义的论战愈发重要,这使得扩展论及社会主义的一章是可取的;由于其中发表了一些针对社会主义者提出的具体计划的反对意见,这被错误地理解成对通常包括在社会主义之下的所有东西的一般性非难,因此,这样做才更有必要。全面地理解社会主义及其提出的诸问题,唯有在一部单独的

---

[49] CW., vol. III, p. 203.

作品中才能被方便地展开。[50]

在第一版中,密尔认为共产主义方案的真正实施可能会低估了人类的能力。统一安排被实现之后,人类可能会被奴役。[51] 在第二版中,上述段落被密尔删掉,代替它的是一段新的文字,

> 关于共产主义的方案,假设它将会成功,涉及生存手段的所有焦虑将会结束;可能会获得许多人类幸福。但是,在一个立基于私有财产权的社会中,相同的优势完全可能实现。在这一点上,政治思考的趋势迅速地集中起来。假设这实现了的话,对于个人体制一方必将是巨大的利好,这与更大程度上的个人自由相兼容。[52]

从上述对照中可以看出,密尔将明显不利于共产主义的文字删掉了。密尔仔细地比较财产私有制和共产主义制度之间的优缺点,他并没有放弃对私有制的改良,一旦共产主义的优势在私有制社会中实现,密尔便会毫不犹豫地支持私有制,因为这将与个人自由更好地兼容。在密尔的思想中,个人自由这个关键领域始终不容侵犯。

1849年版的另一位置,有一段重新组织过的文字表达了与上述段落大致相同的意思,相较而言,第二版的表达更为清楚,而且表达也更为温和委婉。其中,密尔列出了共产主义可能面临的诸多指责,其中包括:在工作时间,管理机构对个人拥有绝对权力,个人没有选择从事什么工作、与何人合作以及采用何种方式工作的自由;工作成为一种义务,缺少乐趣和甜头;人的生活变成一种僵硬的例行公事。紧接着就是一段结论性的文字,这一段文字在第一版中也存在。即

> 教育和追求的同一性可能给人留下性格一成不变的印象,人性发展的多样性被摧毁,通过提出无数他还未自己想象的见解,那些各式各样的不相象,即品味和才能的多元性和智力观点的多样性,是智力巨大刺激以及精神和道德进步的主要根源。[53]

在1848年版和1849年版中,密尔对于社会的统一安排始终持有高度的警惕。在他看来,这种强制干预将会摧毁智力、精神和道德进步的源泉,只有性格的多样性才符合他的追求。在1852年版中,密尔删除了该段落,这可能是出于对文本整体思想的考虑——假如这种结论性的断言在这里提出的话,以后的探讨多

---

[50] *CW.*, vol. II, p. 94.
[51] See *CW.*, vol. III, p. 978.
[52] *CW.*, vol. III, p. 978.
[53] *CW.*, vol. III, p. 978.

少显得有些不连贯。一旦这种结论形成,对共产主义而言则是致命攻击。因此,在第三版中,虽然还存在类似的句子,但是语气没有这么坚决。密尔可能希望给共产主义提供辩护,从而公平地探讨财产私有制与共产主义之间的优劣关系。另外,虽然这段话被《原理》删除了,但并不意味着密尔的核心观点会有彻底的改变。因为1859年出版的《论自由》再一次强调了这里的观点。

在1952年7月的第三版序言中,密尔谈道:

> 本版中,唯一具有重要意义的反对意见则是,一般而言,人类处于尚未做好准备的状态,而工人阶级更是如此;他们对于现今要求他们具有高度的智力或道德的各种规则极端不适应。在我看来,社会改良的伟大目的,应当在于通过培养,使得人类适应于一种社会状态,其中结合了最大的个人自由与劳动成果的公正分配,而现今的财产法律并未表明目的在于此。[54]

此时,密尔极力否认他对社会主义理想抱有全面的敌意,言下之意即是,社会主义可能会实现,但不是现在。他认为,现阶段人们的智力和道德状态远未成熟,特别是工人阶级,还不具有立即实现社会主义的条件。社会主义作为一种要求进行社会改良的力量,为变革时期的社会提供了诸多值得严肃对待的建议。密尔意图在社会主义的具体计划和安排中寻找理论资源,以服务于自己的改革计划。对于社会主义制度和财产私有制度何者将会促成人类的完美状态,密尔没有明确的看法,最后将评价的机会留给了后人。

第一版中,在对欧文主义进行批判之后,密尔紧跟着对现存的社会状态进行了剖析。他认为,与欧文主义社会的弊端相比,现存制度的不幸可能更甚。其中,一般劳动者没有择业自由和迁徙自由,终其一生都好像一个奴隶。女性则永远处在家庭的压制之下。劳工领取固定薪水,他们对于工作没有丝毫兴趣,更谈不上勤劳和进取。只有依靠监督者才能弱化人们逃避工作的趋势。作为一个主张社会改革的思想家,密尔始终不忘对现存社会制度的批判。这种态度在第三版中也是十分清楚的,例如"就算共产主义劳动可能不比一个自耕农或一个自担风险的劳工那样富于活力,但它可能比一个对他的工作根本没有利害关系的雇佣劳动者更富于活力"[55]。

在第三版第三节"对共产主义的考察"中,密尔的笔法更为成熟,结构也更为体系化。他详细讨论了那些针对共产主义的反对意见,将这些异议放在私人所有制和共产主义制度之间进行对比,这一节更像是提供一个对话的平台以供两种制度进行辩论。关于公平分配劳动的问题,密尔借此发挥了一句,即"在一

---

[54] *CW.*, vol. II, p. 95.
[55] *CW.*, vol. II, p. 204.

个以平等为目标的制度之下,对这些事情所能进行的最坏且最不公正的安排,将不会比当前那种对劳动(不用说报酬)的安排更为不平等和不公正,这两者是不值得比较的"。[56] 从上述引文可知,密尔对当时社会的不公抱有多大的敌意,在他看来,只要能够治愈现存的社会问题,任何合理的措施都可以考虑和尝试,当然也包括共产主义的制度安排。在这个阶段,密尔对共产主义的态度确实有了一些缓和。但是,正如下文将要展示的,一旦触及个体性或个人自由的问题时,他的态度就变得异常坚定。

与第一版不同,《原理》第三版中增加了一些内容。密尔认为,当时的社会虽然承认财产私有,但是,将现存社会的糟糕安排和共产主义制度的最好状态进行比较则明显不公平。私有制的最佳状态和共产主义的最佳状态之间才具有可比性。私有制的正当辩护理由便是公平原则,即报酬与努力成比例。现存社会对此原则的违背得到纠正,同时教育得到普及,人口增长得到限制,这才是最好的私有制。[57] 在这里,密尔并没有对私有制和共产主义孰优孰劣给出答案,因为他也无法确定所有的细节问题。密尔并没有预测和断言,他只是提出了一些值得读者思考的东西,将最终裁判的机会留给读者。

在第三版中,为了作出最终判断,密尔建议从以下问题着手:

> 如果进行推测可能会冒险的话,决定可能主要依赖于如下考虑,也就是,两种制度何者与最大的人类自由和自主相一致。当人类的生存手段得到保证之后,在强度方面居于第二位的个人欲望则是自由;而且(与物质需求有所不同,伴随着文明的进步变得更加节制和更有义务去控制)伴随着智力和道德官能的进一步发达,它在强度方面不但不会减弱,还会增加。社会安排和实践道德的完善,是要保障所有人的完全独立和行动自由,除了伤害其他人之外不受任何限制;而教育或者社会安排要求他们以控制他们自己的行为为代价换取任何数量的舒适或富裕,或者为了平等而宣布放弃自由,将会剥夺他们人性的最高尚特征之一。[58]

这段重要的断言代表了密尔自由思想的核心,在其他方面他可能会作出让步,但是对个人自由的珍视却从未改变过。虽然提出了判断的方法,但是密尔仍不确定共产主义会将人类引向何处。在共产主义制度之下,统一的生活会否导致人们的平庸,思想和才智的进步能否实现,到底个人自由和性格多样性能够在多大程度上被容忍?

---

[56] *CW.*, vol. II, p. 207.
[57] See *CW.*, vol. II, p. 208.
[58] *CW.*, vol. II, p. 208.

针对上述问题，密尔承认这些弊端可能确实存在，但是反对者可能将其夸大了，还有诸多的问题需要逐步澄清。同时，他盛赞了欧文及其他社会主义者对男女平等的肯定。可见，在1852年的这个阶段中，密尔对共产主义的态度仍然是暧昧不清的。他并没有明确支持私有制，也没有明确支持共产主义制度，其中的原因可能是：谨慎起见，并未武断地作出评判；他对共产主义的了解确实不够，因而拿不准两者之间到底何者更为可取；或者密尔根本不想在两者中间作出结论性的选择。

《原理》第一版、第二版和第三版都对圣西门主义的运作原理进行了解释：其中存在一个或少数几个才华和道德出众的领袖，具有智力优越性；依靠下属机构的辅助，对社会生产进行安排，同时分配社会资源。密尔对此进行了分析，发现在现代社会中，统治者的专制很难落实。最根本的原因在于民众对于这种专制权力不再信任和服从。[59]

密尔对傅立叶主义抱有很大的好感，而且越来越强烈。到了1852年，他甚至删除了所有不利于傅立叶主义的异议。这种态度的转变能够从第二版第五节的结尾和第三版第五节的结尾之间的比较中看出。

在第五节的结尾，1852年第三版删除了第一版中的很长一段，分析这段被删除的文字，可以发现这一段列举了一些傅立叶主义面临的困难，这些困难包括：人类团体能够适应共同生活之前，有赖于人类个性的巨大改进；参加公共管理活动的每个人都需要一定程度的公正无私以及摆脱空虚烦躁的干扰。但是，密尔同时又认为这些困难并非无法克服，傅立叶主义者比其他的社会主义者眼光更为敏锐，他们已经意识到了诸多困难，而且意图在教育和改良的过程中实际地培养所需的品质。[60]从第一版开始，在各种类型的社会主义中，密尔更为偏好的是傅立叶主义，对它的评价颇高。1852年版将这些困难全部删除，可能暗示当时的密尔比以往更加认同傅立叶主义。在第三版中，密尔只保留了对傅立叶主义的积极评价，而且指出："傅立叶主义，不管怎么样，还有另外的智谋。他们相信自己已经解决了重大且根本的问题：使得劳动具有吸引力。"[61]个人可以自愿选择参加社会联盟，人们具有选择职业和离开工作的自由，自愿的劳动可能最大限度地激发个人的潜能。所有的人都要从事劳动，这将打破当前社会里很多人不劳而获的局面，也会避免将资源浪费在一些没有意义的事情上，

---

[59] See *CW*., vol. II, p. 211.
[60] See *CW*., vol. III, p. 985.
[61] *CW*., vol. III, p. 984.

这些联盟对社会资源的组织统筹可能提高生产效率。[62]

第一版第五节的结尾和第六节"财产制度需要的是改良而非摧毁"的开头部分被1852年版删去了,其中的内容涉及对竞争的讨论。在其中,密尔言辞激烈地指责当时许多社会主义者对于社会事实不肯正视,对于经济规律则十分陌生,因此才会认为竞争是不幸的根源。[63] 为了与1852年版的理论立场相一致,第三版便将上述评论删除,因为傅立叶主义容许竞争发生在各种社会团体之间。

1852年,虽然对傅立叶主义颇为欣赏,密尔还是认为傅立叶主义的实现不在当下,它有赖于多种条件,在这些条件得以完备之前,政治经济学家首先需要关注那些以私人财产制和个人竞争原则为基础的条件,同时现存社会的分配模式必须得到改良。因此,"人类进步当前阶段的基本目标,不是摧毁个人财产制,而是改良它,使得每个社会成员能够完全分享它的利益"[64]。上述断言在第一版、第二版和第三版中都出现了,可以被视为密尔肯定性的观点之一。

1848年版第六节的最后一段在第二版被删去,有必要对此进行分析。第一版中,密尔谈到,随着文明的进步,人类的协作力量将会不断增加,许多看似无法实践的共同事业将会变得可能。但是,密尔又害怕这种集体力量无限扩张,于是立即为这种协作力量设定了一个范围。密尔说道:

> 但是,集体行动的恰当范围在于个人单位无法完成的事物之中,要么由于没有人对于完成它们拥有一个充分强大的个人利益,要么由于它们需要一个诸手段的集合以超越那些能够被一个人或一些人所要求的东西。在那些个人单位完全适合的事情中,这总是最为适合的;当对象是个人的东西时,会有如此强烈的工作动机,而当对象是公共的东西时,会有如此强烈的责任感,在任何一种情况下,独立的感觉和个人权力,不为联合管辖之下的团体成员所知。[65]

在这里,密尔更为重视个人自决和独立。1849年,代替如上段落的则是一段针对社会主义者的积极评价,密尔认为社会主义者的思想刺激了人们对一些重点

---

[62] 很显然,在这里,密尔的态度显得过于乐观了。事实上,傅立叶主义并没有彻底解决劳动缺乏吸引力的问题。虽然傅立叶为劳动者自愿选择参加一个社会团体或者退出一个社会团体提供了机会,但是,只要存在充足的劳动力和有限的资源,一旦竞争被允许,那么,有些人只能做一些最低级的令人不快的工作,而另外一些人则有能力做一些比较有吸引力的工作,虽然选择的机会是开放的,但是并非所有人或者大多数人都能够实际地进行选择。因此,傅立叶主义面临的困境和现实社会的困境是相同的。此刻,问题又回到了起点。

[63] See *CW*., vol. III, p. 986.

[64] *CW*., vol. II, p. 214; also see *CW*., vol. III, pp. 982, 987.

[65] *CW*., vol. III, p. 987.

问题的关注,他们的才能和天赋是人类进步的因素之一。[66] 社会主义为人类思想增加了多样性,思想的多样性造就了爱好、口味、性格的多样性,从而成为人类文明进步的驱动力。这种观点与《论自由》中的观点相一致。

1852年版第四节中,密尔认为,从现阶段来看,否认傅立叶主义具有实现的可能性显得过于武断。"对于它,正如所有其他种类的社会主义,是值得渴望的,它们可以正当地要求得到试验的机会。它们都能够在一个适中的规模下被试验,除了那些尝试的人,不论是人身还是金钱上,对于其他人都不具有风险。"[67]要求对社会主义进行试验的说法在第一版和第二版中没有出现过。在密尔看来,社会主义的要求仅仅是一种思想试验或者社会改革的要求,他根本没有预料到后来社会主义成了一种实实在在的革命运动。根据密尔一贯的主张,如果密尔知道社会主义会变成革命运动的形态,可以想象他对社会主义的好感还会剩余多少。

虽然《原理》第三版对协作制度颇为欣赏,同时承认他们对人类道德前景的描绘比现存社会更为优越。但是,对竞争原则的拥护将他与社会主义者明确区分开来。密尔认为,消除竞争的做法将在长远意义上阻碍人类的前进。消除竞争使得一些人无所事事,他们不再锐意进取,而一些人将会不劳而获,成为特权阶层。[68] 密尔相信人类的进步前景,并且反对特权制度,因此取消竞争的种种弊端与密尔的思想整体无法兼容。在后文中,他表明了自己的立场:"我与大多数社会主义者不同,并不把竞争看作是有害的、反社会的原则,而是认为,在现在的社会状态和工业状态下,限制竞争是一种罪恶,而扩大竞争,即使暂时会损害某一劳动阶层,最终也将带来最大的利益。"[69]

综合上述分析,可以负责任地断言,相较于第一版,在1852年,密尔对社会主义的态度确实发生了一定的变化。但是这种变化也并未达到天翻地覆的程度,顶多只是小打小闹而已。罗伯森的见解可谓相当中肯:"1852年版的一般基调是更为赞同社会主义,但是这并不如想象的那样激烈。在早期和晚期的两个版本中,对自由的强调则是始终如一的。"[70]

《原理》第一版将讨论限于欧文主义和圣西门主义,其中的论述较为概括和粗略。《原理》第二版又增加了对傅立叶主义的论述。《原理》第二版,特别是第三版对社会主义的立场较为温和。为了回应霍利约克对《原理》第二版的指责,密尔公开撰文《共产主义的诸多限制》对自己的立场进行解释。在此,他对共产

---

[66] See *CW.*, vol. III, p. 987.
[67] *CW.*, vol. II, p. 213.
[68] 参见约翰·穆勒:《政治经济学原理——及其在社会哲学上的若干应用》(下卷),胡企林、朱泱译,商务印书馆1991年版,第363页。
[69] 同前注[68],第364页。
[70] *CW.*, vol. II, p. 75.

主义的一贯忧虑得以展示。他认为共产主义制度的外在束缚使得个人不够自由,难以避免生活的乏味与千篇一律。

> 我害怕一致性的束缚将会加重而非减轻;人们将被迫按照他人乐意的样子,而非他们自己乐意的样子生活;他们的生命将会被置于大多数人指定的规则之下;任何个人将不可能逃避和独立于行动,因为所有人必须成为或此或彼公社的成员。[71]

在《为1848年法国二月革命声辩》中,密尔明确指出现代的分配方式极其不公,少数人掌握着大多数财富,而大多数劳动者只能辛苦劳顿却仍不足以维持生计,必须改变这种现状。但是,与目前需要矫正的不公平状态相比,否认财产权利更为邪恶。在以后的岁月中,密尔一贯坚持保留私有财产制。此时,密尔将社会主义视为一种合作试验,希望国家为工人提供帮助,即使试验失败也应当支持,因为这种方式能够使工人获得有益的教育。[72]

密尔始终将空想社会主义视为一种社会试验,它应当得到公平的对待。在1851年的作品《纽曼的政治经济学》中,密尔认为纽曼对社会主义的攻击几乎没有能够站得住脚的地方。在这里,密尔表现出一贯性的中立态度。他认为:"对社会主义的合理批判大多是纯粹实践性的,其中包括实现的诸多难度以及为此提出的计划之不足;对它们的排除必定是一个思考与讨论的工作,通过优良的管理和教育,辅以进步性的试验,以及人类普遍的道德进步。"[73]

(三)批判与拒斥:警惕过度控制

在1849年《原理》第二版的序言中,密尔谈到,他打算在"一部单独的作品"中详细讨论与社会主义相关的问题。直到1869年,这部"单独作品"的初稿才得以完成。密尔去世之后,该稿件被其女儿海伦·泰勒整理发表,这便是《残章》。相较于《原理》对社会主义的评论,《残章》的立场更为明确,它在一个更大的背景之下对社会主义展开探讨。

密尔始终都以一个改革者的形象自居,因此,他对现存制度的批判仍然是《残章》的一个重要线索。他认为现存的财产法律仅仅反映了那些控制现存政府之人的动机和利益,但是法律要想获得广泛支持,必须考虑公共利益,必须以提高普遍福利为目的。[74] 和《原理》一样,此处密尔毫不犹豫地站在了反对现存不平等秩序的立场上,对社会的不平等进行了深刻反思,对贫穷者抱以同情。社会主义思想也有这种理论目的,从这个角度来看,密尔同情社会主义者的理

---

[71] *CW.*, vol. XXV, p. 1180.
[72] 同前注[44],第207—208页。
[73] *CW.*, vol. V, p. 444.
[74] See *CW.*, vol. V, p. 706.

论,对于他们的探索和反思精神持欣赏态度。

伴随着一系列政治事件的发生,此时的密尔对于工人阶级的政治力量有了一定重视。他认为,在宪政体系内,工人阶级行使选举权时,将会对立法产生巨大的影响。密尔本人反对暴力革命,因此,他对工人阶级的斗争形式进行了预测:从《1832年改革法》至《1867年改革法》,工人阶级逐渐形成了自己的政治目标,在实现目标的过程中,和平和秩序应当得到尊重,选举权力就是他们的斗争武器。

> 当他们这样做时,决不会采取一个不习惯使用法律与宪政机器的民族所采用的无序与无效的方式,也不会仅仅表现为一种本能的保持平衡的冲动。他们采取的工具将是:进行新闻宣传,组织公共集会与社团,让效忠于工人阶级政治目标的最大可能数目的人回到议会。[75]

《残章》添加了诸多的社会实践以解释社会主义者的企图,其中提到,法国、德国和瑞士的工人阶级在社会主义信条之下集合起来,他们的共同特点是反对现存财产权制度,要求重建财产权制度。许多英国工人阶级的领袖虽然宣称自己是社会主义者,但是,类似于英国政治家,他们比欧洲大陆的社会主义者更为克制,因为他们深知:"人类基本理念中的伟大而永远的变革不能靠一次奇袭来完成。他们把自己的现实努力指向看起来更容易达成的目标,在没有获得在部分范围内运作的经验之前,他们会乐于抑制极端的理论。"[76]显然,密尔也属于这类人,他批评那些意图摧毁现有体系却没有考虑好出路的所有企图,因此,革命性社会主义者也在密尔的批评范围之内。

密尔声称:"工人阶级有权要求:社会体制的全部领域都应该重新接受考查,对待每一个问题就仿佛它首次出现一样进行反思。"[77]社会需要有一位公正的立法者来判断工人阶级的诉求,这位公正的立法者与争论的问题没有利害关系,他只关心公共利益。不管是财产所有者还是非所有者,都需要向立法者提出自己的辩护意见,唯有赢得公正立法者同情的要求才被支持,不能通过这种检验的财产权利必须得到改变。在《残章》中,密尔提出立法者应当关注公共利益和普遍的善。在这里,密尔将自己的观点向这位立法者提出。他要求公正地考察财产制度与社会主义制度何者能够带来更多的幸福而避免更多的不幸。

社会主义者对现存的社会制度进行了批判,从中归纳出一些罪恶,用以证明为何需要变革,而社会主义者作出的社会安排则代表了他们的变革目标。密尔依次对这两个问题进行探讨,从中分离出公正的要求,反对那些夸张与不实

---

[75] 同前注[44],第297页。
[76] 同前注[44],第299页。
[77] 同前注[44],第301页。

的责难,进而阐明社会主义的安排将把人类引向何处。

虽然当前社会存在诸多可怕的罪恶,但是人们却无法断定:这些罪恶到底属于当前的制度和秩序,还是属于所有人类?在密尔看来,社会主义对当前制度的部分指责明显站不住脚,有夸张之嫌。和《原理》第一、二版中的看法一样,《残章》认为社会主义者对竞争原则的理解不够全面。事实上,竞争可能导致工资降低,同时也会导致产品价格降低。自由竞争往往促使商品的价格和价值相等,竞争结果并不必然是垄断。作为竞争结果的低价并不完全是一种虚伪的表象,竞争可能促使企业采用更新的工艺、制造成本更低的产品,最终消费者可能以较低的价格获得所需的产品。[78]

另外,社会主义者认为劳工阶层的薪水在不断下降,而且工资与人口之间的压力也将越来越大。密尔认为这种看法没有考虑到事实情况,明显夸张。劳动者的工资不足以满足物质和精神需求,但是这种状况已经有所改观,劳工的处境并没有不断恶化。人口对生存的压力在任何社会都存在,随着文明的进步,这种压力被不断缓解。其中的手段有三种:不断增加劳动手段和能力;移民;通过全民教育提高审慎和自制能力。但是社会主义不能声称只有自己才能缓解这种压力,在现存社会里,缓慢取得的改良和进步也能实现这种效果。[79]在这里,密尔对于现存社会的逐渐进步抱有很大的信心。当前社会的发展趋势是不断改良而非彻底摧毁,因为理智的人能够从社会中看到希望。

在"社会主义的困难"一节中,密尔提出了他对社会主义的忧思。这些评价与其整体思想体系是一致的,这一节是《残章》中最富于文采和最有深度的一节。密尔将社会主义的特点及目标进行了描述和评论,并特别地,深刻批判了共产主义和革命性社会主义。从该节的文字可以看出,密尔并不是一个社会主义者,他也不想立即将社会主义的计划全面实施。

与《原理》对社会主义者的分类存有一定区别,这里将他们分为一般的社会主义者和革命性社会主义者。前者的代表是欧文和傅立叶,他们意图将私人财产和个人竞争取消,在村落共同体或者城镇范围内实施计划,最后才自发扩展到更大范围。后者的代表是罗伯斯庇尔和圣鞠斯特,他们计划通过一个占有所有国家资源的中央权威管理生产活动,他们要求立即实现社会主义目标。[80]对于后者,密尔始终没有好感。在他的思想中,一切理论和制度要想被采纳,必须首先经历检验。在没有证明自己之前,任何制度都不能进行全面实践。检验的方法就是社会实验。因此,密尔断言:"根据事物的自然顺序,他在没有表现出自己也可以成为一种重建手段之前,没有必要,也不会成为一台颠覆性发动

---

[78] 同前注[44],第 323 页。
[79] 同前注[44],第 322 页。
[80] 同前注[44],第 330 页。

机。另一种形式却并非如此。它的目标是,毕其功于一役,以新的规则取代旧的规则。"[81]这里提到的"另一种形式"即革命性社会主义。它既没有证明自己的正当性和有用性,又要求在当下就要一劳永逸地解决所有的不正义。显然,密尔不赞同这种具有颠覆性的理论。革命性社会主义者要求从所有者那里夺走生产工具和生活资料,这种企图显然无法满足有产者的要求,对他们的掠夺造就了新的不平等——原本这些有用资源的获取往往基于勤劳和节俭,剥夺它们必然激起这些人的激烈对抗。最终不可调和的矛盾只有通过战争和屠杀来解决,流血和灾难必将毁灭人类珍视的一切。

对于管理者,在私人财产制下,由于最好的管理往往伴随着最大的个人利益,因此,他们拥有最为强烈的个人动机。而在共产主义制度下,管理者只能从共同体中获得与其他劳动者同等的好处,进行高效管理的动机在于公共精神、良心以及对荣誉的热爱,但是这种动机的驱动力无法与个人利益的刺激相提并论。在道德与智力的不完善状态下,个人利益才是最充分的积极能量,而公共精神之类的东西则是避免最坏结果的约束性力量。[82]密尔对人性的了解使得他作出上述断言。现阶段,公共精神和情感作为人类事业的刺激物无法充分发挥作用,可能与教育的不完善相关。除非教育取得长足进步,否则,共产主义的安排无法顺利实现。

在共产主义社会中,由于管理者的努力无法与其个人利益建立稳定的联系,因此,他们并不愿意对现存制度的缺陷进行变革。因为,变革的阻力重重,风险巨大,他们无法从中获利,另外,人类的惰性心理使得他们更愿意保持原状。这样一来,在共产主义社会,愿意从事管理活动的人必定少之又少。相较而言,当前的管理者则拥有足够的刺激。密尔选择柏拉图《理想国》中的例子进一步说明这一点:最有资格进行统治的人反而最不愿意进行统治,除非他们害怕被更坏的人所统治。一般而言,这种动机仍然不足以使有能力的人出任管理者或者推动改革。[83]从上述分析可知,密尔认为共产主义制度对管理者的刺激不如私有制度的刺激充分。

对于劳动者,在私人制度下,除了接受固定工资之外,对于生产结果没有其他利益,因此,他们的劳动缺乏效率。而在共产主义制度下,共同体要求并且赞赏勤劳、努力,他们的私人利益与共同体的繁荣存在密切联系。为此,当前社会采纳计件工资以克服上述缺陷。问题随之而来,计件工资解决了劳动缺乏刺激的问题,但是工作质量则有赖于雇主的监督。另外,由于雇主以最优秀劳动者的工作量为标准进行定价,大部分劳动者在竭尽全力之后仍然无法改善生活。

---

[81] 同前注[44],第 331 页。
[82] 同前注[44],第 333 页。
[83] 同前注[44],第 335 页。

合作劳动制比计件工资更能解决雇佣劳动的困境,其中资本获得一定数量的报酬,所有工人除了获得工资之外还参与企业的盈利分享。[84]

因此,对于管理者而言,私有制具有更强的工作动机,对于劳动者而言,共产主义更能激励他们。在当前体系下,虽然决策混乱但却是自发进行的,而在共产主义体系中,决策往往具有专断的含义。[85] 在这里,密尔暗示下文将要进行更为深入的讨论,如下探讨可能给予共产主义致命一击。

共产主义的一种必然原则导致共同体的毁灭。"这种必然性就是,靠总体的声音决定对于每个人最重要的问题。在当前体系下,这样的问题可以而且实际上被留给个人,让个人根据自己的情况作出决定。"[86]这种必然性是密尔一生所反对的东西,一旦个人自决的正当领地被侵占,除非为了防止伤害他人,否则这种侵占便是密尔无法容忍的。可以推断,密尔最终会反对共产主义。他以教育为例开始探讨,在共产主义社会中,父母没有选择自己子女教育方式的自由,因为集体会为个人作出安排。每个人都有自己的偏好和看法,如果这种观点只有成为集体的观点才能获得实践的机会,那么,人们必将努力运用各种资源以影响集体决策。[87]决策过程必定伴随着不可调和的冲突,这可能导致共产主义共同体的解散。

只要有社会存在,人与人之间的冲突便不可避免,但是共产主义幻想一种一致性。在这里,密尔提出了在《论自由》中多次出现的论断:

> 人类进步的障碍总是巨大的,需要各种有利条件的际会来克服这些障碍。但是克服这些障碍的一个必不可少的条件是:无论是在思维中还是在实践中,人性应该自由地在各个方面自发地扩张。人们应该独立地思考,独立地进行试验,不应该把关于自我事务的考虑和关于确定自己如何行动这样的事务交到统治者手中,不管统治者是以少数人还是多数人的名义进行。[88]

性格多样性才是人类进步的动力,共产主义社会无法培养这种多样性。在集体的全面统一安排之下,一切个人事务都将成为公共事务。个性被压制则是人类社会的一种永恒罪恶,不管压制它的是一个人,少数人,还是多数人。

对共产主义提出如此激烈的批判之后,密尔仍然勉强声称,将来共产主义可能成为最适当的社会形式。[89] 自始至终,密尔都没有否认社会主义实现的

---

[84] 同前注[44],第337页。
[85] 同前注[44],第338页。
[86] 同前注[44],第339页。
[87] 同前注[44],第340页。
[88] 同前注[44],第340页。
[89] 同前注[44],第340页。

可能性。但是他又补充了一点：让还未做好准备的人进入共产主义社会，必定以失败告终。"可以肯定的一点是，共产主义要获得成功，需要在共同体所有成员中获得一种高标准的道德与智力教育。"[90]此后，密尔对傅立叶主义和革命性社会主义进行了讨论。延续一贯的态度，他对傅立叶主义表示赞赏，认为其对人性、智力和道德的要求较低，应该获得实验的机会。[91]而革命性社会主义则意图摧毁现有制度，在当下就要着手实现他们的社会安排。在密尔看来，他们的激励性原则是仇恨，对制度的建构经不住检验，他们一旦取得统治权，人类必将堕入无序状态。[92]

因此，密尔的看法可以归纳如下：共产主义可能实现，但不是现在；在人类社会的很长一段时间内，私人财产制度必将长期存在。生存和安全是人们最基本的追求，而对此有所保证的东西，首先便是私有财产。因此，不管社会如何发展，私有财产可能会长期存在。但是，密尔认为，私有财产制度必定不会毫无修正地存在下去。从法律和习惯中获得利益的那些人，应当考虑一切公正的要求并且实现这种要求，最终缓和财产制度的苛刻。[93]

作为一个改革者，密尔需要说服两种人：保守的既得利益者；激进改革者和极端革命者。对于既得利益者，他们要想维持一种和平秩序，必须让出部分利益，与那些提出正当要求的人分享。如果他们对现存秩序不愿作出任何改动，那么矛盾激化之后，仇恨必定摧毁他们手中的一切。对于激进改革者和极端革命者，他们在自己的计划未得到检验之前，不应该付诸全面实施。摧毁一种制度，可能带来无数灾难，而在废墟之上重建秩序则显得异常艰难。密尔意图在两种极端力量之间构建对话的平台，但是，这种努力也许双方都不认同。

在前文叙述中能看到，密尔已经反复告诫社会主义者不可操之过急，因为当前社会还没有做好全面实施社会主义的准备。下面，他就要劝告既得利益者严肃对待一切公正的要求，让出一部分利益，与那些没有从当前财产制度中获得利益的人一起分享。为了实现上述目的，密尔断言："在人类事务中最经常犯的错误之一，作为最严重的错误实践的源头，就是错误地认为：同样的名称总是象征着同样的思想集合体。"[94]密尔从历史的角度对财产权进行了解释，列举了一些例子用以说明财产权的概念并非始终如一，随着社会的发展，其含义发生过诸多变化。有必要从以下两个方面来理解密尔的意图：首先，由于历史上的财产权概念在不断变化，因此，那些认为财产权的含义应当保持不变的人并

---

[90] 同前注[44]，第340页。
[91] 同前注[44]，第342页。
[92] 同前注[44]，第344页。
[93] 同前注[44]，第346页。
[94] 同前注[44]，第346页。

没有正当合理的依据。其次,财产权制度的变革显然是正当的,改变的标准则在于公众福利和普遍利益。所有权制度适用的是分配规律而非生产规律。财产的分配具有人为的性质,关于财产分配的原则和制度具有可变性,只要统治阶级或者代表统治阶级的那部分人同意,就能作出一定程度的修改和调整。有些人声称现存制度依赖某些永恒的原则而不愿作出任何与时代同步的改变,这种自以为是的偏见没有任何正义基础。

(四)观点演变之中的规律

密尔在空想社会主义和私人所有制之间循环往复,能够站在客观的立场上作出评论。他对社会主义的关注始于19世纪20年代,到1869年为止,他对空想社会主义的看法经历了一定的变化和发展。从1848年《原理》第一版开始到1869年《残章》的完成,密尔对社会主义的看法从暧昧不清逐渐走向了立场明确。在此过程中,他对社会主义表达了一定程度的同情,但对共产主义及其消灭竞争和私人所有权的企图表达了始终如一的反对。关于私有制与社会主义制度孰优孰劣的问题,一开始,他并未找到恰切的答案。在以后的岁月中,他的立场逐渐清晰。1848年法国"二月革命"和"六月革命"的爆发,使得英国社会显示出对社会主义的普遍反对情绪。此刻,密尔要求英国公众公平地对待空想社会主义。从《原理》第一版(1848年)到第三版(1852年),密尔对空想社会主义的论述越来越细致,而且其态度有所缓和,同时对合作组织表现出浓厚的兴趣。在《残章》(1869年)中,密尔对社会主义的态度最为清楚,他只将社会主义看成一种社会试验,并对革命性社会主义作出严厉批判。

对《原理》各版以及《残章》的比较和分析可以看出,在不同阶段,密尔对社会主义的看法发生过一些变化。但是,透过诸多的变化,可以看到有一些东西是密尔始终坚持的,这些东西则是密尔整个思想体系的核心。其中包括:坚持个体自由和自治、反对普遍的控制和干预、要求改革现存的不公正制度、保留私有财产权、支持竞争、反对暴力革命等。密尔对社会主义的态度确实发生过一些改变,但是,这种改变并没有想象中的那么强烈。

法国"六月革命"的发生,使得密尔担心社会主义无法得到公正的对待。密尔坚称他并非一概地反对社会主义,为了表明自己的立场,《原理》第二版和第三版删除了那些可能引人误解的文字。被删除的文字大多是对社会主义的批评意见,因此,与第一版相比,第三版对社会主义更为支持。这种变化可以在密尔的《自传》中得到证实:

> 在第一版中,社会主义的困难被论述得如此严重,以至于从整体上看第一版的基调是反社会主义的。在此后的一两年里,我花了大量时间研究欧洲大陆最优秀的社会主义作家,思考和讨论争议中的全部主题;结果则是,我删掉了第一版中关于这个问题所写的大部分内容,取而代之的讨论

和想法反映了一种明显的社会主义倾向。[95]

在私有制度和社会主义制度孰优孰劣的问题上,密尔始终没有给出一个结论性的断言。密尔本身也不愿断言,因为他想要提供一个公平探讨的机会。他更像是一位和蔼的教师,将所有的可能性都展示出来,把选择的具体机会则留给了读者。

密尔始终没有否认社会主义具有实现的可能性,他害怕读者误解,曾经多次强调社会主义"不是不可实践的","是可能的"。考虑到19世纪上半叶的历史环境,对于寄托了工人阶级愿望的社会主义思想,密尔不可能忽视它们。他同情社会底层民众,对于他们的境况和要求也有一定程度的了解。虽然对社会主义的具体制度和部分理论进行了分析和批判,但是,他的反对意见并非针对所有的社会主义思想,而且他本人也非常不愿意被误解为一个社会主义的一贯反对者。如上态度可以在密尔给约翰·杰伊的信(1848年11月)中清楚地看到:"关于社会主义者企图废除私人所有权的独有计划,我曾经节制而雄辩地表达了我的反对。在诸多重要的见解上,我同意他们,而且,我对他们表示敬重,同时我认为他们是人类当前阶段下最重要的进步元素。"[96]

与《原理》第一版相比,第三版对社会主义的探讨更为详细和全面,而且密尔删除了那些具有明显倾向性的文字。足见他的意图并不在于作出断言,而在于展示争论的全貌。第一版较为激烈地批判了社会主义的一些具体制度,后来版本的态度则稍有缓和,密尔的看法也更为客观。到了1869年,与《原理》第三版的态度相似,密尔明确提出社会主义不能在当前社会条件下全面实践。[97] 1852年,论及共产主义时,密尔提出了一系列追问,其中的核心问题便是:在共产主义制度之下,自由和个性能否得到庇护?如果说,《原理》第三版对共产主义的态度还是暧昧不清的话,在《残章》中,他对共产主义和革命性社会主义的态度已经相当清楚了,此二者并没有赢得他多少好感。

密尔的核心和终极价值就是自治,任何理论或制度都要以个人的自治为目标。只要触碰自治这条红线,密尔便会立即提出抗议。出于对个人自由和个性的持守,他根本容忍不了专制与集权,而共产主义和革命性社会主义不可避免地要进行统一安排和集权控制,因此,他不会真诚地希望生活在共产主义者和革命性社会主义者构建的社会中。密尔与那些社会主义者之间的区别非常明显,正如贝恩所言:"毕竟,他总是强调的个体性不可能与傅立叶、欧文、路易·勃

---

[95] *CW.*, vol. I, p. 240.
[96] *CW.*, vol. XIII, p. 740.
[97] See *CW.*, vol. II, p. 214;参见前注〔44〕,第340、341、344页。

朗以及美洲共产主义者们的构想达成和解。"[98]

四、以何种立场看待密尔的身份

空想社会主义对密尔的吸引力是多方面的，其中不容忽视的一点是它对现存秩序的揭露和批判。同密尔一样，空想社会主义者认为现存的不公平状态迫切需要改变。密尔以一个改革者的形象示人，他反对那些妄图维持社会不公之人。关于这一点，坦恩在《民主、社会主义与工人阶级》中做了正确的总结："在现存社会中，行为不当之恶，包括犯罪，能够被追诉到贫穷、失业以及糟糕的教育和缺乏教育之上，它们本身是社会安排存在缺陷的结果。到目前为止，密尔认同对我们现在的不满所进行的社会主义分析。"[99]

要想改革旧的社会制度或者构建一种新的社会制度，首先需要证明现存制度的缺陷与不公正。社会主义建立在对现存秩序的激烈批判之上，它描述了工人阶级的悲惨境遇以及分配制度的严重不公平。密尔对底层民众的生活也有一定了解，对于社会主义者的改革诉求，他表示同情。[100] 就密尔本人而言，他始终都是一个现存不合理秩序的反对者，其批判涉及政治、社会和经济的方方面面。密尔意图将功利与自由统一起来，并将自由理论建立在功利原则之上。在他看来，最广义的功利——进步图景上的永久利益——是一切道德问题的标准。他说道："我将功利当作所有伦理问题的终极诉求；但它必定是最宽广意义上的功利，并且建立在作为一种进步存在的人类的永久利益之上。"[101]以这种眼光来看，人类应当谋得不断的进步，每一个阶段只具有暂时性的意义。因此，与永久利益相对照，每一个当下的制度并非不可更改。

从19世纪20年代开始关注社会主义，到1869年完成《残章》，密尔对个体自由和自治的坚持从未改变。理解了这一点，就能在复杂的文字中间清理出密尔对社会主义的确切看法。在最优秀的私有制和最优秀的社会主义制度之间，他也许会摇摆不定，但是，只要某种理论或者制度可能触及个人自由的边界，密尔的态度就变得坚决起来。他不允许任何制度以个体自由和性格多样化为代价去追求集体利益。因此，密尔对共产主义和革命性社会主义没有多少好感。

相较而言，密尔对傅立叶主义表现得比较友好，始终称赞有加。密尔声称，傅立叶主义解决了劳动缺乏吸引力的问题。傅立叶主义对人性和道德的要求

---

[98] Alexander Bain, *John Stuart Mill: A Criticism with Personal Recollections*, Longmans, Green, and Co., 1882, p.90.

[99] C. L. Ten, "Democracy, Socialism, the Working Class", in John Skorupski (ed.), *The Cambridge Companion to Mill*, Cambridge University Press, 1998, pp.389-390.

[100] See Dale E. Miller, *J. S. Mill: Moral, Social and Political Thought*, Polity Press, 2010, p.155.

[101] *CW.*, vol. XVIII, p.224.

比较低,具有进行实践的现实条件。傅立叶主义并不要求废除私有财产制,它计划根据资本、劳动和能力三者的确定比例进行劳动成果的分配。仔细分析会发现,傅立叶的理论风格与密尔的理论风格有些相像,那就是不走极端。在傅立叶思想中,既有反对现存财产制度的成分,又有与现存秩序相妥协的地方。

面对19世纪的社会问题,自由放任主义无法提供彻底的解决之道。在一定程度上,自由放任政策助长了某些不公正制度与不合理现象。对此,密尔意图将某些控制因素融入自由主义之中。针对现存社会涌现出的诸多问题,空想社会主义者提出了颇具控制意味的政治主张。空想社会主义为密尔提供了一些灵感,他们在许多问题上能够达成共识。但是,其中存在的过度控制的风险,可能危及个体的自由与自治。

特定的历史背景催生了欧文、圣西门以及傅立叶的思想,他们面对的社会问题也是密尔本人所要面对的。即使如此,空想社会主义者与密尔的解决之道却颇为不同。对于改革的倡导者而言,空想社会主义具有深刻的借鉴意义。密尔深刻地意识到旧有的制度已经跟不上时代的节奏,当下的社会制度迫切需要得到改变。财产私有制便是现存社会的代表性制度,其为个体自由提供了有力的保障。同时,将其绝对化处理也将带来明显的社会问题。为了实现社会和人类的进步,有必要将较多的控制性因素融入自由制度。

密尔是一个改革者,他从未停止对现存秩序以及不合理制度的批判。他同情处在社会底层的人们,包括农民、工人、妇女和奴隶等,社会主义要求改革现存的不公平制度,密尔对他们的思想具有一定程度的同情和欣赏。但要想将一种理论或者制度进行全面实践,必须经过检验,一些被认为是理所当然的命题也需要得到检验和重新认识。现阶段,社会改革的可行措施便是在现存财产制度的基础上,改变一些不公平的制度,社会主义则能提供一定的理论资源。密尔始终坚持个人自由和性格多样化是社会进步的驱动力,追求任何利益都不能以此为代价。在尊重个体自由的基础上,公共利益和社会道德应当得到充分的重视。

密尔的自由思想融入了诸多19世纪特有的因素,他成为从自由主义向社会自由主义转变的关键人物。自由主义的阶级背景越来越广泛,大有超越中产阶级利益的趋势。英国的诸多改革诉求以合理性或功利性作为理论背景,而非出自单纯的阶级利益。在当时的改革者看来,现实之所以需要改变,是因为改变本身是正义的。密尔的自由主义已经不是边沁和詹姆斯·密尔所坚持的自由主义。其中最大的区别在于,密尔更为注重政府和社会的价值,他已经意识到个人主义的论证方法所面临的困境。

密尔对控制因素的吸收融合,一定程度上受到空想社会主义的影响。19世纪的现实困境使得全面的社会改革势在必行,任何有担当的思想家都想有所作为。空想社会主义者提出了自己的改良计划,密尔意图从中寻得有用的理论资源,最终也确实与他们共享了一些思想观念。19世纪的英国,自由放任主义面临着诸多挑战,政府干预成为必要的补充手段。同时,对公共利益和道德的重视则有利于治疗工业社会的病症。

密尔对空想社会主义进行了分析和评价,这种理论兴趣绝非偶然。工业革命和拿破仑战争的爆发,使得适当的国家干预和社会控制成为必要且合理的存在,密尔的思想回应了这种现实诉求。在19世纪的英国,自由放任主义面临着困境与危机。对此,作为改革者的密尔意图寻得解决之道。其力求变革的想法与空想社会主义者的构想之间存有颇多契合,这为双方的对话创造了机会。

在评价密尔对社会主义的看法时,如果将其思想理解为一个有体系的整体,那么这种观点变化顶多算是细枝末节的。虽然空想社会主义为密尔提供了很多理论资源,在某些方面与密尔的理论意图相一致,但是密尔不可能成为社会主义者。在他看来,空想社会主义的一些举措可能危及个体的自由。一切理论和制度一旦可能触及这条红线,密尔立刻变得警惕起来,并作出严肃的抵抗。一旦从整体上把握了密尔的思想,便能合理地获得如下结论:自治是密尔思想的终极目标,控制必须从属于该目标。在"劳动阶级可能的未来"一章中,密尔作出大胆预测:"现在应该让穷人自己照管自己的命运。现代国家应懂得,人民的幸福取决于每个公民是否得到公正对待和是否具有自我管理能力。"[102]

密尔所关注的自治不仅指人们拥有自由选择的机会,而且实质上拥有自由选择和自主行动的能力。这种能力则需要个人、社会和国家的共同努力,最重要的塑造手段便是教育。在批判现有婚姻制度和奴隶制时,密尔表达了这种自治的观念,只有男女平等和种族平等才能实现自治。女性应当为了自己的快乐和享受而行动,而非为了实现他人为其设定的目标,照顾家庭和孩子仅仅是社会强加给女性的任务。"如果自然未曾使得男女不平等,那么由法律来制造这种不平等更不应该。"[103]

一些社会主义者认为竞争是社会不公和工人阶级苦难境地的根源之一,密尔并不这样认为,他认为取消竞争得不偿失,而将个人和市场能够自主决定的事情交给政府则更为有害。他举了一个铁匠的例子来证明他的观点。进入铁匠职业的人一般都是双臂有力者,但是政府和法律并不需要对此作出规定,交由人们自由地选择和竞争即可实现相同的结果。[104] 很显然,这个例子的言下之意便是,很多工作领域对于女性是关闭的,但是这种规定是不合理的,她们应当拥有选择的权利,在竞争的过程中,自然能够使得女性从事适于她们的工作,

---

[102] 同前注[68],第329页。
[103] *CW.*, vol. XXI, p. 42.
[104] See *CW.*, vol. XXI, p. 274

而现在,法律却武断地规定女性不适合某些工作。

在《原理》中密尔用了一章的篇幅讨论"劳动阶级可能的未来",其对劳动阶级的合作运动抱有信心,根本原因在于合作组织能够培养工人阶级的合作与自治精神。合作组织能够减少从事销售工作的人数,从而将节省的人力和资金用于生产领域。与获得的物质利益相比,合作组织更有道德意义。在此过程中,劳动阶级得到了教育,拥有了改善自己处境的能力,通过自己的努力拥有了一定的社会地位。进行合作组织的管理,能够养成民主社会所需的参政能力。[105] 富有活力的竞争得以保持,同时合作精神并未丧失,他们也越来越富有独立感和公共精神。在谈到合作组织可能引起道德革命时,密尔说道:

> 资本和劳动之间的长期不合将被消除;人类的生活将不再是各阶级为了谋求相互对立的利益而展开的争斗,而将成为追求共同利益的友好竞争;劳动的尊严将得到提高,劳动阶级将具有安全感和独立感,每个人的日常工作将变为对社会同情心和实用智慧的培养。[106]

上述期望可以间接证明密尔并不同意社会主义者取消竞争的企图。虽然财产私有制具有诸多的缺陷,但是密尔从来都没有想过要废除私有制。他的意图在于改良现存制度,在私有制的框架内实现个人的自由独立与公共精神和谐统一的境界。从终极的理论目的来看,密尔并不属于空想社会主义者的阵营。卡帕尔迪认为密尔最珍视的价值是个人自治。如他所言:"对密尔来说,我们为自己和他人追求的东西是自治。因为普遍的自治是终极性的共同善,密尔也想要消除雇主和工人之间的阶级冲突,但是他所设想的则是:在一个自由主义文化下,人人都是实业家,人人都能自治。"[107]

密尔对工会的看法也源自他对个人自治的坚持。市场的工资率是工人向雇主"拼命争取"的,工人以工会为组织形式才能争取到较高的工资。工会本身不会扰乱经济自由,反而有助于市场的运作,同时这也是工人自己照顾自己的一种工具。密尔更为看重的则是工会教会工人运用各种手段谋求自己的合法权利、在斗争过程中养成合作的精神。[108]

与维多利亚时代的进取和自助精神相关,密尔赞扬积极的、有抱负的人,他们在为自己谋利的同时也间接地促进了社会利益。对此进行论述时,他借用了斯密的进路,"一切为自己谋利益的性格也都属于积极的和有力的性格,因为促进社会每个成员的利益的习惯和行为无疑至少是到头来最有助于整个社会进

---

[105] 同前注[68],第361页。
[106] 同前注[68],第359页。
[107] *Supra* note[7], p. 211.
[108] 同前注[68],第525页。

步的习惯和行为的一部分"[109]。当然,密尔并不认为那些眼里只有私人利益的人有资格成为有抱负的人。积极的人必定是能够自主作出判断,而且在诸种利益中能够作出取舍的人。因此,密尔说道:"一个毫无抱负,不想使任何别人幸福,不想促进自己国家或邻人的福利,或是改进自己精神上的美德的知足的人,或是知足的家庭,既不会引起我们的赞美,也不会得到我们的赞同。"[110]

积极的人有什么意义呢?在密尔的思想中,自治的人必定是一个积极的人、有道德的人。每个人应当尽量将命运掌握在自己手中,政治则关涉每一个人的利益和前途,因此,每个人都应当有机会参与政治,赋予公民普选权则是实现个体自由的当然选择。同时,个体参加与其能力相适合的政治活动将会促使他们公共精神的养成。公共精神与道德相关,在政治活动中,能够培养起个人对公共利益的关爱。富有公共精神的人必定能够理解和关注他人的利益,他也能感受到自己属于公众的一分子,对公众利益的关怀也将促使个人利益的实现。在密尔的论证中,人们对公共利益作出的牺牲往往会在私人利益中得到回报。

在维多利亚时代,密尔已清楚地看到雇主与雇工之间的不平等关系。对于实现个体的自治和伦理意义来说,这种不平等便是明显的障碍。因此,密尔才对工人之间以及工人与资本家之间的合作非常感兴趣。在这种自愿的协作组织中,个人才能实现自治。另外,自治的个人为了共同的事业作出牺牲才值得赞扬。正如卡帕尔迪所言:"与其说密尔是一位现状的辩护者和拥护者,与其说他是在谴责他人进而假设破坏旧秩序便会自动产生乌托邦,不如说密尔倾向于一种综合:保存市场经济(没有阶级斗争也没有放弃竞争)的优点与自由的优点。"[111]

在19世纪中叶,雇主阶层与劳动者阶层的斗争此起彼伏,社会被人为分裂为两个阵营,密尔不愿看到这种敌对关系继续存在下去,他意图谋得两个阶级的谅解和融合。因此,密尔自然不会支持革命性社会主义的主张。他说道:

> 在目前的人类发展阶段,平等的思想正日益广泛地在穷人当中传播,要阻止平等思想的传播就得完全取消出版自由,甚至完全取消言论自由,因而可以预言,人类是不会永远分为两个世袭阶级即雇主阶级和雇工阶级的。[112]

密尔对英国现存政治制度进行了激烈批判,但是他并不打算像革命性社会

---

[109] J. S. 密尔:《代议制政府》,汪瑄译,商务印书馆1982年版,第48页。
[110] 同前注[109],第50页。
[111] *Supra* note[7], p. 255.
[112] 同前注[68],第332页。

主义者那样，将既存的政治体系彻底推翻进行重建，相反，他害怕秩序彻底崩溃。霍布斯在《利维坦》中对"自然状态"的经典论述，被《残章》借用以表达这种失序。[113]

密尔的真实意图是在私有财产制和社会主义制度之间作出一个抉择吗？显然不是。他更想将两种制度融合起来，用社会主义的可行制度来修正私有制。密尔并不打算将自由放任主义与社会主义对立起来，为了实现个体的教育和人类的进步，二者的建议都值得关注。对此，哈利迪评价道："对密尔本人而言，在自由放任主义和社会主义之间，当时不存在对立；两种思想都是同一目的的手段，都是同样的社会教育和政治教育学说不可或缺的部分。"[114]面对英国的社会问题，密尔深刻认同改革的必要性，但是他思考的问题并不局限于此。在浪漫主义与社会主义的刺激之下，他思考的问题是：如何在不牺牲个人自由的前提下实现社会的变革？密尔是一个渐进的改革者，他的反对者来源于两个极端，首先是那些既得利益者，他们阻碍改革；其次是那些激进的革命者，革命性社会主义便属于这一类。在目前的智力和道德条件下，社会主义不具有全面实施的可能。

密尔指出了社会主义者的夸张及误解之处，认为改良现存社会具有乐观的前景。但是，他对现存社会的批判始终没有改变，他支持变革，只是反对激进和暴力变革。正如他所言：

> 当前的体系并不像许多社会主义者所相信的，正在加速地把我们推进到一种普遍的贫困与奴役状态中，只有社会主义才能把我们拯救出来。在当前体系下所遭受的罪恶与不正义是巨大的，但并非在不停地增长，而是呈现出普遍的和缓慢的减少趋势。[115]

人类社会的进步不可能一蹴而就，摧毁或者推翻现存的秩序并不必然成就文明的进步。人类渴求的公平与正义不会立即来临，在缓慢的进步历程中，一个结果往往蕴含在多个原因，甚至更加深远的原因之中。

在密尔看来，社会主义制度和财产私有制度之间并不必然存在矛盾，从社会主义思想中获取的资源可以用来修补现存体制的漏洞。他本身并没有放弃财产私有制，一直打算从社会主义思想中寻找可以利用的资源。"因此，迄今为止，医治这个阶级的有害性的有效疗方已经在运作中，尽管这种疗方是由社会主义原则启迪的，并且部分地以社会主义原则为基础，但却和现存的财产制度

---

[113] 同前注[44]，第344页。
[114] *Supra* note[8], p.95.
[115] 同前注[44]，第330页。

相协调。"[116] 只要是与改良社会秩序有关的理论和制度,密尔都持开放态度,愿意探讨并付诸尝试。这种立场恰好可以解释其自称为一个社会主义者的说法。对此,戴维斯提出自己的看法:"为何密尔确实宣称自己是一个社会主义者?可能是因为他希望与那些正积极寻找各种途径以便带来一个更好社会的人为伍,也可能是因为他想要对那些为此目的而寻找各种更佳道路的人敞开大门。"[117]

五、结论

如果执意说密尔是一个类似于欧文、圣西门、傅立叶那样的社会主义者,也许他不会刻意澄清或者激烈反对,在特定的历史阶段里,他可能还会欣然接受。但是,若将密尔划归为1848年之后的社会主义者,他可能会强烈抗议。评价一位思想家的身份和立场,应当将他的所有思想视为一个整体,如此便能在某些片段之上获得他的思想全貌。倘若能够从整体上对密尔的思想有所把握,那么,读者便能发现,其实他对社会主义的看法并未发生巨大的、断裂式的转变,密尔对社会主义的观点都能在其不同时期的作品中找到佐证。

对于约翰·密尔而言,空想社会主义者的改革诉求、对社会底层民众的关怀以及提高人类道德水平和生存状态的意图他都深为赞同。但是,空想社会主义的社会控制和集体主义风格使得密尔十分警惕,生怕动摇自由社会的根基。因此,到了密尔的晚年,他刻意与空想社会主义保持距离。当然,密尔的这种态度转变有一定的社会和政治原因,在不同阶段的作品中也能找到蛛丝马迹,但不应当把这种观点变化当作毫无预兆或者一蹴而就的事情。

18世纪末至19世纪初,在对社会现实进行深刻批判的基础上,以欧文、傅立叶和圣西门为代表的空想社会主义者着手构建一种不同于封建制度,亦不同于现存制度的理想社会体系。面对自由放任主义的诸多危机,密尔关注了19世纪的空想社会主义者,并对他们的思想进行了分析和评价,这种理论兴趣绝非偶然。工业革命和拿破仑战争的爆发,使得适当的国家干预和社会控制成为必要且合理的存在,密尔的思想回应了这种现实诉求。

在工业革命的起步阶段,自由放任主义契合了社会发展的要求。允许较大程度的自由贸易和竞争能够激发人们的劳动热情,促进社会财富的创造和积累,但问题却蕴藏在自由放任的制度之中。后来,英国社会的发展愈发不均衡,社会问题凸显,阶级分化加深,矛盾冲突不断。旧有的社会制度到了必须改变的时刻,空想社会主义提出了富有控制意蕴的改革计划。对此,密尔已有觉察和认识,他将一系列的控制因素融入自由主义中。新自由主义者循着密尔的指

---

[116] 同前注[44],第326页。
[117] *Supra* note[11].

引走来,他们对国家干预、社会福利和公共利益提供了正当性证明。密尔已经意识到更多的控制因素将会融入自由主义思想,但是,他并未料到这种融合将会达到如此的高度。

密尔更为欣赏和接受浪漫主义者的理想,而非社会主义。在改良现存秩序的目标上,密尔不断寻找可行的路径,在一定程度上,他与社会主义者能够形成思想共鸣。而在涉及个体自由与自治的问题上,他们分道扬镳了。总而言之,密尔并不是一个社会主义者。

密尔所向往的社会是一个个人与全体融为一体的状态。其中个人得到充分的思想、言论与选择的自由,在自我决断的过程中实现各项官能的充分发挥,形成多样化的性格。同时,多数和少数的利益都不被忽视,社会的道德水平得到提高,在对各类事务的参与中养成公共精神,在实现私人利益的同时,公共利益也被实现。这种社会状态将使得个人实现自治,一切控制和干预都应当以自治作为终极目标。

自由的实现需要政治与社会的双重保障,恰当程度的国家干预和社会控制能够与个体的自由和自治相兼容。个人的修养、德性以及公共精神是导向自由的社会条件。自由存在于恰当的国家干预和社会控制中,合理的政治制度和良好的社会秩序能够促进个体自由的实现。控制是自由的当然之义,两者的互利互动使个体自由得以存在,同时有利于社会合作和道德进步。

在历史的发展中,存在两股力量:进步与秩序。这两股势力的纠缠争斗使得社会呈现复杂的变化。一旦现存的制度、风俗和习惯阻碍社会的发展,寻求改革的力量便会逐渐集聚,直至实现或部分实现其目标。而当改革幅度过大以至于危及人们的安全与自由时,谋求稳定和秩序的力量便显现出来。如果保守与改革的力量失去制约和平衡,巨大的社会灾难将会来临。

(审稿编辑　张天白)

(校对编辑　王泓之)

中国语境下讯问程序的解释学进路

李世阳[*]

The Hermeneutic Approach to Interrogation Procedure in Chinese Context

Li Shiyang

内容摘要：讯问犯罪嫌疑人的程序是检测刑事诉讼法是职权主义侦查观还是当事人主义侦查观的最好试金石。我国现行《刑事诉讼法》的诸多规定都体现了当事人主义诉讼模式的理念，为沉默权提供了实质保障，也为重新解释《刑事诉讼法》第120条第1款带来新的契机：传唤在法律性质上是一种任意处分，应确保犯罪嫌疑人任意同行，而拘传是一种强制处分，应严格遵循强制处分法定主义与令状主义；不论是传唤还是拘传，犯罪嫌疑人都没有忍受讯问的义务，只有重新解释"如实回答"条款才能消除其与"不得强迫任何人证实自己有罪"这一规定的冲突；从文义解释、目的解释、体系解释的视角出发，可以将"如实回答"条款解释为"对于侦查人员的提问，犯罪嫌疑人没有必要违反自己的意愿进行供述"；侦查人员虽然可以对犯罪嫌疑人进行余罪讯问，但不能以违反令状主义的方式进行，对于余罪讯问，与本罪讯问一样，犯罪嫌疑人享有沉默权。

---

[*] 李世阳，法学博士，浙江大学光华法学院副教授。本文的写作得到王敏远教授、胡铭教授的悉心指导，在此致以诚挚的谢意。

关键词：强制处分　任意处分　如实回答　沉默权　余罪讯问

一、问题的提出

我国现行《刑事诉讼法》第116条至第121条专门规定了讯问犯罪嫌疑人的相关程序，其中第120条第1款规定："侦查人员在讯问犯罪嫌疑人的时候，应当首先讯问犯罪嫌疑人是否有犯罪行为，让他陈述有罪的情节或者无罪的辩解，然后向他提出问题。犯罪嫌疑人对侦查人员的提问，应当如实回答。但是对与本案无关的问题，有拒绝回答的权利。"从1979年《刑事诉讼法》颁布到现在，这一规定原封不动地保存下来。根据现行《刑事诉讼法》第2条的规定，刑事诉讼法的目的主要体现为发现实体真实、适用刑罚法令、保障基本人权。[1] 显然，第120条的规定是积极的实体真实主义的集中体现[2]，即务必发现犯罪，以确保不出现处罚遗漏。可以说这一认识长期支配了刑事司法实务[3]，而在刑事诉讼法学界，虽然越来越多的学者认识到这一规定一味追求实体真实，必然会弱化对犯罪嫌疑人基本人权的保障，但大多数的研究都停留在立法论层面，即在对立法进行批判的基础上提出立法修改意见[4]。然而，法学是以某个特定的、在历史中逐渐形成的法秩序为基础及界限，探求法律问题之答案的学问，其主要目的是探讨规范的意义。[5] 长期的立法论关注导致刑事诉讼法的教义学停滞不前。[6] 可以说，如何在现行《刑事诉讼法》的框架下寻求合理解释的进路才是根本课题。

《刑事诉讼法》第120条第1款的规定中，以下问题是亟待教义学解决的问题：讯问犯罪嫌疑人的法性质是强制处分还是任意处分？犯罪嫌疑人有没有接受讯问的容忍义务？如何处理第120条所规定的"如实回答"与第52条所规定的"不得强迫任何人证实自己有罪"之间的关系？侦查人员在讯问时是否可以对犯罪嫌疑人进行余罪调查？犯罪嫌疑人在讯问程序中处于什么地位，享有哪

---

[1] 关于刑事诉讼法之目的的论述，参见田口守一：『刑事訴訟の目的』（增補版），成文堂2010年版，第15页以下。

[2] 实体真实主义可以分为积极的实体真实主义与消极的实体真实主义。前者是指必须发现犯罪并确保不遗漏处罚，体现了积极的处罚确保理念；后者是指确保不处罚无罪之人，因此体现了消极的处罚阻止理念。参见田宫裕：『刑事訴訟法』（新版），有斐閣1996年版，第3页以下。

[3] 例如，根深蒂固的有罪必罚、违法必究、命案必破等政策性理念一直存在。参见刘忠：《'命案必破'的合理性论证——一种制度结构分析》，载《清华法学》2008年第2期，第75页以下。

[4] 例如，截至2017年10月18日，笔者以"刑事诉讼""立法完善"为关键词，在中国知网检索到7187篇相关论文。

[5] 参见卡尔·拉伦茨：《法学方法论》，陈爱娥译，商务印书馆2003年版，第19页以下。

[6] 参见易延友：《非法证据排除规则的立法表述与意义空间——刑事诉讼法第54条第1款的法教义学分析》，载《当代法学》2017年第1期，第39页。

些防御权？带着这一问题意识,本文试图借鉴日本刑事诉讼法的教义学成果,结合我国现行《刑事诉讼法》的基本理念,以目的解释、体系解释的方法,从法教义学的角度对讯问犯罪嫌疑人的相关法条规定的射程范围及其内在价值进行探索。

二、任意处分与强制处分的区分标准

（一）区分的必要性

讯问犯罪嫌疑人是指,侦查机关对于具有犯罪嫌疑从而成为侦查对象的人以"质疑—应答"的形式取得相关信息的程序。[7] 显然,在讯问犯罪嫌疑人的程序上出现了侦查机关与犯罪嫌疑人的两极构造,这两个主体之间的关系成为理解讯问程序的出发点。从纠问的（职权主义）搜查观出发,讯问程序被理解为本来就是为侦查机关调查犯罪嫌疑人而设置的程序,因此,犯罪嫌疑人成为讯问的客体。与此相对,从弹劾的（当事人主义）侦查观出发,讯问程序就被理解为只不过是侦查机关单独实施的准备活动而已,而犯罪嫌疑人则与侦查机关处在对等的立场上实施相对应的准备活动。[8]

由此可见,如果彻底贯彻弹劾的侦查观,甚至会得出应当禁止讯问犯罪嫌疑人的结论,因为既然侦查机关与犯罪嫌疑人处于平等的对抗地位,犯罪嫌疑人当然不具有配合侦查机关调查自己的义务。然而,大多数国家的刑事诉讼法都承认将讯问犯罪嫌疑人作为一种侦查手段,而且犯罪嫌疑人的供述尤其是自白一直被认为是承认犯罪嫌疑人的犯罪事实的重要证据。例如,口供对于证明故意、过失、目的、倾向等主观违法要素[9]的存在具有强大的证明力,对于贿赂、破坏选举、偷税漏税等这种被认为是"没有被害人的犯罪"[10]的证明更是不可或缺。况且,虽然不可否定科学侦查的重要性,但诸如犯人的同一性等基础事实也有必要通过犯罪嫌疑人的自白来补充。这也成为侦查机关长期以来重视获取口供的根本原因。

然而,过分重视口供既会产生犯罪嫌疑人的基本人权得不到保障的危险,

---

[7] 参见胡铭：《刑事诉讼法学》,法律出版社2016年版,第277页。

[8] 纠问的侦查观与弹劾的侦查观显然处在职权主义与当事人主义这两大诉讼模式之对立的延长线上,相关论述参见久冈康成：「当事者主義と弾劾主義の交錯」,载《立命館法学》2005年第2、3号,第417页以下。

[9] 如果要发挥构成要件的类型化功能,在实行行为、结果、因果关系、客观行为状况等客观的构成要件要素之外,还必须考虑认识到这些客观要素存在的主观违法要素。详细论述参见付立庆：《主观违法要素理论——以目的犯为中心的展开》,中国人民大学出版社2008年版。

[10] 这里的"没有被害人"也是相对而言的,仅仅指的是无具体的受害人,但如果从法益受损的角度而言,任何犯罪都在某种程度上侵犯个人法益、社会法益或者国家法益。

也会产生误判的危险。[11] 据此,即使在刑事诉讼法上允许侦查机关讯问犯罪嫌疑人,也并不意味着犯罪嫌疑人就沦为侦查客体,因为根据我国现行《刑事诉讼法》第 12 条的规定,未经人民法院依法判决,对任何人都不得确定有罪;而根据《刑事诉讼法》第 51 条的规定,公诉案件中被告人有罪的举证责任由人民检察院承担。因此,虽然被讯问的对象有犯罪嫌疑,但应当被推定为无罪,除非人民检察院以达到排除合理怀疑之证明标准的证据推翻这种无罪推定。而且犯罪嫌疑人一旦被起诉就成为被告人,成为诉讼的一方当事人,与公诉机关形成两极对抗关系,这样的话,在包括讯问在内的起诉之前的程序中,也应当提高犯罪嫌疑人的当事人性,即在程序上应当赋予作为防御主体的犯罪嫌疑人展开积极防御活动的地位。于是,在讯问程序中,犯罪嫌疑人是否具有到场接受讯问的义务,是否具有供述的义务,值得进一步探讨。而对这些问题的回答又是与讯问犯罪嫌疑人这一程序本身的法性质紧密关联的。关于这一点,存在任意处分说与强制处分说的对立。从不同的学说出发将得出不同的解释论上的归结。以下将在阐明任意处分与强制处分之区别的基础上,检讨我国《刑事诉讼法》所规定的讯问犯罪嫌疑人这一程序的法性质。

(二) 围绕区分标准展开的学说之争

侦查是指,当侦查机关认为发生了犯罪时,为了提起公诉而实施的发现、保全犯人或收集、固定证据的行为。[12] 由于犯罪通常都是秘密实施的,这给侦查机关搜查犯人以及证据的活动带来极大困难,在此过程中侦查机关容易侵犯嫌疑人以及其他关系人的人权。在这个意义上,侦查归根结底也是宪法保障下的刑事诉讼中的一个环节,应当在调和侦查的必要性与人权保障的基础上展开。为了确保这一目标的实现,一般认为,在侦查过程中,应当坚持令状主义、任意侦查原则、侦查比例原则。令状主义是指,要实施强制处分,原则上必须基于法院或法官所签发的令状,以防止权力滥用[13];任意侦查原则是指,当通过强制处分或任意处分都能达成侦查目的时,应当优先实施任意处分[14];侦查比例原则是指,侦查上的处分应当与必要性相符合,即使在应当实施强制处分的情形中,也应当尽可能选择侵害权利或利益较少的方法或种类。[15] 由此可见,强制

---

[11] 近年来发现了一些冤假错案,例如广受关注的佘祥林案、赵作海案、聂树斌案、呼格吉勒图案、张氏叔侄强奸案等。

[12] 参见池田修、前田雅英:『刑事訴訟法講義』(第 4 版),東京大学出版会 2012 年版,第 72 页。

[13] 参见渡辺直行:「令状主義・強制処分法定主義と捜査の若干問題について」,载《修道法学》30 卷 2 号。

[14] 参见大久保隆志:「任意捜査の限界」,载《広島法科大学院論集》2013 年 9 号。

[15] 比例原则是宪法与行政法上的一个重要原则,对各大部门法的解释均具有指导意义。参见杨登峰:《从合理原则走向统一的比例原则》,载《中国法学》2016 年第 3 期,第 89 页。

处分与任意处分是一对分析侦查程序的基本概念,也是构建侦查程序法教义学的理论资源。在刑事诉讼法中,对于这两者分别适用不同的原则与程序,即像拘留、逮捕等强制处分必须以令状等法定的形式进行,而任意处分一般并不需要具备严格的法律要件之规定,因此具有多样性与非类型性。然而,强制处分与任意处分之间并不总是泾渭分明,围绕这两者的区别,在诉讼法学界产生了诸多学说,以下对诸学说进行批判性考察。

1. 物理性实力说

该学说认为,当行使了物理性实力或者强制力,或者使他人承担某种义务时,就是作出了强制处分。[16] 很显然,该学说侧重于强制行为本身的外在表现形式,可以说其判断标准来源于暴行罪与强要罪的实行行为性判断。[17] 同时,该学说也是对搜查、逮捕、扣押等传统的强制性侦查手段的朴素理解。然而,伴随着科技的进步,如果继续贯彻该学说,几乎所有的技术侦查措施都将被排除在强制处分的范围之外,从而摆脱令状主义的束缚。如果允许侦查机关任意采取记录监控、行踪监控、通信监控、场所监控等技术侦查措施,势必对犯罪嫌疑人的基本人权尤其是隐私权造成极大的威胁。即使有学说对这一传统观点进行了修正,例如认为在强制与任意之间还存在"不传递强制的实力"的阶段,因此,诸如停止与警告这种为了"劝说"而行使有形力是一种被允许的任意处分[18],这也并没有解决技术侦查措施对于物理性实力说的挑战,而且还带来了新的问题,即如何判断介于强制与任意之间的第三个领域。

2. 法益侵害说

该学说认为,强制处分与否的判断并不在于是否行使了有形力,而在于该处分行为是否未经犯罪嫌疑人的同意而侵犯其个人的权利或利益。显然,该观点是在对上述的物理性实力说进行批判的基础上提出的,据此主张将所有侵犯犯罪嫌疑人的权利或利益的侦查行为都认定为强制处分。[19] 如果将该观点贯彻到底,很显然会走向另一个极端。具体而言,如前所述,在侦查活动过程中,无法否定其多多少少具有制约犯罪嫌疑人的权利或利益的性质,如果完全不考虑制约程度,结果必然导致绝大多数的侦查活动都被纳入强制处分的范畴。

---

[16] 参见团藤重光:『新刑事訴訟法綱要』(七訂版),有斐閣1967年版,第317页。
[17] 我国《刑法》并未规定暴行罪与强要罪,而是以故意伤害罪以及敲诈勒索罪为最低起刑点。暴行与强要都是程度性概念,一般被分为最广义的暴行(强要)、广义的暴行(强要)、狭义的暴行(强要)、最狭义的暴行(强要)。最广义的暴行包括对人及物行使的一切物理实力;广义的暴力是指面向人所行使的物理实力;狭义的暴行是指在人身上行使物理实力;最狭义的暴力是指对被害人行使了足以抑制其反抗之程度的物理实力。参见高橋則夫:『刑法各論』(第二版),成文堂2014年版,第42页。
[18] 参见出射義夫:『検察・裁判・弁護』,有斐閣1973年版,第144页。
[19] 参见田宫裕:『刑事訴訟法』(新版),有斐閣1966年版,第71页。

3. 重要法益侵害说

该学说显然是在修正上述学说的基础上产生的,并非所有的侵犯或可能侵犯嫌疑人的权利或利益的侦查行为都是强制处分,只有违反明示或默示的意思,并且伴随着制约重要权利或利益的处分才是强制处分。[20] 在限制强制处分的范围这一点上,该学说具有妥当的一面,但该学说也产生了以下两个难以克服的缺陷:第一,重要法益与否的判断标准未必是明确的;第二,如果将强制处分的范围限定于重要利益或法益,那么即使行使了有形力,只要不能被评价为制约了重要法益,就只能认定为任意处分,因此有削弱强制处分法定主义的危险。

(三) 本文观点

上述围绕强制处分与任意处分之区分标准的学说,根据判断视角的不同,可以划分为两大学说阵营。具体而言,物理性实力说显然是从作出处分这一方的视角出发,以处分手段本身的客观样态为基准的学说;与此相对,法益侵害说则是从接受处分这一方的视角出发,以处分手段对嫌疑人的侵害样态为基准的学说。本文认为,既然区分强制处分与任意处分的根本目的在于保证强制处分法定主义的贯彻,保障犯罪嫌疑人的基本人权,其判断的视角应立足于犯罪嫌疑人,在这个意义上,法益侵害说基本上是妥当的。但毫无疑问不能将法益概念泛化,关于这一点,日本最高裁判所的观点认为:只有存在法律上的根据规定,才能在侦查中使用强制手段,而这里的强制手段并不是指伴随着有形力之行使的手段,而是指压制个人的意思,对身体、住宅、财产等施加制约从而实现强制性的侦查目的之行为,对于这一类行为,如果不存在特别的根据规定,就不允许其使用。与此相对,还没有达到这种程度的有形力行使,在任意侦查中也存在被允许的情形。[21] 由此可见,该判例确立了以下两点:第一,不能以有形力的行使与否为基准;第二,将对个人意思的压制以及对身体、住宅、财产等的制约作为判断强制处分的主观与客观基准。[22] 本文认为,以这一观点为基准区分强制处分与任意处分基本上是妥当的,但有必要进一步明确的是,根据该观点,强制处分也有可能出现在并没有被刑事诉讼法明文规定的侦查措施中,此时应当从我国《宪法》第37条至第40条的规定出发对具体的侦查措施做合宪性解释,在具体判断这种侦查措施是否符合正当程序的要求以及对嫌疑人的人身或财产权利的侵犯程度的基础上确定这种侦查措施的合法性。[23]

---

[20] 参见井上正仁:『強制捜査と任意捜査』(新版),有斐閣2014年版,第7页以下。

[21] 参见日本最高裁判所昭和51年(1976年)3月16日刑集30卷2号。

[22] 参见井上正仁编:『刑事訴訟法判例百選』(第10版)有斐閣2007年版,第2页以下。

[23] 这样意味着强制处分也可能以非法定的形式出现,于是,如何处理强制处分法定主义与令状主义之间的关系,成为新的问题。参见酒卷匡:『刑事訴訟法』,有斐閣2015年版,第32页以下。

三、讯问犯罪嫌疑人的法性质及其教义学上的归结

我国《刑事诉讼法》第118条第2款规定：犯罪嫌疑人被送交看守所羁押以后，侦查人员对其进行讯问，应当在看守所内进行。第119条第1款规定：对不需要逮捕、拘留的犯罪嫌疑人，可以传唤到犯罪嫌疑人所在市、县内的指定地点或者到他的住处进行讯问，但是应当出示人民检察院或者公安机关的证明文件。对在现场发现的犯罪嫌疑人，经出示工作证件，可以口头传唤，但应当在讯问笔录中注明。由此可见，我国《刑事诉讼法》所规定的讯问，包括对已经被羁押的犯罪嫌疑人的讯问和对没有被羁押的犯罪嫌疑人的讯问这两种情形，其中第二种情形还可以进一步细分为对没有被拘留或逮捕的犯罪嫌疑人的讯问以及对现行犯的讯问。关于讯问犯罪嫌疑人的法性质，存在强制处分说与任意处分说的对立，但这两种学说对立的背后隐藏着犯罪嫌疑人是否具有接受讯问的义务、是否具有供述的义务，与沉默权的保障之间的关系、与非法证据排除规则尤其是自白法则之间的关系等一系列教义学上的难题。

一般认为，讯问不被羁押的犯罪嫌疑人是一种任意处分，因此犯罪嫌疑人不负有接受或忍受讯问的义务，即使接受了讯问，在讯问过程中也可以随时单方退出。于是，如何理解我国《刑事诉讼法》第119条所规定的"传唤"的性质成为教义学上必须面对的问题。与此相对，讯问已经被羁押的犯罪嫌疑人一般被认为是一种强制处分，但从反面的角度而言，犯罪嫌疑人是否负有接受或忍受讯问的义务，成为争议的焦点。

以下，在阐明这些问题的基础上，分别探讨我国《刑事诉讼法》所规定的讯问犯罪嫌疑人的三种情形各自的法性质。

（一）关于"讯问忍受义务"有无的争论

既然讯问犯罪嫌疑人被我国《刑事诉讼法》明确规定为一种侦查措施，那么，与此相关联的首要问题就是犯罪嫌疑人有没有接受或者忍受侦查机关的讯问之义务。从刑事司法实务的角度出发，容易得出肯定的结论，然而，一旦采取肯定说，犯罪嫌疑人是否具有供述义务也成为不得不面对的问题，即使否定供述义务的存在，如何保障犯罪嫌疑人的沉默权也是不可回避的问题。因此在理论上认为犯罪嫌疑人不具有讯问忍受义务的观点被越来越多的学者所接受。然而，我国《刑事诉讼法》第120条规定犯罪嫌疑人对侦查人员的提问应当如实回答。从这一规定出发，刑事司法实务中理所当然地认为犯罪嫌疑人不仅具有忍受讯问的义务，而且具有供述义务。在理论界，研究侦查人员讯问策略的论文汗牛充栋，而另一部分观点则对该规定持讥讽态度，主张废除或修改该规

定。[24] 但这显然无助于现实问题的解决,更无助于犯罪嫌疑人权利的保障。以下,笔者尝试在检讨犯罪嫌疑人是否具有讯问忍受义务的基础上,努力对"如实回答"进行体系性、合宪性、有利于被告人的解释。

1. 讯问忍受义务肯定说

肯定说认为,取得犯罪嫌疑人的供述对于侦查而言是必不可少的,因为如果没有嫌疑人的供述,就无法查证犯罪事实并证明犯罪的成立,侦查本身就是将物证等客观证据与供述证据进行比对从而接近事实真相的过程,因此嫌疑人的供述对于侦查活动的展开至关重要。此外,让犯罪嫌疑人阐述真相并让其反省本身就具有刑事政策上的意义。[25] 很显然,从这一观点出发,不仅肯定犯罪嫌疑人负有接受并忍受讯问的义务,而且认为其具有供述的义务,这显然违反禁止强迫自证其罪原理,并且可以说其逻辑起点就是有罪推定。因此,不难想象这种观点会遭到学界的批判,但肯定说在司法实务中的影响根深蒂固。例如,日本最高裁判所也积极为肯定说做了如下辩护:处于羁押状态的犯罪嫌疑人负有到场接受讯问并滞留于现场的义务,显然并不直接意味着剥夺嫌疑人拒绝违反其意思的供述之自由。[26] 可以将该判例观点理解为肯定了犯罪嫌疑人接受讯问的义务,但否定了供述义务。然而,当犯罪嫌疑人在被羁押的状态下接受讯问时,一般都是在密闭的审讯室里独自面对两个以上的侦查人员,这种特定的环境本身就容易使嫌疑人陷入必须供述的心理状态[27],因此,讯问忍受义务肯定说与沉默权的保障之间必然存在某种程度上的对立。

2. 讯问忍受义务否定说

否定说认为,在犯罪嫌疑人并没有被羁押的情形中,其不负有讯问忍受义务是当然的结论。但即使犯罪嫌疑人处于被羁押状态中,由于对犯罪嫌疑人采取逮捕、拘留等限制人身自由的强制措施的主要目的是隔绝犯罪嫌疑人的人身危险性与毁灭、伪造证据的可能性,而讯问的主要目的在于获取嫌疑人的口供。据此,讯问的目的当然不包括羁押目的,不能以犯罪嫌疑人被羁押为由肯定其负有讯问忍受义务。这样的话,即使承认处于羁押状态的犯罪嫌疑人可以拒绝接受讯问或在被讯问途中自由离去,也当然不会否定逮捕或拘留本身的效力。[28] 此外,如前所述,如果肯定讯问忍受义务,无疑是纠问式侦查观的产物,必然会侵犯犯罪嫌疑人的沉默权,甚至可以说会成为诱发刑讯逼供的制度源头。据此,否定犯罪嫌疑人负有讯问忍受义务的学说逐渐有力化。但该学说的

---

[24] 参见刘根菊:《沉默权与如实回答》,载《法商研究》2000年第5期,第44页。
[25] 参见三井誠编:『刑事手続き(上)』,筑摩书房1988年版,第185页以下。
[26] 参见日本最高裁判所大审院判决平成11年(1999年)3月24日民集53卷3号514页。
[27] 关于这一点的深入论述,参见渥美东洋:『全订刑事訴訟法』(第二版),有斐阁2009年版,第73页以下。
[28] 参见平野龍一:『刑事訴訟法』,有斐阁1958年版,第106页以下。

内部也不是铁板一块,其中衍生出不少理论变种。例如,日本学者松尾浩也在区分"拒绝到场与中途退去的自由"与"拒绝讯问自由"的基础上,否定了犯罪嫌疑人具有前一种自由,但肯定其具有后一种自由。[29] 虽然在理论上区分这两种自由是可能的,但在司法实务中,一旦肯定犯罪嫌疑人负有到场接受讯问并不得任意中途退出之义务,实质上就否定了犯罪嫌疑人有拒绝讯问或调查的自由。而日本学者三井诚则原则上否定了犯罪嫌疑人忍受讯问的义务,但考虑到案件的重大性、嫌疑的程度、自白的重要性等因素,例外地在存在相当根据的某些情形中肯定犯罪嫌疑人到场并滞留的义务。[30] 然而,不得不说如何判断成立例外情况的标准过分模糊。此外,也有学者认为只有在保障犯罪嫌疑人享有律师在场权、具有中断讯问效力的会见及通信权等诉讼权利的前提下,才能肯定其到场并滞留的义务。[31] 但该观点显然是立法论意义上的探讨,在现行刑事诉讼法没有修改的前提下,这种观点难免有理想主义、浪漫主义之嫌。

3. 小结

由此可见,肯定说与否定说也是处在职权主义诉讼模式与当事人主义诉讼模式之间争论的延长线上。采用肯定说的话,容易将犯罪嫌疑人视为讯问的客体,即使没有达到肯定其具有供述义务的程度,也容易侵犯嫌疑人所享有的沉默权。而在否定说内部存在彻底否定犯罪嫌疑人负有讯问忍受义务的观点(彻底否定说)以及原则上否定但例外肯定犯罪嫌疑人负有到指定场所接受调查之义务的观点(原则否定说)之间的分歧。实务界的肯定说与学术界的否定说之间长期以来处于对峙状态,然而,这种对峙并无助于问题的解决。从现行刑事诉讼法的规定出发,如何构筑讯问犯罪嫌疑人的条件才是值得关注的问题,即对享有沉默权并且没有到场接受讯问义务的犯罪嫌疑人进行讯问,应当满足怎样的条件才能被允许。

四、讯问忍受义务否定说在中国语境下的展开

如前所述,根据我国《刑事诉讼法》的规定,讯问程序可以分为讯问未被羁押的犯罪嫌疑人与讯问被羁押的犯罪嫌疑人。对于前一种讯问而言,由于犯罪嫌疑人的人身自由并未受到限制,因此传唤犯罪嫌疑人到指定地点的行为是一种任意处分行为,其主要表现形式就是"任意同行"。据此,犯罪嫌疑人有权拒绝传唤并且不能据此让嫌疑人承担任何不利后果。然而,一旦犯罪嫌疑人接受传唤,到指定地点接受讯问,侦查人员经常会耗尽讯问的最长时限即24小时。而且,根据《公安机关办理刑事案件程序规定》第74条的规定,犯罪嫌疑人

---

[29] 参见松尾浩也:『刑事訴訟法(上)』(新版),弘文堂1996年版,第67页以下。
[30] 参见三井誠:『刑事手続法(1)』(新版),有斐閣1997年版,第133页以下。
[31] 参见渡辺修:『犯罪被疑者調査の法的規制』,三省堂1992年版,第188页以下。

没有正当理由,经过传唤却不到案时,可以将其拘传到指定地点进行讯问。在这种情形中,传唤作为任意处分的容许限度成为问题。与此相对,当犯罪嫌疑人在被羁押的状态下接受讯问或者被采取拘传的强制措施时,其人身自由显然受到限制,因此是一种强制处分,应当严格遵循强制处分法定主义。如果在犯罪嫌疑人的人身自由并没有被限制的情形中否定其负有讯问忍受义务,那么在其人身自由被限制的状态下,更应该否定这种义务的存在。然而,如前所述,我国《刑事诉讼法》第 120 条规定"犯罪嫌疑人对侦查人员的提问,应当如实回答",如果以讯问忍受义务否定说为前提的话,如何解释这一规定将成为不可回避的关键问题。

(一)传唤中任意同行的保障

任意同行是指,为确保犯罪嫌疑人到案,侦查人员将其从住宅等地方带到警察署等地方。可以将任意同行分为以下两种:作为行政警察活动的人民警察法上的任意同行以及作为以侦查犯罪为目的的司法警察活动的任意同行。[32]但这两者在任意性基准的判断上并无不同,均强调被盘问人或者犯罪嫌疑人的自愿性,即是否同行以及到案之后何时离去取决于对象者的意愿。在我国现行《刑事诉讼法》中并未明文规定任意同行制度,但存在传唤制度的规定,既然并未将传唤明文规定作为强制措施的一种,那么,根据强制处分法定原则,就应当将传唤解释为一种任意处分;这样的话,在传唤过程中就应当充分尊重犯罪嫌疑人的主观意愿,也就是说,犯罪嫌疑人如果想拒绝同行就可以拒绝。但既然作为司法警察活动的任意同行也是一种侦查措施,在司法实践中一般认为,即使是任意侦查,也并不意味着完全排除物理实力的行使,根据上述的重大法益侵害说也可以得出这一结论。于是,如何防止借任意同行之名行强制措施之实,也即任意同行的容许限度到哪里,成为必须直面的问题。

关于这一问题,通说认为,任意侦查也应当被限制在其必要性、紧急性、相当性被承认的范围内,因此在要求同行之际有形力行使的程度达到剥夺个人自由的程度,或者拘束人的身体自由并且这种拘束状态具有持续性的,就不能被评价为合法的任意同行。[33] 作为必要性、紧急性、相当性之判断资料,可以列举如下要素:要求同行的时间、场所;同行的方法、样态;要求同行的必要性;同行后的讯问时间与方法;监视的状况以及犯罪嫌疑人对此的态度;逮捕令准备的有无等。当根据这些具体的判断资料否定传唤作为任意处分的性质时,就应当否定以传唤的形式实施讯问的合法性,据此而取得的口供证据当然应当被视

---

[32] 参见寺崎嘉博:『刑事訴訟法』(第三版),成文堂 2015 年版,第 62 頁以下。
[33] 参见田口守一:『刑事訴訟法』(第六版),弘文堂 2012 年版,第 120 頁以下。日本最高裁判所认为:应当综合衡量案件的性质、对嫌疑人的怀疑程度、嫌疑人的态度等诸要素,在社会观念上被认为是相当的方法或者样态的限度内使用强制手段。

为非法证据。这是因为,根据现行《刑事诉讼法》第 56 条关于非法证据排除规则的规定,采用刑讯逼供等非法方法收集的犯罪嫌疑人、被告人供述,应当予以排除。而当传唤行为实质上变成强制措施时,即使向犯罪嫌疑人出示了传唤证和侦查人员的工作证,也违反了强制处分法定主义[34],应当认定为以非法方法收集犯罪嫌疑人的供述,据此予以排除。[35]

(二)"应当如实回答"的解释路径

如前所述,不论被讯问的犯罪嫌疑人是否处于被羁押的状态,本文均以讯问忍受义务否定说为基本的基调。但是,现行《刑事诉讼法》第 120 条规定"犯罪嫌疑人对侦查人员的提问,应当如实回答",从字面含义出发,长期以来,这一规定被实务界以及理论界理解为犯罪嫌疑人负有供述义务,据此推导出犯罪嫌疑人不具有沉默权这一被世界人权公约承认并被大多数国家与地区的刑事诉讼法明文规定的诉讼权利。据此,一方面,纠问式侦查观在侦查阶段被彻底贯彻,犯罪嫌疑人沦为被讯问的客体,刑讯逼供现象屡禁不止;另一方面,刑事诉讼法学界对这一规定几乎持否定态度,主张废除该规定的观点成为通说[36],但这归根结底是立法论上的探讨,虽然也有学者从法教义学的视角出发试图对这一规定做缓和理解,但难以说彻底解决了沉默权与"如实回答"之间的紧张关系[37]。

然而,对于沉默权的理解也存在形式解释与实质解释之间的差异,仅仅停留于形式层面,难以探查在宪法或刑事诉讼法上赋予犯罪嫌疑人沉默权的宗旨。如果说在我国 2012 年《刑事诉讼法》修改之前难以对"如实回答"作出有利于被告人的解释,只能求诸立法的修改,那么,现行《刑事诉讼法》第 51 条关于证明责任的规定,第 52 条关于"不得强迫任何人证实自己有罪"的规定、第 55 条关于"重证据,重调查研究,不轻信口供"的规定,以及第 56 条关于非法证据排除规则的规定,可以说为"如实回答"的重新解释带来了契机,与此同时,也为从体系上整合"自我负罪拒否特权""沉默权""如实回答"这三者之间的关系提供了教义学上的可能性。以下,本文尝试从目的解释、体系解释的视角出发重新塑造"如实回答"的含义。

---

[34] 据此,强制处分法定主义与令状主义虽然紧密关联,但前者侧重于强制措施必须被明文规定,后者侧重于强制措施的实施必须符合法定程序,并不能直接将两者相等同。关于这一点的论述,参见绿大辅:「強制と任意——強制処分法定主義」,载《法学セミナー》2010 年 666 号,113 页以下。

[35] 关于我国《刑事诉讼法》第 56 条所规定的非法证据排除规则的解释,参见易延友:《非法证据排除规则的立法表述与意义空间——刑事诉讼法第 54 条第 1 款的法教义学分析》,载《当代法学》2017 年第 1 期(《刑事诉讼法》2018 年修正后,原第 54 条的内容改为第 56 条)。

[36] 参见刘根菊:《沉默权与如实回答》,载《法商研究》2000 年第 5 期,第 44 页;樊崇义:《从"应当如实回答"到"不得强迫自证其罪"》,载《法学研究》2008 年第 2 期,第 112 页。

[37] 参见宋福义:《沉默权与如实回答义务》,载《中国人民公安大学学报(社会科学版)》1999 年第 5 期,第 84 页。

1. "沉默权"的形式解释与实质解释

众所周知,沉默权(the right to silence)这一概念是舶来品,其发源于英国并通过美国联邦最高法院所确立的"米兰达规则"而传播于世界各地。[38] 然而,即使是在英国或美国,沉默权也并非一开始就被认可。中世纪的欧洲普遍采用纠问主义诉讼模式,在法定证据理论的支配下,以刑讯的方式获取口供具有无可置疑的正当性,与此相应,犯罪嫌疑人则必然沦为对自己进行有罪证明的客体。[39] 这一诉讼程序的出发点可以归结为针对犯罪分子而增强国家保护人民的需要。然而,以1848年的《约翰杰维斯法案》为契机,这种需求逐渐向针对国家而增加的保护无辜公民倾斜,由此促使纠问程序向现代刑事程序转变。[40] 其典型表现之一就是法定证据理论被科学证据理论所取代,于是,证据的重心从人证转向物证,犯罪嫌疑人的口供也就丧失了作为"证据之王"的地位。与此相应,犯罪嫌疑人也从被讯问的客体转而逐渐获得作为一方诉讼当事人的主体地位,在这种背景下,犯罪嫌疑人身上长期以来被理所当然地赋予的供述义务也开始瓦解。在英国,正式将事先告知犯罪嫌疑人享有沉默权这一程序制度化的是1912年的《法官准则》(Judges Rules),直到1984年制定的《警察与刑事证据法案》(Police and Criminal Evidence Act)仍然维持着沉默权告知制度。[41] 与此相对,美国虽然早在1791年《联邦宪法》第5条修正案中就确立了"任何人不得在任何刑事案件中被迫自证其罪"的规则,但并不意味着以此条文为根据而直接保障犯罪嫌疑人的沉默权,甚至可以说该条文从确立之后直到19世纪后半期都是被遗忘的存在。[42] 虽然通说认为,麦迪逊提出《联邦宪法》第5条修正案的意图是通过该条文保障包括从逮捕时点到审判之前的程序在内的所有刑事法程序中,犯罪嫌疑人都具有自我负罪拒否特权,但实际上正式确认保障羁押中的犯罪嫌疑人在面对讯问时具有沉默权的是1968年的"米兰达判决"。该判决确认了密室中的讯问带来了内在与讯问的强制性,阐明了平衡国家权力与公民权利的必要性,援引《联邦宪法》第5条修正案将"自我负罪拒否特权"具体化为犯罪嫌疑人在刑事程序中享有的"沉默权",设置了沉默权行使的实质保障制度。[43] 例如,羁押中的犯罪嫌疑人接受讯问时,首先必须以

---

[38] 关于沉默权概念产生的历史,参见孙长永:《沉默权的是非之争与正当根据》(上),载《现代法学》2001年第3期,第65页以下。

[39] 参见拉德布鲁赫:《法学导论》,米健译,商务印书馆2013年版,第175页。

[40] 同前注[39],第173页。

[41] St. Jonston, "The Judges Rules and Police Interrogation in England Today", *Journal of Criminal Law and Criminology*, vol. 57, 1966, pp. 85-86.

[42] 参见小川佳樹:「自己負罪拒否特権の形成過程」,载《早稲田法学》2001年77卷1号。

[43] 关于米兰达判决的内容及其评价,参见刘磊:《米兰达规则五十周年的纪念与省思》,载《比较法研究》2016年第6期,第187页以下。

清晰明确的语言告知其享有沉默权;必须告知犯罪嫌疑人无论做怎样的供述,在审判中都有可能用于对其不利的指控;必须明确告知为讯问而被羁押的犯罪嫌疑人具有与律师会谈的权利,在讯问过程中具有让律师在场的权利;当犯罪嫌疑人不具有聘请律师的经济条件时,必须告知其具有无偿接受律师辩护的权利;当犯罪嫌疑人行使沉默权时,必须中断讯问。[44]

由此可见,沉默权从其字面含义出发,很容易被形式化地理解为当犯罪嫌疑人面对侦查人员的讯问时有权保持沉默的权利,这其中包括全部沉默、一时沉默、部分沉默。所谓的全部沉默是指,犯罪嫌疑人有在整个讯问过程中拒绝回答侦查人员提出的所有问题的权利。虽然在犯罪嫌疑人是否有义务回答自己的姓名这一点上存在争论,但通说认为,对于犯罪嫌疑人而言,虽然原则上姓名并不是对自己不利的事项,但由于姓名显然属于敏感的公民个人信息,而且通过讯问犯罪嫌疑人的姓名可能用于确认犯罪嫌疑人与犯人的同一性,或者判明犯罪嫌疑人是否具有前科,从而为累犯加重或者习惯犯的成立提供基础,或者如果得知犯罪嫌疑人的具体姓名就显然能够以此为线索准确获知嫌疑人的其他信息,例如住所、身份证号码、电话号码、工作单位、朋友圈子等,从而进一步展开侦查。因此,在承认犯罪嫌疑人具有沉默权的国家,例如英国、美国、日本、德国等,判例与通说的观点均认为犯罪嫌疑人的姓名也在沉默权涵盖的范围之内。[45]并且,当犯罪嫌疑人在整个讯问过程中保持沉默时,不能据此对其作出不利推定。与此相对,一时沉默是指,犯罪嫌疑人或者被告人在刑事程序的某个阶段保持沉默但事后在其他阶段中又作出供述,或者相反的情形,因此,一时沉默权包括事前沉默与事后沉默两种类型。对于一时沉默而言,是否可以因犯罪嫌疑人的沉默而否定供述的证据证明力,或者对于沉默的部分进行不利的推定,存在争论。通说认为,不能因事前沉默而全盘否定犯罪嫌疑人事后作出的对自己有利供述的效力,也不能因事后沉默而作出对犯罪嫌疑人或被告人的不利推定。[46]所谓部分沉默是指,犯罪嫌疑人或被告人虽然对案件事实做了部分供述,但对于某个或某些事项却保持沉默,对于侦查人员的提问采取不回答或者避开话题的态度。于是,对于保持沉默的部分事项是否可以对其做不利推定成为问题。关于这一点,通说认为无论是全部沉默还是部分沉默,均不得对犯罪嫌疑人或被告人做不利的推定,否则必然导致沉默权形同虚设。

据此,从形式解释的视角出发,沉默权主要指的是犯罪嫌疑人或被告人在

---

[44] *Miranda v. Arizona*, 384 U. S. 448-476 (1966).
[45] 参见松尾浩也:『刑事訴訟法(上)』(新版),弘文堂1999年版,第120页以下。
[46] 参见増田豊「被告人の黙秘と自由心証主義」法律論集12頁,https://m-repo.lib.meiji.ac.jp/dspace/bitstream/10291/11828/1/horitsuronso_66_4-5_1.pdf,最后访问日期:2019年10月25日。

整个刑事诉讼期间,在面对侦查人员的讯问时有保持沉默的权利。但其实设置沉默权制度的宗旨并不在于鼓励犯罪嫌疑人或被告人沉默或者说谎,而在于保障犯罪嫌疑人或被告人的供述自由及辩解的机会,即是否供述、供述哪部分内容、在什么时候供述、对自己的构成要件行为作出怎样的辩解等,完全取决于犯罪嫌疑人的自愿。而要保证这种自愿并不是基于认识错误而作出的,就要求代表国家行使司法权的司法工作人员在讯问犯罪嫌疑人或被告人之前必须明确告知其所享有的相关权利,以及行使或不行使相关权利可能导致的法律后果。在这个意义上,可以说沉默权制度的设置是当事人主义诉讼模式的必然要求。

然而,"徒法不足以自行",即使在法条上明文规定犯罪嫌疑人或被告人享有沉默权,如果没有与此相应的人权保障观念、当事人主义诉讼构造、配套制度保障,尤其是权利告知制度、辩护权的保障、刑讯逼供的禁止、讯问的透明化、犯罪嫌疑人或被告人的会见与通信权、非法证据排除规则的确立等,沉默权最终也无法落实。反之,如果在宪法或刑事诉讼法中已经体现了尊重和保障人权的理念并为此设置了相应的保障制度,即使在法条中没有明确规定沉默权,也可以通过对沉默权进行实质解释,进而推导出沉默权的存在。

2. 现行《刑事诉讼法》为沉默权的实质解释带来契机

我国现行《刑事诉讼法》第 120 条第 1 款的规定原封不动地保持 1979 年《刑事诉讼法》第 64 条以及 1996 年第一次修正的《刑事诉讼法》第 93 条的规定。然而,这并不意味着这一法条的含义就是一成不变的,因为法律解释是一种创造性的活动,而不是消极地、被动地去发现立法者的原意[47],应当从法条的文本含义出发,将其放入整部法典的语境中,结合现实社会的具体情况进行客观解释。

现行《刑事诉讼法》第 120 条第 1 款的规定是追求实体真实的必然产物,然而这必然会在一定程度上以牺牲犯罪嫌疑人及被告人的诉讼权利为代价。过去,因刑讯逼供而人为制造的冤假错案并不罕见,在这一背景下,现行《刑事诉讼法》增加了大量体现当事人主义诉讼模式的规定,积极保障犯罪嫌疑人、被告人的各种诉讼权利。例如,在《刑事诉讼法》第 2 条中明确规定尊重和保障人权,这一规定显然来源于 2004 年修改《宪法》时在第 33 条所增加的"国家尊重和保障人权"的规定,为将《宪法》所保障的公民基本权利融入各个部门法的保障体系中起了良好的开端,也为沉默权制度的设置提供了理论基础与法条根据。现行《刑事诉讼法》第 12 条规定,未经人民法院依法判决,对任何人都不得

---

[47] 关于客观解释的必然性,参见张明楷:《刑法学》(上)(第 5 版),法律出版社 2016 年版,第 29 页以下。

确定有罪。根据该规定,犯罪嫌疑人或被告人在被人民法院依照法定程序判决有罪之前,只能被推定为无罪。第14条第1款明确确立了犯罪嫌疑人、被告人的主体资格地位,明确赋予其辩护权和其他诉讼权利。第34条第1款将犯罪嫌疑人委托辩护的时间提前到被侦查机关第一次讯问或采取强制措施之日;第2款明确规定侦查机关在第一次讯问犯罪嫌疑人或对犯罪嫌疑人采取强制措施的时候,应当告知犯罪嫌疑人有权委托辩护人。根据第34条的规定,所有刑事案件中的犯罪嫌疑人或被告人都有权获得辩护,并且这种权利不得因其经济困难而实质上丧失。第39条则保障了犯罪嫌疑人与被告人的会见与通信权,即辩护律师可以同在押的犯罪嫌疑人、被告人会见和通信,并且不被监听。尤其是,第51条规定公诉案件中被告人有罪的举证责任由人民检察院承担,这就意味着犯罪嫌疑人或被告人并不具有证实自己有罪的义务,或者说具有自我负罪拒否特权。这一点也体现在第52条的规定中,即严禁刑讯逼供和以威胁、引诱、欺骗以及其他非法方法收集证据,不得强迫任何人证实自己有罪。第56条确立了非法证据排除规则,采用刑讯逼供等非法方法收集犯罪嫌疑人、被告人供述和采用暴力、威胁等非法方法收集的证人证言、被害人陈述,应当予以排除。并且根据第59条第1款的规定,在对证据收集的合法性进行法庭调查的过程中,人民检察院应当对证据收集的合法性加以证明。第123条则为讯问过程的透明化提供了保障,即侦查人员在讯问犯罪嫌疑人的时候,可以对讯问过程进行录音或者录像;对于可能判处无期徒刑、死刑的案件或者其他重大犯罪案件,应当对讯问过程进行录音或者录像。并且录音或者录像应当全程进行,保持完整性。

这样的话,为沉默权提供保障的人权保障原则、无罪推定、辩护权、会见通信权、自我负罪拒否特权、非法证据排除规则、讯问透明化等制度在我国现行《刑事诉讼法》中已经基本确立。据此,即使现行《刑事诉讼法》第120条第1款的规定在文言上并没有发生变化,根据体系解释与目的解释的原理,也不得不对其含义进行重新表述,即朝着有利于保障犯罪嫌疑人的诉讼权利这一方向进行解释。以下具体阐述。

3. 将"如实回答"解释为"没有必要违反自己的意愿进行供述"

关于犯罪嫌疑人的沉默权在法律上的性质,存在两种理解:第一种是以存在像证人那样的供述义务为前提,但犯罪嫌疑人具有拒绝供述的权利;第二种是以像被告人那样不存在供述义务为前提而理解为沉默权。然而,一旦承认犯罪嫌疑人具有供述义务,就难以肯定其具有拒绝供述的权利,因此,第二种理解是妥当的。这样的话,既然犯罪嫌疑人并没有供述义务,如何解释我国《刑事诉讼法》第120条第1款所规定的"犯罪嫌疑人对侦查人员的提问,应当如实回答"就成为必然面临的难题。

如前所述，在这一问题上，长期以来我国刑事诉讼法学界与司法实务均以犯罪嫌疑人负有供述义务为前提而理所当然地将其理解为犯罪嫌疑人必须如实描述自己的全部犯罪过程。这样的理解显然与现行《刑事诉讼法》的诸多带有当事人主义诉讼模式的制度相违背。从体系解释的角度出发，对于"如实回答"的解释至少不能与《刑事诉讼法》第 52 条所规定的"不得强迫任何人证实自己有罪"相违背。关于这一点，甚至有学者以第 52 条的规定出发，直接得出我国已经确立了沉默权制度的结论。[48] 遗憾的是，论者并未从解释学的角度进一步阐述第 52 条的规定与第 120 条第 1 款的规定之间的关系。然而，更多的观点还是以"如实回答"这一规定的存在否定沉默权制度在我国《刑事诉讼法》中的确立，并诉诸立法论上的努力。例如，樊崇义教授认为："不得强迫任何人证实自己有罪"的规定意味着犯罪嫌疑人可以不说话、保持沉默，这确实容易被理解为设置了沉默权，但这种理解归根结底只是一种延伸的理解，更是一种推论。犯罪嫌疑人、被告人的口供仍然是法定证据之一。虽然反对采用强制手段获得口供，但并不是不要口供，更不是说我们就有了沉默权的规定，这是必须要解决的一个理解和认识问题。所谓"默认"只是一种理解，法律的标准是要给出"明示"，既然没有明确规定，就不能说"默认"了沉默权。"这次没有规定沉默权是我们立法上存在的一个欠缺，我认为随着时代的发展和进步，将来会完整地规定的。"[49] 由此可见，樊教授认为"不得强迫任何人证实自己有罪"的规定仅仅是为了禁止刑讯逼供等非法取得口供的方式，但这并不能免除犯罪嫌疑人的供述义务，除非《刑事诉讼法》明文规定沉默权的存在，这显然是从形式层面上理解沉默权。此外，另一种类似的有力观点认为：为了进一步防止刑讯逼供，为了进一步遏制可能存在的这样一种现象，这次《刑事诉讼法》明确规定不得强迫任何人证实自己有罪。至于规定犯罪嫌疑人应当如实回答是从另外一个层面、另外一个角度规定的，即《刑事诉讼法》作为一部程序法，要落实这样一个规定，它要求犯罪嫌疑人如果要回答问题的话就应当如实回答，如果如实回答，就会得到从宽处理。这是从两个角度来规定的，并不矛盾。[50]

当然，也有部分学者认为"不得强迫任何人证实自己有罪"与"如实回答"这两者之间存在根本的矛盾。因为前一规定是为了保障犯罪嫌疑人基于自己的

---

[48] 参见何家弘：《中国式沉默权制度之我见——以"美国式"为参照》，载《政法论坛》2013 年第 1 期，第 107 页。

[49] 具体内容参见法制网：《"不得强迫自证其罪"不等于沉默权 严格保护公民隐私不会上演"窃听风云"——权威专家详解刑诉法修正案草案争议话题"》，http://www.legaldaily.com.cn/index_article/content/2011-09/19/content_2968057.htm? node＝5958，最后访问日期：2017 年 8 月 15 日。

[50] 参见中国新闻网：《法工委：不得强迫自证其罪与如实应讯不矛盾》，http://www.chinanews.com/fz/2012/03-08/3729170.shtml，最后访问日期：2017 年 8 月 15 日。

真实意思而决定是否供述的选择权,在这个意义上,对于侦查人员的讯问,犯罪嫌疑人既可以供述也可以沉默。[51] 确实,"不得强迫任何人证实自己有罪"这一表述在诸多国际公约以及很多国家的宪法与刑事诉讼法中都存在,即使不能直接将其与包括的沉默权相等同,也具有朝着沉默权进行解释的可能性。具体而言,条文规定侦查人员负有不得强制犯罪嫌疑人做对自己不利供述之义务,也意味着犯罪嫌疑人具有拒绝对自己不利供述的权利,即可将其理解为规定了自我负罪拒否特权,而到底是对自己有利还是不利的判断则取决于犯罪嫌疑人或其委托的辩护人的判断,因此从自我负罪拒否特权出发,其解释的射程范围完全可以涵盖沉默权。[52]

本文赞同这一解释路径,但"不得强迫任何人自证其罪"与"如实回答"之间是否真的存在根本矛盾,值得进一步深究。具体而言,"如实"一词在中文表述中有两种含义,第一种是指"按照实际情况",第二种是指"正确地、真实地、真诚地"。[53] 由此可见,前一种含义侧重于客观实际,后一种含义侧重于主观心态。在追求实体真实这一观念的主导下,第一种理解成为一种当然解释。然而,如前所述,现行《刑事诉讼法》已经明文规定了"不得强迫任何人证实自己有罪",并设置了诸多用于保障沉默权的配套制度,在这一语境下,继续将"如实"解释为"按照实际情况"显然已经不符合现行《刑事诉讼法》所确立的保障人权这一基本目的。事实上,即使犯罪嫌疑人确实实施了犯罪,也有可能由于认识错误或记忆偏差而无法全面反映客观实际情况。

因此,在现行《刑事诉讼法》的语境下,应当对"如实回答"朝第二种理解的方向进行解释。具体而言:对于侦查人员的提问,犯罪嫌疑人没有必要违反自己的意愿进行供述。这样的话,既没有超出"如实回答"这一文本含义的最大限度范围边界,也体现出设置沉默权制度的根本目的,即保障犯罪嫌疑人的供述自由,是否供述、在什么时间供述、供述哪部分内容均取决于犯罪嫌疑人的主观意愿。

五、余罪讯问及其界限

值得注意的是,《刑事诉讼法》第 120 条第 1 款还规定"但是对与本案无关的问题,有拒绝回答的权利"。可以说这一规定长期以来都没有得到应有的关注,但这一规定蕴藏着丰富的教义学资源,其中涉及"本案"的射程范围、关联性

---

[51] 参见万毅:《论"不强迫自证其罪"条款的解释与适用——"刑事诉讼法"解释的策略与技巧》,载《法学论坛》2012 年第 3 期,第 31 页。
[52] 参见芦補信喜:『憲法Ⅲ人権(2)』,有斐閣 1985 年版,第 209 页以下。
[53] 根据《新华字典》:"如"字有六种含义,但对于"如实"而言,只能将其解释为"按照"或者"根据";"实"字也有六种含义,既包括"实际"的含义,也包括"真诚"的含义,前一种含义侧重于客观,后一种含义侧重于主观。参见《新华字典》(第 11 版),商务印书馆 2019 年版,第 453 页以下。

的判断、是否可以对羁押中的犯罪嫌疑人的余罪进行讯问、与"如实回答"之间的关系是什么。本文尝试从教义学的视角探讨这些问题,并厘清与前文所探讨的讯问的法律性质、忍受义务的有无、沉默权的实质解释之间的内在关系。

(一)余罪讯问与逮捕、拘留的效力范围

所谓的余罪讯问是指,犯罪嫌疑人因被疑事实 A(将其称为本罪)而被逮捕或拘留,但却对 A 以外的被疑事实 B(将其称为余罪)进行讯问。[54] 在侦查实务中,一般认为包括余罪讯问在内的余罪侦查是理所当然的事情,因为这既可以应对侦查的流动性,同时也使犯罪嫌疑人可以享受同时处理的利益。余罪侦查是指,先行对一部分的事件(a 事件)进行侦查,在此过程中也展开对与此相应的余罪(b 事件)的侦查。与此相反的情形被称为别件逮捕,具体而言,先行 b 事件(本件)的侦查,或者这就是侦查机关本来的目标,但却首先以 a 事件(别件)将其逮捕,之后对 b 事件进行讯问。[55] 在该情形中,对于 b 事件(本件)的讯问,从 a 事件的视角来看的话,无疑是余罪讯问。

由此可见,对于被羁押的犯罪嫌疑人可否实施余罪讯问这一问题与判断逮捕或拘留的效力范围基准问题[56]相关联。在后一个问题的判断上存在人单位说与事件单位说之间的争论。人单位说认为应当以犯罪嫌疑人为基准来决定逮捕或拘留的效力,禁止双重拘留,其主要理由在于:第一,在一个人身上同时存在两次以上的人身控制,违反常识;第二,对同一个人以不同理由实施双重拘禁,违反诉讼行为一次性原则。[57] 但人单位说的弊端也非常明显,如果贯彻该学说,必然导致人身控制原因不明确,并且无视或轻视令状主义的理念。与此相对,事件单位说认为应当以犯罪事实为基准,即逮捕或拘留的效力仅仅及于逮捕令或拘留令中记载的犯罪事实,而不波及除此之外的事实。这是因为,逮捕、拘留仅仅及于接受了法官或检察官司法审查的被疑事实,原则上能够维持令状主义。因此,通说采用了事件单位说。

然而,即使以事件为单位,"事件"本身的范围也未必是清晰的,关于这一点,本文认为应当以"构成要件"[58]为标准,即使先行逮捕与拘留的罪名与事实存在变动,只要在同一构成要件的射程范围内,或者在构成要件之间至少存在

---

[54] 参见光藤景皎:『刑事訴訟法 I』,成文堂 2007 年版,第 88 页以下。
[55] 参见田宮裕:「別件逮捕と余罪搜查」,载《法学教室》79 号。
[56] 这一问题是指,例如,已经因 a 事实而被拘留的犯罪嫌疑人,在拘留过程中可否进而以 b 事实为由再将其拘留。
[57] 参见横井大三:「ある犯罪に対する逮捕・勾留と他の犯罪」,载《警察研究》1950 年 21 卷 9 号,第 249 页。
[58] 构成要件是刑法中的一个基础概念,用来容纳成立一个犯罪行为所需要具备的客观要素与主观认识要素,以此为评价对象,在此基础之上评价行为的违法性并进而确定行为人的责任,因此呈现出"构成要件该当性—违法性—有责性"的三阶层犯罪论体系。

部分重合时,均应认为还在"事件"的范围之内。例如,犯罪嫌疑人甲涉嫌杀害乙而被逮捕,即使之后查明被甲杀害的是丙,或者查明甲只是将乙打成重伤,也不阻却逮捕的效力。

(二)围绕可否余罪讯问的学说争论

可否进行余罪讯问,既涉及逮捕、拘留的效力,也与讯问的法律性质紧密关联。围绕这一问题,刑事诉讼法学界展开了激烈争论,产生了诸多学说。以最终的结论为标准,可以分为限定说与非限定说这两大学说阵营,在各自的阵营中还存在诸多的理论变种,以下笔者尝试在批判性考察这些学说的基础上,对我国《刑事诉讼法》第120条第1款后段进行解释。

1. 限定说的学说阵营

限定说将可否余罪讯问与逮捕、拘留的效力视为一个问题的两个方面,因此,也可以说限定说处在事件单位说的延长线上。既然如此,自然会得出禁止在事件范围之外进行讯问的结论。但在限定说的内部,根据对于讯问被羁押的犯罪嫌疑人的法律性质,存在以下两种论证进路。

(1)从强制处分说出发的进路

该学说认为讯问被逮捕或拘留的犯罪嫌疑人是一种强制处分,在强制处分中肯定了将事件单位说作为余罪讯问的规制原理,据此,通过事件单位说的适用,讯问就被限定在该事件中。[59] 然而,如前所述,"事件"本身是一个具有弹性的概念,因此,即使严格地贯彻事件单位说,也会例外地肯定余罪讯问的适用余地。例如,与本罪密切关联的同种余罪,或者对逮捕、拘留的基础事实的讯问具有重要意义的情形,或者犯罪嫌疑人明显没有忍受义务,纯粹作为任意侦查而实施的情形。

(2)从任意处分说出发的进路

该学说将讯问被逮捕或拘留的犯罪嫌疑人理解为任意处分。从该进路出发,否定讯问忍受义务,将羁押中的讯问理解为任意处分,但由于在羁押状态的讯问中带有强制性的契机,因此适用事件单位说,原则上仅仅承认对逮捕、拘留的基础事实的讯问。[60] 但例外地,当对于主要犯罪的讯问具有附随性,且与此相并行而实施时,则肯定余罪讯问。

2. 非限定说的学说阵营

如前所述,限定说的出发点是将可否余罪讯问与逮捕、拘留的效力视为同一个问题,但有不少学者针对这一点展开批判,认为逮捕、拘留是为了防止逃亡或毁灭证据而设置的制度,而讯问是侦查人员获取证据的一种方式,不能直接

---

[59] 参见日本浦和地方裁判所平成2年(1990年)10月12日判例时报1376号。
[60] 参见〔日〕铃木茂嗣:『刑事訴訟法』(改订版),青林书院1990版,第83页以下。

将关于逮捕、拘留的效力的事件单位说与讯问相关联,据此得出允许余罪讯问的结论。[61] 可以把得出这一结论的学说归入非限定说的学说阵营中,在这一学说阵营中,由于在讯问被羁押的犯罪嫌疑人的法律性质这一点上存在分歧,内部也产生了诸多学说。

(1) 强制处分说的归结

该学说认为讯问被逮捕或拘留的犯罪嫌疑人是一种强制处分,但既然在刑事诉讼法上没有做特别的限制,余罪讯问也不受限定。[62] 很显然,可以说这一观点是对强制处分这一概念的误解,如前所述,之所以区分强制处分与任意处分,是因为强制处分需要受到刑事诉讼法更多的约束,至少要严格遵守令状主义,而绝不是意味着"既然是强制处分就不受任何限制",因此这一观点并不可取。

(2) 任意处分的归结

该学说将逮捕、拘留中的讯问理解为任意处分。从该进路出发,并不限定余罪讯问。这是因为由于逮捕、拘留中的讯问是任意处分,因此应当与逮捕、拘留做分别考虑,而且没有限制的必要,余罪讯问是被允许的。[63] 然而,如前所述,即使把逮捕、拘留中的讯问理解为一种任意处分,也消除不了讯问本身带给犯罪嫌疑人的强大的心理压力,如果进而对于余罪讯问不做任何限定,犯罪嫌疑人很可能沦为讯问的客体。

(3) 令状主义潜脱说

该学说认为,对于讯问否定事件单位说的适用,虽然没有必要一般性地禁止余罪讯问,但当在具体的情况中达到了可以称得上脱离了令状主义的情形时,就是违法的,应当被禁止。[64] 而是否脱离令状主义应当结合本罪与余罪的关系、罪质与轻重的差异、余罪的嫌疑程度、讯问的样态等因素进行综合判断。该学说的主要理由有以下三点:第一,逮捕、拘留是为了防止犯罪嫌疑人逃亡或毁灭罪证而设置的制度,因此不能直接将作为关乎逮捕、拘留之效力原则的事件单位原则与讯问相关联。因此,如果对于讯问不适用事件单位原则的话,原则上讯问的范围就不受限制。第二,虽然余罪讯问没有限制,但禁止脱离令状主义,这样既能保障侦查的灵活性,也能保障犯罪嫌疑人的基本人权与诉讼权利。第三,应当禁止的是"专门为了调查本件,却以别件的理由而逮捕",因此,没有必要一般性地禁止余罪讯问。但是,由于在这个意义上的别件逮捕是应当被禁止的,其结果是——应当被禁止的余罪讯问的限度就是违法的别件逮捕之

---

[61] 参见安富潔:「身柄拘束下における余罪の取調へ」,载《法学研究》1988 年 61 卷 2 号。
[62] 参见青柳文雄编:『注释刑事诉讼法(第二卷)』,立花书房 1976 年版,第 82 页以下。
[63] 参见平野龙一:『刑事诉讼法』,有斐阁 1958 年版,第 106 页以下。
[64] 参见田口守一:『刑事诉讼法』(第六版),弘文堂 2012 年版,第 122 页以下。

后的讯问。[65]

3. 小结

以上诸多学说的立论根据、论证逻辑以及结论各不相同,可以通过下图[66]展示:

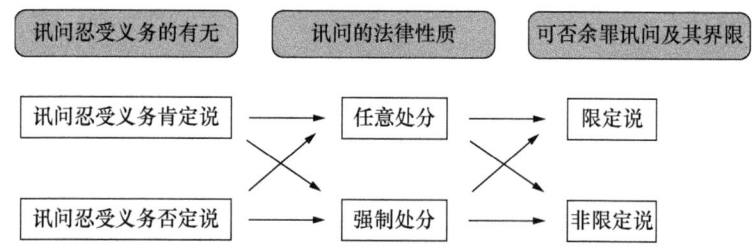

从讯问忍受义务肯定说或否定说的任何一种学说出发,在对讯问法律性质的理解上,既可能得出强制处分说的结论,也可能得出任意处分说的结论,而从强制处分说与任意处分说的任何一种学说出发,在可否余罪讯问这一问题上,既可得出限定说的结论,也可能得出非限定说的结论。

通过以上学说的考察可以发现,虽然各个学说之间表面上存在重大差异,但作为限定说之代表的事件单位说与作为非限定说之代表的令状主义潜脱说之间其实并没有存在巨大差异,甚至在结论上都基本一致。原因在于,违法的别件逮捕或拘留之后的余罪讯问就是违法的。换言之,别件逮捕或拘留是否违法的判断与是否脱离了令状主义的违法性判断是一致的。因此从形式上纠缠于可否余罪讯问并无实益,不妨在承认侦查机关可以进行余罪讯问的前提下,从程序上规范余罪讯问,在保障侦查机关侦查关联犯罪的同时,也赋予犯罪嫌疑人相应的防御权,而不至于沦为讯问客体。在这个意义上,本文赞成令状主义潜脱说,根据该学说,"令状主义"并不仅仅指具备狭义意义上的文书,而是指广义上的正当程序。因此,应从本件(余罪)的讯问状况、对于别件(本罪)的逮捕或拘留的必要性、本件与别件的关联等客观资料出发,综合判断是否违反了令状主义精神。

(三) 对于《刑事诉讼法》第120条第1款"但书"的解释

《刑事诉讼法》第120条第1款"但书"规定了"但是对与本案无关的问题,有拒绝回答的权利",该条文的理解与但书之前所规定的"犯罪嫌疑人对侦查人员的提问,应当如实回答"紧密关联。具体而言,传统的观点将"如实回答"理解为犯罪嫌疑人负有供述义务。这一结论通过"但书"的反对解释也可以得出,即

---

[65] 参见田宫裕:『刑事訴訟法』(新版),有斐閣1996年版,第138页。
[66] 关于这些学说之间内在关系的详细说明,参见反町勝夫编:『刑事訴訟法1』(第三版),東京リーガルマインド2012年版,第289页以下。

虽然犯罪嫌疑人对与本案无关的问题,有拒绝回答的权利,但对于与本案相关的问题,负有如实回答的义务。如果这样理解的话,"但书"就成为"如实回答"条款的附庸,丧失了应有的独立性。然而,如前所述,在现行《刑事诉讼法》的语境下,可以也有必要对"如实回答"作出重新解释,即可以将其解释为"犯罪嫌疑人没有必要违反自己的意愿进行供述"。这样的话,如何整合这一解释与"但书"规定之间的关系成为新的问题。此外,在处理这一问题的过程中,必须注意到"但书"的规定显然涉及可否对犯罪嫌疑人进行余罪讯问的问题。如前所述,在这一点上,本文采用令状主义潜脱说,于是,该学说可否重新塑造"但书"的规定,并且与上述对于"如实回答"的解释之间不冲突,成为问题的关键。

从法条的表述来看,与本案无关的问题,既可以是与犯罪嫌疑人所涉嫌罪名的构成要件事实无关的问题,也可以是关于涉嫌罪名之外的其他罪名的构成要件事实问题。对于这些问题,犯罪嫌疑人有权拒绝回答,但这并不意味着禁止侦查机关就这些问题展开讯问,只是在讯问过程中,不能违反令状主义要求,与此同时赋予犯罪嫌疑人沉默权。这样解释的话,既符合法条的文义,也符合令状主义潜脱说的基本宗旨,同时还与前文对于"如实回答"的解释一脉相承。

六、结论

《刑事诉讼法》在 2012 年全面修改时,将尊重与保障人权纳入刑事诉讼的目的之一,与此同时,增设或强化了包括无罪推定、辩护权、会见通信权、自我负罪拒否特权、非法证据排除规则、讯问透明化等制度,表明《刑事诉讼法》在努力往当事人主义刑事诉讼模式转变。与此同时,2014 年通过的《中共中央关于全面推进依法治国若干重大问题的决定》提出,要推进以审判为中心的诉讼制度改革。"以审判为中心"要求侦查、起诉活动面向审判、服从审判,同时发挥审判在认定事实、适用法律上的决定性作用。[67] 因此,侦查与起诉只是审判的准备程序,既然审判程序正在走向当事人主义诉讼模式,侦查与起诉程序同样应当吸纳当事人主义模式的基本精神。尤其是对于侦查程序而言,更应驱除纠问主义侦查观,树立当事人主义侦查观。对于这一点而言,可以说讯问犯罪嫌疑人程序是检测侦查观的试金石。

我国现行《刑事诉讼法》第 120 条第 1 款关于讯问犯罪嫌疑人程序的规定从 1979 年《刑事诉讼法》颁布以来只字未动,如果继续将"如实回答"条款理解为犯罪嫌疑人负有供述义务,显然已经不符合现行《刑事诉讼法》的语境与基本

---

[67] 参见龙宗智:《"以审判为中心"的改革及其限度》,载《中外法学》2015 年第 4 期,第 849 页以下。

精神。但既然该规定继续存在,不将其视为嘲讽的对象是作为法律人应有的基本态度,应当通过目的解释与体系解释,赋予第120条第1款全新的含义。

第一,讯问程序可以分为传唤未被羁押的犯罪嫌疑人与讯问被羁押的犯罪嫌疑人。对于前一种讯问而言,由于犯罪嫌疑人的人身自由并未受到限制,因此传唤犯罪嫌疑人到指定地点的行为是一种任意处分行为,其主要表现形式就是"任意同行"。与此相对,当犯罪嫌疑人在被羁押的状态下接受讯问或者被采取拘传的强制措施时,其人身自由显然受到限制,因此是一种强制处分,应当严格遵循强制处分法定主义。

第二,在现行《刑事诉讼法》的语境下,我国已经实质上确立了沉默权制度。应当对"如实回答"往忠实于主观意愿的方向进行解释才能消除"如实回答"与"不得强迫任何人证实自己有罪"之间的冲突。具体而言:对于侦查人员的提问,犯罪嫌疑人没有必要违反自己的意愿进行供述。这样的话,既没有超出"如实回答"这一文本含义的最大限度范围边界,也体现出设置沉默权制度的根本目的,即保障犯罪嫌疑人的供述自由——是否供述、在什么时间供述、供述哪部分内容均取决于犯罪嫌疑人的主观意愿。

第三,侦查人员虽然可以对犯罪嫌疑人进行余罪讯问,但不能以违反令状主义的方式进行,对于余罪讯问,与本罪讯问一样,犯罪嫌疑人享有沉默权。

(审稿编辑　方柏兴)
(校对编辑　潘　程)

众包网上争议解决

——群体智慧如何解决网络争议

高 薇[*]

Crowdsourced Online Dispute Resolution:
How does the Wisdom of Crowds Resolving Disputes Arising from Online Activities

Gao Wei

内容摘要：一种崭新的争议解决模式——众包网上争议解决（CODR）正兴起于网络社会。利用群体智慧解决争议是互联网为争议解决带来的一次深刻变革。这种模式提供了一种代替个人决定的决策选择，实现了更开放、公平和民主的争议解决方式。淘宝网的大众评审机制是众包网上争议解决的代表，为研究CODR的运行机理和制度特点提供了理想蓝本，也对发展互联网争议解决和众包制度具有一般性的启示意义。在互联网众包方兴未艾之时，对众包网上争议解决的概念予以界定，以淘宝众包为例分析其制度特点并评价众包程序的公正性，指出众包网上争议解决的制度价值及未来发展前景，不仅有助于认识其本身，也帮助我们进一步认知网上争议解决的发展潜力。

---

[*] 法学博士，北京大学法学院副教授。感谢康静怡同学在资料收集和研究方面提供的协助。本文得到中央高校基本科研业务费专项资金资助。

关键词：众包　网上争议解决　众包网上争议解决　淘宝判定中心　互联网

一、引言：众包争议解决的兴起

《纽约客》专栏作家 James Surowiecki 在 2005 年出版的题为《群体的智慧：为何众人比少数更聪明以及群体性智慧如何塑造商业、经济、社会和国家》(以下简称"《群体的智慧》")一书中，探讨了一个有趣的现象：一大群人比一小群精英分子更聪明；无论这群精英分子如何聪明，群体更擅长解决问题，更能孕育出革新，更能作出智慧决策，甚至更能准确预知未来。Surowiecki 把这种现象称为群体智慧(wisdom of crowds)。[1] Jeff Howe 在 2006 年 6 月出版的《连线》(Wired)杂志中创造了众包(crowdsourcing)的概念，描述一种互联网所带来的新商业组织形式，即企业利用互联网公开召集大众，分配工作、发现创意或解决技术问题。[2] 过去十年，商业和公共机构开始应用众包解决实际问题。网站经营者们清楚地意识到，可以通过互联网及大众衡量所有提交到网络上的内容，比如将最受欢迎的物品或视频置顶，快速找到解决困难问题的答案。这种应用的成功代表是我们所熟知的维基百科(Wikipedia)。与传统上由专家编辑、出版商印刷销售的百科全书不同，维基百科的目标是向全人类提供自由的百科全书，让个人以自己的语言自由并无偿地参与编辑条目。截至 2017 年 1 月，英文维基百科条目数达到 5322750 条[3]，维基百科的文章质量与付费的百科全书相差无几。[4]

众包与"网上争议解决"(Online Dispute Resolution, ODR)相结合则产生了争议解决领域的一个新概念——"众包网上争议解决"(Crowdsourced Online Dispute Resolution, CODR)。众包首先引起了决策和信息领域专家的关注，法律专家在过去二十年里探讨了网上争议解决的相关法律问题，众包不久前才刚刚进入他们的视野。美国哈佛大学"伯克曼互联网与社会法律中心"在 2009 年举办的主题学术会议上，首次将众包网上争议解决作为一个学术术

---

[1] James Surowiecki, *The Wisdom of Crowds: Why the Many Are Smarter Than the Few and How Collective Wisdom shapes Business, Economics, Societies and Nations*, Anchor Books, 2005, p. 3.

[2] See Jeff Howe, *The Rise of Crowdsourcing*, at http://archive.wired.com/wired/archive/14.06/crowds.html?pg=1&topic=crowds&topic_set= (last visited Jan. 1, 2019).

[3] 维基百科，See https://en.wikipedia.org/wiki/Wikipedia: Size_of_Wikipedia (last visited Jan. 3, 2017).

[4] See Daniel Velizarov Dimov, *Crowdsourced Online Dispute Resolution* (Issued Jun. 27, 2017), at https://openaccess.leidenuniv.nl/handle/1887/50156, p. 1 (last visited Jan. 3, 2018). 在苹果电脑系统的"词典"应用中，"维基百科"与牛津英汉词典等并列出现在选择中。

语来使用。[5]但运用众包理念解决争议的实践最早可以追溯至1999年美国公司Perception Corporation创建的网上争议解决平台iCourthouse。[6]在这个平台上,任何人都可以提交争议并成为案件的审判员(juror),有权提交"裁决"帮助当事人达成合意。美国电子商务网站eBay印度(eBay India)的社区法院(Community Court)被认为是网络平台利用众包进行争议解决的典型案例,因其成功实现了速度快、成本低,依靠大量身处不同国家的人有效解决网络争议的设想。众包网上争议解决的研究和实践方兴未艾。

本文将通过对中国淘宝网大众评审机制的分析,对众包网上争议解决的运行原理和相关问题进行探讨。淘宝作为研究对象的代表性是不言而喻的。无论以用户规模还是业务覆盖广度计,淘宝无疑都是中国最有影响力的网络购物平台。截至2014年年底,淘宝拥有注册会员近5亿,日活跃用户超过1.2亿,在线商品数量10亿。在C2C市场,淘宝网占到了95%的市场份额。[7]淘宝因其商业模式的巨大成功,不仅影响着中国网民的生活,推动着中国互联网规则的发展,也引起了国内国外很多学者的关注。近年来出现了不少对其商业模式、私人治理机制以及争议解决机制的研究。在专门探讨众包网上争议解决的文献中也有外国学者提及淘宝大众评审,但研究者受制于资料获取、文化背景[8]或研究角度等因素,他们的观察是不全面、不准确的。[9]

在此背景之下,本文拟回答三方面问题:第一,众包网上争议解决是什么?第二,淘宝大众评审的机理是什么?如何认识和评价?第三,众包网上争议解决的制度价值是什么?未来应如何发展?本文具体分为六部分,第二部分通过文献综述说明"众包网上争议解决"的概念、类型并梳理该领域的研究进展,回答第一个问题;第三部分分析淘宝大众评审的运行机理、构成要件;第四部分评

---

[5] Berkman Center for Internet & Society's Law Lab, Meeting Report: *Theoretical Aspects of Crowd Sourced ODR*, at http://lawlab.org/events/workshops-archive/theoretical-aspects-of-crowd-sourced-odr (last visited Jan. 3, 2019).

[6] See www.icourthouse.com (last visited Jan. 3, 2017).

[7] 参见"淘宝网"的百度百科,https://baike.baidu.com/item/淘宝网/112187? fromtitle=淘宝&fromid=145661&fr=aladdin,最后访问日期:2019年1月26日。

[8] 例如,一篇文章提到,受制于文化的问题,作者不确定他们的众包设想能否应用于特定地区。因而可以想见,争议解决是高度地方化的,争议解决方式很大程度上受制于当地的文化和习俗。因此,外国研究者除非进行深入研究,否则很难把握制度的具体面貌,作出准确判断。See Colin Rule and Chittu Nagarajan, *Crowdsourcing Dispute Resolution Over Mobile Devices*, at http://colinrule.com/writing/mobile.pdf(last visited Jan. 26, 2019).

[9] E.g. Anjanette H. Raymond, Abbey Stemler, "Trusting Strangers: Dispute Resolution in the Crowd", *Cardozo Journal of Conflict Resolution*, vol. 16, issue. 2, 2015, p. 382. "Unfortunately, there seems to be little information about the success or failure of the pilot project, and the website seems to be no longer using such a democratic community court."事实上,到目前为止,淘宝的大众评审仍然在有效运行。

价其公正性,回答第二个问题;第五部分回答第三个问题,评价淘宝大众评审的价值并提出改进建议同时指出众包网上争议解决的发展方向;最后总结全文。

二、文献综述:澄清三个概念

(一)众包的概念

群体的智慧已为许多文献所讨论。[10] 在上文提到的《群体的智慧》一书中,Surowiecki 探讨了许多众包的实例,从估算一头公牛的体重到预测哥伦比亚号航天飞机灾难。Surowiecki 的研究主要针对线下社会。Howe 将众包定义为,一个公司或机构将原本由雇员承担的工作以公开召集的方式外包给不确定的(通常是人数众多的)一群人处理。[11] Howe 的定义较为清晰地反映了众包的特点,是很多研究的起点。在网络世界中,群体智慧的对应概念是大众生产(peer production)、用户创造内容(user-generated content)、集体智识(collective intelligence)、维基经济(wikinomics)、Web2.0 等。这些概念有时是指同一事物,被替换使用,有时又指代不同内容。[12] 近年来全世界各地出现的众包现象表明互联网具有实现"众人智慧"的巨大能力,推动了众包的发展和应用。特别是,它能够将全世界的个体集中到一个平台之上,通过思想的即时交换以及非同步性,使分散各处的思想流汇聚于一个渠道。由于所有用户分散在世界各地,跨越不同文化,他们在做决定时又是独立的,这些确保了互联网众包的可能性和正确性。[13] 几乎所有的众包项目都具有两种共同的属性:第一,参与者不为金钱利益;第二,参与者贡献的是业余时间。[14]

根据不同标准可以对网络众包进行类型化。根据任务的难易程度,众包可以被分为简单任务型和复杂任务型。前者如美国国家航空航天局(NASA)2000 年请网络志愿者估算火星照片上的环形山数量或利用众包协助电子取证(electronic discovery);后者主要指需要更高技能的人才能完成的工作,如众包应用 InnoCentive 将科学领域的各种复杂问题向大众寻求解决方案。[15] 工作

---

[10] E. g., Howard Rheingold, *Smart Mobs: The Next Social Revolution*, a Perseus Publishing, 2003; Don Tapscott and Anthony D. Williams, *Wikinomics: How Mass Collaboration Changes Everything*, Portfolio, 2006.

[11] Jeff Howe,"Crowdsourcing: A Definition", at https://crowdsourcing.typepad.com/cs/2006/06/crowdsourcing_a.html (last visited Feb. 22, 2019).

[12] Daniel Velizarov Dimov 对这些概念进行了比较和澄清,See *supra* note [4], p. 2。

[13] See Daren C. Brabham, "Crowdsourcing as a Model for Problem Solving: An Introduction and Cases", *Convergence*, vol. 14, no. 1, 2008, p. 81.

[14] 参见杰夫·豪:《众包:群体力量驱动商业未来》,牛文静译,中信出版社 2011 年版,第 9 页。

[15] *Supra* note[4], pp. 17-18.

性质也可以作为类型化的标准。Howe 区分了四种众包类型:集体智慧(collective intelligence)、群体创造(crowd creation)、群体投票(crowd voting)及众筹(crowd funding)。[16] 他的分类被认为是比较全面地涵盖了众包的主要类型。关于众包在法律领域的应用,Armstrong 认为众包可以帮助解决目前法律研究中资源公开获取存在障碍的问题[17],Robertson 预测未来中产阶层可以依靠众包获得法律意见。[18]

根据 Dimov 的总结,所有众包的优势有三点:人群的多样性、迅速作出决定以及成本不高。众包的劣势主要有八项:(1) 大量信息可能相关性较低;(2) 作为结果提交的思想或是任务存在法律上的所有权问题;(3) 众包人员的计件工资较低;(4) 众包过程缺乏透明度;(5) 参与者对众包过程缺乏信任感;(6) 存在参与者过少的风险;(7) 信息过量导致处理困难;(8) 参与的人群在统计学上缺乏代表性。[19]

(二) 网上争议解决

众包网上争议解决是群体智慧与网上争议解决的结合。而迄今为止,人们对何为网上争议解决并没有形成完全一致的认识。网上争议解决起源于 20 世纪 90 年代的美国,伴随互联网和电子商务的发展而兴起。随着互联网在各行业的渗透,其应用场景已经扩展到除电子商务以外的其他争议解决领域。[20] 联合国贸易法委员会(简称贸法会,UNCITRAL)将网上争议解决定义为,借助电子通信以及其他信息和通信技术解决争议的一种机制。[21] 这一定义表明,网上争议解决至少包括"利用通信手段"和"解决争议"两种元素。学界对于网上争议解决主要有三种认识:网上争议解决是传统替代性争议解决在网上的演化;网上争议解决是所有传统争议"解决"模式在网上的对应物,包括网上诉

---

[16] Jeff Howe, *Crowdsourcing: How the Power of the Crowd is Driving the Future of Business*, Crown Publishing Group, 2009, p. X.

[17] See Armstrong, T., "Crowdsourcing and Open Access: Collaborative Techniques for Disseminating Legal Materials and Scholarship", *Santa Clara Computer and High Technology Law Journal*, vol. 26, 2010, pp. 591-630.

[18] Robertson, C., "The Facebook Disruption: How Social Media May Transform Civil Litigation and Facilitate Access to Justice", in *Case Research Paper Series in Legal Studies Working Paper*, No. 2012-5, p. 26.

[19] *Supra* note[4], pp. 25-28.

[20] 网上争议解决目前已经扩展至其他领域,如域名争议、普通民商事争议(如离婚诉讼、税务申报争议、保险)、电子政务等。See Ethan Katsch, Colin Rule, "White Paper: What We Know and Need to Know About Online Dispute Resolution", *South Carolina Law Review*, vol. 67, issue 2, 2016, pp. 334-338; Daniel Rainey and Ethan Katsh, "ODR and Government", in Mohamed S. Abdel Wahab, Ethan Katsh and Daniel Rainey (eds), *Online Dispute Resolution: Theory and Practice*, Eleven International Publishing, 2012, pp. 237-249.

[21] 联合国贸易法委员会《关于网上争议解决的技术指引》第五节第 24 段的定义为:"网上争议解决或称'网上解决'是借助电子通信以及其他信息和通信技术解决争议的一种机制。"

讼;网上争议解决不限于传统争议解决模式,是争议预防、争议解决等各种有助于促进网上争议解决方式的总合。[22]

对网上争议解决的概念我们做三点说明:第一,如果仅仅将网上争议解决认为是替代性争议解决的一种类型,将很大程度上把技术对司法的影响排除在网上争议解决研究之外。事实上,在网上争议解决概念诞生二十年后,司法电子化浪潮席卷全球,电子化诉讼解决互联网争议成为一种必然和现实。网上争议解决应当包括网上诉讼。第二,对争议解决的研究不应仅限于"解决"争议,"促进"争议解决实现的机制,如争议预防机制和执行机制,也应纳入广义的网上争议解决范畴。第三,可将"网上争议解决"解读为对"互联网争议"的解决(resolution of "online dispute"),它主要用于解决因网络活动引发的争议,手段可以是线上也可以是线下。[23] 欧盟建立的网上争议解决平台并不意在直接解决争议,而是作为信息交换平台,将所有传统替代性争议解决机制与互联网争议解决联系起来。联合国贸法会也指出不排除利用任何线下机制解决网上争议。以上三点已经越来越成为一种共识。在上述认识下我们就获得了一个认识众包网上争议解决的基础,其应用领域可以是各种场景,方式可以是诉讼也可以是替代性争议解决,争议主要为网络活动引发的(也可以不是),解决手段可以是线上也可以是线下(主要为线上)。

此外,网上争议解决的早期研究主要是对一些机制进行介绍,也有学者探讨相关法律问题,特别是对网上仲裁的研究。[24] 随着网上争议解决进一步发展,特别是随着国际国内层面规则的建立,学者们的研究得以更深入,网上争议解决的面貌和法律地位也逐渐清晰。国际层面的推动一方面表现为联合国贸法会第三工作组(网上争议解决)的规则制定工作以及最终形成的《关于网上争议解决的技术说明》,这为网上争议解决程序提供了一个程序性指引[25];另一方面,欧盟为解决因跨境电子商务引发的消费者争议进行了一系列立法活动,在区域内相当程度上实现了实体法和程序法的统一,并建立了网上争议解决平台,在制度层面贡献了规范网上争议解决的法律框架。这些努力为未来的研究和实践奠定了基础,使我们可以在一个相对清晰的标准下来衡量所有网上争议解决程序(包括众包网上争议解决)的规范性。

---

[22] 对网上争议解决概念的梳理,参见高薇:《互联网争议解决的制度分析——两种路径及其社会嵌入问题》,载《中外法学》2014年第4期,第1061页。

[23] Koji Takahashi, *Blockchain and Online Dispute Resolution*, Presentation at Workshop on the Use of Modern Technology for Dispute Resolution and Electronic Agreement Management Particularly Online Dispute Resolution Port Moresby, Papua New Guinea 3-4 March 2018, p. 1.

[24] 对网上争议解决的文献回顾,同前注[22],第1061—63页。

[25] 联合国网站:《跨境电子商务交易网上争议解决》,https://undocs.org/zh/A/CN.9/WG.III/WP.140,最后访问日期:2019年1月5日。

(三) 众包网上争议解决

与"众包"及"网上争议解决"相比,众包网上争议解决进入研究者的视野较晚,研究成果也相对较少。Rule 和 Nagarajan 认为传统争议解决机制以及网上争议解决机制,因成本高昂、速度慢、需要人力资源,无力解决大量的网络争议。[26] 但他们仅仅对众包网上争议解决进行了简要介绍,没有对其定义、类型等做进一步分析与归纳。Herik 和 Dimov 对众包网上争议解决进行了定义,即众包网上争议解决包括替代性争议解决及诉讼程序,利用网络技术及众包作为争议解决的组成部分。他们提出众包网上争议解决的构成要件包括人员、激励、目标和程序。[27] Luz、Poblet 和 Silva 指出众包与网上争议解决结合有三种形式:(1) 利用网上争议解决辨别众包工人提供信息的正确性;(2) 大众为争议双方提供解决方案;(3) 全部或部分利用众包解决争议。[28] 第一种形式下,众包利用了网上争议解决,在后两种形式下,网上争议解决利用了众包。

目前众包网上争议解决可以大致分为四种类型:(1) 在线民意投票;(2) 模拟在线审判;(3) 可私人执行的在线审判[29];(4) 区块链技术之下的去中心化司法。第一种在线民意投票允许用户在一个在线平台上提出问题,获得社区成员的一些反馈,但系统不提供任何法律方面的评估,也不保证问题能够得到公正的解决,代表为 iCourthouse (www. icourthouse. com)、People's CourtRaw (www. peoplescourtraw. com)。[30] 第二种模拟在线审判不是真正意义上的争议解决,但可以提供给双方及其代理人一个模拟审判的机会。通过参与模拟审判,参与者可以预测审判结果,例如 eJury (www. ejury. com) 及 VirtualJury (www. virtualjury. com)。第三种可私人执行的在线审判是网络社区的争议解决机制,代表是美国 eBay、荷兰最大的电商平台市集网 (www. marktplaats. nl) 和中国最大的电商平台淘宝网的众包争议解决机制。以 eBay

---

[26] Colin Rule, and Chittu Nagarajan, "Crowdsourcing Dispute Resolution over Mobile Devices", in Poblet M., *Mobile Technologies for Conflict Management*, Springer Science & Business Media, 2011, pp. 93-107.

[27] Jaap van den Herik, and Daniel Dimov, "Towards Crowdsourced Online Dispute Resolution", in Sylvia Mercado Kierkegaard and Patrick Kierkegaard, *Law Across Nations: Governance, Policy & Statutes*, International Association of IT lawyers, (IAITL), 2011, pp. 244-257.

[28] Nuno Luz, Marta Poblet, and Nuno Silva, "Crowdsourcing Dispute Resolution: Survey and Challenges", in Novais, P. and Carneiro, D., *Interdisciplinary Perspectives on Contemporary Conflict Resolution*, IRMA International, 2016, p. 285.

[29] Jaap van den Herik & Daniel Dimov, "Towards Crowdsourced Online Dispute Resolution", *Journal of International Commercial Law and Technology*, vol. 7, issue 2, 2012, p. 99.

[30] Nancy Marder, "Cyberjuries: A New Role as Online Mock Juries", *University of Toledo Law Review*, vol. 38, 2006, pp. 245-247.

印度的社区法院(The Community Court, www.ebaycourt.com)为例,社区法院主要用于解决其平台上发生在卖家和买家之间的撤销差评争议。每一个提交社区法院的案件都由 21 名随机选择的陪审员处理。陪审员需要满足某种条件,例如曾申请作为陪审员或获得一定量的好评。当超过半数陪审员赞同卖家时,案件以卖家的胜利结束,买家留下的差评也可以随之删除;反之,差评将留在系统中。[31] 因商业模式变化,社区法院已经暂停使用。在这个意义上,与之类似的淘宝大众评审就成为这个领域为数不多的成功案例。Erickson[32]、Liu 和 Weingast[33]、方旭辉[34]、叶譤[35]、彭雅丽[36]对淘宝大众评审进行了介绍。最后一种类型是建立在区块链技术之上的去中心化众包机制。传统上任何服务及应用都是通过中心化的方式被提供的,但区块链技术建立在对等网络(P2P)而非中心化网络的组网技术之上,无须中介参与。架构变化也带来了争议解决机制的创新和发展。目前在区块链架构上运行的争议解决应用有 Aragon Network[37]、CrowdJury[38] 和 Kleros[39],它们依靠众包机制解决争议,利用代币激励参与并执行裁决。Kaal 和 Calcaterra 的论文对此有较为详细的介绍。[40]

　　Dimov 的博士学位论文是目前为止众包网上争议解决领域较为全面的参考文献,除对众包网上争议解决的概念、类型、主要模式的优劣等进行了清晰描述外,该文还对众包网上争议解决的程序正义问题进行了分析。现有的中文文

---

　　[31] See Colin Rule, Harpreet Singh, "ODR and Online Dispute Resolution Systems: Maintaining Trust and Accuracy Trough Effective Redress", in Mohamed S. Abdel Wahab, Ethan Katsh and Daniel Rainey, *Online Dispute Resolution: Theory and Practice*, Eleven International Publishing, 2012, pp. 180-81.

　　[32] Jim Erickson, "How Taobao Is Crowdsourcing Justice in Online Shopping Disputes", at http://www2.alizila.com/how-taobao-crowdsourcing-justice-online-shopping-disputes (last visited Jan. 3, 2017).

　　[33] See Lizhi Liu, Barry R. Weingast, "Taobao, Federalism, and the Emergence of Law, Chinese Style", *Minnesota Law Review*, vol. 102, issue 4, 2018, pp. 1581-82.

　　[34] 方旭辉:《ODR——多元化解决电子商务版权纠纷新机制》,载《法学论坛》2017 年第 4 期,第 157—58 页。

　　[35] 叶譤:《新型网络纠纷解决机制:大众评审制——以国内某大型购物网站为例》,载《法制博览》2016 年第 34 期,第 18—20 页。

　　[36] 彭雅丽:《大众评审为什么这么红? 对于 ODR 淘宝判定中心的探究》,载 2015 年《互联网+时代法科生创新创业第一届全国法学本科生学术论坛论文集》。作者对淘宝大众评审的程序分析较为详细。

　　[37] https://aragon.one,最后访问日期:2019 年 1 月 26 日。参见高薇:《互联网争议解决中的执行问题——从司法、私人到去中心化数字执行》,载《法商研究》2018 年第 6 期,第 144 页。

　　[38] https://www.crowdjury.org,最后访问日期:2019 年 1 月 26 日,新网站正在建设中。

　　[39] https://kleros.io,最后访问日期:2019 年 1 月 26 日。

　　[40] Wulf A. Kaal, Craig Calcaterra, "Crypto Transaction Dispute Resolution", *Business Lawyer*, vol. 73, issue 1 2018, pp. 109-152.

献主要在介绍淘宝机制,缺乏对众包网上争议解决制度整体性的理论分析。进一步的研究应当继续归纳和总结世界范围内出现的各种利用众包进行争议解决的案例,考察其应用效果,明确机制改进和开展研究的方向。

三、淘宝大众评审之构成要件分析

Malone 等人通过对将近 250 个集体智慧系统(collective intelligence systems)的研究,提出了所有众包系统所共有的四个构成要件(building blocks):人群构成、激励机制、系统目标及组织结构与程序。借用生物学的术语,这是众包系统的"基因"。[41] Malone 建立的分析框架表明,众包不完全是随机发生的现象,而是可以通过与特定组织的需求相匹配得到进一步适当应用的。这种分析框架可以用于解构淘宝大众评审的运行机理。

(一) 系统目标

淘宝网是阿里巴巴集团于 2003 年创立的大型网络购物平台。在淘宝购物几乎成了中国网民每日生活的一部分,无数淘宝卖家借助淘宝平台创业成功。但繁荣的市场和巨大的商业利益背后隐藏着潜在的争议,虚假销售、质量问题、售后服务、物流快递等都成为中国网购突出的问题。大量的争议成为淘宝平台"不能承受之重"。为维持商业活动存在并持续获益,淘宝针对平台交易中产生的风险和问题建立了各种应对机制。淘宝首先利用争议预防机制对潜在争议进行防范,主要工具是信誉评级系统及具有抵押担保功能的支付工具支付宝,它们在交易前和交易中可以起到预防争议发生的作用。若交易结束后发生争议,平台首先鼓励双方进行协商,协商不成用户可以要求淘宝的内部工作人员介入处理,即淘宝客服(俗称"淘宝小二")。2012 年,淘宝网建立了大众评审的判定中心,发动全体淘宝会员参与到社区的管理中,所有提交问题的判定将由大众评审员在判定中心通过集体投票方式决定。[42]

大众评审旨在解决淘宝网上发生的争议。目前大众评审员可以处理的争议包括:(1) 卖家违规行为类,包括但不限于淘宝主动排查发现或会员投诉/举报的卖家违规行为,卖家就其违规行为被违规处理后的申诉处理;(2) 交易争议类,即买卖双方存在争议的交易款项归属或资金赔偿争议处理;(3) 根据大众评审机制的发展而逐步放开的其他任务类型。目前在大众评审网站上可以看到的几个业务类别是:交易维权;规则众评(通过大众参与规则评审,让群体

---

[41] Malone, T., Laubacher, R., and Dellarocas, C., "Harnessing Crowds: Mapping the Genome of Collective Intelligence", Center For Collective Intelligence, Massachusetts Institute of Technology, Working Paper No.2009-001, 2009.

[42] 大众评审目前进行了改版,用户无法再使用网页版进行评审,需要使用移动端进行评审。

智慧参与到行业规则和社会政策的讨论中,推动规则体系优化);处罚申诉(商家申诉处理,公平公正保护卖家的基本权益);商品净化(清除不良商品信息滥发,清退问题商品,净化市场环境,保障消费者购物无忧);恶评鉴定(胁迫/辱骂评价鉴定,清退恶性消费者,维护良性市场秩序,保护卖家的基本权益)。淘宝大众评审针对的是淘宝平台上出现的大量、小额、同质性、跨境争议。其中大部分都是涉及消费者的简单争议,例如商品与描述不符、商品质量问题、买家未收到货物等。对于这类争议,问题得以迅速解决比严格适用法律规定更为重要。因此大众评审员评审的主要依据是淘宝规则以及作为淘宝用户的经验。

(二)组织程序

众包网上争议解决程序一般均经过四个阶段:申请人提交申诉、通知被申请人、作出决定及决定执行。[43]

大众评审的程序不复杂。以买卖双方存在争议为例,若买家认为存在退款情形(如货物与描述不符)而卖家拒绝退款,买家可以选择通过淘宝小二还是大众评审处理。选择大众评审后,买家有三天举证时间,提交完成后卖家也有三天时间举证。争议双方可以上传交易凭证。一旦卖家完成提交,案件将被提交大众评审判定。

淘宝系统随机向评审员派送判定任务,采取先到先得的原则。2013 年发布的《淘宝网大众评审公约(试行)》规定,判定周期内,如参与判定的评审员不足 31 人(含本数),则构成无效判定,淘宝网将人工介入对该违规行为的判定处理;在符合人数要求的情况下获得 16 票的一方获胜。2014 年淘宝的规则修改为,判定周期内,如支持任何一方的评审员均不足 16 人(含本数),则构成无效判定。改变在于没有规定有效判定的总人数,而是规定支持任何一方的评审员达到 16 人就构成有效判定。在最新的《淘宝网大众评审公约(试行)》中,定性人数被修改为 7 人。判定周期也随着规则变化被逐渐延长,从最初的 24 小时,到 48 小时[44],再修改为 168 小时。根据评审员等级,大众评审员每日可判定的任务总量有一定限制,目前最高不得超过 80 个任务。[45]

在众包决定作出阶段有两个问题需要关注:第一,评审员能否询问争议双方。在争议解决程序中对双方进行询问,被认为有助于澄清问题。但在参与争议解决人数较多的情况下,则需要设计评审员询问当事人的机制。淘宝评审员没有向争议双方询问的途径。第二,决定作出前是否要经过评审员之间的共同

---

[43] See *supra* note[4], p.94.

[44] 数据来源于《〈淘宝网大众评审公约(试行)〉变更生效通知》(2014 年 11 月 11 日),https://rule.taobao.com/detail-1871.htm?spm=a2177.7231193.0.0.4de617eaixHPpc&tag=self,最后访问日期:2019 年 1 月 26 日。

[45] 参见 https://m.tb.cn/h.3ECMzRp,最后访问日期:2019 年 1 月 26 日。

评议。如果允许评议,则可能出现两极分化的情况并导致非理性决定,将影响信任度及程序便利。若不允许评议,少数意见便不会被持多数意见的人群考虑。从结果上少数方便受到压制,丧失了表达自己观点的权利。[46] 从现行手机版大众评审的实际操作上看,评审员的选择是分别进行的,在没有作出自己的选择之前无法看到其他评审员的选择,故不存在评议。

大众评审员的裁决为一裁终局。淘宝系统将依据淘宝规则的违规处理措施执行评审员的判定结果。消费者通过卖家事先存入的保证金得到赔付或者由淘宝先行赔付再向商家追偿。这里"一裁终局"指的是不存在经过大众评审的上诉。[47]

判定中心的设计便于用户加入和使用。网上争议解决的优势之一在于,可以通过图表、符号、流程说明等技术设计使争议解决的整个程序便于参与者理解和掌握。例如,用户可以较容易地在判定中心网站找到"工作流程"图示。新加入的评审员可以轻易地在"判定大厅"或"任务广场"领取任务,并随时看到任务的进展。同时,这个平台使用的是"评审员""任务""判定达人"等符合中文语言习惯、具有文化认同度,同时也显示淘宝企业特点的表达,而不是"陪审员""法官"等称谓。[48]

(三)人群构成

众包理论要求群体具有多样性。这种"多样性胜于个体精英能力"理论的基础在于,能力强的人是一个同质化的群体,他们在背景、观点和技能等方面具有类似性。虽然他们在某些方面优于大众,但许多问题的解决不能依靠一种思路。每个个体都具有独特性,不同的世界观会给出不同的问题解决方案,其中一些会是较优的方案。[49] 这种多样性可以体现为性别、国籍、经济地位、宗教信仰等方方面面的差异。[50] 多样性能够去除系统性偏见(systematic bias),与最终结果的质量高度相关。增加评判人员的社会多样性,而不是提高人群的平

---

[46] *Supra* note[4],pp. 97-98.

[47] 建立在区块链技术上的争议解决项目可以进行众包上诉,如 Aragon Network。这是一个以太坊上运行的去中心化自治组织管理应用。以太坊是一个能在区块链上实现智能合约的底层系统。Aragon Network 由代币控制,软件执行使用智能合约编写的代码。

[48] eBay 印度的社区法院也曾意识到同样问题。eBay 的团队意识到使用"法院"及"陪审员"(juror)的话语对用户体验不利,因此将社区的评审团体改为"委员会"(panels)。Colin Rule, Harpreet Singh, "ODR and Online Dispute Resolution Systems: Maintaining Trust and Accuracy Trough Effective Redress", in Mohamed S. Abdel Wahab, Ethan Katsh and Daniel Rainey (Eds.), *Online Dispute Resolution: Theory and Practice*, Eleven International Publishing, 2012, p. 181.

[49] 同前注[14],第 95—96 页.

[50] Daren C. Brabham, Speakers' Corner: Diversity in the Crowd, at https://crowdsourcing.typepad.com/cs/2007/04/speakers_corner.html(last visited Jan. 5, 2019).

均教育水平更能提高审判结果的准确性。[51]

在淘宝大众评审员的人群构成中,"80后"数量最多,占到总数的近75%。[52] 这也反映出目前在中国网民的整体构成中"80后"是主体。评审员年龄跨度较广,最年长的评审员74岁,最小的16岁。数据显示,男性淘宝会员更愿意担当大众评审,这与传统印象中淘宝以"女剁手党"居多不完全一致,在大众评审团队伍中男女比例为1.5∶1。另外,浙江、广东、江苏三省的淘宝用户最活跃,占大众评审员省籍比例最多。[53] 卖家与买家的数量基本相当。在一年的试用期内,有82万淘宝用户注册大众评审员,其中48万是买家,33万是卖家。[54] 2013年12月至2015年6月,评审员中的买家卖家比例基本上为1∶1。[55] 对于利用众包的电商平台而言,需要根据掌握的数据进一步观察哪些指标对争议解决的结果影响更大,例如是性别差异还是卖家和买家的数量差异,并对所选取的指标反映的信息予以评估。比如,在每一单项指标中(如买家卖家或年龄),除考察参与个体的数量外,还需考察某类个体的参与频率。例如,虽然卖家参与的总数少,但某些个体判定的任务可能多于买家,即活跃度更高。

在目前的众包网上争议解决应用中,一类程序是所谓的开放式众包,不要求参与者满足任何条件,众包机制也不隶属于网络社区,如在线民意测试;另一类是封闭式众包,参与者为特定群体,需要掌握解决特定问题的足够知识,代表是eBay和淘宝这类平台。后者似乎与众包是依靠普通人智慧的这一大众认知相左,但研究表明,封闭性的众包网上争议解决程序可以对参与者的信息进行自动筛选,从人群中找到适格的争议解决者。[56]

对淘宝平台而言,与争议解决密切相关的有两类知识或称为信息,即有关在线交易的信息和解决争议的信息。[57] 这些信息属于哈耶克所称的"有关特

---

[51] See Strodtbeck, F., James, R., and Hawkins, C., "Social Status in Jury Deliberations", *American Sociological Review*, vol. 22, 1957, p. 713.

[52] 根据一些学者观察,在群内最有生产力的多是年轻人,大致在30岁以下,这个群体是用户创造内容的Web 2.0时代最为活跃的年龄组。See Amande Lenhart, Mary Madden, "Teen Content Creators and Consumers"(Pew Internet and American Life Project, Report, November 2, 2005), at https://www.pewinternet.org/2005/11/02/teen-content-creators-and-consumers/ (last visited Jan. 8, 2019)

[53]《淘宝公布大众评审制首单:吸纳74岁资深剁手党》,http://tech.huanqiu.com/internet/2015-07/7053894.html,最后访问日期:2019年1月26日。

[54]《淘宝网判定中心上线 引入大众评审员机制》,http://news.mydrivers.com/1/288/288288.htm,最后访问日期:2019年1月26日。

[55] 数据来源于阿里巴巴2015年6月公布数据,参见《淘宝大众评审团,默默耕耘三年,首晒成绩单》,http://www.tianxiang17.cn/wz/epirah5.html,最后访问日期:2019年1月26日。

[56] Jaap van den Herik, Daniel Dimov, "Towards Crowdsourced Online Dispute Resolution", at http://ssrn.com/abstract=1933392 (last visited Jan. 8, 2019).

[57] 有关网上争议解决机制信息机制的详细探讨,同前注[22],第1065—1066页。

定时空之情势的知识"[58]。大众评审员均为淘宝的注册用户,是交易活动的直接参与者,很多是深度用户。他们掌握着大量有关交易的信息,包括交易流程、交易规则,特别是遭遇过交易中可能发生的各种情况。这种信息对争议的解决至关重要,非亲身经历不能获得,是一种私人信息。[59] 理论上法律专家更善于解决争议,掌握争议解决的技能和信息,这对他们而言是私人信息。但在淘宝的案例中他们却并不一定比网络用户更善于解决"淘宝网上发生的争议"。这主要是因为淘宝争议的特点决定了争议解决对法律知识的依赖程度低,更为重要的是淘宝规则和交易信息,而淘宝用户对这类信息掌握更为充分。与作为个体的"淘宝小二"、法官相比,众包的重要特点还在于,群体可以将这种每个用户拥有的重要信息进一步整合,互联网为这种信息聚集提供了更大可能,这使网络众包比线下众包更有优势。在信息掌握的意义上,淘宝用户是比较适合解决淘宝争议的群体。

为确保大众评审员能够具备这样的知识,淘宝平台首先设置了招募条件,对人群进行筛选。大众评审员通过公开招募产生,符合以下条件的淘宝网会员均可登录判定中心申请成为评审员:(1)会员注册时间满一年;(2)芝麻信用分大于等于 600 分;(3)买家须同时符合下述要求:① 会员等级大于等于 Vip2;② 信用等级大于等于三心;③ 近 90 天要求淘宝介入的交易笔数小于等于三笔;(4)卖家须同时符合下述要求:① 信用等级大于等于一钻;② 近 30 天争议退款率低于行业平均值;③ 申请成为评审员的当个自然年内无违反《淘宝规则》中严重违规(含出售假冒商品)相关规定被扣分;(5)无其他不适合担任评审员的情形。[60] 大众评审员的资格要求是与买家和卖家的信誉密切联系的,信用等级的具体评价信息可以在淘宝网站上获得。

淘宝也有促进评审员技能提高的机制。大众评审员虽然不是职业的争议解决者,但他们可以在判定过程中不断习得和积累解决争议的经验。淘宝平台上的巨大交易量为用户不断获取经验创造了可能,很多活跃的评审员能够在短时间内处理大量任务。淘宝允许用户根据判定的任务数量,获取经验值并提高等级。经验值就直接体现了评审员对信息的掌握程度。同时,判定中心还设有"你说我说"一栏,将"最热议""最纠结""最新鲜"的已判定任务作为案例供用户学习和讨论,进一步帮助他们学习评判技巧和经验。

(四)激励机制

众包的成功在于大众参与,但招募人员参与是众包项目的重要挑战之一。

---

[58] F. A. Hayek,"The Use of Knowledge in Society",*The American Economic Review*,vol. 35,1945,pp. 521-522。

[59] 合约理论区分了私人信息和可观察信息,前者指亲历者所掌握的信息,后者指从外部观察得到的信息。

[60] 《淘宝网大众评审公约(试行)》(2015 年 3 月 20 日正式生效)第 4 条。

而人们参与众包的动机可能是多种多样的。目前招募大众参与主要至少有五种激励模式:(1) 荣誉或赞许;(2) 经济报酬;(3) 服务社区的感觉;(4) 能够得到最终结果的反馈;(5) 为娱乐目的。[61] 在淘宝大众评审中这几种激励同时存在。

在完成任务后被"点名"(naming and shaming)和获得信誉(credit)是激励用户参与的重要手段之一。[62] 将用户参与争议解决的相关信息以某种方式公布出来,这类似于维基百科对词条撰写者的激励,也像在科学领域中学者获得承认能够正向激励进一步的研究行为。[63] 淘宝通过一些办法来建立和衡量评审员的声誉。例如,评审案件数量达到一定数量可以用于捐赠公益项目,在用户参与捐赠公益项目后,用户名以及捐助金额将出现在判定中心的网页上。根据评审的情况,淘宝评选和公布"评审之星"。评审员每评审一个任务所获得的经验值,累积起来可以获得相应等级的勋章。反之,淘宝也会定期对在判定过程中存在严重误判等违规行为的评审员进行处罚和清退,并公布在"评审员清退"一栏中。另一个设计是建立排行榜,对所有参与判定的人员进行排名。[64]

Göritz 的研究显示,物质激励平均能够提升众包应用回报率的 19%。[65] 但 Maniaci 和 Rogge 认为,金钱激励的大小与回报率并不呈正相关。大额的金钱激励甚至导致相对递减的回报率。[66] 其他领域的研究也表明,人们做事并不一定依靠利益刺激,而引入经济刺激后反而会破坏事情原本的价值和目标。[67]

---

[61] *Supra* note[4], pp. 78-82. 也有学者提到激励包括:(1) 参与者被某一机构要求贡献力量;(2) 招募方付费给参与者;(3) 寻求志愿者;(4) 让使用争议解决服务的人付费。See AnHai Doan, Raghu Ramakrishnan and Alon Y. Halevy, "Mass Collaboration System on the World Wide Web", at pages. cs. wisc. edu/vanhai/papers/mc-survey. pdf(last visited Jan. 26, 2019)

[62] See Van den Herik, J., and Dimov, D., "Towards Crowdsourced Online Dispute Resolution", in Sylvia Mercado Kierkegaard and Patrick Kierkegaard, *Law Across Nations: Governance, Policy & Statutes*, International Association of IT lawyers (IAITL), p. 250.

[63] *Supra* note[4], p. 79.

[64] 正如淘宝网站上表述的,"和好友比一比、赛一赛,看看谁参与的判定多,谁判定的质量更好"。"比"才是进步的动力。在中国当下的文化中,"比"的确是一个重要的对进步的激励。

[65] Göritz, A., "Incentives in Web Studies: Methodological Issues and a Review", *International Journal of Internet Science*, vol. 1, no. 1, pp. 58-70.

[66] Maniaci, M., and Rogge, R., "Conducting Research on the Internet", in Reis, H. and Judd, C., *Handbook of Research Methods in Social and Personality Psychology (Second Edition)*, Cambridge University Press, 2014, p. 464.

[67] 经济学家曾做过这样一个研究,在一个托儿所,根据规定每天下午 4 点前接孩子。但家长们常常迟到,所以每天傍晚总要有一个老师留到最后等待家长。据统计,每个托儿所每周会有 8 起晚接孩子的事情。为解决这一问题,经济学家设计加入罚金,每个晚接孩子 10 分钟的家长都被要求支付 3 美元的罚金。结果是,不接孩子的事件不但没有减少反而迅速增多了。这种安排的问题是,引入的经济激励(3 美元的罚金)挤走了道德激励(家长们晚来所感到的愧疚)。通过几美元,家长们就消除了罪恶感。See Uri Gneezy and Aldo Rustichini, "A Fine is A Price", at http://rady. ucsd. edu/faculty/directory/gneezy/pub/docs/fine. pdf. (last visited Jan. 3, 2019). See also Steven D. Levitt, Stephen J. Dubner, *Freak Economics*, Penguin Books, 2005, pp. 21-23.

众包成功的关键在于满足人们的精神追求和实现某种意义。如果有物质收益，也必须排在其他意义之后。[68]如果金钱刺激成为主要激励，就不会有成功的众包。目前主要的众包网上争议解决机制即便收取费用，费用也较为低廉。[69]淘宝大众评审是免费服务，也不会占据评审员大量时间，这应该很大程度上是人们愿意尝试淘宝大众评审的原因。为了激励评审员积极参与交易争议判定，淘宝给每位成功投票的评审员一定的积分作为奖励，无论判决是否正确。道德风险似乎始终存在，有评审员为获得奖励，不认真审核交易双方的举证材料，草率投票导致交易争议被误判。[70]这就需要淘宝采取有效防范措施杜绝此类行为，并针对大众评审员的渎职行为提出相应的惩处办法。目前还无法衡量如果淘宝大众评审成为收费服务，是否用户会继续选择仍由淘宝小二解决争议。

淘宝大众评审的参与者本身就是卖家及买家，这既是成为评审员的条件，也是用户主动参与的重要动力。作为社区的一员，用户有动力为建立公平公正的交易社区贡献力量。用户也可能会希望通过评审的方式去帮助有同样问题的用户解决问题，这就是所谓的"感同身受"。评审过程也为买家和卖家提供了一个机会，他们可以在评审中同时观察买卖双方的交易行为，并调整自身的交易行为和判断角度。用户主动参与争议解决的理由会有多种。但无论参与者目的为何，人群中总有一些活跃的、有能力、有热情的用户会主动参与完成任务。[71]这些积极的参与者是推动众包成功的重要因素。例如，有资深评审员自大众评审成立三天即参与，几乎每天上线进行评审，常年居于评审员全球排行前三名。也有评审员秉承教育工作者的严谨作风，坚持对评审案件经过细致分析再判断，并认为参与评审就是和一群志同道合的人一起做一件有意思的事。[72]

研究表明，人群中的成员如果能够收到投票的结果反馈，比如支持或反对的意见，从而知晓其作出的决定是否与多数意见相符或仅仅是少数意见，这将是一个极为有效的激励。[73]淘宝目前的做法是，大众评审员完成判定后可以看到当前的投票人数。如果人数达到有效判定人数，就可以在判定结果的界面

---

[68] 同前注[14]，第149—50页。

[69] "At present, only the providers of online mock juries provide remuneration to the crowd members. TrialJuries pays USD 30 to each juror for his participation in a simple case. For more complex cases, TrialJuries pays a higher amount. Depending on the complexity of the case, JuryTest pays each juror between USD 5 and USD 50." See *supra* note[4], p.81.

[70] 参见《淘宝的大众评审员招募在交易纠纷解决机制存在的问题》，http://www.taopugou.cn/news/show-1829.html，最后访问日期：2019年1月26日。

[71] 在YouTube等新型社交网络中，只有1%的用户是活跃的内容创造者，另有10%的用户和内容互动并且作出改变，剩下89%的用户都是被动的观察者。同前注[14]，第21页。

[72] 评审员故事，见大众评审网站，http://pan.taobao.com/#n3。

[73] *Supra* note[4], p.80.

看到自己的选择是否与最终结果一致。

娱乐或消磨时间也是人们参与众包项目的原因之一。Ipeirotis对亚马逊土耳其机器人应用的研究表明,21%的参与完成任务的人是在消磨时间,42%为娱乐目的。人们参与众包的动机是通过参与众包工作获得本能的乐趣以及与他人社交的机会。[74] 理论上,淘宝大众评审不排除这种情形。

除上述五种原因外,淘宝大众评审还以做慈善的方式激励评审员参与。在中西方的不同文化中都可以找到"慈善"的根源和相似表达。这反映出"慈善"是一种人类的共同精神归宿和人性美德,简单讲即从行善中获得精神满足和自我完善。[75] 淘宝大众评审员每评审一个事项将获得5—10点不等的经验值和1—10点不等的公益点滴。经验值可以反映评审员的资历,公益点滴则被用来参与公益捐赠,如给贫困儿童送爱心餐、为乡村诊所捐钱,捐赠者信息将被公布在网站上。参与公益项目能够让评审员们感受到评审工作的价值,也能够感觉到是在为改善他人生活做贡献。当然,如果希望以此持续激励评审员,可能还需要完善公益捐赠后的反馈途径,比如项目募集的资金数量、实施情况等。否则,当评审员的预期无法明确实现时,动力便会减弱。

四、对淘宝大众评审的程序正义评估

(一)何谓程序正义

自亚里士多德以来,西方思想史上有关正义的理论文献可谓汗牛充栋。在不同的正义观下,也形成了"分配的正义"和"矫正的正义","实体正义"和"程序正义"等不同的概念和分类方法。罗尔斯在著名的《正义论》中对纯粹的程序正义进行了论述。[76] 简而言之,相对于裁判结果而言,程序正义要求裁判过程符合公平正义的要求。正如法律格言所称:"正义不仅应得到实现,而且要以人们看得见的方式加以实现。"(Justice must not only be done, but must be seen to be done.)对我们而言,讨论程序正义的重要性在于,它将影响争议解决结果,影响使用者对结果的接受程度。利用众包解决争议的优势只有在保证公正性的前提下实现才有意义。

---

[74] Ipeirotis, Panos, "Why People Participate on Mechanical Turk", Blog of P., Ipeirotis, 11 September 2008, at http://behind-the-enemy-lines.blogspot.com/2008/09/why-people-participate-on-mechanical.html(last visited March 3, 2019).

[75] 慈善这个词最早起源于古希腊"Philanthropie",包括现在法语和英语的"慈善"都是以古希腊这个词"Philanthropie"为词根的。这个词是由"philein"和"anthropos"两个词组合而成,"philein"是"爱"的意思,"anthropos"是"人"的意思。"慈善"这个词的起源所蕴含的意思,归根结底就是两个字:爱人。

[76] 参见约翰·罗尔斯:《正义论》,何怀宏、何包钢、廖申白译,中国社会科学出版社1988年版,第79—85页。

Dimov 在讨论众包网上争议解决时,进一步区分了两种程序公正:一是客观性程序公正(objective procedural fairness),即程序是否符合某种标准;二是主观性程序公正(subjective procedural fairness),即个体主观上是否认为程序足以公正。[77] 后者主要被社会心理学家用于观察某个程序的参与者对程序的反应。影响主观性程序公正的因素有很多,如评价者的道德观念和文化归属。因此一个人认为的公正,对另一人而言可能是不公正的。[78] 限于篇幅此处不再展开其他学科的研究成果,也不讨论结果公平的问题,而仅从规范性角度分析淘宝大众评审是否符合客观性程序公正的要求。

为促进消费者争议解决,欧盟制定了《关于替代性解决消费者争议并修正第 2006/2004 号(欧共体)条例及第 2009/22 号指令的第 2013/11 号(欧盟)指令》(以下简称"《欧盟替代性争议解决指令》")。该指令第 7、8、9 条与程序公正相关,具体表现为九项标准:专业性(expertise)、独立性(independence)、中立性(impartiality)、透明度(transparency)、公平听证(fair hearing)、平衡度(counterpoise)、合理的程序时长(ensuring a reasonable length of procedure)、决定附理由(providing reasons)、自愿参与(voluntary participation)。[79] 联合国贸法会《关于网上争议解决的技术说明》提出了网上争议解决系统应采取的方针,这些方针体现了公正、独立、高效、有效、正当程序、公平、问责和透明原则。[80] 我国《电子商务法》第四章(电子商务争议解决)[81]第 63 条规定,电子商务平台经营者可以建立争议在线解决机制,制定并公示争议解决规则,根据自愿原则,公平、公正地解决当事人的争议。从法律效力和规则制定者所要达到的政策目标看,《欧盟替代性争议解决指令》作为欧盟法律,为消费者争议解决设置了较为严格和细致的要求,体现出欧盟在互联网治理政策上一贯的"监管者"的色彩。贸法会的《关于网上争议解决的技术说明》不具有约束力,旨在为所有网上争议解决程序提供程序性指引。我国《电子商务法》的规定是原则性的。但它们都要求网上争议解决程序具有公正性,具有相似的内核。这就为我们考察众包网上争议解决提供了基本的规则框架和标准。下文结合淘宝机制对自愿性、专业性、独立性/公正性、公平听证、透明度、程序时长、裁决附理由这些要求做进一步分析。

(二)淘宝大众评审是否合乎程序正义的要求

若争议解决的提起存在法律或事实上的强迫,则存在有违反要求的可能。

---

[77] *Supra* note[4], p.109.
[78] *Id.*, p.117.
[79] *Id.*, p.109.
[80] 同前注[25]。
[81] 2018 年 8 月 31 日,第十三届全国人大常委会第五次会议表决通过《电子商务法》,自 2019 年 1 月 1 日起施行。

例如仲裁制度就建立在当事人意思自治的基础之上,提起仲裁要求事先存在提交仲裁的合意。互联网用户为获得平台提供的服务,需要与网络平台运营商签订用户协议。这种协议由平台单方面制定,用户在注册时通过点击确认接受,对双方具有约束力。淘宝的争议解决规则属于其用户协议的一部分,注册为用户就得接受其所有安排,包括争议解决规则。由于平台的强势地位,滥用格式条款的现象时有发生。[82] 这种滥用有时体现为平台限制用户寻求法律救济手段。[83] 淘宝平台给了用户选择权,他们可以自由选择是由大众评审或是由淘宝小二来解决争议,也可以寻求司法救济,在这一点上不存在滥用的情形。不过这种选择的启动是单方面的,即一般由买家提出申请启动程序,卖家无法拒绝,只能被动等待评审。这种权力分配格局显然有利于一般认为的属于弱势群体的消费者。对卖家有利的是,使用判定中心而发生的退款将不计入纠纷退款率,不会影响对卖家至关重要的声誉。[84]

专业性一般要求解决争议的人具备必要的、相关的知识和技能。《欧盟替代性争议解决指令》第6条(1)a 就要求争议解决者具备必要的解决消费者争议的知识和技能以及对法律有一般性的理解。为此,淘宝要求评审员具有一定的资格。前文也指出淘宝用户对解决淘宝平台上发生的争议比其他群体具有信息优势。同样重要的是,这种优势是建立在成本衡量的基础之上的,我们不能排除当某些争议被提交给专业人士处理时他们会作出更优的处理,但显然要付出更大成本。

独立性表现为第三人与双方不存在利益冲突。在仲裁中,独立性是通过仲裁员披露可能引起对其公正性和独立性产生合理怀疑的任何事实或情况予以保障的。eBay 评审员的独立性表现在,要求其与争议双方都没有发生过交易。依靠仲裁员的主动披露并不能杜绝仲裁员与双方存在利益关联,而网络平台则可以通过技术手段确保不存在利益关联,这是互联网争议解决的技术优势。对于淘宝来说,首先《大众评审公约(试行)》明确规定了回避评审员需要披露的信息。其次,平台通过技术化的处理来增强公正性,如限制评审员挑选案件,监控评审员之间的关系以限制相互影响。[85] 此外,淘宝的大众评审员匿名参与评审,人员是随机选择的,也有清退机制。中立性则是一个较为抽象的概念,要求裁判者头脑中保持"不偏不倚"。上述机制如人员选择的随机和匿名性有助于

---

[82] 例如淘宝平台因实施新规导致的卖家抗议事件,参见"淘宝 10.11 事变"的百度百科,https://baike.baidu.com/item/淘宝 10.11 事变/7126749?fr=aladdin,最后访问日期:2019 年 3 月 1 日。

[83] 参见王红霞、杨玉杰:《互联网平台滥用格式条款的法律规制——以 20 份互联网用户注册协议为样本》,载《上海政法学院学报(法治论丛)》2016 年第 1 期,第 52 页。

[84] 同前注[36],第 250 页。

[85] 同前注[36],第 252 页。

保证中立性。eBay 对评审人的中立性进行的测试可供参考：第一，评审人在多少个决定中属于少数意见；第二，评审案件所需时间；第三，评审人作出决定所依据的理由；第四，对被怀疑有问题的评审员，使用已经裁决过的案件对其进行公正性测试。[86] 值得一提的是，"淘宝小二"的腐败问题曾经引发各种批评。如果争议交由大众评审，贿赂在网络上随机挑选出的大众评审员几乎是不可能的。

公平听证的基本要求是，双方均有公平参与的机会，包括及时获得通知，获得所有案件相关信息，能够针对对方意见进行反驳。淘宝大众评审允许双方各自单独提交证据材料，但不存在双方进行互相反驳的设计。

透明度体现在两个方面，一是程序规则应具有透明度，二是平台应提供与争议解决结果相关的信息及反馈。例如《欧盟替代性争议解决指令》第7(2)条要求网上争议解决平台每年出版关于其程序运行的统计信息。[87] 在淘宝网站上所有人都可以获得大众评审规则。目前，淘宝并未专门定期发布大众评审的数据年报，在一些公告和研究报告中会附带提及大众评审的有关数据。

在争议双方提交完证据，程序进入判定周期后，根据淘宝信息，任务一般能够在 24 小时内获得结果。从公布的淘宝大众评审规则看，淘宝大众评审的判定周期随着规则的修改不断被延长，而判定需达到的有效人数却在减少。理论上"合理"延长时间，能够给予评判者更充裕的审理案件时间。[88] 人数减少有利于尽快达到有效判定人数以作出决定，但不确定人数是否会对公正性造成影响。判定周期与人数的变化关系以及这两项指标对判定效果的影响需要通过进一步的研究来说明。

裁决附带理由被认为对争议解决有积极的作用，理由在于：对于受结果影响的人是一种尊重；能够获得更好的争议解决结果；有利于进行上诉。[89] 裁决不附理由的直接影响至少包括，不利于从外部判断案件中是否存在偏见或其他违反规则的情形。缺乏必要的信息也不利于平台改进系统。淘宝大众评审改版前允许但不要求判定附理由。在争议解决后，双方可以看到附具的理由。从现行手机版大众评审的实际操作上看，评审员在评审一项任务时，不再能够附带理由。

根据以上分析，淘宝的大众评审一定程度上符合公正性要求，这是其能够为用户接受并到目前为止仍然能被平台使用的重要因素之一。

---

[86] *Supra* note[4], p. 142.
[87] *Id.*, p. 111.
[88] 淘宝平台的机制变化也可能出于其他考虑。时间延长的原因以及是否有利于争议解决，则有待进一步研究给出答案。
[89] *Supra* note[4], p. 115.

五、众包网上争议解决的价值及前景

（一）淘宝大众评审的价值再审视

上文从机制本身出发分析了淘宝大众评审作为一种争议解决方式的价值。若将它放在中国互联网发展的大框架中予以审视，有助于我们进一步评价其制度价值。

随着中国互联网和电子商务的发展，网上争议解决近年来也在中国发展起来。目前主要有以下几种实践：（1）仲裁机构的在线仲裁，如中国国际经济贸易仲裁委员会、华南国际经济贸易仲裁委员会的在线仲裁；（2）网上诉讼，目前中国成立了北京、杭州、广州三家互联网法院；（3）网络平台组织的争议解决，如淘宝的大众评审；（4）其他组织提供的争议解决服务，如 www.odr.com.cn、www.odr.beijing.com。[90] 这些网上争议解决的类型中，尤以淘宝的争议解决机制借助平台的优势，发展最早也引起各方关注。在过去一些年中，淘宝发展出的市场机制在一些方面能够代替国家治理网络商业活动。它的角色已经不仅仅是一个电子商务平台，而是凭其巨大的影响力参与并推动了中国互联网规则的形成。[91] 因此不难理解，目前中国众包网上争议解决的唯一成功实践是淘宝的大众评审[92]，其具有重要的示范意义。也正由于淘宝平台的重要性，淘宝的发展和变化带来的辐射效应也会是多方面的。

淘宝大众评审的宣传语"沉淀群众智慧，共治现在，共建未来"对此进行了清晰表达："群体"——聚点滴智慧与力量，让社会治理工作简化，人人参与，随时随地；"共治"——通过群众投票、少数服从多数的方式，实现大量争议的即时解决；"共建"——促成大众参与行业规则及公共政策的讨论，保证民意进入到公共政策中。[93]

淘宝大众评审的制度价值还体现在其与淘宝平台"既内且外"的关系上。一方面，淘宝众包不是第三方机构提供的争议解决服务，而是"内嵌"于淘宝网整体架构中的一环。由平台组织的争议解决是一种多重机制共治的系统，机制之间存在制度性关联，能够弥补单个机制的不足。这有效克服了一般众包在招

---

[90] See Wei Gao, "The Success and Failure of Online Dispute Resolution", *Hong Kong Law Journal*, vol. 47, 2017, p. 450.

[91] Supra note[33], p. 1564.

[92] 与淘宝同属阿里巴巴集团的"闲鱼"是一款个人闲置物品交易平台。闲鱼目前通过随机抽选高信用闲鱼用户组成大众评审解决用户间纠纷。经常使用闲鱼的高信用用户，不时收到闲鱼小法庭的邀请，参与闲鱼用户的纠纷解决机制。被邀请的用户会在系统消息里收到"小法庭邀请通知"，点击即可参与评审。在开始评审前，会出现简要介绍闲鱼小法庭的界面，系统将告知评审者评审规则，规则中称是17票9胜。经过实际观察，闲鱼App界面以及闲鱼官网无任何进入小法庭或了解小法庭规则的通道。用户只能在接到闲鱼系统的邀请后方可了解规则并决定是否参与评审。

[93] 参见 https://pan.taobao.com，首页宣传语。

募人员和执行方面的缺陷。

另一方面,众包又是独立于网络平台之外的争议解决机制。将争议外包给大众解决,企业的权力就受到了约束。用户使用大众评审首先避免了对小二不公和腐败的担忧。大众也可以帮助企业书写各种规范,如淘宝大众评审能够推动交易争议规则优化。例如当一条规则在实践中被证实已不适用于判定争议时,大众评审员有权向平台提出质疑。淘宝会根据大众评审的案例进行分析总结,对平台现有争议处理规则做主动校验和改进。无论依靠大众进行争议解决还是规则制定都体现了互联网的生产方式和思维模式,是更民主的方式。当企业将经营中的某些环节外包给网络用户时,也将风险进行了转移,能将私人企业从"独裁者"的诟病中解救出来。

淘宝大众评审作为目前为数不多的成功的众包争议解决机制,验证了众包的有效性,丰富了人们对众包作为争议解决方式的认识。根据淘宝公布的大众评审"成绩单",2013年大众评审对640条淘宝规则的执行状况进行监督,优化了22条有争议的规则[94];截至2018年,大众评审的注册评审员人数为431万人,参与判定172万人,累计完成超1亿次争议判定。[95] 2016年,每日交易争议总量的10%是通过大众评审的方式处理完成的。[96] 当然上文的分析也揭示出淘宝大众评审存在的问题。对于淘宝这种对中国网民深具影响力的互联网平台,无论为企业自身发展还是促进网民福利而言,改进都是极其必要的,具体体现在以下三个方面:

第一,需要完善大众评审规则,增加程序和规则的透明度。淘宝需要考虑是否有必要以及如何完善一些程序细节,如评审员作出决定时是否需要附具理由。淘宝对大众评审的规则会作出更新,对其中一些部分进行了修改,例如判定机制的变更(包括有效判定规则和判定周期)。这些规定是判定过程的核心要素,对这些步骤的修改应当作出说明,并与所有规则一起公布在网站的显著位置。这也是我国《电子商务法》对平台规则透明度的要求。

第二,需要改进机制,提高程序的合理性、公正性。上文在对淘宝大众评审公正性予以分析时,同时提出了一系列值得平台考虑和改进的问题。此处不再赘述。

第三,需要合理化人员资格。如果招募条件或机制设置不当,则会影响到争议解决结果。淘宝的招募条件主要是以买家和卖家进行区分的。淘宝招募

---

[94] 数据来源于《2016阿里巴巴生态系统互联网志愿者研究报告》,https://wenku.baidu.com/view/e31e5ea3710abb68a98271fe910ef12d2af9a92d.html,最后访问日期:2019年1月26日。

[95] 数据来源于大众评审手机端首页公告《重磅消息:大众评审荣获阿里巴巴2018财年集团公益大奖》。

[96] 申欣旺:《淘宝互联网争议解决机制的启示》,载《民主与法制》2016年第5期,第26页。

买家主要依据会员等级和信用。这些与买家的消费能力有关,可以反映出买家熟悉交易流程的程度以及买家还款信用是否良好,却不一定能保证买家熟知交易规则。卖家的招募条件更为严格:要求店铺信誉1钻以上,30天争议退款率低于行业平均值,自然年内无违规行为。

对卖家争议退款率的要求无疑是为了筛选出值得信任的评审员,但也令众多有经验的卖家无法担任大众评审员。从买家卖家的构成上看,某种意义上卖家可能比买家更适合担任大众评审员。一方面,卖家为了店铺运营业绩会主动研究淘宝交易规则,他们对交易争议的责任认定非常了解。而买家无论等级多高,多数时间均花费在甄选商品、咨询和讨价还价上。另一方面,卖家天生也是买家,而大部分买家却从未担任过卖家角色。如果同时兼具两种角色,能更好地做到换位思考,因此在判定时卖家可能更有经验。[97] 另外,淘宝的大众评审属于众包程序,评审人全部由用户组成。未来可以设计混合型程序,类似美国的陪审团制度,使评审团中既有法律专家(仲裁员、调解员、法官),也有大众评审员。必要时,专家可以在大众审议案件前对法律问题进行说明,有助于防止大众评审偏离法律和规则的要求。[98]

(二)众包网上争议解决未来的发展方向

淘宝大众评审仅仅是众包网上争议解决的众多应用之一。众包网上争议解决还可以在以下方面(但不限于)进一步发展,研究也可以相应展开:

第一,进一步认识众包网上争议解决机制,推动其在更多领域应用。本文主要考察了淘宝的众包机制,还需要对其他众包网上争议解决程序予以总结和研究。同时,为使众包网上争议解决发展成为一个成熟的领域,众包网上争议解决不应仅仅停留在学者讨论之中,还应为争议解决实践提供方案。例如,可以期待众包机制在产生大量争议的网络平台,如在线招聘网站、社交媒体等上得到应用。目前相当数量的众包应用已经出现,包括但不限于数据挖掘、数据获取、信息提取等,可将众包网上争议解决与这些应用进行整合。[99]

第二,评估众包程序的公正性。公正性是人们内心的需求,并以法律文本和规范性文件作为载体。这就要求首先建立或明确众包网上争议解决的程序公正标准。目前国际国内层面已经制定了网上争议解决的初步标准。本文通过一些指标对淘宝众包的公正性进行了评价,未来需要考虑如何在法律上或是技术上采取手段以更好地满足这些公平的指标。此外,法学研究主要关注客观性程序公正,目前很少涉及众包网上争议解决的分配正义问题(distributive

---

[97] 参见《淘宝大众评审规则机制的建设意见》,http://www.taopugou.cn/news/show-1831.html,最后访问日期:2019年1月26日。
[98] *Supra* note[4], p.103.
[99] *Id.*, p.171.

fairness），即个人对所获报酬的公正知觉，也就是依据一定的标准对分配最终结果的评价，亦称结果公平。负面的分配正义评价将影响争议人对程序的态度，给机制发展带来负面影响。这值得法学家们关注。

第三，促进技术特别是人工智能与众包网上争议解决的结合。例如，可以通过计算模型来研究和模拟人类的决策行为，帮助机制设计者改善设计或者进行结果比对。[100]

六、结语

本文对开头提出的三个问题进行了回答。即首先通过文献梳理，对众包网上争议解决及其相关概念作出清晰的描述，进而通过对淘宝大众评审构成要件的分析、对其公正性的判断，呈现了一个众包网上争议解决机制的运行及可能出现的各种问题。

一个时代的动力系统变了，一切也将随之改变。互联网就是这个时代的蒸汽机，它已经持续在引发各种重要的变化。Web2.0的浪潮使社会网络中的个体可以自由地合作，释放众人的智慧。众包改变了争议解决的形态，使争议解决（至少某些类型的争议）从小部分专家手中转移到业余爱好者手中，从一个封闭系统走向开放。利用众包进行争议解决的关键在于如何在技术和法律层面上完善机制设计，例如设定清晰的目标、选择合适的人群，并在泥沙俱下的情况下筛选出智慧的解决方案。众包不仅仅是互联网社会的流行词，它是一种前所未有的社会行为，深刻影响着我们对于专业性、商业模式以及智力劳动价值的传统看法。作为一种新的争议解决方式，它需要时间的检验。但无论如何，当固有的思维模式在技术进步中不断被打破后，我们可以期待一个新事物有更广泛的发展。

（审稿编辑　刘思艺）
（校对编辑　邓　伟）

---

[100] *Supra* note[4], p.172.

WTO 上诉机构危机的原因

杨国华*

The Real Reason of the WTO Appellate Body Crisis

Yang Guohua

内容摘要：由于美国阻挠，WTO 上诉机构面临合法性和功能性危机。美国对 WTO 上诉机构的指责不能成立，其真实目的是摧毁上诉机构，而美国贸易代表的立场和观点在其中起到决定性作用。上诉机构危机必将过去，WTO 成员应该联合起来抗争，拯救上诉机构，维护多边贸易体制。

关键词：WTO 上诉机构　危机　美国　Bob　国际法治

拙文"WTO 上诉机制研究三部曲"，即《WTO 上诉机制论》《WTO 上诉机构的产生与运作述评》和《理念与裁决：詹姆斯·巴克斯（James Bacchus）个案剖析》写于 2016 年 6 月至 2017 年 2 月之间，比较完整地阐述了 WTO 上诉机制的谈判起源和运行机制。[1] 拙文表明，上诉机制的建立，是 GATT"乌拉圭

---

* 法学博士，清华大学法学院教授，中国法学会世界贸易组织法研究会常务副会长。作者感谢清华大学法学院研究生王语嫣为本文提供资料和提出意见。

[1] 杨国华：《WTO 上诉机制论》，载《北大国际法与比较法评论》2018 年 12 月第 15 卷（总第 18 辑），第 107—159 页；杨国华：《WTO 上诉机构的产生与运作研究》，载《现代法学》2018 年第 2 期，第 147—156 页；杨国华：《理念与裁决：詹姆斯·巴克斯（James Bacchus）个案剖析》，载《国际贸易法论丛》2018 年第 8 卷，第 209—223 页。

回合"谈判中"改进并加强(improve and strengthen)争端解决的规则和程序"的主要成果。具体而言,上诉机制是为了纠正专家组报告中可能存在的错误。拙文提出,WTO上诉机制是人类社会第一个解决国家之间争端的上诉机制,在解决贸易案和发展国际法方面作出了重要贡献。拙文也谈及WTO上诉机制需要解决的问题,主要是案件数量过大和成员连任受阻,认为WTO上诉机制的发展事关WTO的未来,更事关国际法治的建立和完善。

　　写作这三篇长达7.5万字的文章,是因为WTO上诉机制非常成功,二十多年作出二百多个高质量裁决,成为世界贸易体制"安全性和可预见性的核心因素"。[2] 凡是从事过WTO争端解决实务或阅读过WTO上诉机构报告的人,都会盛赞WTO上诉机制的成就。1996年至2014年,本人在外经贸部/商务部条约法律司工作,有幸参与了中国加入WTO之后一些重要案件的处理工作,包括多次出席WTO上诉机构听证会,对上诉机制的必要性和有效性深信不疑。本人还将上诉机构报告作为法学院本科生和研究生的课堂讨论案例,精彩的法律推理令一届届同学如痴如醉,惊叹这才是真正的法律思维。因此,这三篇文章就是试图追根求源地探索上诉机制的成功之道,认为该机制设计合理,第一代上诉机构成员认真负责,为上诉机制运转奠定了良好基础。写完一篇,意犹未尽再写一篇,还因为本人作为中国政府推荐的候选人参加了上诉机构成员的竞选。2016年4月4日至20日,本人有幸在日内瓦与WTO上诉机构遴选委员会成员[争端解决机制(DSB)主席南非大使、总干事、总理事会主席挪威大使、服务贸易理事会主席乌拉圭大使和知识产权理事会主席坦桑尼亚大使]面谈,并会见了34个成员的代表,其中包括20位大使。这次独特的经历,让本人从"人"的角度对上诉机制增加了感性认识,认为这样一个精挑细选的过程,保障了上诉机构成员的基本素质。总而言之,本人对上诉机制是肯定的。至于上诉机制需要解决的问题,在本人看来,最多是技术层面的,例如工作量问题。甚至对于成员连任问题,本人也觉得不过是一个偶然事件,能够很快从制度上得到完善。

　　然而,随后的事态发展,却令所有人始料未及、不知所措。以2017年初特朗普政府上台为标志,美国开始对WTO采取负面态度,不断攻击WTO规则不公平、不发展,甚至威胁退出WTO。[3] 尤为恶劣和严重的是,美国开始阻挠上诉机构成员的遴选,使得名额不能补足,以至于到了2018年9月,上诉机构

---

[2]《关于争端解决规则与程序的谅解》(Understanding on Rules and Procedures Governing the Settlement of Disputes, DSU)第3条第2款。

[3] Jeffrey Kucik, "Why Trump's wrong about WTO treating US unfairly?" (The Conversation, 4 September 2018), at https://theconversation.com/why-trumps-wrong-about-wto-treating-us-unfairly-102562 (last visited 31 December 2018).

7名成员只剩下3名,其合法性不复存在,实际运转大打折扣,上诉机制面临生死存亡的危机。WTO主要成员一致表示关注,各国学者也纷纷提出解决方案。然而,直到2018年年底,危机丝毫没有转缓,并且人们普遍持悲观态度,认为上诉机制将进入"冬眠"状态。

众所周知,WTO上诉机构危机来自美国阻挠上诉机构成员的遴选。然而,美国提出的理由是什么?能否站得住脚?真实原因又是什么?

一、理由

美国驻WTO大使曾表示,美国对WTO争端解决机制的关注明确载于《2018年贸易政策规划及2017年贸易协议年度报告》(2018 Trade Policy Agenda and 2017 Annual Report of the President of the United States on the Trade Agreements Program)第22—28页中,并且戏称"第22—28页"已经成为日内瓦流行的美国关注的代名词。[4] 该文件是2018年3月美国总统根据法律规定向国会提交的年度报告,全面总结了2017年美国在贸易协议谈判和实施、贸易执法措施、制造业与贸易、保护知识产权、促进数字贸易和电子商务、贸易与环境、贸易与劳工、中小企业和经合组织等方面的活动,WTO的各项活动,以及贸易政策发展等方面的举措,还有2018的计划。[5] 对争端解决机制的关注,大致可以分为实质和程序两个方面。

在实质方面,主要是所谓的专家组和上诉机构增加或减少WTO协定的权利义务问题,可以简称为"越权裁判"(overreaching)问题。文件列举了一系列案件,认为专家组和上诉机构在补贴、反倾销税、反补贴税、TBT协定的标准和保障措施等方面超越了其法定权限,对WTO成员增加或减少了权利义务。例如,上诉机构的解释严重限制了WTO成员抵制国有企业所提供的干扰贸易的补贴的能力,对市场导向行为者的利益构成威胁;上诉机构对《技术性贸易壁垒协定》(TBT协定)中非歧视义务的解释要求审查源于国别的与差别待遇无关的因素,使得国内外产品的同等待遇却因市场影响的差异而被认定为歧视进口产品,而TBT协定文本或谈判历史都不能表明WTO成员曾经谈判或者同意这样的做法;在"美国海外销售公司案"中,专家组和上诉机构的解释导致一项结果,即WTO规则没有公平对待(全世界和本国)不同的税收制度,没有考虑WTO成员已经达成谅解,认为一国没有必要对国外收入征税,并且没有证据

---

[4] CSIS, "The WTO: Looking Forward" (12 October 2018), at https://www.csis.org/events/wto-looking-forward (last visited 27 December 2018).

[5] USTR, "2018 Trade Policy Agenda and 2017 Annual Report", at https://ustr.gov/sites/default/files/files/Press/Reports/2018/AR/2018% 20Annual% 20Report% 20FINAL.PDF (last visited 27 December 2018).

表明美国海外销售公司扰乱了贸易或比其他国家的本国税收制度更具扰乱性；上诉机构对GATT第19条和《保障措施协定》的解释没有文本依据，而是按照自己设定的标准解读文本，严重影响了WTO成员使用保障措施的能力；在"美国CDSOA案"中，上诉机构事实上创造了一种新的禁止性补贴，而WTO协定并未限制成员如何使用基于反倾销税和反补贴税所建立的基金以帮助受到损害的产业。

在程序方面，该文件则选取了以下五个问题：(1) 无视90日上诉审期。2011年之前，上诉机构基本遵守90日审期的规定，只是在必要时经当事方同意延长期限。然而，上诉机构后来改变了做法，不再与当事方协商，而只是向争端解决机构通报。近年来，上诉机构也不再遵守一般应在60日内提交报告的规定，不向当事方和争端解决机构通报延期所需时间。(2) 离任成员继续审案。上诉机构任期结束后继续审理现有案件，其决定权在争端解决机构，而不在上诉机构本身。2017年之前，上诉机构偶尔自己作出决定，并且延长时间相对较短，但是2017年开始无限期延长，甚至适用于某成员任期结束前尚未开始审理的案件。(3) 发表无关争议解决的咨询意见。上诉机构经常发表并非解决争端所必需的意见，导致审期延误。例如，在某个极端案例中，上诉机构报告的2/3、长达46页的分析都是咨询性质的 (obiter dicta)；上诉机构推翻了专家组裁决，认定专家组的所有裁决都是无效的，转而长篇解释《服务贸易总协定》(GATS)的若干规定。这些解释无益于解决争端，而是对一个无效专家组裁决的审查。(4) 审查事实及重新审查成员国内法。上诉机构经常根据不同的法律标准对专家组报告中的事实进行审查，并且对WTO成员的国内法进行解释。上诉机构将国内措施的含义作为法律问题进行审查，而不承认其属于不应受制于上诉审查的事实问题。不仅如此，上诉机构在审查国内措施的时候，还不采纳专家组的事实认定。(5) 主张其裁决构成先例。上诉机构认为，除非有强有力的理由 (cogent reasons)，专家组应该遵循其裁决。尽管上诉机构裁决能够对WTO协定进行有价值的澄清，但是裁决本身并非成员所同意的文本，也不能替代谈判所达成的文本。上诉机构主张其裁决构成先例，就是认为专家组可以不承担客观审查案情的责任而只遵循先前裁决。[6]

---

[6] 关于程序方面的5个问题，美国后来在WTO争端解决机构(DSB)会议上进行了更为详细的阐述，分别为：(1) 审期：2018年6月22日会议 (https://geneva.usmission.gov/wp-content/uploads/sites/290/Jun22.DSB_.Stmt_.as-delivered.fin_.public.rev_.pdf；DSB会议纪要：WT/DSB/M/414)，共23页。美国发言历数上诉机构逾期审案的严重情况及不提供理由等不合作态度。(2) 离任成员审案：2017年8月31日会议 (https://geneva.usmission.gov/wp-content/uploads/sites/290/Aug31.DSB_.Stmt_.as-delivered.fin_.public.pdf；DSB会议纪要：WT/DSB/M/400) 和2018年2月28日会议 (https://geneva.usmission.gov/wp-content/uploads/sites/290/Feb28.DSB_.Stmt_.as-delivered.fin_.public-1.pdf；DSB会议纪要：WT/DSB/M/409)，(转下页)

二、剖析

正如美国在该文件中所说,这些理由过去多年都曾在 WTO 提出过,现在不过是将其汇总并加以强调而已。不仅如此,在这份文件和在 DSB 会议上的相应发言中,美国还经常援引其他成员的相同观点,声称这些问题是成员普遍关注的问题。然而,美国也提到,事实上也有很多成员不同意美国的观点,甚至在 DSB 会议上与美国展开了辩论。[7] 此外,也有成员就美国关注的问题提出了解决方案。[8]

(接上页)共 7 页。美国发言主要包括两个方面:一是问题的严重性。在若干案件中,有些裁决是在上诉机构成员任期结束后作出的,极端情况还包括任期结束前 3 天还接受案件,以至于整个案件都在任期结束后完成。二是第 15 条的合法性。DSU 第 17 条第 2 款明确规定,任何上诉机构成员的权力在 DSB,因此延期审案应该经 DSB 开会批准,而不是由上诉机构自己决定。(3)咨询意见:2018 年 10 月 29 日会议(https://geneva.usmission.gov/wp-content/uploads/sites/290/Oct29.DSB_.Stmt_.as-delivered.fin_.rev_.public.pdf;DSB 会议纪要:WT/DSB/M/420),共 27 页。美国认为上诉机构的职责是解决争端,而非"造法";上诉机构无权提供咨询意见。美国还提出了国际法院提供咨询意见的明确授权(《联合国宪章》第 96 条和《国际法院规约》第 65 条)作为反例。(4) 审查事实(及审查国内法):2018 年 8 月 27 日会议(https://geneva.usmission.gov/wp-content/uploads/sites/290/Aug27.DSB_.Stmt_.as-delivered.fin_.public.pdf;DSB 会议纪要:WT/DSB/M/417),共 32 页。美国主要就"事实问题"和"法律问题"进行辨析,并且列举了众多案例和成员观点,认为上诉机构完全审查专家组对国内法含义的认定。(5) 遵循先例:2018 年 12 月 18 日会议(https://geneva.usmission.gov/wp-content/uploads/sites/290/Dec18.DSB_.Stmt_.as-deliv.fin_.public.pdf;DSB 会议纪要:WT/DSB/M/),共 27 页。美国发言主要指责上诉机构建立了一种普通法系那样的先例制度,而这在 DSU 中是没有依据的。

关于实质和程序问题,有人赞同美国政府的观点。See Terence P. Stewart, Disputed Court: A Look at the Challenges to (and from) the WTO Dispute Settlement System (http://www.gbdinc.org/chisputed-court-december-20-2017/)。Terence P. Stewart(Terry)是著名的 WTO 专家,从事国际贸易法律师实务并且爱好学术,著作颇丰[特别是四卷本 *The GATT Uruguay Round: A Negotiating History* (1986-1994)],密切跟踪 WTO 事务,但是其观点似乎偏向贸易保护主义,原因也许是他的客户与 Bob 一样,主要是美国钢铁行业,非常依靠反倾销、反补贴和保障措施等贸易救济措施进行保护。以上网站最后访问日期:2018 年 12 月 27 日。

[7] 同前注[6],这些观点在美国于 2017 年 8 月 31 日和 2018 年 2 月 28 日 DSB 会议上的发言中均有体现。

[8] 例如,2018 年 9 月,欧盟提出了 WTO 全面改革方案(http://trade.ec.europa.eu/doclib/docs/2018/september/tradoc_157331.pdf),其中对所谓程序问题提供了具体解决办法;同时加拿大也提出了方案(https://docs.wto.org/dol2fe/Pages/FE_Search/DDFDocuments/248327/q/Jobs/GC/201.pdf),其中涉及所谓程序问题的一些立场。2018 年 12 月,欧盟和中国等成员联合提出方案(https://docs.wto.org/dol2fe/Pages/FE_Search/DDFDocuments/250332/q/WT/GC/W752R1.pdf; https://docs.wto.org/dol2fe/Pages/FE_Search/DDFDocuments/249919/q/WT/GC/W753.pdf),主要针对美国关注的程序问题以及改进上诉机制提出了建议。以上网站最后访问日期:2018 年 12 月 27 日。(转下页)

从美国的关注和其他成员的态度看,分析美国提出的这些理由,大致可以从三个方面进行:问题是否属实,问题是否严重,问题是否有解。

(一)实质问题

对于实质方面的"越权裁判"问题,理想的方法是对美国提到的每个案例的专家组和上诉机构报告进行详细研究,特别是当事方和第三方在相关问题上的观点、专家组和上诉机构的分析、报告在 DSB 会议上通过时 WTO 成员的发言,甚至是随后学者们对案件的评价。鉴于美国提到了很多案件,这个工作量已经不小,但也只是基础工作,最多属于"文献综述",在此基础上,应该对是否"越权裁判"作出判断。

然而,此处却有一个理论和实践的困境。从理论上看,《关于争端解决规则与程序的谅解》(DSU)说争端解决机制的功能在于"维护"WTO 成员在协定中的权利义务,"澄清"现有规定,但不得"增加或减少"协定中的权利义务。[9] 这三个词之间的界限是什么?"维护"可以说是目的,即通过裁决案件维护成员的权利义务;"澄清"可以说是手段,即对引起争议的条款进行解释;"增加或减少"则可以说是结果,即从消极、负面的角度设置一个标准。将这三个词结合在一起,争端解决机制功能的完整表达应该是:通过澄清协定中的规定,维护成员的权利义务,但不得增加或减少成员的权利义务。在理论上,"澄清"就是赋予某个规定以协定文本所没有载明的含义,或者在不同规定之间建立某种联系(或者确定没有联系)。也就是说,"澄清"的结果,从形式上就是对协定条款的增加或减少,那么如何判定是否"增加或减少"了权利义务,以及是否"维护"了权利义务?实践中,专家组和上诉机构总是根据"国际公法的习惯解释规则"[10],甚至是格式化、教条化地使用《维也纳条约法公约》第 31 条所规定的"通常含义"(特别是字典含义)、"上下文"和"宗旨和目的"相结合的方法,对争议条款作出解释。具体到个案,说一些裁决是"澄清",另一些裁决是"增加或减少",必定是

(接上页)此外,学术界也对这些问题进行研究并且提出建议。例如 Institute of International Economic Law, Georgetown University, "Transition on the WTO Appellate Body: a Pair of Reforms?" (https://minilateralism.com/georgetowns-iiel-releases-new-proposal-for-wto-appellate-body-reform/);Tetyana Payosova, Gary Clyde Hufbauer and Jeffrey J. Schott, "The Dispute Settlement Crisis in the World Trade Organization: Causes and Cures"(https://piie.com/system/files/documents/pb18-5.pdf); Robert McDougall, "Crisis in the WTO: Restoring the WTO Dispute Settlement Function"(https://www.cigionline.org/sites/default/files/documents/Paper%20no.194.pdf);James Bacchus, "Might Unmakes Right: The American Assault on the Rule of Law in World Trade" (https://www.cigionline.org/sites/default/files/documents/Paper%20no.173.pdf); Jennifer Hillman, "Three Approaches to Fixing the World Trade Organization's Appellate Body: the Good, the Bad and the Ugly?" (https://www.law.georgetown.edu/wp-content/uploads/2018/12/Hillman-Good-Bad-Ugly-Fix-to-WTO-AB.pdf)。以上网站最后访问日期:2018 年 12 月 27 日。

[9] DSU 第 3 条第 2 款。
[10] 同前注[9]。

非常困难的。

鉴于案例研究的工作量以及理论和实践的困境,要对美国在每个案件中所提出的关注一一辩驳,得出令人信服的结论,证明所谓"越权裁判"并不属实,绝非易事。但这并不妨碍就某些案件进行初步分析,以便对这个问题形成大致的看法。在众多案件中,本人有幸亲自参与两个案件的处理,可以结合亲身经历谈谈看法。

在对补贴案件的关注中,美国提到了"美国反倾销和反补贴案"(DS379)。这是2008年中国起诉美国对来自中国的四种产品同时征收反倾销和反补贴税的案件。经过两年多的审理,WTO上诉机构认定美国的措施不符合WTO相关规定,美国随后修改了相关做法。[11] 对于本案争议的两个焦点,即《补贴与反补贴措施协定》第1条"公共机构"(public body)一词的含义和"双重救济"(double remedy,即在同时征收反倾销和反补贴税情况下所出现的重复征收情况)是否违反第19条第3款,上诉机构都做了令人信服的解释。其中,对于"公共机构",上诉机构从严格的字词含义出发,认为判断的标准是该机构是否履行政府职能,而不仅仅是该机构是否为政府所拥有;而对于"双重救济",上诉机构则紧扣"适当金额"(appropriate amounts)一词的目的,认为对于来自非市场经济成员的产品同时征税而不考虑重复征收的情形,不符合协定的规定。[12] 在本人看来,上诉机构的解释是严谨的,澄清了WTO成员的权利义务,不存在"越权裁判"的情形。

在对保障措施案件的关注中,美国提到了其作为被诉方的两个案件。[13] 美国提到的自由贸易协定成员的产品排除和"未预见发展"(unforeseen developments)的判断标准等问题,在后来中国作为起诉方的"美国钢铁保障措施案"(DS252)中都有涉及。这是2002年中国与另外7个成员联合起诉美国限制10种钢材进口的案件,也是中国第一次参与WTO争端解决,被称为"中国入世第一案"。该案经过近两年的审理,专家组和上诉机构一致认定美国措施不符合GATT第19条和《保障措施协定》,而美国也随即宣布撤销限制措施。[14] 在本人看来,上诉机构的解释是严谨的,在产品排除问题上符合《保障措施协定》相关条款的本意,并且使得"未预见发展"的要求具有可操作性,澄清了WTO成员的权利义务,不存在"越权裁判"的情形。

以上是对"问题是否属实"作出的判断。可以想象,美国不会认同这个判

---

[11] 案件情况见WTO网站:https://www.wto.org/english/tratop_e/dispu_e/cases_e/ds379_e.htm,最后访问日期:2018年12月31日。

[12] 详见本案上诉机构报告。

[13] "美国羊肉案"(DS177)和"美国钢管案"(DS202)。

[14] 案件情况见WTO网站:https://www.wto.org/english/tratop_e/dispu_e/cases_e/ds252_e.htm,最后访问日期:2018年12月31日。

断。退一步讲,即使问题属实,那么"问题是否严重"?一种判断方法,是看其他成员做何反应,是否也像美国那样关注。对于某些问题,正如美国提供的资料所显示的,其他成员也发表过看法,但是关注程度显然不如美国,甚至不同意美国的观点。[15] 再退一步讲,如果上诉机构在某些案件的裁决中"一错再错","知错不改","增加或减少"了成员的权利义务,那么为什么美国从来没有援引WTO协定中的权威解释条款,纠正上诉机构的做法?[16] 最后,既然美国一再指责上诉机构"越权裁判",那美国为什么没有提出解决问题的办法,例如修改DSU或者设立某种机制以制约"越权裁判"行为? 相反,美国只是反反复复在DSB会议上发表意见,并且多数情况都是自己败诉的案件,令人不禁对美国意见的可信度产生怀疑。批准裁决报告的DSB会议的确是当事方和其他成员发表看法的场所和机会,但是败诉方表示不满,只是不得不表达的政治姿态而已,具体理由已经在案件审理过程中以专业律师的标准表达过,受到过对方的质疑,并且最终得到专家组和上诉机构详细的分析和裁判。美国只是提出关注,而没有提出解决问题的办法,没有回答"问题是否有解",以至于人们有理由从头怀疑"问题是否属实"和"问题是否严重"。

(二) 程序问题

严格说来,程序问题还可以进一步细分为纯粹程序问题和涉及实质的程序问题。审期和离任成员审案问题属于前者,因为问题属实;而咨询意见、审查事实(及审查国内法)和遵循先例则属于后者,因为问题是否属于事实需要进行实质判断。

DSU规定上诉机构审案期限为60日,最长不超过90日,而现实中的确出现了超期审案问题。[17] 这并不是什么大不了的问题,也不难解决。在本人看来,通过DSB决议或者DSU修改,对上诉机构提出明确要求,例如必须与当事方协商和必须经DSB同意才能延期,问题就解决了。当然,这只是个案解决的方法,而要从体制上解决问题,则必须研究延期的原因并从制度上作出安排。众所周知,随着案件数量和复杂程度的增加,上诉机构及其秘书处人手不够,捉襟见肘,这是不能按时审结案件的主要原因[18],而解决这个问题,显然只有增

---

[15] 详见该文件提及的DSB会议纪要:WT/DSB/M/105,121,142,294,317,320。

[16] 根据《建立WTO协定》第9条第2款规定,部长会议和总理事会有权对WTO协议作出权威解释。

[17] 根据美国统计,从2011年"美国轮胎案(中国)"(DS399)开始(2011年5月24日提起上诉,9月5日公布裁决,审期为105日),上诉机构平均审期为149日,超过59日,增加66%(三分之二),而从2014年开始,没有一个案件在90日内完成,平均为163日。同前注[6],美国在2018年6月22日DSB会议上的发言,第17页。

[18] 美国认为上诉机构提供咨询意见及审查事实也是不能按时结案的原因。同前注[6],美国在DSB会议发言的"咨询意见"和"审查事实"部分。

加编制,或者采用更加灵活的用人机制。[19]

上诉机构成员任期4年并可连任一次。任期届满而案件没有审结,这是非常可能并经常出现的问题[20],上诉机构已经预见并且在《上诉审议工作程序》第15条规定了过渡期处理办法,即经上诉机构授权并向DSB通报,不再担任上诉机构成员的人,可完成案件审理。[21] 美国认为"决定权在争端解决机构,而不在上诉机构本身"。即使决定权在DSB,也不是难事,上会讨论批准就是了。如果美国认为这种现象应该规范,不能让任期届满太长时间的人士审理案件,那么只需要在制度上细化就可以了,例如规定预期不能在任期届满后多长时间内审结的案件,就不应分配给该成员。

所谓咨询意见,是指裁决报告中与解决争端没有直接关系的内容。[22] 当然,是否为咨询意见,是否与争议相关,这需要个案分析。根据本人的实务和阅读经验,上诉机构报告中有些内容的确并非解决争端所必需,但是不一定能说没有必要,因为这些部分常常能够帮助WTO成员进一步或更加全面地理解裁决,对自己的权利义务更加明确。[23] 事实上,"咨询意见"在国内法院判决中普遍存在,就恰恰证明了其存在的合理性。如果想对这个问题进行规范,那么可以像国内法那样,明确哪些部分是没有约束力的咨询意见。

上诉只审查法律问题,这是DSU的明确规定。[24] 然而在实践中,"法律"和"事实"问题常常需要界定,并且有时候难以区别。具体到美国所关注的问题,即专家组对国内法含义的界定是"事实"还是"法律",这是比较复杂的问题,甚至可能需要个案解决。对于WTO案件而言,成员国内法常常是被诉措施,而国内法某些条款的含义显然属于"事实问题",需要专家组查明。那么,专家组的解释是否就是纯粹的事实认定?当事方能否上诉?上诉机构能否审查?是否存在"对事实问题的认定属于法律问题"这样的悖论?这些问题看似复杂,但并非不能讨论清楚,并且结合个案灵活处理。

---

[19] 例如,让退役成员继续审案。
[20] 同前注[6],美国在2018年2月28日DSB会议上的发言。
[21] 《上诉审议工作程序》第15条规定:不再担任上诉机构成员的人,经上诉机构授权并向DSB通报,可以完成案件审理工作。
[22] 这是根据美国以及一些成员的关注所归纳的含义。同前注[6],美国在DSB会议发言的"咨询意见"部分。
[23] 例如,在美国提及的"中国出版物和音像制品案"(DS363)中,在DSB会议上,美国并没有提出所谓的"咨询意见"问题,而日本的评论也是值得商榷的(参见DSB会议纪要:WT/DSB/M/278,第14—19页)。具体到本案,笔者认为,上诉机构对于GATT第20条与中国入世议定书中某个条款之间关系的分析,既为解决争端所必需,也为成员权利义务之澄清。
[24] DSU第17条第6款:上诉应限于专家组报告涉及的法律问题和专家组所作的法律解释。

随便翻开一份裁决,当事方、第三方、专家组和上诉机构援引先例的情况比比皆是,甚至每份裁决前面都有一个案例表,尽管上诉机构曾经明确说其裁决只约束本案。[25] 的确,WTO 没有普通法中"遵循先例"的制度,不存在专家组必须遵守上诉机构裁决的规定,但是先例能够提供指导,这是共识,连美国也承认"上诉机构裁决能够对 WTO 协定进行有价值的澄清"。那么,"有价值的澄清"与"遵循先例"之间的界限是什么?上诉机构在美国所指责的那个案件中说"除非有强有力的理由,司法机关应该在随后的案件中以相同的方式解决相同的法律问题"[26],这样说何错之有?"同案同判"应该是一项基本的司法原则,而先例在此过程中显然起到关键作用,不管在法理上先例是否有约束力。事实上,尽管上诉机构在该案中是批评专家组背离上诉机构在先前案件中对相同法律问题的解释[27],但是上诉机构的说法显然是更具普遍性的,也就是说,上诉机构自己也应该"遵循先例",甚至专家组之间也应该"遵循先例",而不仅仅是要求专家组遵守上诉机构的裁决,因此与美国所指责的影响专家组客观审查案情没有关系。如果美国认为上诉机构的做法不妥,那么就应该拿出可以操作的替代方案,为案件审理提供具体的指导。

综上所述,相对于实质问题"越权裁判",程序问题相对简单:审期和离任成员审案问题事实清楚,并不严重,不难解决;而咨询意见需要个案澄清并且可以作出制度安排;审查事实和遵循先例问题则需要进一步澄清并且提出具有操作性的方案。对于这些问题,其他成员并没有像美国那样反应强烈[28],而美国也没有提出改革方案[29]。对于这些并非不能解决的问题,甚至清晰简单,美国却揪住不放,大动干戈,不禁让人对其动机表示怀疑。

美国振振有词地指责争端解决机制的这些实质和程序问题,并且表示在这

---

[25] "日本酒精饮料案"(DS8)上诉机构报告第 12—14 页。
[26] "……absent cogent reasons, an adjudicatory body will resolve the same legal question in the same way in a subsequent case." "美国不锈钢案(墨西哥)"(DS344)上诉机构报告第 160 段。
[27] 同前注[26],(DS344)上诉机构报告第 162 段。
[28] 同前注[23],尽管有些成员也表示关注,但是更多成员提出了不同观点。
[29] 2018 年 11 月 19 日欧盟驻 WTO 大使 Marc Vanheukelen 在上海演讲并参加午餐会。笔者请教欧盟大使是否问过美国大使解决方案是什么,欧盟大使说:"我多次问 Dennis:美国的方案是什么?但是他的答复含糊其词(vague)。"2018 年 12 月 12 日,中国驻 WTO 大使张向晨在总理事会会议上关于改革上诉机构提案的发言中,一连问了四个问题:"美方建议要怎么办?""美方认为我们还能做什么?""美方有哪些具体的意见?""如果没有,是否美方愿意坐等上诉机构瘫痪?"参见中国常驻 WTO 代表团网站:《张向晨大使在总理事会会议上关于改革上诉机构的提案的发言》,http://wto.mofcom.gov.cn/article/xwfb/201812/20181202816659.shtml,最后访问日期:2018 年 12 月 30 日。

些问题得到解决之前,不支持启动上诉机构成员的遴选程序[30],事实上釜底抽薪,将上诉机构和争端解决机制置于死地。人们不禁要问,即使这些问题确实存在、非常严重并可以解决,那么这些问题已经严重到足以摧毁整个上诉机构吗?如本文开头所提出的,上诉机制的建立是GATT"乌拉圭回合"谈判中"改进并加强争端解决的规则和程序"的主要成果,并且在实际运作中成绩卓著,得到了所有成员的肯定;美国也在很多案件中胜诉,在DSB会议等场合赞扬上诉机构的裁决。[31] 因此,美国的做法着实令人费解。

三、Bob

2017年9月,美国贸易代表(United States Trade Representative,USTR)罗伯特·莱特希泽(Robert Lighthizer,以下称Bob)在一次演讲中表达了以下想法:GATT时期的专家组审案模式很好——专家组作出裁决,然后双方进行谈判。[32] 此话一语道破天机!美国是要多边贸易体制回到GATT时期的争端解决模式,即只有专家组"一审",没有上诉机制,并且是否执行裁决的权力最终留在各成员手中,不是由上诉机构作出具有强制执行力的裁决。Bob为什么这么想?他一个人就能够"杀死"上诉机构吗?

(一)Bob其人

"经验丰富的贸易谈判专家和诉讼律师……""特朗普总统要他担任USTR时……是律所合伙人,已经从事国际贸易法业务30多年。……保护美国产业免受不公平贸易做法(unfair trade practices)的损害。""……曾经担任里根总统的副USTR。""在担任副USTR之前……是美国参议院财政委员会主席Bob Dole办公室主任……""……在乔治城大学获得学士学位并在乔治城法学中心获得法学学位。""……是俄亥俄州阿什塔布拉人……"这是Bob在官网上的介绍。[33] 这种介绍一般是自己写的,目的性很强,常常是官样文章,不可能从中

---

[30] 美国将这些关注与上诉机构成员遴选挂钩。例如,同前注[23],美国明确表示,应该先解决离任成员审案问题才能讨论此人的替代问题。DSB年度报告(WTO文件:WT/DSB/W/630,7 November 2018)详细记录了上诉机构成员任命和连任的讨论情况。根据DSU第17条第2款规定,上诉机构成员由DSB任命,而根据第4条第2款规定,DSB的决策机制是全体一致,因此一个成员就可以阻止上诉机构成员的遴选程序。

[31] 同前注[23],集中体现在美国针对若干案件的发言。特别是美国胜诉案件。例如,在"中国出版物和音像制品案"中,美国在DSB会议上就表示同意上诉机构的裁决。

[32] 同前注[2],原文如下:"……under the GATT, and there was a system where you would bring panels and then you would have a negotiation. And, you know, trade grew and we resolved issues eventually. And, you know, it's a system that, you know, was successful for a long period of time. Now, under this binding dispute-settlement process, we have to figure out a way to have—from our point of view, to have it work."

[33] 参见美国贸易代表办公室网站:https://ustr.gov/about-us/biographies-key-officials/united-states-trade-representative-robert-e-lighthizer,最后访问日期:2018年12月27日。

了解一个人的所有情况和想法。然而，短短几段文字，却也透露了一些重要信息。例如，他是个"内行"，熟知国际贸易法；他一直致力于"保护"美国产业；他有政府工作经验，甚至负责过贸易谈判；他是个"法律人"；他是俄亥俄州人。然而，他为什么对上诉机构"恨之入骨"，"欲除之而后快"呢？显然，官网信息远远不够，需要借助更多的资料。

2007年，当Bob还是一位律师时，曾经与一位贸易专家进行过三轮书面辩论，辩题为"WTO争端解决制度是否公平"。Bob是反方。他开门见山，认为WTO争端解决制度脱轨了，正在威胁整个WTO的合法性；WTO的法官们认为自己的任务并非仅仅是实施谈判者及其所达成协议的意图，而是推动世界贸易的引擎，这必将带来灾难。随后，他举例论证了这一判断：贸易救济是最好的例子，可以采取措施打击倾销、补贴和损害性进口增长，是美国这样的开放经济体支持贸易的基本条件；然而，WTO的法官们不是恪守职责，而是对贸易救济措施展开了全面攻击，实质上为WTO协议撰写了新的条款；在贸易救济之外的领域，WTO的法官们也就很多主权行为作出裁决，从美国税收政策、拨款政策、环保措施到公共道德，不一而足。他认为，这威胁到了整个制度的公信力，而对于这种司法能动主义（judicial activism），WTO成员几乎无能为力，全体一致修改协议几乎不可能，而退出WTO则将是灾难性的。此外，他还列举了一些案例，包括"美国归零案""美国海外销售公司案"和"美国抵消法案"。最后他说，以八千亿贸易逆差支持全世界经济增长的美国，却一直被指责为无赖国家而一直在WTO中受到攻击，这是荒谬的；有人认为不执行WTO裁决，天就会塌下来；WTO争端解决制度应该改革了；美国应该成立一个高级别委员会审查不利裁决并就WTO的法官们是否恪守职责向国会提出报告。[34]

同期，Bob在参议院财政委员会的一次作证中也表达了大致相同的观点。他认为，WTO争端解决制度是对美国贸易法的最大威胁之一。美国在WTO中的被告案件最多并且几乎全部败诉，47个案件败诉40个，很多案件要求美国修改国内法。这些专家组和上诉机构裁决通过创造新的法律要求，始终在损害美国利益。美国的贸易伙伴正在通过诉讼获得谈判所没有得到的东西，其结果是美国丧失了保护人民和企业的主权。其中，在贸易救济领域情况最为严重，33个案件败诉30个。国会应该成立专家小组审查不利案件，并且要求行政部门执行不利裁决必须得到国会的个案批准。[35]

---

[34] 参见美国外交关系委员会网站：https://www.cfr.org/article/wto-dispute-settlement-system-fair，最后访问日期：2018年12月30日。

[35] 听证会证词，See "Testimony of Robert E. Lighthizer, U. S. Senate Committee on Finance, Hearing on Trade Enforcement for a 21st Century Economy"（June 12, 2007）, at https://www.finance.senate.gov/imo/media/doc/061207testrl.pdf（last visited December 30, 2018）.

从以上内容中可以发现，Bob 对 WTO 争端解决机制有意见并非一日之寒，至少从十年前就开始了。我们还可以发现，他的意见主要集中在"法官们"越权和"贸易救济"（反倾销、反补贴和保障措施）领域。此外，我们还发现他强调了"主权"等概念。2010 年在关于中国的一次作证中，他更加明确地阐述了其"主权"观念。他认为，在别的国家不遵守 WTO 规则时，美国有权背离 WTO 规则，因为 WTO 规则不能干涉各国制定经济政策的主权；WTO 法与禁止大屠杀或侵略战争的国际法不同，并不要求不惜一切代价地遵守，而只是工具性的法律，有利的时候才遵守；实际上可以用经济学理论来理解 WTO 遵循机制，即在成本大于收益的时候可以进行"有效违反"（efficient breach）。[36] 这与上文中"天就会塌下来"的比喻如出一辙。

至此，Bob 对 WTO 争端解决机制的态度基本明朗。对他来说，WTO 裁决，特别是贸易救济方面的裁决，影响了美国使用反倾销、反补贴和保障措施等法律，而对于 WTO 规则和裁决，美国不必当真，有利就遵守，不利就不遵守。然而，他对贸易救济案件的批评经不住推敲，专家组和上诉机构未必就"越权裁判"了[37]，而他对"主权"的理解以及对 WTO 规则和裁决的态度则令人不敢苟同，不明白一个法律人怎么会如此看待国际法[38]。结合他的经历，我们基本上可以还原他的心路历程：他成长在一个钢铁是主要产业的地方，目睹了钢铁行业每况愈下；法学院毕业进入政府工作，遇到了前辈引路人 Dole[39]；后来从事律师业务，主要客户是钢厂，为保护钢铁行业游说和提起贸易救济调查申请，然而 WTO 的一系列裁决，对这些法律规定了严格的纪律，使他不能随心所欲地加以援用，从此"怀恨在心"，四处散布 WTO 的"坏话"；一朝大权在握，立即采

---

[36] 听证会证词，See "June 9, 2010, Robert E. Lighthizer, Testimony Before the U. S. China Economic and Security Review Commission: Evaluating China's Role in the World Trade Organization Over the Past Decade", at https://www.uscc.gov/sites/default/files/6.9.10Lighthizer.pdf(last visited December 30, 2018), p. 33.

[37] 参见前文"越权裁判"部分的分析。

[38] 事实上，他对美国国内法的态度也让人生疑，因为他对美国国际贸易委员会（ITC）解释反倾销和反补贴法也表示不满，认为 ITC 确定了更高的国内产业损害认定标准（参见前引 2007 年听证会证词，第 8 页）。此外，同前注[2]，在 CSIS 演讲中，他津津有味地回忆：多年前在参议院工作期间，有一次陪老板 Dole 出差去巴黎，忘了带护照，但是老板在机场打了几个电话，立马搞定，没有护照也能登机！此事让人进一步怀疑他是相信实力而不是规则的人。

[39] Dole 出生于 1923 年，曾任参议院财政委员会主席，并且两次参选总统（参见 http://www.bobdole.org/）。Dole 认为有约束力的 WTO 争端解决机制限制了美国主权，主张国会成立一个委员会审查美国败诉案件，由此可以看到他对 Bob 的影响。参见 1995 年 Dole 在参议院财政委员会听证会上的发言及其提出的法案，https://www.finance.senate.gov/imo/media/doc/Hrg104-124.pdf；https://www.congress.gov/104/bills/s1438/BILLS-104s1438pcs.pdf。以上网站最后访问日期：2018 年 12 月 30 日。

取行动改变这种局面。[40] 在他上任之前,美国一直在批评上诉机构,甚至阻挠上诉机构成员连任。于是他抓住这个机会,决定与WTO"算总账"。客观地说,上诉机构的所谓问题,美国不是第一次提出,但是将这些问题上升到如此严重的程度,并且借此扼杀上诉机构,却是Bob的创造。他也许真的认为WTO争端解决机制不对,也许是"官报私仇",但是"杀死"上诉机构却是其明确的目标和行动。猜测他的真实想法当然是主观的,但是他的观点与本文开头介绍的美国政府所提出的理由有惊人相似之处,则是明确的证据。

Bob出生于1947年10月11日,现年71岁。他认准的事情,估计谁也无法改变。2017年,在参议院的听证会上,他表现了自己的"内行"和强硬,宣称要加大美国贸易法的执法力度,并且为明显违反WTO规则的对华产品加征关税措施进行辩护。[41] 看来,他是要大干一场了。具有讽刺意味的是,2003年他曾经被美国政府推荐为上诉机构候选人。鉴于他对WTO争端解决的一贯批评态度,有人问他如何看待这次参选,他的回答是:"我认为选择是二选一:批评这个制度并希望杀死它(kill it),还是值得去日内瓦适用严格解释的方法以增加某种公信力?"[42] 回顾这句话,此刻我们禁不住浮想联翩。如果他当了上诉机构成员会怎样审理案件?如果他曾经当过上诉机构成员,此刻会如何对待上诉机构?显然,当年他接受推荐,是选择去日内瓦的,而后来没有去成日内瓦,他就选择"杀死它"了。

(二)Bob角色

美国政府决策是比较透明的。政治人物的立场和观点,会在各种各样的听证会、新闻发布会和演讲中加以阐释,并且接受听众的提问甚至质问。[43] 不仅如此,美国媒体非常发达,会对公众人物进行跟踪发掘报道,甚至涉及他们的个人生活。这些都为我们研究Bob提供了便利,让我们可以大体把握他的想法和做法,尽管他自己内心究竟怎么想只有他自己知道,我们只能靠合理推断。他对WTO争端解决机制不满,他要"搞掉"上诉机构,上文的分析应该能够得出这样的结论。不仅如此,从上下级的角度看,他也具备这样的能力。

在美国政府组织序列中,USTR是负责贸易谈判的主管部门,其中包括

---

[40] 莱特希泽:《重铸美国贸易政策》,http://mapazine.caijing.com.cn/20181203/4542508.shtml,最后访问日期:2018年12月30日。

[41] 2017年3月14日参议院财政委员会提名听证会:https://www.congress.gov/115/chrg/shrg28798/CHRG-115shrg28798.pdf,最后访问日期:2018年12月30日。

[42] 相关的资料参见 https://ustr.gov/archive/Document_Library/Press_Releases/2003/September/United_States_Nominates_WTO_Appellate_Body_Cidates_printer.html;http://www.rushfordreport.com/2003/10_2003_Publius.htm;https://www.politico.com/agenda/story/2017/02/robert-lighthizer-wto-000304。以上网站最后访问日期:2018年12月30日。

[43] 同前注[2],本文所引用的Bob演讲等就是例证。

WTO事务。也就是说，在WTO问题上，Bob是"第一责任人"，承担主要责任。他是特朗普总统挑选的。特朗普选他当USTR并且不断夸奖和重用[44]，显然是基于上文所介绍的Bob始终如一的立场，即加强贸易执法，保护美国产业。特朗普上台两年，从内政外交和日常言行，我们已经大体看清了他的为人处世风格。[45]对于WTO，我们不能期待特朗普是专家，但是猛烈攻击WTO，却是特朗普所喜欢的。可以想象，如果特朗普明白Bob在慢慢"杀死"上诉机构，一定会拍着他的肩膀说"干得好"（good job）！因此，我们可以肯定地说，从Bob与特朗普的关系看，如何对待WTO是Bob说了算的。至于Bob的下级幕僚，当然更是言听计从，一切听"老板"的，不愿干可以走人。首长负责制，下级服从上级，这是所有科层制行政部门的共同工作方式。于是我们就看到了一位"贸易沙皇"（trade tsar）随心所欲，所向披靡。

分析政治人物的性格和偏好等在政治决策中的作用，这是一个专门的学科——政治心理学。在政治心理学看来，政治行为是以国家或政府的面目出现的，但是真实的原因却是国家或政府背后决策的政治人物。政治人物的决策当然受到各种各样因素的影响，包括政治体制和社会形势。然而在"时势造英雄"还是"英雄造时势"的选择中，政治心理学更加倾向于后者，而在权力集中或政治人物个性鲜明时，情况尤为如此。简而言之，按照政治心理学的理解，国家或政府的行为，常常是由政治人物决定的。换句话说，面对相同的问题，不同政治人物会采取不同的处理方法。这符合人们的常识和经验。在日常生活中，每个人的为人处世方式都是有差异的，而在政治生活中，特别是在当今美国政治生活中，特朗普的个性因素对于美国政府的内政外交起到决定性作用。在美国的政治体制下，特别是在国会、法院和媒体制衡的情况下，特朗普不可能为所欲为，但是作为总统，他有法定的权力范围，并且不断尝试突破界限。具体到贸易领域，特朗普所采取的攻击性、保护主义的政策，与其性格是一致的。跟着这样的"老板"，Bob自然可以大显身手，实现自己的"理想"。至此，我们可以得出这

---

[44] 例如，2018年10月1日USMCA达成，特朗普在新闻发布会上对Bob大加赞赏。参见美国白宫网站：https://www.whitehouse.gov/briefings-statements/remarks-president-trump-united-states-mexico-canada-agreement/。12月1日，中美领导人会晤达成有关贸易战的协议后，特朗普任命Bob负责与中国谈判落实协议，https://edition.cnn.com/2018/12/03/politics/mnuchin-trump-china-trade-argentina/index.html。以上网站最后访问日期：2018年12月31日。

[45] 通过媒体和他自己的推特，特朗普的性格充分展现，并且反映在内政外交决策中，而以下专著则比较系统地研究了他的性格和决策内幕。See Bandy X. Lee(ed.), *The Dangerous Case of Donald Trump: 27 Psychiatrists and Mental Health Experts Assess a President*, Thomas Dunne Books, 2017; Michael Wolff, *Fire and Fury: Inside the Trump Whitehouse*, Henry Holt and Company, 2018; Bob Woodward, *Fear: Trump in the White House*, Simon & Schuster, 2018. 另见楚树龙、周兰君：《特朗普政府外交特性及其影响》，载《现代国际关系》2018年第8期，第23页。

样一个结论:所谓美国对 WTO 争端解决机制的态度,就是 Bob 一人决定的,正如美国外交政策就是特朗普一人决定的。两个人决定一个国家的贸易政策,这看上去有点过于简单化,但是如果这两个人一离任,美国贸易政策就发生大转弯,那么就能肯定他们俩是"自变量"。这有待未来实践的验证,但是不能否认政治心理学方法的理论价值,因为这种理论得到了历史事实和日常生活的验证。[46]

四、结语

Bob 怀念 GATT 模式。关于争端解决,GATT 只有两个条款加上一些工作文件[47],是否执行裁决的决定权属于当事方。然而,即使在这种机制下,绝大多数当事方也是选择执行裁决[48],而不是像 Bob 所说的对裁决进行审查和判断,不利就不执行。从上文的分析可以推断,他从一开始就反对"改进并加强争端解决的规则和程序",因为他认为制定 DSU 这样的详细规则,特别是强制执行机制,对美国是不利的,限制了"主权"。我们甚至可以想象,如果"乌拉圭回合"谈判时期他是 USTR,压根儿就不会有 DSU! 不仅如此,尽管他多次强调不赞成退出 WTO,因为 WTO 是一个重要组织,但是他摧毁上诉机构就是对 WTO 争端解决机制的致命打击,并进而影响到 WTO 整个体系的功能和运作。也就是说,"杀死"上诉机构就是"谋杀"WTO。其实他对 WTO 并不在乎,曾公开表示以美国的经济实力,不应该受制于某个多边机制,而应该采取一对一谈判的方式。[49]

---

[46] 参见格雷厄姆·沃拉斯:《政治中的人性》,朱曾汶译,商务印书馆 1995 年版;戴维·P. 霍顿:《政治心理学:情景、个人与案例》,尹继武、林民旺译,中央编译出版社 2013 年版;詹姆斯·戴维·巴伯:《总统的性格》,赵广成译,中国人民大学出版社 2015 年版;马莎·L. 科塔姆等:《政治心理学》,胡勇、陈刚译,中国人民大学出版社 2013 年版;哈罗德·D. 拉斯韦尔:《权力与人格》,胡勇译,中央编译出版社 2013 年版;哈罗德·D. 拉斯韦尔:《精神病理学与政治》,魏万磊译,中央编译出版社 2015 年版;罗伯特·E. 戈定主编:《牛津政治行为研究手册》,王浦劬等译,人民出版社 2018 年版。此外,心理学传记也常常从精神分析和社会心理学等角度研究政治人物,例如沃尔特·C. 兰格:《希特勒的心态:战时秘密报告》,程洪雁译,中央编译出版社 2011 年版;罗伯特·C. 塔克:《作为革命者的斯大林(1879—1929)——一项历史与人格的研究》,朱浒译,中央编译出版社 2011 年版;亚历山大·乔治等:《总统人格:伍德罗·威尔逊的精神分析》,张清敏译,中央编译出版社 2014 年版。

[47] 即 GATT 第 22 条(磋商)和第 23 条(利益的丧失或减损)以及一些程序性文件。

[48] 在近五十年时间里,GATT 审理了 121 起案件,其中 101 个裁决被"缔约方全体"通过。See World Trade Organization, *The WTO at Twenty: Challenges and Achievements*, World Trade Organization, 2015, p. 61. See also Adopted panel reports within the framework of GATT 1947, at https://www.wto.org/english/tratop_e/dispu_e/gt47ds_e.htm (last visited December 31, 2018).

[49] 同前注[2],他认为,美国应该采取双边谈判而不是诸边和多边谈判,因为美国经济总量达 18 万亿,单独谈判更为有利;不仅能够谈成更好协议,而且能够更容易执行协议。

至此我们进一步确信,Bob对于WTO争端解决机制的批评,其根源不在于这个机制存在什么问题。正如绝大多数WTO成员和专家的共识,这套机制很好,是国际法治的进步。例如,曾经与他进行三轮辩论的专家就认为这个机制非常好,上诉机构基本上是按照法治原则审理案件的。Bob批评的根源,是他并不相信国际法治这样的东西,而是相信国家实力。[50] Bob这种观点并不奇怪,很多人,特别是一些国际政治学者,都是相信权力的,因为在现实世界中,从国际到国内,权力决定一切的现象比比皆是。然而,还有一些人,包括美国的政治家和法学家,却是相信法治力量的,认为这是国际和国内的"应然"状态并且应该为之付出努力。[51] 例如,"二战"以来美国的外交政策基本上是主张推动国际条约和国际组织的以规则为基础的国际秩序,认为国际法治最有利于美国利益,与当前特朗普政府退出条约、退出组织和破坏规则的做法截然相反。[52] 目前特朗普和Bob一派占了上风,有一些客观原因[53],但是特朗普的个性和Bob的立场则是更为主要的原因。也就是说,我们完全可以相信,换一个总统和USTR,美国对待WTO的态度就会有所不同(事实上,国家管理越是个性化,就越是不具有可持续性)。

Bob对待WTO的观点和做法是错误的,并且这种情况不会持续很久,这种判断来自对WTO实事求是的评价,也来自对法治的信念,认为规则有利于国际关系,规则必将战胜权力。此外,这种信念还应化为实际行动。在看清美国无理阻挠上诉机构成员遴选的真实目的之后,其余163个成员应该联合起来进行抗争,例如立即开始设计一个没有美国参加的上诉机构。[54]

---

[50] 杨国华:《理念与裁决:詹姆斯·巴克斯(James Bacchus)个案剖析》,同前注[1],第209—223页。

[51] 他曾经在美国贸易代表办公室工作,后担任美国国会议员和WTO上诉机构首任成员(1995年至2003年)。

[52] 赵可金、倪世雄:《自由主义与美国的外交政策》,载《复旦学报(社会科学版)》2006年第2期;何达嵩:《新保守主义视角下特朗普政府外交政策特征与中美关系》,载《学术探索》2018年第10期,第26页。

[53] 例如国内出现的经济社会矛盾和全球化所带来的问题。参见周兰君、楚树龙:《特朗普政府内政外交政策趋向》,载《国际经济评论》2017年第1期,第118页。

[54] 有人提出,如果上诉机构不复存在,可以有两种解决方案:一种是启用DSU第25条,形成一种事实上替代上诉机构的"上诉—仲裁"(appeal-arbitration)机制(See Scott Andersen, Todd Friedbacher, Christian Lau, Nicolas Lockhart, Jan Yves Remy and Iain Sandford, "Using Arbitration under Article 25 of the DSU to Ensure the Availability of Appeals", at https://repository.graduateinstitute.ch/record/295745/files/CTEI-2017-17-.pdf);另一种是成立一个没有美国的上诉机构(See "Guest Post from Peter Jan Kuijper on the US Attack on the Appellate Body", at https://worldtradelaw.typepad.com/ielpblog/2017/11/guest-post-from-pieter-jan-kuiper-professor-of-the-law-of-international-economic-organizations-at-the-faculty-of-law-of-th.html)。笔者认为后者更为可行。以上网址最后访问日期:2018年12月27日。

这场危机一定会过去。但是美国无理阻挠的恶劣行为,对多边贸易体制已经造成极大伤害,威胁到人们对于国际法治的信心。治愈伤害和恢复信心可能需要更长时间。未来如何改善 WTO 争端解决机制,避免此类情况再度发生,也是 WTO 成员需要思考的问题。本人已经在想象危机过后 WTO 争端解决机制的状况,并且相信那将是一篇好文章,是一篇真正的"三部曲"之第三部,可以命名为"光明"或"辉煌",而此前的三篇文章[《WTO 上诉机制论》《WTO 上诉机构的产生与运作述评》和《理念与裁决:詹姆斯·巴克斯(James Bacchus)个案剖析》]只是第一部,是"成就";本文是第二部,是"危机"。本人基本上是乐观主义者,相信在不久的将来,严冬过去,春暖花开,上诉机构就会"苏醒",重新焕发出勃勃生机。

(审稿编辑　刘思艺)

(校对编辑　包康赟)

劳工、贸易与霸权

——国际劳工组织基本劳工权利的缘起与争议

陈一峰[*]

Labour, Trade and Hegemony:
Origin and Controversies of the ILO Fundamental Labour Rights

Chen Yifeng

内容摘要：本文考察了国际劳工组织1998年《关于工作中基本原则和权利宣言》的起草过程和争议，对基本劳工权利的概念、内容、缘起和相关争议进行了分析。基本劳工权利脱胎于国际贸易体制中的劳工和贸易之争，与美国试图将劳工问题纳入贸易体制密不可分，是一场南北政治经济学的产物。《宣言》的通过，在国际劳工标准史上具有里程碑的意义，凝聚了国际社会关于国际劳工保护的共识，也标志着国际劳工保护从国际贸易体制向国际劳工组织的回归。《宣言》重申了国际劳工组织在处理国际劳工事务方面的管辖权和核心地位。同时，《宣言》以一种普遍主义的姿态宣告了基本劳工权利，为大国在全球范围内推行劳工权利，将劳工权利纳入单边外交与贸易政策提供了便利。

关键词：劳工与贸易　基本劳工权利　国际劳工组织　工作中基本原则和

---

[*] 法学博士，北京大学法学院副教授。本文系国家社科基金项目"全球化背景下国际劳工组织及其劳动立法与中国劳动法治的完善研究"（批准号15BFX133）的阶段性研究成果。

权利宣言

基本劳动权利的概念首次获得国际承认是国际劳工组织1998年《关于工作中基本原则和权利宣言》（以下简称《宣言》）。《宣言》确认，基本劳工权利具体包括以下四项权利：结社自由和有效承认集体谈判权利、消除一切形式的强迫或强制劳动、有效废除童工以及消除就业与职业歧视。相应的，规定上述四项权利的八项国际劳工公约，被国际劳工组织确认为基本劳工公约。[1] 1998年《宣言》的制定被认为是基本劳工权利发展的里程碑事件。实践中，基本劳工权利有时又被称为核心劳工标准或者核心劳工权利。

2019年是国际劳工组织提出基本劳工权利21周年。过去21年间，基本劳工权利的认受度不断提高，国际影响日益扩大，并逐步渗透国际经济议程。在国际劳工组织的推动之下，成员国特别是发展中国家批准基本劳工公约的数量大大增加。在国际劳工组织内部，基本劳工权利的基础地位进一步得到肯定，在2008年被确立为国际劳工组织"体面劳动议程"的四大支柱之一。[2] 同时，随着经济全球化的发展，基本劳工权利对国际议程的渗透越来越加强，越来越多的国际金融机构明确将尊重基本劳工权利纳入其业务文件，不少自由贸易安排也开始纳入劳工条款。[3] 可以说，在全球政治经济领域，一场基本劳工权利运动正在逐渐兴起。

在进步主义叙事的面貌之下，被有意无意忽略或者掩盖的，是围绕基本劳工权利生成、解释和适用的种种争议。基本劳工权利的性质、标准和法律效果为何？在国际法上，各国对基本劳工权利承担何种义务？一国可否以他国侵犯基本劳工权利为由采取贸易制裁措施？凡此种种问题，西方国家和发展中国家有着不同的利益诉求，立场歧异。国际学界经常将基本劳工权利援引为国际劳工保护的最低标准，体现的主要还是西方国家的主张。而国内学界着重于基本

---

[1] 八项基本劳工公约包括《1948年结社自由与保护组织权公约》（第87号公约）、《1949年组织权与集体谈判权公约》（第98号公约）、《1930年强迫劳动公约》（第29号公约）、《1957年废除强迫劳动公约》（第105号公约）、《1951年男女工人同工同酬公约》（第100号公约）、《1958年就业与职业歧视公约》（第111号公约）、《1973年最低就业年龄公约》（第138号公约）和《1999年禁止最恶劣形式童工劳动公约》（第182号公约）。

[2] 国际劳工组织的"体面劳动议程"是在2008年国际劳工大会第79次会议上被正式采纳的。"体面劳动议程"具体包括促进就业、加强劳动保护和社会保障、发展社会对话、尊重基本劳工权利四个方面。具体内容参见国际劳工组织：《关于争取公平全球化的社会正义宣言》（2008年6月10日），https://www.ilo.org/wcmsp5/groups/public/---asia/---ro-bangkok/---ilo-beijing/documents/publication/wcms_220284.pdf，最后访问日期：2018年10月22日。

[3] 参见陈一峰：《跨国劳动法的兴起：概念、方法与展望》，载《中外法学》2016年第5期，第1381—1399页。

劳工权利和国内劳动立法的比较研究[4],对基本劳工权利本身的研究关注较少。

本文围绕国际劳工组织1998年《宣言》的制定历史和有关争论,就基本劳工权利的法律性质、主要内容、内在矛盾和前景展望等问题进行了全面梳理。本文指出,基本劳工权利获得国际认可,并非受到国际人权保护的影响,也不是源于国内劳工权利的国际化运动,更大程度上是国际贸易与劳工保护政治博弈的结果,是一场南北政治经济学的产物。基本劳工权利虽然是由国际劳工组织在1998年《宣言》予以确认的,其根源却在于美国等西方国家试图在国际贸易体制中纳入的最低劳工保护标准。

认真对待基本劳工权利,有必要认真看待基本劳工权利内在的悖论和紧张关系,准确认识基本劳工权利的规范效力及其限度,并且忠实地还原围绕基本劳工权利所发生的南北问题和政治经济学问题。尊重而不是掩饰基本劳工权利概念本身所具有的多元、丰富的维度,才能深刻理解劳工保护话语在当今全球化条件下的可能性及其限度。对于中国而言,这不仅有助于在国内准确地适用核心劳工标准,同时也有利于在外交政策和国际经贸政策中发展和建构出中国自身的劳工保护话语体系。

一、基本劳工权利的机构归属之争:从贸易体制回归国际劳工组织

基本劳工权利在国际社会的发展,从历史脉络来看,脱胎于国际贸易体制中的劳工条款、社会条款,即劳工与贸易之争。最早在1978年,美国首次在关贸总协定(GATT)的"十八国协商集团"提出公平劳工标准(fair labour standards)问题,探讨国际贸易和劳工保护之间的关系,关注强迫劳动、童工和暴露于有害物质的工人等问题。[5] 在乌拉圭回合谈判期间,美国迫于国内劳工团体的压力,多次提议将劳工问题纳入 GATT,认为否定劳工权利将导致贸易扭曲,影响其他国家工人的福利。[6] 美国的提议虽然得到少数发达国家的附和,但是遭到广大发展中国家的反对和质疑,认为劳工问题超出 GATT 的职

---

[4] 我国劳动法学界也开始日益重视基本劳工权利的研究。特别是对于基本劳工权利与国内劳动立法的比较研究,学界已经作了不少有益的探讨。参见林燕玲:《国际劳工标准与中国劳动法比较研究》,中国工人出版社2015年版;杨帅、宣海林:《国际劳工标准及其在中国的适用》,法律出版社2013年版。

[5] See GATT, Note on the Seventh Meeting of the Consultative Group of Eighteen: 8-9 June 1978, CG. 18/7 (20 July 1978), p. 7.

[6] See GATT, Worker Rights, PREP. COM (86) W/43 (25 June 1986); GATT, Preparatory Committee, Record of Discussions: Discussions of 23-26 June, PREP. COM (86) SR/8 (13 August 1986), p. 13.

权范围,在国际贸易问题中纳入劳工问题,容易被滥用为贸易保护主义措施。[7] 在发展中国家的抵制之下,劳工标准最终没有被纳入世界贸易组织(WTO),但是西方发达国家在劳工标准问题上的立场日趋强硬。从20世纪90年代开始,劳工保护成为国际政治与经济的重要议题之一。

正是在劳工与贸易的论战之中,基本劳工权利的概念逐渐成形。继1978年向 GATT 提出"公平劳工标准"的问题后,次年,美国引入了"最低国际劳工标准"(minimum international labour standards)的概念。[8] 在20世纪80年代乌拉圭回合谈判期间,美国开始采纳其国内贸易法上"国际公认的劳工权利"(internationally recognized worker rights)的概念。[9] 美国主张,国际公认的劳工权利包括结社权、集体谈判权、禁止强迫劳动、禁止童工以及最低工作条件。[10] 从内容上看,这与美国贸易法的规定基本一致。[11] 从各国的反应来看,不论是公平劳工标准还是最低劳工标准,都没有得到普遍接受。但是在学界有关劳工与贸易问题的讨论中,最低劳工标准的概念被一些学者采纳,但对其具体内容,学界并无一致意见。

另外一个重要的争议问题是国际社会对劳工保护的机构管辖归属问题。劳工问题是否应当纳入国际贸易体制成为劳工条款,或者应当由国际劳工组织来予以管辖,这个劳工与贸易的问题,在 GATT 阶段就反复争论。随着1994年乌拉圭回合谈判的收尾,鉴于国际贸易体制没有纳入劳工条款,国际劳工组织在国际劳工保护方面的工作和角色获得高度重视与肯定。社会发展首脑峰会于1995年3月6日至12日在丹麦哥本哈根召开,会议肯定了国际劳工组织在就业和社会发展领域发挥着特殊的作用,同时提出要保障工人基本权利和利

---

[7] 例如,韩国、印度、马来西亚、巴西、古巴、新加坡和秘鲁等国在筹备委员会的意见,GATT, Preparatory Committee, Record of Discussions: Discussions of 23-26 June, PREP. COM(86) SR/8 (13 August 1986), pp. 15-19。

[8] See GATT, Minimum International Labour Standards, CG. 18/W/34 (11 October 1979)。

[9] 美国《1974年贸易法》确立了美国单方面要求贸易伙伴实施劳工标准的制度,该法授权美国贸易代表办公室对系统性违反劳工权利的贸易国采取单边的贸易救济和报复措施,同时明确将未采取有效措施以保护"国际公认的劳工权利"的国家排除在普惠制的范围之外。近年来,有学者将美国对外关系中有关劳工标准的法律总结归纳为"美国国际劳工关系法",表明了这个领域的重要性。See Steve Charnovitz, "The U. S. International Labor Relations Act", *ABA Journal of Labor & Employment Law*, vol. 26, no. 2, 2011, p. 311.

[10] GATT, Relationship of Internationally-recognized Labour Rights to International Trade: Communication from the United States, L/6196 (3 July 1987); GATT, Relationship of Internationally-recognized Labour Rights to International Trade: Request for the Establishment of a Working Party, Communication from the United States, L/6243 (28 October 1987).

[11] 有学者对美国贸易法中的劳工条款提出批评,See Philip Alston, "Labor Rights Provisions in US Trade Law: 'Aggressive Unilateralism'?", *Human Rights Quarterly*, vol. 15, no. 1, 1993, p. 1.

益,增进对国际劳工公约的遵守。[12] 1996年12月,世界贸易组织在新加坡举行首次部长理事会,通过了《新加坡宣言》,明确宣告国际劳工组织是处理核心劳工标准的有权机构。[13] 20世纪90年代中期,国际社会形成共识,国际劳工保护应当从贸易体制回归国际劳工组织。

与此同时,对于国际劳工组织来说,在后"冷战"时代的一个核心问题,是如何强化自身在国际关系中的相关性和影响力。一旦国际贸易体制纳入劳工标准,国际劳工组织将面临机构竞争和标准竞争的问题,面临进一步被边缘化的风险。时任国际劳工局局长米歇尔·汉森积极谋求由国际劳工组织制定一项关于基本劳工权利的宣言或者宪章。[14]

对于制定基本劳工权利宣言的设想,以美国、加拿大、西欧国家、北欧国家为代表的工业化市场经济国家(industrialized market economy countries, IMEC)是积极推动者。对此,工业化市场经济国家立场鲜明。第一,国际劳工组织应当以正式文件明确确认若干劳工权利为基本劳工权利,这些权利包括结社自由、集体谈判、非歧视、禁止强迫劳动、禁止童工。[15] 强调基本权利,在于确认这些权利是普遍的而非相对的,是绝对的而非有条件的,并且促进这些基本权利是所有成员国普遍的义务,不论其经济社会或文化条件。[16] 第二,宣言应当确认这些原则和权利直接来自国际劳工组织的宪章本身,所有国家都有责任来遵守和落实这些基本劳工权利。[17] 第三,宣言应当建立一个"可信、有效和有用"的后续机制,促使国家遵守和落实这些原则。[18] 第四,发达国家希望在国际劳工组织确认基本劳工权利后,世界贸易组织可以将基本劳工权利纳入贸易机制来加以实施。[19]

而亚太国家、东南亚国家以及其他众多发展中国家对国际劳工组织制定该宣言抱有很大疑虑。但是经过多次非正式磋商和理事会讨论之后,这些国家做了妥协,主要是基于以下几方面的考虑。第一,如果国际劳工组织不制定有关

---

[12] United Nations, Report of the World Summit for Social Development (Copenhagen, 6-12 March 1995), UN Doc. A/CONF. p. 166/9.

[13] WTO, "Singapore Ministerial Declaration" (December 13, 1996), at https://www.wto.org/english/thewto_e/minist_e/min96_e/wtodec_e.htm, (last visited 22 October 2018).

[14] ILO, "The ILO, Standard Setting and Globalization", Report of the Director-General to the 85th Session of the International Labour Conference, Geneva, 1997, p. 26.

[15] 参见美国代表在理事会的发言, ILO, Minutes of the Governing Body, 271st Session (March 1998), GB. 271/PV (Rev.), p. IV/4-5。

[16] 参见加拿大政府代表的意见, Report of the Committee on the Declaration of Principles, in ILO, Record of Proceedings of the International Labour Conference, Eighty-sixth Session (1998), vol. 1, p. 20/13。

[17] 参见瑞士政府代表的意见, id., p. 20/15。

[18] See *supra* note [15].

[19] 参见美国政府代表在"原则宣言委员会"的发言, *supra* note [16], p. 20/104。

基本劳工权利的宣言,那么其他国际机构特别是世界贸易组织有可能制定劳工条款。这不仅将大大削弱国际劳工组织的地位和影响力,还将使劳工和贸易问题直接联系起来,大为复杂化。[20] 第二,发展中国家希望通过这个宣言来强调国际劳工组织是唯一有权处理劳工保护问题的国际组织[21],其他机构特别是世界贸易组织无权染指劳工保护问题。第三,发展中国家希望通过在国际劳工组织采取的行动来缓解其在世界贸易组织框架下谈判所面临的压力。第四,国际劳工组织的监督机制相比世界贸易组织的强制争端解决程序而言,要温和得多。因此,发展中国家在宣言讨论过程中,反复强调宣言应当是促进性质(promotional nature),而非申诉性质(complaint-based)的,重点应当是技术援助和咨询服务,而不是要惩罚。[22] 第五,该宣言本身并不创设新的法律义务,这也在一定程度上满足了发展中国家的关切。[23] 第六,劳工标准不应当用于贸易保护主义的目的,并且不应当引入单边或者多边的贸易措施。[24]

1998年6月,第86届国际劳工大会召开,议程之一就是制定一项基本劳工原则宣言。为此,大会专门成立了"原则宣言委员会",就原则宣言及其后续行动的具体内容开展磋商和讨论。委员会主席和报告员由加拿大政府代表 Moher 担任,委员会副主席分别由美国雇主代表 Potter 和英国工人代表 Brett 担任。[25] 委员会的工作引起了各方极大的兴趣,共有96个政府代表、34个雇主代表和56个雇员代表参与了该委员会的讨论。委员会一共召开了21次会议。在宣言的标题、义务的具体措辞、贸易与劳工问题、后续行动的执行机制以及其他很多具体措辞方面,委员会展开了激烈的讨论。由于争论激烈,最终不能达成一致,委员会不得不以投票方式通过了草案。[26] 不少发展中国家认为,

---

[20] 参见匈牙利在"原则宣言委员会"上的发言,id., p.20/8。
[21] 参见日本代表亚太国家集团在理事会上的发言,supra note [15], p.II/5-6;以及日本(代表亚太国家集团)、印度、墨西哥、沙特阿拉伯(代表海湾合作理事会国家)、委内瑞拉、古巴政府代表在"原则宣言委员会"上的发言, supra note [16], pp.20/5-6, 10-11, 15, 17-18。
[22] 参见日本代表亚太国家集团在理事会上的发言,supra note [15], p.II/6;以及日本(代表亚太国家集团)、埃塞俄比亚在"原则宣言委员会"上的发言,supra note [16], pp.20/5-7。
[23] 参见乌干达、墨西哥沙特阿拉伯(代表海湾合作理事会国家)、肯尼亚政府代表的意见, supra note [16], pp.20/8, 11, 15, 18。
[24] 参见黎巴嫩、苏丹、埃及、中国、智利、沙特阿拉伯(代表海湾合作理事会国家)、尼日利亚、肯尼亚政府代表的意见,id., pp.20/7-18。
[25] 从委员会领导层构成来看,都是由美欧发达国家的代表组成。日本随即代表亚洲和太平洋国家集团对委员会官员的构成表达了关切,认为委员会领导层的构成没有反映地域分配原则,也没有顾及不同发展阶段国家的代表性,希望在讨论和委员会的工作中能够采取必要措施确保充分考虑亚太国家的顾虑,并充分反映亚太国家的观点。See id., p.20/2。
[26] Report of the Committee on the Declaration of Principles, p.20/108.

宣言草案文本没有充分反映发展中国家的意见。[27]

随后,宣言草案文本被提交给第86届国际劳工大会审议。最后大会以273票赞成,0票反对,43票弃权通过了《关于工作中基本原则和权利宣言》。[28] 中国的两位政府代表和一位工会代表均投了赞成票。而来自新加坡、印尼、越南、墨西哥、埃及、黎巴嫩等22个国家的政府代表、雇主代表或者工会代表投了弃权票。[29]

通过《宣言》的制定,国际劳工组织完成了在后"冷战"时代一次极为深刻的机构调整,开启了国际劳工组织在全球化条件下管辖劳工事务的新篇章。国际劳工组织重申了其在国际劳工标准制定和实施方面的主导作用和宪政地位,很大程度上是对国际贸易机制试图纳入劳工条款的回应。从内容来看,国际劳工组织以基本劳工权利为抓手,试图强化国际劳工组织在全球治理中的话语权、影响力和竞争力。[30] 国际劳工组织不再是一个成员国讨论和制定国际劳工公约的会议场所,而是转变为实施基本劳工权利的执行机构。[31] 从立法方式来看,国际劳工组织不再拘泥于国际劳工公约和建议书,开始尝试使用宣言等形式的软法文件来确认和强化国际劳工标准。

1998年《宣言》的通过是对国际劳工标准的重大发展,具有里程碑的意义。《宣言》是多方反复磋商、争论和妥协的产物,最大程度地凝聚了国际社会关于国际劳工保护的共识,同时也标志着国际劳工保护从国际贸易体制向国际劳工组织的回归。《宣言》的核心内容包括以下四个方面:第一,确认国际劳工组织是制定和处理国际劳工标准的主管机构,享有普遍支持。第二,明确宣告四项劳工权利为基本劳工权利,包括结社自由和有效承认集体谈判权利、消除一切形式的强迫或强制劳动、有效废除童工以及消除就业与职业歧视。第三,各国负有尊重、促进和实现基本劳工权利的义务,此种义务来源于其成员国资格,而不依赖于对具体国际劳工公约的批准或接受。第四,强调劳工标准不应当被用于贸易保护主义的目的,《宣言》的内容也不得被用于此种目的。

---

[27] 例如,参见印度政府顾问、巴基斯坦和埃及人力部长在劳工大会上的发言,ILO, Record of Proceedings of the International Labour Conference, Eighty-sixth Session (1998), vol. 1, pp. 22/16, 19-22. 中国政府代表在"原则宣言委员会"的讨论中指出,宣言草稿文本没有充分反映亚太国家和发展中国家的意见。See id., p. 20/11.

[28] ILO, Record of Proceedings of the International Labour Conference, id., p. 22/29.

[29] 参见相关投票记录,id., pp. 22/47-50。

[30] See Erika de Wet, "Governance through Promotion and Persuasion: The 1998 ILO Declaration on Fundamental Principles and Rights at Work", in Armin von Bogdandy et al. (eds.), *The Exercise of Public Authority by International Institutions*, Springer-Verlag, 2010, pp. 377-403.

[31] 也有学者提出不同意见,认为1998年《宣言》弱化了国际劳工组织强制实施国际劳工标准的能力,使得国际劳工组织从一个标准制定机构转变为发展机构。See Guy Standing, "The ILO: An Agency for Globalization?", *Development and Change*, vol. 39, no. 3, 2008, p. 355.

上述内容是各方妥协和平衡的结果。第一点和第四点更多反映了发展中国家的立场和利益,而第二和第三点更多体现了发达国家的诉求。但正由于是妥协的产物,《宣言》的内容深究起来往往有很大的解释空间,甚至是含糊不清的,因此有必要结合那些没有在《宣言》文本中体现的争议来加以解读。

二、《宣言》下"义务"的性质与内容

1998年《宣言》明确宣告,成员国作为国际劳工组织成员承担尊重、促进、实现基本劳工权利的义务。"即使尚未批准有关公约,仅从作为国际劳工组织成员国这一事实出发,所有成员国都有义务(obligation)真诚地并根据《章程》要求,尊重、促进和实现"基本劳工权利。成员国的此种义务直接来源于成员国资格,与一个国家是否批准特定的国际劳工公约无关。这种义务是何种性质的义务?法律基础是什么?在现有国际劳工法律体系下,《宣言》确认的基本劳工权利具体体现在八项国际劳工公约当中,如果一个国家尚未批准有关条约,那么作为国际劳工组织成员国,应当承担何种义务?

《宣言》文本采用了"义务"的措辞。起草过程中,不少代表持反对意见,认为这是有法律约束力的文件的措辞。不少国家担心,《宣言》会绕开国际劳工公约的自愿批准程序,使国家对于尚未批准的基本劳工公约也需要承担公约义务。[32] 对此,中国政府在国际劳工大会的发言中也强调,把劳工标准强加于成员国,只能加剧争端,反对任何可能会把国际劳工组织变成国际法庭的做法。[33]

对此,首先有必要明确,《宣言》本身在法律上是非拘束性的。从国际劳工组织的实践来看,宣言主要用于就组织的某些重要法律原则、政策目标、行动纲领等予以正式确认和宣告。例如,1944年5月国际劳工大会通过了《关于国际劳工组织的目标和宗旨的宣言》(以下简称"《费城宣言》"),重申并发展了国际劳工组织的基本原则和目标,并勾勒了组织在战后的工作愿景。但是,宣言本身只是建议性、政策性和倡议性的,并不能直接为成员国创设国际法上的权利或者义务。《宣言》的起草过程中,各国都反复强调,《宣言》本身并不向成员国施加新的法律义务。

一个相关问题是,《宣言》虽然本身并无法律约束力,但是否构成了对《国际劳工组织章程》(以下简称"《章程》")相关条款的权威解释?从起草历史以及现有国家实践来看,国际劳工组织和成员国均不认为《宣言》是对《章程》的权威解释。国际劳工局在《宣言》草稿的说明文件中指出:"但是,严格说来,宣言并不

---

[32] See *supra* note [16], pp. 20/21-64.
[33] 参见中国劳动部部长李伯勇在第85届国际劳工大会上的发言,ILO, Record of Proceedings of the International Labour Conference, Eighty-fifth Session (1997), p. 22.

构成对成员国有法律约束力的对《章程》的解释,因为根据《章程》第37条1款,只有国际法院才有权作出此类解释。"[34]国际劳工局的意见明确表明,《宣言》不构成对《章程》的权威解释。[35]

为了平息众多成员国对《宣言》抱有的疑虑,国际劳工组织法律顾问专门提供了一份意见书,对《宣言》的性质及其与国际劳工公约的关系做了解释。首先,《宣言》本身是一份"没有约束力的政治声明",不论是《宣言》还是其《后续行动》,都不会为成员国创设新的、额外的法律义务。[36] 其次,对于成员国尚未批准的公约,并不会因为《宣言》而使成员国受到它们的约束。换言之,《宣言》本身并非是要取消或者取代公约的批准机制。最后,对于成员国是否批准一项基本劳工公约,仍然属于各国自由裁量,《宣言》并不对成员国是否批准公约施加任何限制或者义务。[37]

《宣言》宣告,成员国对于基本劳工权利负有的义务是内在于国际劳工组织成员资格的,那么此种义务的法律基础和具体内容都只能来自《章程》中的具体规定。[38] 从《章程》内容来看,《章程》里确认的一般义务是,成员国从各自具体情况出发,为了实现国际劳工组织在《章程》序言中确立的目标而进行真诚努力的义务。[39] 这种努力包括批准劳工公约和建议书、采取国内立法措施实施劳工标准、进行国际合作等。因此《宣言》中的义务,不外是这样一个努力去实现的义务,或者说,是一个"政策义务"。《宣言》要求各国努力实现基本劳工公约中的目标,其判断标准是一个国家在追求这些目标的实现方面是否存在系统性的失败。[40] 这个义务具有一定的柔性,但不纯粹是"政治和道德的"[41],同时也是法律的。

对于尚未批准的基本劳工公约,成员国承担的是《章程》第19条(5)款规定

---

[34] ILO, Consideration of a Possible Declaration of Principles of the International Labour Organization Concerning Fundamental Rights and Its Appropriate Follow-up Mechanism.

[35] 当然,需要指出的是,国际劳工局给出的理由并不成立。《章程》第37条"章程和公约的解释"第1款的规定,是成员国就《章程》的解释发生争端应当提交国际法院解决。从条约法和国际组织法的一般原理来说,该条款本身并不排除国际劳工组织的各个机构及成员国通过法律实践对《章程》加以解释的可能性。

[36] Supra note [16], pp. 20/92-93.

[37] Id., p. 20/93.

[38] 关于此种义务的性质和实现方式,在亚太国家的坚持下,"根据《章程》要求"这样的措辞被加入了该条款。

[39] 类似的意见参见国际劳工局汉森局长1994年向国际劳工大会提交的报告,他认为这是采取行动的义务,而并非达到特定结果的义务。See ILO, Defending Values, Promoting Change: Social Justice in a Global Economy, Report of the Director-General, Geneva, 1994, pp.59-60.

[40] 参见美国雇主代表Potter在国际劳工大会上的发言,ILO, Record of Proceedings of the International Labour Conference, supra note [27], p. 22/14。

[41] 参见印度政府顾问Singh在劳工大会上的发言, id., p. 22/16。

的报告义务,《宣言》本身没有增加额外的义务。[42] 依据该条规定,对于国际劳工大会通过的劳工公约,如果一个国家不予批准,那么该国有义务定期向国际劳工局局长报告,说明该国与公约事项有关的法律和实践,已经采取或者打算采取何种立法或者行政措施来落实公约的内容,以及存在的妨碍批准的实际困难。这也是《后续行动》的法律基础。

《宣言》中确认的基本劳工权利仍然需要通过具体确认的公约来落实和实现,那么《宣言》援引《章程》和成员国资格的意义在哪里呢？这一路径最早是由国际劳工局汉森局长在其1994年报告中提出的。他在报告中倡议,发掘蕴含于劳工组织成员国资格中的义务,建立一套特别程序,督促成员国落实其加强社会保护的义务。[43] 在1997年的局长报告中,他强调此种路径具有实现基本劳工权利被普遍采纳的价值。[44] 因此,1998年《宣言》的意义不在于对成员国强调或是强加了促进基本劳工权利的软性义务,而是在于宣告了一组基本劳工权利的存在,并且将基本劳工权利与《章程》相联系。基本劳工权利的存在和运行是独立的、自成一体的,并不依赖于成员国对有关劳工条约的批准或者接受。通过这种方式,《宣言》几乎是以一种"自然法"的语言宣告了基本劳工权利。[45]

通过援引组织章程和成员国资格,《宣言》成功地实现了其立法上的普遍主义。这种普遍主义有两个层面,第一,基本劳工权利对所有国际劳工组织成员国都有效,即便在实施义务方面是软性的[46],但是基本劳工权利的实体内容得到了明确的、即刻的确认和普遍的接受。[47] 这有效避免了传统的国际劳工条约模式的意愿主义、实证主义和碎片化的问题。第二,《宣言》所要发声的对象,不仅仅是成员国,而是国际社会整体。在经济全球化的背景下,国际劳工组织通过《宣言》向国际贸易体制、国际金融机构、整个联合国系统、区域性国际组织等宣告了核心劳工权利的存在,重申了国际劳工组织在管理国际劳工事务方面的管辖权和核心地位。

---

[42] 参见国际劳工组织法律顾问的意见,*id.*, p. 20/93。

[43] *Supra* note [39], pp. 59-60.

[44] *Supra* note [14], p. 15.

[45] 1998年国际劳工局在提交给国际劳工大会的文件中强调,《宣言》本身并不确立(establish)这些权利为基本权利。相反,这些权利已经是基本权利了,《宣言》只是加以承认而已,在于促进这些基本权利的普遍实施。See *supra* note [34].

[46] 有学者认为,核心劳工标准有助于凝聚国际社会不同参与者在劳工保护方面的共识。See Anke Hassel, "The Evolution of a Global Labor Governance Regime", *Governance: An International Journal of Policy, Administration, and Institutions*, vol. 21, no. 2, 2008, p. 231.

[47] See Francis Maupain, "Revitalization Not Retreat: The Real Potential of the 1998 ILO Declaration for the Universal Protection of Workers' Rights", *European Journal of International Law*, vol. 16, no. 3, 2005, p. 439.

三、基本劳工权利的标准和内容

1998年《宣言》中确认了四项基本劳工权利：结社自由和有效承认集体谈判权利、消除一切形式的强迫或强制劳动、有效废除童工、消除就业与职业歧视。这四项权利是怎么被认定为基本劳工权利的？标准是什么？这是一个开放的还是封闭的清单？

从理论上说，确认基本劳工权利至少可以有以下三种方法：第一种方法，是宪政主义的办法，既然《宣言》旨在确认各国已经接受的基本劳工权利，那么应该直接从国际劳工组织《章程》和有关劳工公约中去找。除了结社自由和同工同酬，《章程》序言中提及的工时限制、工人的伤病保护、充分工资水平等，1944年《费城宣言》中确认的社会保障、工人的健康和生命保护、充分的住宅和文化娱乐设施等，都可以考虑是否属于基本劳工权利的范畴。第二种方法，是实在法的方法，是从考察各国的劳工实践出发，包括考察各国批准的国际劳工公约的情况，寻找各国在劳工保护方面的最大公约数和共同采纳的标准。根据各国可以共同遵守和落实的劳工标准，确定基本劳工权利。这种方式是一种自下而上的实证的方法。通过这种方法得到确认的基本劳工权利，可以推断，应当大都具有习惯国际法的性质，对各国有普遍约束力。第三种方法，是自然法的方法，从一个标准的理想模型的工人出发，考虑他/她所需要享有的各项劳工权利和保护。从这个角度出发所认定的基本劳工权利，应然法色彩更强，同时在权利范围的认定方面也可以更全面。

从目前的资料来看，不论是在理事会前期讨论、原则宣言委员会讨论还是国际劳工大会的会议讨论中，都没有就基本劳工权利的范围和认定标准展开详细讨论。国际劳工组织显然没有采取上述任何一种方法。国际劳工局在1997年提交给理事会的一份文件中，对基本劳工权利标准做过一个粗略的说明。国际劳工局在文件中认为，区分基本劳工权利和其他劳工权利的标准在于，基本劳工权利的实施是不论经济社会发展水平如何都应当实施的，而其他权利的实施则可以考虑一国具体的"气候、习惯和风俗的不同，经济机会和工业传统的不同"。[48] 并且，在某种意义上，基本权利是实现其他权利的前提条件。[49] 国际劳工局的这种定义是自我重复的，它不外是说，基本权利之所以是基本权利，就是因为它是基本的。这样一种先验主义的方法和专断主义的态度，在逻辑上已

---

[48]《国际劳工组织章程》第41条。

[49] ILO, Follow-up on the Discussion of the Report of the Director-General to the 85th Session (1997) of the International Labour Conference: (a) Inclusion on the Agenda of the 86th Session (1998) of the International Labour Conference of an Item Concerning a Declaration on Workers' Fundamental Rights, GB. 270/3/1 (November 1997).

经封闭了基本劳工权利讨论的空间。

国际劳工组织选定的四项基本劳工权利遭到了人权学者的很多批评,他们认为现在纳入基本劳工权利的是一个具有很强选择性其至是任意性的清单,缺乏一个内在统一、令人信服的哲学、经济或者法律的标准。[50] 不少学者对基本劳工权利未能包含劳动卫生和安全权利提出了质疑。[51] 在国际劳工大会上,也有国家明确提出,有关工资保护、社会保险、就业政策和职业安全的劳工公约也直接与工人的社会保护相关。如果《宣言》对于这些权利不予考虑,将减损对这些权利的保护。[52] 也有学者事后试图提供一些标准来解释国际劳工组织的选择[53],但是这些解释在逻辑上并不令人信服,更多是在事后为国际劳工组织的选择提供正当性依据,而并没有真实还原国际劳工组织选择相关劳工标准的历史事实。

在《宣言》起草过程中,发展中国家对于基本劳工权利的具体内容基本采取沉默或者回避的姿态。一个主要的原因是,这些国家在根本上并不赞成基本劳工权利的这个概念,担心基本劳工权利这个概念被滥用。因此,发展中国家采取的是"最少标准"的策略。在国际劳工局和西方国家的力推之下,很难把已经被提上桌面的这四项基本劳工权利删减;虽然不满意这四项权利,但是又不希望在这四项权利之外再添加更多的基本劳工权利。这也是为什么在原则宣言起草委员会和劳工大会上,发展中国家都避免对基本劳工权利的实体问题展开讨论。

值得注意的是,《宣言》中基本劳工权利的内容深刻地受到美国贸易法中"国际公认的劳工权利"的影响。对内容做一个简单的比照,就可以有很直观的感受。美国《1974年贸易法》中的"国际公认的劳工权利"包括:结社权,工会权和集体谈判权,禁止使用任何形式的强迫劳动,规定雇佣儿童工人的最低年龄并禁止最恶劣形式的童工,最低工资、工作时间、职业安全与健康方面可接受的工作条件。[54] 除了最后一项最低工资、工作时间、职业安全与健康方面可接受的工作条件外,美国贸易法中"国际公认的劳工权利"的前四项与《宣言》中承认的基本劳工权利是完全一致的。问题是,美国所谓的"国际公认的劳工权利",

---

[50] Philip Alston, "'Core Labour Standards' and the Transformation of the International Labour Rights Regime", *European Journal of International Law*, vol. 15, no. 3, 2004, p. 457.

[51] Lance Compa, "Core Labour Rights: Promise and Peril", *International Union Rights*, vol. 9, no. 3, 2002, p. 20.

[52] 参见古巴政府代表的发言, *supra* note [33], p. 89.

[53] 例如认为这些权集中于程序性劳工保护, See Brian A Langille, "Core Labour Rights—The True Story (Reply to Alston)", *European Journal of International Law*, vol. 16, no. 3 2005, p. 409.

[54] 有关批评意见, *supra* note[11], p. 10.

更多是从美国自身的法律实践和利益出发要求其他国家遵守的一套标准而已。美国在1997年国际劳工大会的讨论时,明确列举了国际劳工组织最后认可的这四项权利,认为这些权利构成基本劳工权利是获得普遍共识的。[55]

总的来说,《宣言》确认的四项基本劳工权利全部属于工人的人身和政治权利,与西方自由主义传统一脉相承,明显忽视了对工人经济权利的关注。[56] 强调人身与政治权利,而忽视经济权利,将劳工塑造为一个政治人,而非经济人[57],这在新的全球化条件下,以一种保护权利之名,为新自由主义塑造全球政治经济秩序打开了大门。《宣言》中的基本劳工权利借鉴和接纳了美国贸易法中的"国际公认的劳工权利",为美国采取单边主义措施提供了正当性话语,强化了其通过贸易来对劳工问题施压的能力。

四、劳工保护与贸易机制

劳工和贸易问题的争论,同样也体现在《宣言》的起草过程中。事实上,原则宣言委员会花了一半的时间主要用于争论劳工和贸易问题。[58] 发展中国家同意制定《宣言》的根本原因,是希望由此确认国际劳工组织对劳工标准问题享有独占的、排他的管辖,排除其他机构特别是世界贸易组织对劳工问题的管辖。[59] 这些国家担心,如果国际劳工组织不作为,那么发达国家就有更大的理由和动力在国际贸易体制下来实施劳工权利。[60] 在《宣言》讨论过程中,亚太国家和发展中国家坚持要求纳入一个"保障条款",确保该《宣言》不被用于贸易保护主义的目的。在《宣言》起草过程中,这被分解为两个问题,第一个是权能问题(第1.5点,序言部分),第二个是保障条款问题(第6点,主文部分)[61],起草过程中引发了激烈的争议。

国际劳工组织的权能问题规定在序言部分。本条争议的焦点是,亚太国家和发展中国家主张,本条应当明确确认国际劳工组织在制定和实施国际劳工标

---

[55] 参见美国政府代表在1997年第85届国际劳工大会上的发言,*supra* note [33], p.127。

[56] See *supra* note [50], p.484; Ulla Liukkunen & Yifeng Chen, "Fundamental Labour Rights in China—A New Approach to Implementation", in Ulla Liukkunen & Chen Yifeng (eds.), *Implementation of Fundamental Labour Rights in China: Legal Architecture and Cultural Logic*, Springer, 2016, pp.1-17.

[57] 这与美国长期以来在国际人权领域抵制经济社会文化权利是一致的。很大程度上,这些被认定为基本劳工权利是因为这些权利容易获得美国的接受。See *supra* note [50], p.483.

[58] 参见美国雇主代表 Potter 在劳工大会的发言,ILO, Record of Proceedings of the International Labour Conference, *supra* note [27], p.22/14。

[59] 参见苏丹政府代表的发言,说明了第三世界国家接受这个宣言的动因,*supra* note [16], p.20/72。

[60] 参见法国和菲律宾政府代表的发言,*supra* note [16], pp.20/102, 105。

[61] 国际劳工局准备的宣言草稿本文,进行了数字标号。有关该草稿文本以及国际劳工局的意见,See *supra* note [34]。

准方面的排他性权力,换言之,旨在限制世界贸易组织染指劳工问题。而发达国家、工人团体则试图尽量淡化这种色彩,虽然承认国际劳工组织在制定劳工标准方面的权力,但是并不排除其他国际组织也可以在促进劳工权利实施方面有所作为。[62] 最终达成的有关条文,具有一定的妥协色彩。《宣言》在序言中说:"国际劳工组织是根据章程授权制定和处理国际劳工标准的国际组织和主管机构,并在促进作为其章程原则之体现的工作中基本权利方面享有普遍的支持和认同。"

有关劳工与贸易的保障条款问题,即"不得将劳工标准用于贸易保护主义之目的",是否应当规定,规定在哪里,争议最大。第一种意见以美国和起草委员会内部的工人团体为代表,认为不应当在《宣言》中加入这个条款。[63] 理由包括:国际劳工组织没有贸易方面的职权,不应该在其《宣言》中提及贸易事项[64];劳工和贸易之间是否存在联系,应当由贸易机构去考虑,而非由国际劳工组织来预判[65];国际劳工组织无权作出保证这个《宣言》不会被用于其他场合,这超出了国际劳工组织的管辖范围;同时《宣言》本身也并非条约,因此并不能构成一个有国际法约束力的保证[66]。第二种意见以雇主团体和部分欧洲国家为代表,认为这个条款可以保留,但是主张将该条款放在序言甚至是脚注中,而非正文的执行部分。[67] 第三种意见以亚太国家和发展中国家为代表,坚持认为这个条款并非要侵入其他国际组织的职权,而是要确保《宣言》及其后续措施不会被贸易保护主义用作借口,因此这个条款应当保留,并写入《宣言》的执行部分。[68] 对于发展中国家来说,这个条文的目的是要确保《宣言》中确认的基本劳工权利不会在国际劳工组织之外被与劳工政策无涉的机构加以援引或者强制实施。[69] 亚太国家强调,这个条款的内容应当涵盖三个方面:(1) 不得将劳工标准用于保护主义的目的;(2) 不得将《宣言》用于单边或者多边的贸易保护主义措施;(3) 不得因此采取损害各国比较优势的贸易措施。[70]

委员会争论激烈,但是在亚太国家和发展中国家的坚持下,该保障条款被

---

[62] *Supra* note [16], pp. 20/70-76.
[63] 参见美国和挪威政府的意见, *id.*, pp. 20/79, 20/83-84;工会团体的意见, *id.*, pp. 20/71, 20/82。
[64] 美国代表还认为,这是在主动把劳工问题和贸易问题加以联系(虽然是一种否定式的联系)。
[65] 参见美国政府代表的意见, *supra* note [16], pp. 20/99, 22/104。
[66] 参见英国政府代表的意见, *id.*, p. 20/98。
[67] 参见意大利、德国、法国、瑞典政府代表的意见, *id.*, pp. 20/13, 20/18, 20/81, 20/99;雇主团体的意见, *id.*, p. 20/71。
[68] 例如埃塞俄比亚、哥伦比亚、印度尼西亚、印度、黎巴嫩、巴西、叙利亚、韩国政府代表的意见, *id.*, pp. 20/5, 20/17, 20/18, 20/81, 20/84;非洲国家的意见, *id.*, pp. 20/72, 20/85。
[69] 参见墨西哥政府代表的发言, *id.*, p. 20/81。
[70] *Id.*, p. 20/79。

保留在《宣言》的执行部分。《宣言》执行部分最后一条规定:"不得将劳工标准用于贸易保护主义之目的,并且本《宣言》及其后续措施中的任何内容不得被援引或被以其他方式用于此种目的;此外,无论如何不得因本《宣言》及其后续措施而对任何国家的比较利益提出异议。"

在委员会通过该文本之后,美国代表做了一个发言。美国代表强调说,《宣言》并不影响各国在其他国际组织下可能承担的法律义务,并且《宣言》中的保障条款不创设额外的义务,也并不妨碍美国单边在其贸易关系中设定劳工标准。[71] 在国际劳工大会讨论的时候,美国重申说,国际劳工组织不能对今后美国在哪里援引该《宣言》或者其后续行动施加限制。"第五款对我们的贸易政策不能施加任何限制,不论是法律上的还是其他的。"[72]

有必要回答的一个根本问题是,从法律上看,《宣言》是否切断了贸易和劳工之间的联系?从一个严格的法律的意义来看,答案恐怕是否定的。第一,《宣言》确认了国际劳工组织在"制定和处理"国际劳工标准方面的职权,但是并未如发展中国家所希望的那样,认可国际劳工组织在劳工保护方面享有排他性的权力。《宣言》本身的表述并不能排除其他国际组织参与国际劳工标准的促进和实施的可能性。而事实上,在《宣言》起草过程中,美国一再表示,将在其他国际组织特别是世界贸易组织中推动劳工条款。第二,《宣言》规定,各国不得将《宣言》用于贸易保护主义的措施。但是,根据美国等发达国家的理解,贸易和劳工相联系,本身并不必然是贸易保护主义的。只有那些构成保护主义的贸易措施才被否定的,而促进劳工保护的合法贸易措施并非是贸易保护主义的。第三,国际劳工组织只能制定与自身有关的劳工标准和政策,没有权力去规定其他国际组织的权限和具体运作,并不能排除世界贸易组织等国际组织在劳工保护方面采取措施的合法性。[73] 第四,《宣言》本身并非条约,在国际法上对成员国而言并无法律拘束力,对于成员国在国际法上的权利义务并无增减。因此《宣言》并不免除各国现在或者将来在其他国际组织之下承担的劳工保护的法律义务。并且,从美国等国在起草过程中的发言情况来看,《宣言》中的表述也很难说构成国际法上的"禁反言"。

但是,《宣言》并非毫无用处。《宣言》虽然是一个妥协的产物,还是在相当程度上反映了发展中国家的政治和法律立场,特别是劳工归劳工、贸易归贸易的愿望。在政治上,《宣言》强调了国际劳工组织处理劳工问题的法定职权,强

---

[71] 参见美国政府代表的意见,*id.*, p. 20/109-110。

[72] 参见美国政府代表 Samet 在劳工大会上的发言,ILO, Record of Proceedings of the International Labour Conference, *supra* note [27], p. 22/24。

[73] 参见美国雇主代表 Potter 在劳工大会的发言,他表示《宣言》执行部分第5款不可能提供所谓的法律保障,因为国际劳工组织在贸易问题方面并无职权,*id.*, p. 22/14;英国工人代表 Brett 在劳工大会上的发言,*id.*, p. 22/15。

调了劳工问题不应当被用于贸易保护主义。这在一定程度上削弱了世界贸易组织内处理劳工问题的正当性,也缓解了发展中国家在世界贸易组织内所面临的压力。在法律上,《宣言》本身虽然没有直接的法律拘束力,但是在一定程度上体现了国际社会认同劳工标准不得用于贸易保护主义措施的法律确信,对于国际劳工标准的发展和实施具有重要的指导意义。

五、结语:劳工保护与霸权

1998 年 6 月 18 日,国际劳工大会第 86 届会议以 273 票赞成、43 票弃权,正式通过了《宣言》。与会各方都充分肯定《宣言》的重大意义。大会主席宣告,《宣言》的通过是国际劳工组织的胜利。[74] 德国政府代表说,《宣言》的采纳对于国际劳工组织来说是一个历史性的日子。[75] 美国政府代表认为宣言的通过是"历史性的一步"[76],"国际劳工组织有一个新的机会在新世纪发挥相关性和领导力"[77]。

《宣言》的通过,也在根本上改善了国际劳工组织与美国之间的关系。此前,美国参议院共和党议员杰西·海默斯(Jesse Helms)于 1995 年担任外交关系委员会主席,批评国际劳工组织是"费钱及过时的",要求大规模削减美国对国际劳工组织和其他联合国机构的资助。[78] 1997 年,美国要求国际劳工组织削减预算 5%—9%,最终预算削减了 3.75%。[79] 但是在《宣言》通过之后,美国重新调整了其对国际劳工组织的政策[80],开始积极重视和利用国际劳工组织在全球推进对基本劳工权利的普遍接受。1999 年 6 月,美国总统克林顿访问国际劳工组织并参加国际劳工大会,这是历史上第一个前往国际劳工组织并发言的美国总统。在发言中,克林顿高度评价了 1998 年《宣言》,认为这是未来

---

[74] *Id.*, p. 22/28.

[75] 参见德国政府代表 Willers 在劳工大会上的发言,*id.*, p. 22/16。

[76] See *supra* note [16], p. 20/109.

[77] 参见美国政府代表 Samet 在国际劳工大会的发言,ILO, Record of Proceedings of the International Labour Conference, *supra* note [27], p. 22/23。

[78] Thomas W. Lippman, "Helms Targets U. N. Programs for Cuts", (*Washington Post*, 6 May 1995), at https://www.washingtonpost.com/archive/politics/1995/05/06/helms-targets-un-programs-for-cuts/778e8d94-8182-4241-8383-5a8d2a9f230d/? from = singlemessage&isappinstalled = 0 (last visited 22 October 2018).

[79] 参见美国政府顾问 Anderson 女士的发言,*supra* note [33], pp. 250-251;以及美国政府代表在财务委员会上的发言, Second Report of the Finance Committee of Government Representatives (1997), in *supra* note [33], p. 14/10。

[80] See Edward C. Lorenz, *Defining Global Justice: The History of U. S. International Labor Standards Policy*, University of Notre Dame Press, 2001, pp. 220-221.

全球经济的蓝图,《宣言》确认的权利不仅仅是劳工权利,更是人权。[81] 克林顿更宣布,美国将为国际劳工组织落实基本劳工权利提供 2500 万美元的额外资助。[82]

对于美国而言,《宣言》只是美国在全球范围内推广基本劳工权利的序曲。[83] 一方面,美国通过国际劳工组织,继续在多边框架和技术援助框架下推动国际社会对于基本劳工权利的批准和接受。[84] 美国大幅提高了对国际劳工组织预算外项目的支持。从 1999 年开始至今,美国都是国际劳工组织预算外项目的最大捐款国。近年来有所下降,2014—2017 年间平均每年预算外贡献超过 3200 万美元,2017 年的金额超过 3800 万美元。[85]

另一方面,美国开始通过单边措施或者在投资和贸易框架下不断强化劳工标准。在美国对孟加拉国、斯威士兰、海地的普惠制或者其他经济安排中,美国为各国量身定制,要求各国遵守相关劳工标准。2011 年 8 月 9 日,美国在《中美洲自由贸易协定》框架下,指控危地马拉未能有效落实其结社自由和集体谈判等劳动法中的权利,要求成立争端解决小组。这是历史上第一次有国家利用自由贸易协定机制来提起劳工保护争议。[86] 在美国主导下,2015 年《跨太平洋伙伴关系协定》中专门设立了劳工保护一章,建立了被认为是有史以来所有贸易协定中对劳工保护最强的机制。[87] 该协定要求所有国家都要全面实施国际劳工组织《宣言》所确认的基本劳工权利。同时,在劳工保护实施机制上,成员国就劳工争议可以要求设立专家组,启动争端解决程序(第 19.15 条)。

《宣言》以一种普遍主义的姿态所确认宣告的基本劳工权利,提高了国际社

---

[81] ILO, "Address by Mr. Bill Clinton, President of the United States" (16 June 1999), at http://www.ilo.org/public/english/standards/relm/ilc/ilc87/a-clinto.htm (last visited 22 October 2018).

[82] 1999 年,美国为国际劳工组织的"消除童工"国际项目提供了 2900 万美元的预算外捐助。See ILO, The ILO's Technical Cooperation Programme 1999-2000, GB. 279/TC/1 (November 2000), p. 4.

[83] 有关美国劳工外交,See Nicholas A. Stigliani, "Labor Diplomacy: A Revitalized Aspect of U.S. Foreign Policy in the Era of Globalization", *International Studies Perspectives*, vol. 1, no. 2, 2000, p. 177。

[84] 美国自身仅仅批准了八项基本劳工公约中的两项,但是这并不妨碍美国在国际上积极推进基本劳工权利。

[85] See "ILO, Extra-budgetary Development Cooperation: Annual Report 2017", at https://www.ilo.org/wcmsp5/groups/public/---dgreports/---exrel/documents/genericdocument/wcms_618550.pdf (last visited 22 October 2018).

[86] Office of the U.S. Trade Representative & the U.S. Department of Labor, "Standing Up for Workers: Promoting Labor Rights through Trade" (February 2015), pp. 8-11, at https://ustr.gov/sites/default/files/USTR%20DOL%20Trade%20-%20Labor%20Report%20-%20Final.pdf (last visited 22 October 2018).

[87] 这是美国贸易代表办公室的自我评价,https://ustr.gov/sites/default/files/TPP-Chapter-Summary-Labour-1.pdf (last visited 22 October, 2018)。

会对于劳工保护的重视程度,这在经济全球化日益深化的今天,有很大的积极意义。与此同时,基本劳工权利虽然是由国际劳工组织宣告和承认的,但其国际认可与实施具有溢出效应,日益超出国际劳工组织的框架和机制。一个趋势是大国以实施基本劳工权利之名,采取单边主义的外交和贸易手段。另外一个趋势是不少投资贸易体制开始纳入劳工条款,这已经成为美国、加拿大和欧盟的基本立场。[88] 此外,不少国际金融机构,例如世界银行、亚洲开发银行也开始将基本劳工权利纳入其业务政策。在此意义上,加强对基本劳工权利有关问题的探讨,避免其沦为国际政治经济中新的霸权话语和工具,中国需要积极参与、贡献智慧。

(审校编辑 包康赟)

---

[88] 也有学者呼吁应当将核心劳工权利纳入世界贸易组织。See Yasmin Moorman, "Integration of ILO Core Rights Labor Standards into the WTO", *Columbia Journal of Transnational Law*, vol. 39, no. 2, 2001, p. 555.

本是同根生，相煎何太急？
——17世纪初普通法法院与特权法院的对抗

李红海[*]

Battles Among Brothers:
Conflicts between Common Law Courts and Prerogative Courts in Early 17th Century

Li Honghai

内容摘要：14世纪时，普通法已经被英国人接受为自己的法律，非经普通法法院审判，任何人不得被剥夺生命、自由和财产。但此后兴起的各种特权法院却不采用普通法的程序，其理念和价值亦与普通法相差甚远，后来更经常沦为政治迫害的工具。为了夺回自己的主导地位，17世纪初，在柯克的带领下，普通法法院与特权法院的对抗达到顶点。虽然后来以柯克被解职、其后任与大法官和解告终，但从长远来看，普通法才是最终的胜利者，因为它代表了一个社会稳定运行所需的基本体制。

关键词：普通法　特权法院　人身保护令　衡平法　柯克

16、17世纪在英国历史上具有重要意义，它标志着英国从中世纪进入近

---

[*] 李红海，法学博士，北京大学法学院研究员。

代。在这个宏大的转型时期,英国的政治、经济、文化、思想等各个方面都发生了巨大的变化,法律也不例外。作为英国基本法律的普通法在这一时期遭到来自罗马法和王权的威胁,遇到了史无前例的生存危机,最直接的表现就是普通法法院面临来自众多特权法院的挑战,司法管辖权遭到蚕食,传统的司法信条和价值观不断被破坏……但随着17世纪的结束,英国的法律又回到了正轨,并不断发展、完善、扩及全球,终成法治之样板。普通法究竟在那个时期经历了什么?它又是如何度过那场危机的呢?本文将以普通法法院和特权法院的对抗为核心,探究二者对抗的原因,梳理这场对抗的过程及重点问题,分析其后果与影响,力图展示普通法面临危机、克服危机、重获新生的过程和秘诀,为后世法律的发展提供镜鉴。

需要说明的是,普通法乃法官之法,为普通法法官在司法过程中所产出,因此,从一定意义上说,对普通法法官和普通法法院的冲击即对普通法的冲击,这是普通法体制下的特有之义。在欧陆或其他成文法体制下,法自君主和议会出,法律很大程度上乃统治者的选择,与统治者及其意志直接关联,而缺乏一个类似于普通法法官那样的独立守卫者或"神谕的宣示者"(道森语),因此对法律的冲击往往直指这个统治者及其背后的政治体制。相应地,作为欧陆体制中一个"并不特别起眼"之组成部分的法院,其职能仅仅是施行法律,即使受到冲击,也很难说就直接影响到这个国家的法律——毕竟法律和法院还是相当不同的。这是普通法与欧陆法的一点不同之处。正基于此,本文对"普通法法院"的讨论,其实也就是对普通法的讨论。

一、本是同根生:特权法院的产生及其与普通法法院的关系

(一)特权法院及其产生的原因

在英国法律史上,所谓特权法院,是相对于作为常规法院、例行法院之普通法法院而言,基于国王特权而建立的法院。具体到16世纪,则是指衡平法院、星宫法院、小额诉请法院、海事法院、军事法院、地方性的特权法院及与教会事务有关的宗教事务高等法院等。这些法院的产生和运行均以国王的特权为基础[1],但如下所述,其时国王多通过咨议会来行使统治权,这些特权法院无论在组织形式、人员配备还是具体运行方面,都与当时的咨议会紧密联系在一起,因此也经常被称为咨议会法院(Conciliar Courts)。

---

[1] 国王特权是指国王为统治整个王国而应该享有的权力、权威的总称,英国法上对其范围并无明确界定,它实际上是一种依习惯或传统而享有的权力,其范围也随着时代和其时政治力量对比的变化而变化。布莱克斯通在其《英国法释评》中对此有专门讨论,see Sir W. Blackstone, *Commentaries on the Laws of England*, Book 1, Chapter 7, W. Morrison(ed.), Cavendish Publishing Limited, 2001, pp. 181-212。

如何理解咨议会与特权法院之间的关系？这需要从英国的治理模式谈起。诺曼征服之前，盎格鲁-撒克逊不列颠基本上采取的是国王和贤人会议共同治理的模式，国王并不占特别突出的地位。[2] 诺曼征服之后，征服者威廉吸收了过去盎格鲁-撒克逊人的贤人会议，建立起御前会议（又称咨议会，curia regis；King's Council），其职责定位为协助国王对王国进行统治，主要是向国王提供政策建议，国王也将某些政策的落实和执行委任于咨议会的某些成员，由此构建起国王及其咨议会或国王加咨议会（King and his council or King in council）的统治模式。[3] 咨议会的主要成员包括大主教、主教、国王直属封臣中的要人、王廷的要人和其他得到国王青睐的人物，其人数并不固定。[4] 13世纪《大宪章》之后，贵族们成立了一个更大的咨议会（Grand Council）来制约国王，以求落实《大宪章》；但在爱德华一世通过"模范议会"的机制征税之后，《大宪章》内容的落实有了相当稳定的体制保障，贵族们的大咨议会日渐衰落，而国王自己的咨议会在议会之外仍然得以保留。[5] 16世纪时，亨利八世为了加强王权而改组了御前会议，形成了一个规模更小、更亲近、更易于控制的小咨议会，即后来所谓的枢密院（Privy Council）。"光荣革命"之后，随着国王的权力逐渐限缩于行政方面，以及后来汉诺威王朝的头两位国王（乔治一世和乔治二世）因不懂英语和不关心英国事务而退出枢密院会议的讨论，才逐渐形成了今天的内阁、首相等制度，但枢密院作为体制在今天仍然存在并继续在行政领域发挥着重要作用。[6]

因此从英国宪政的发展历史来看，至少在13世纪之前，国王加咨议会实际上拥有了对整个王国几乎全部的统治权（如果排除地方治理、教会等问题的话），并不存在今天所谓的三权分立。国王加咨议会不仅作为国家的统治者确立并落实王国的重大政策和策略，而且作为王国最大封建领主之封建法庭处理国王直属封臣之间的纠纷；而当国王将司法救济扩及王国全体自由民时，国王加咨议会还成了整个王国的最高司法机构。套用近世的术语，国王加咨议会不仅是行政机关，也是立法机关和司法机关；不仅享有行政权，还享有立法权和司

---

[2] 参见肯尼思·O.摩根主编：《牛津英国通史》，王觉非等译，商务印书馆1993年版，第99—107页。

[3] 而在"光荣革命"之后则确立了"国王加议会"（King in Parliament）的新型统治模式，但实际上，在笔者看来，"国王加咨议会"和"国王加议会"二者之间具有相当的连贯性。参见戴雪：《英宪精义》，雷宾南译，中国法制出版社2001年版，第116页。

[4] See J. H. Baker, *An Introduction to English Legal History* (4th edition), Oxford University Press, 2005, pp.16-18.

[5] 参见威廉·夏普·麦克奇尼：《大宪章的历史导读》，李红海编译，中国政法大学出版社2016年版，第195—199页。

[6] 参见F. W.梅特兰：《英格兰宪政史》，李红海译，中国政法大学出版社2010年版，第249—271页。

法权。所以国王加咨议会并非不可以被看作一个法院,或者它本身就是一个法院,是一个以国王为核心、以其咨议会成员为组成人员的法院。只是后来(最早可以从1178年算起[7])由于分工和提高统治效率的需要,才逐渐通过建立专门的王室法院将司法权委任给了王室法官——这在后来逐渐演变为普通法法院和普通法法官。因此,普通法法院建立的过程背后实际上隐含着这样的逻辑:既然国王可以将司法权委任于一部分人(后来他们演变为普通法法官),那么他也可以将之委任于另一部分人,比如御前大臣、军务大臣、警务总长、王室总管等,而事实上他也是这样做的。例如,衡平法院兴起之前,国王就曾将一些后世称之为衡平性的请愿交由海军事务大臣处理,之后则更多、更经常地交于御前大臣,以至于最终形成了大法官法院。[8]普通法法院和衡平法院并未垄断所有的司法事务,因此国王仍然可以将剩余的事务交由其他人或其他法院来处理,这是咨议会法院产生的体制性原因。

另外,咨议会法院的产生也有客观方面的原因。回溯性地考察我们会发现,不仅衡平法院,其实普通法法院起初也都是咨议会法院(这是本节标题采用"本是同根生"的原因所在),因为它们也是从咨议会逐渐分离出来的,其成员也是来自咨议会而非真正的法律专业人员[9],其主要职责是贯彻执行以国王为首的咨议会的决定,并在权威上高度依附于国王。但随着令状制度所带来的普通法的技术性特征不断明显以及诉讼专业化程度的提高,原来作为咨议会成员的普通法法官开始专注于司法而较少涉及其他事务,他们和13世纪出现的律师作为一个专业群体的形象逐渐得以凸显,并趋于独立。[10]在这种背景下,普通法法院作为咨议会法院的色彩逐渐降低,而越来越成为一种为英格兰自由民所信赖和认可的王国性法院。贝克说,14世纪时,英国人已经将普通法视为自己的法律,将普通法法院视为自己权利的守护者。[11]但普通法的司法也存在一些问题,比如令状的僵硬性所导致的司法救济不力;更重要的是,权势人物对法官、陪审员、郡长等的影响甚至是恐吓会带来司法不公,而能够排除此类影响的唯一力量就是国王,这构成国王在普通法之外行使其额外的、保留的司法权的客观原因。

国王基于民众的请愿行使司法权总是通过咨议会来实现,或者是将请愿交由咨议会的某位官员来处理,衡平法院的出现就是国王将某些请愿经常性地交

---

[7] 亨利二世在这一年将3名教士、2名俗界人士留在威斯敏斯特,以处理来自地方的民事诉讼,以免他们遭受追逐四处巡游的国王之苦。

[8] See *supra* note [4], pp. 98–99.

[9] 参见同前注[6],第70—93页。

[10] 参见保罗·布兰德:《英格兰律师职业的起源》,李红海译,北京大学出版社2009年版,第55—70页。

[11] See *supra* note [4], p. 97.

由御前大臣处理的结果,它也因此成为早期咨议会法院的代表。但有时国王觉得将某份请愿交由御前大臣处理不合适,他便将之转交其他大臣处理,因此,逐渐地,在衡平法院之外,又产生了其他咨议会法院,比如后来的星宫法院(Court of Star Chamber)、小额诉请法院(Court of Requests)等。可以说,咨议会法院始终贯穿于12世纪至17世纪内战之前的英格兰,只是在16世纪的都铎王朝达到顶峰。[12] 因此,所谓咨议会法院,实际上是国王以另一种方式行使司法权的结果,是国王统治权(包含司法权)的继续或自然延伸,是国王行使保留司法权(普通法司法权之外)的具体体现。

(二)若干代表性的特权法院

在以咨议会法院为代表的特权法院中,最典型同时也是最重要的当属衡平法院,在最后决战阶段直接和普通法法院对立的也正是它。但由于衡平法院和衡平法国内已有诸多研究文献[13],此处就不再赘述,而把篇幅留给其他几个特权法院。除衡平法院外,还包括小额诉请法院、星宫法院等咨议会法院,此外还有宗教事务高等法院、军事法院、海事法院以及一些地方性(如北部、西部及巴拉丁郡)的特权法院等。

第一是小额诉请法院。小额诉请法院起初是作为枢密院的一部分而存在的。亨利七世时,当时的王玺大臣(Lord Keeper of the Privy Seal)下令,来自穷人的诉请需要加速处理,小额诉请法院才作为带有咨议会性质的法庭开始独立,主要由王玺大臣自己负责。起初该法庭随国王巡游,后在沃尔西时代(1514—1530年)固定下来,亨利八世统治行将结束之时具有了专业化的色彩,因为它又任命了两名专业的常任诉请主事官(Masters of Requests Ordinary)。伊丽莎白一世时期又另外任命了两名特别诉请主事官(Masters of Requests Extraordinary),詹姆士一世时也任命了两名常任主事官。因低额的诉讼费和较高的诉讼效率,许多案件纷至沓来,以至于后来即使增加了人员,案件依旧堆积如山。其后果是,很多案件从普通法法院来到这里,后者的案源受到影响,遂对之产生不满。加之从咨议会独立出来即失去了靠山,这使得它更容易直接受到普通法法院的攻击。16世纪90年代,普通法法院开始针对因藐视法庭而被小额诉请法院监禁的当事人签发人身保护令,并对该小额诉请法院正在处理的案件作出判决,判决依其签发之令状进行的监禁是错误的。这些打击导致小额诉请法院一蹶不振;内战时,王玺失去了意义,王玺大臣失势,它也随之无疾而终。[14]

---

[12] See *id.*, p.117.

[13] 如冷霞:《英国早期衡平法概论:以大法官法院为中心》,商务印书馆2010年版。

[14] See A. F. Pollard, "The Growth of the Court of Requests", *The English Historical Review*, vol. 56, no. 222, 1941, pp. 300-303; *supra* note [4], pp. 119-120; I. S. Leadam(ed.), *Select Cases in the Court of Requests, A. D. 1497-1569*, Selden Society Publications, 1898, p. xliv.

第二个是星宫法院。该法院得名于其办公地点——这是威斯敏斯特宫中的一间屋子,屋顶装饰有星星,故此得名。过去一直认为是 1487 年的《星宫法》(Star Chamber Act,Stat. 3 Hen. VII, c. 1)创设了星宫法院,但贝克认为,实际上该法只是建立了一个处理特定法律和社会秩序问题的裁判庭,其管辖权后来被这之前那个更古老且已在此运行多时的机构所吸收——而这个机构才是星宫法院的真正起源。星宫法院的文件显示,它自己作出决定说它的产生并不依赖于上述制定法。[15]

如同所有的咨议会法院一样,星宫法院起初也不是一个独立的法院,而只是咨议会的一部分,或者说只是当时的咨议会就民众某些特定类型的诉请在这个办公室开会并行使一种普通法和衡平法之外的司法管辖权而已。因此,此时它处理的不只是司法事务,也包括国家政务。直到 1540 年左右,它和枢密院的档案才分开保存,由此才体现出一些区别于咨议会的特点;尽管如此,二者在人员构成方面仍然非常类似。由此可以看出,和几乎所有的王室法庭一样,星宫法院其实也只是国王加咨议会的某种司法权或对司法事务之关注在成熟和必要时得以分离和独立出来的结果而已,是国王行使保留司法权的体现。星宫法院如此,衡平法院、小额诉请法院甚至是普通法法院,又何尝不是这样的呢?!

从跟咨议会直接关联的意义上说,星宫法院是一个上诉法院,对下级法院行使某种监督权,但它也可以直接听审案件。星宫法院由咨议员和普通法法官共同组成,主要目的在于补强普通法法院和衡平法院在刑事、民事领域的司法功能,尤其是针对社会上和政治上的大人物予以公正执法——后者势力大,一般的法院在确认其犯罪方面可能并不容易。我们来看它是如何做到这一点的。

星宫法院起初其实非常类似于衡平法院,无论是在所适用的程序还是受案范围方面。由于很多案件都是由私人提起的,所以它早期受理的案件多是民事性质的。据说沃尔西(Thomas Wolsey)当政时,大概是由于他个人的支持,星宫法院的民事业务激增,甚至让它不堪重负。但请愿者在提出民事请求的同时往往也会指控一些跟刑事有关的行为,如暴动、非法集会、伪证、伪造货币、强占土地或其他形式的压迫,这给了星宫法院介入刑事领域的机会。它的另一个管辖领域是官员的徇私枉法、腐败、勒索等行为——我们还记得这同样也是民众向国王抱怨司法不公并请求国王干预而导致衡平法院兴起的重要原因;加之衡平法院已经在民事案件方面极大地补充和矫正了普通法司法,这些都为星宫法院在刑事领域提供一种普通法之外的、起初据称是更为公正的司法提供了条件。到斯图亚特王朝时,它的刑事性质就走到了前台,因为它不断地被王室法律官员用以针对某些人提出指控;而其便利之处则在于,不需要正式的公诉

---

[15] See *supra* note [4],p. 118,note [2].

(indictment),只需要简易审判(summary trial)即可,因此大小陪审团在此都无存在之必要。

和所有的咨议会法院一样,星宫法院并不需要遵守普通法法院刻板的程序,而是以自己认为合适的方法和程序司法——比如不使用陪审团、不使用格式诉讼、可以强迫宣誓等,因此非常灵活、高效。这在早期为它赢得了一些荣誉和尊重,甚至被认为是都铎时期最公正和有效的法庭之一。柯克就曾视之为"基督教世界最有声望的法庭——考虑到其法官和值得尊敬的程序"。另外,星宫法院在功能上又有点类似于衡平法院,可以对并不违反法律字面含义但却应遭到道德谴责的行为施以刑罚,这又赋予了其实体上的巨大灵活性,也为它赢得了"刑事衡平法院"的称号。但这种程序和实体上的双重灵活性在给它带来巨大荣誉的同时,也会带来某种危险。因为,基于实体上的宽泛裁量权,它可以惩罚那些表面上或事实上并不违反法律但却被它认为违法的当事人;基于程序上的不受约束,它又可以高效地将被告人入罪。比如,它所经常使用的一个工具是原本来自教会法庭的依职宣誓(*ex officio* oath),被告会被强迫宣誓以诚实地回答所有问题,这必然导致他们陷入三难:或者自证其罪;或者,如果回答不令指控者满意,将会面临伪证罪的指控;或者,如果不回答,则会被视为藐视法庭。如此,无论被告人如何选择,都逃脱不了惩罚。

历史经验表明,这样的"利器"如果落入"有德者"的手中,会成为社会治理的有效手段;而一旦落入"坏人"手中,则会沦为压迫异己的工具。古今中外,概莫能外!果然,星宫法院前后的历史证明了这一点。它的便捷和高效吸引了大小人物都力图在此寻求帮助,在地方法庭拥挤不堪和一片混乱之时,它曾是普通老百姓对抗大人物压榨的庇护所。而到了亨利七世手里,它却变成国王削弱"玫瑰战争"中那些有地乡绅力量的有力工具;而在亨利八世时期,星宫法庭先后处于沃尔西和克兰默(Thomas Cranmer)掌控之下,此二人经常鼓励原告越过下级法庭而直接诉至星宫法庭,此时它彻底沦为国王镇压反对派的政治工具,许多反对国王离婚和反对新教的人士都在此受到惩罚。实际上,今天英国法中的很多概念,如犯罪未遂(attempt)、共谋(conspiracy)、诽谤(criminal libel)、伪证(perjury)等,都源于此。斯图亚特王朝时期,星宫法院的权力大增,詹姆士一世和查理一世父子利用它来审查煽动暴乱的案子,镇压国王政策的反对者,审判无法在下级法院处理的大人物。查理一世在他无议会而治的11年里,曾用星宫法庭来代替议会,以控诉那些持异议者,包括清教徒。此时的星宫法庭因作出了一些有利于国王的判决而臭名昭著,例如劳德大主教曾因煽动性诽谤而在1637年将威廉·普莱尼(William Prynne)处以双颊烙刑。在刑罚方面,它可以判处除死刑之外的任何刑罚,罚金、烙刑、监禁、颈手枷、鞭答和残害肢体,都司空见惯;它甚至会引诱陪审团作出不利于政府之裁断,然后囚禁陪审员,并施以毁灭性罚金……这真是英格兰法律史上惊心动魄的一幕! 如此暴虐恐怖,不得人心,1640 年,议会最终通过《人身保护法》(Habeas Corpus Act)废除了星宫法庭。[16]

第三个是与教会事务有关的两个法院,分别是教务代表法院(Court of Delegates)和宗教事务高等法院(Court of High Commission)。前者成立于 1533 年,由国王任命的代表组成,在禁止向教皇上诉后审理教会方面的上诉案件,1832 年被废止,权力移交枢密院司法委员会。后者成立于 1580 年左右,但这之前国王就已经派出专员负责实施有关宗教改革协定的法律以及对教会实行监督,处理宗教违法行为和压制危害国教的运动,它行使权力时要受枢密院的指示并受其监督。1580 年,这些专员形成固定的机构,审理普通教会法不受理的案件。其司法程序完全奠基于教会法而非普通法,成员包括教俗两界的人士,与星宫法院和枢密院关系密切,一度曾因其权力和效率成为广受欢迎的法院,但后来却沦为镇压不承认国教者的工具,贝克称之为"教界星宫法院"(Spiritual Star Chamber)[17],尤其是其依职宣誓制度(前文有提及)因可能导致被告人自证其罪而饱受诟病。最终摧毁该法院的反对力量主要来自清教派、普通法及其法官,它于 1641 年被撤销,并被 1689 年的《权利法案》斥之为"非法"和"有害"。[18]

第四个是军事和海事方面的两个法院,即军务大臣法院(Court of the Earl Marshal)和海事高级法院(High Court of Admiralty)。这两个法院处理的都是特殊事务,基本上不适用英国法,因此在此不做详细描述。[19]

最后还有一些特定地区的咨议会或衡平法院,主要是由于这些地区的特殊性所致。比如,国王在北部或西部设立特别的地区,或巴拉丁郡,授权在那里行使相对独立的统治权,其主政者在那里也就拥有类似于国王的统治权,也拥有自己的咨议会和法院。[20] 这些虽对英国法的发展有影响,但不是主流,在和普通法的对抗中也只是扮演"跑龙套"的角色,因此本文也不作详细描述。

(三)特权法院与普通法法院的异同

以上是 16 世纪存在于英格兰的几种主要的特权法院,我们发现其存在如

---

[16] 关于星宫法庭的更多情况,参见 J. H. Baker, "The Court of Star Chamber", *Selden Society*, vol. 109, 1994, pp. lxxxviii-xcii.

[17] See *supra* note [4], p. 131.

[18] 参见薛波主编:《元照英美法词典》,法律出版社 2003 年版,第 341、342 页。关于都铎时期教会法院的改组情况, See A. H. Manchester, "Reform of the Ecclesiastical Courts", *American Journal of Legal History* vol. 10, 1966, pp. 51-75.

[19] 关于这两个法庭, See G. D. Squibb, *The High Court of Chivalry: A Study of the Civil Law in England*, Oxford University Press, 1959; Nigel Meeson and John Kimbell, *Admiralty Jurisdiction and Practice* (4th edition), Informa Law & Finance, 2011.

[20] See *supra* note [4], p. 121.

下共同点：

（1）都源出于国王加咨议会的统治权，都是国王加咨议会司法权的延伸，基本上都是国王行使保留司法权的体现和结果。如前所述，这与司法权的根源直接相关。司法权是王国统治权的一部分，后者经诺曼征服而为国王所获得，并逐渐得到民事实上的认可。国王起初是亲自或通过咨议会（实际上是封建法庭的形式）行使司法权，但后来逐渐将之委任于王室法官——他们却逐渐发展出独立于国王的普通法。不过这种委任并不等于穷尽了国王的统治权和司法权，国王仍然享有保留的司法权，并可以亲自行使或委托其他人行使，上述所谓诸类特权法院其实就是后一种委任的结果。从这个意义上说，普通法法院和特权法院其实是同源的，都源于国王的统治权；不同之处则在于，普通法经过漫长的发展已经形成并拥有相当的独立性，甚至成为整个王国和全体英国人民而不只是国王的法律和法院，而特权法院则远远没有达到这个地步——实际上衡平法院后来也达到了这个地步。"本是同根生，相煎何太急？"曹植的诗用在这里形容特权法院和普通法法院之间的对抗恰如其分，原本都源出王室，但一个已经"飞入寻常百姓家"，另一个却还停留在"王谢堂前"。

（2）它们实施和普通法并不完全一致的法律。普通法是王室法官在司法过程中基于地方习惯、封建主义原则、国王的政策和立法等形成的可以普遍适用于整个王国的共同法，到16世纪时仍然以过去的习惯和封建主义的原则为主，与国王的意志并不完全一致。而特权法院则多有不同，它们更多是为了落实国王的意志。对此，我们可以拿大宪章时期的森林法来做类比。理查·菲茨·尼尔在其《财政署对话录》中曾经明确指出，森林法并不以普通法为基础，而是以国王的意志为依归。[21] 再拿衡平法院来说，虽然它首先会考虑既有的普通法规则，但对所谓公平正义的考虑，却让大法官也从罗马法和教会法那里吸收了很多内容，而我们知道，在中世纪，罗马法和王权之间的内在契合是世所公认的。教会法院和海事法院则更是以教会法、罗马法、海商法为准则。从这个意义上说，特权法院和普通法法院所实施的法律其实有相当大的差别。当然，这不是说这些特权法院就完全不适用或不需要考虑普通法（如衡平法院就认为自己是尊重普通法的，只是在以一种普通法无法实现的方式落实普通法），而只是说它们适用的法律远不限于普通法；更重要的是，如下文所述，它们适用法律的方式与普通法相当不同。

（3）特权法院的价值观或基本立场及其所适用的程序与普通法法院不同。普通法法院在漫长的发展过程中已经一些基本的价值观和立场，例如特别注重

---

[21] Richard fits Neil, *Dialogus de Scaccario*, ed. C. Johnson (London, 1950), p. 52, 转引自詹姆斯·C. 霍尔特：《大宪章》，毕竞悦、李红海、苗文龙译，北京大学出版社2010年版，第75页。

对民众基本权利和自由的尊重和保障等。为了落实这些价值观,它设计出一系列独特的程序,比如不得强迫被告人自证其罪、实行同侪审判等。从一定意义上说,这些程序设计是对普通法法官和官方权力的限制,这在一定程度上对国王及王室官员来说是不利的。而特权法院很多时候则是为了落实国王的意志,为此它必须摆脱上述普通法的桎梏才能方便快捷地达到自己的目的,因此很多特权法院都不采取普通法法院的程序,而几乎是怎么方便怎么来。比如,无论是衡平法院还是星宫法院,都基本上不使用陪审团裁断,而且可以"刮擦当事人的良心",强迫被告人宣誓如实回答法庭的提问,这与普通法(如不得自证其罪的原则)是格格不入的。当然,也有特权法院(如衡平法院)是为了更好地落实普通法,为此而超越了普通法自身的一些桎梏而直达当事人的良心。必须承认,这样的做法很多时候是可以更好地落实法律的,或者说更有效地司法,但又必须且只能限于正直的主政者。我们当然承认普通法的落实和执行存在弊端,有些时候需要衡平法的特别救济——这也是衡平法院后来能够在众多特权法院中唯一幸存的重要原因。但普通法是对法律落实和执行的一种体制性保障,是常规、例行,而衡平法只是体制之外的例外,孰轻孰重自不必言,而后来衡平法并入普通法的实践也证明,体制的力量作为常规较之于偶尔诉诸良心,对社会的长期发展来说要更重要。

(4) 法官人选也不同于普通法法院。普通法法官起初多是掌握知识的教士和俗界人士,但后来逐渐专业化,为熟悉普通法知识和程序的专家所取代。他们还通过律师公会、年鉴等独特的途径将普通法予以代代传承,由此形成一个包括普通法法官、高级律师、出庭律师、事务律师、法律学徒等在内的普通法法律职业阶层。而在衡平法院,在沃尔西离职之前的大法官全都由掌握教会法和罗马法的教士担任,其继任者托马斯·莫尔是第一个普通法出身的大法官。衡平法院的其他职员也有很多都是罗马法出身,比如埃尔斯米尔大法官任命的掌卷法官尤里乌斯·恺撒爵士(Sir Julius Caesar)就是罗马法出身,其工作方式和处事风格很难为当时的普通法法律家们所接受,由此招致颇多诟病。[22] 星宫法院的法官则经常为咨议会的成员,他们未必总是普通法方面的法律专家;尽管普通法法官和律师会被邀请前来提供法律意见,甚至是参与诉讼,但总体而言,这里的法官构成与普通法法院存在较大差别。上述两个教会法院的法官也都是精通、运用教会法和罗马法的博士。法官人选的不同,意味着其知识结构、价值观和法律方法上的不同,二者经常发生龃龉也就在所难免。当然,就普通法法院和特权法院之间的不同而言,前面几点要比此处所述法官人选这一

---

[22] See J. H. Baker, "The Common Lawyers and the Chancery: 1616", *Irish Jurist N. S.* vol. 4, no. 368, 1969, pp. 373-374.

点意义更为重大。

二、相煎何太急:普通法法院和特权法院对抗的原因

本是同根生,却为何要彼此相煎呢?道森认为,普通法法院一直在争取控制其他法院,比如早期对封建法院、社区法院等的控制,到我们所讨论的这个时期对各种特权法院的控制。他认为这其中的原因可能包括:个人的声誉;经济利益;有序司法。[23] 道森并未详细解释这三者的具体含义,但笔者理解基本上应该是普通法法官对以下三个方面的追求导致它认为必须对其他法院进行控制:普通法法官阶层的声誉,因司法管辖权所带来的经济利益以及普通法给英格兰王国带来的司法传统和秩序。

道森的说法很有道理,而如果拿普通法法律家对抗罗马法入侵的例子来类比,也许更容易理解。无论是亨利八世,还是詹姆士一世,在位时据传都要在英格兰引入罗马法[24],这在普通法法律家那里引发了动荡和恐慌,而这实际上也构成我们正在讨论的这场普通法法院和特权法院对抗的原因之一。想想也是,如果你已经有了一个自己的法律体系和法律秩序,虽不完美但却得到了民众的基本认可和接受,有一个专门的群体在负责其运行和维护、发展,他们有自己独特的传承方式,并从中获利,享有荣誉;而此时说要引进一种完全不同的法律体系和法律秩序,前面那个群体会乐意吗?当然不乐意!这其中的原因可以从不同的层面进行解释。俗一点可以说这是抢人的饭碗,人家怎么会乐意?可以想象,一旦罗马法进入英格兰,不懂罗马法的普通法法律家们自然要让位于那些在大学接受教育的罗马法博士,就像当时或稍后在欧陆之法国、德国所发生的那样,罗马法的毕业生占据了王室行政和司法的各个部门,那这些普通法法律家该何去何从、何以为生呢?站在高一点的境界上看,这不仅是一场荣誉之战、立场之战,而且还是一场基本的社会生活、生存方式之战。普通法是英国人社会生活规则的体现,代表着英国人的基本生活方式,以罗马法取代普通法,几乎意味着让英国人换一种生活方式、思维方式、行为处事方式,这需要付出多大的成本和代价?而收益又将如何呢?另外,英国和法国、德国的情形又相当不同,后两个国家当时以芜杂的习惯法为主,并不存在英国普通法那样的统一性法律,这也是罗马法能够在这些地方被继受的重要原因。[25] 返回来再说,作为普通法(法官法)载体的普通法法律家,认为自己是普通法的代表,因此也就是英

---

[23] See John P. Dawson, "Coke and Ellesmere Disinterred: The Attack on the Chancery in 1616", *Illinois Law Review*, vol. 36, no. 127, 1941-1942, p. 128.

[24] See Sir John Baker, *The Oxford History of the Laws of England*, vol. VI (1483-1558), Oxford University Press, 2003, pp. 4-13.

[25] 参见 K. 茨威格特、H. 克茨:《比较法总论》,潘汉典、米健、高鸿钧、贺卫方译,法律出版社 2003 年版,第 119—125、205—208 页。

国社会生活方式的代表和维护者,是英国社会秩序的构建者和维护者,这是巨大的荣誉和光荣。以罗马法取而代之,是对这个群体的直接蔑视和侮辱,所以才会引发极大的动荡和不安。

而我们分析普通法法院和特权法院之间的对抗和斗争,是和上述原因紧密联系在一起的,罗马法的问题只是我们正在讨论的问题的一部分。那就让我们来看看这些特权性的法院与已经常规化、例行化并为英格兰民众所普遍接受的普通法法院产生冲突的更为具体的原因。这种冲突主要表现在以下两个方面。

(一) 司法管辖权之争

这方面我们可以小额诉请法院为例。普通法由于其格式诉讼所带来的烦琐、高成本和某些时候对地方大人物的无能为力,导致一些普通人或穷人无法得到真正的救济,他们便转而向国王请愿,请求予以特殊救济。这是小额诉请法院产生的主要原因。加之大法官等对这种做法的鼓励,使得越来越多的案件从普通法法院转向特权法院。如同12、13世纪普通法法院对地方社区法院(Communal Courts)、庄园法院(Manorial Courts)和教会法院(Church Courts)司法管辖权的侵蚀一样[26],现在轮到普通法法院的司法管辖权被侵蚀了。案源流失的结果势必是司法管辖权的萎缩和自身的衰落,前述非王室法庭的经历证明了这一点,因此这是饭碗之争,涉及生死存亡的问题,普通法法院与之发生冲突并采取各种措施予以激烈应对就是可以理解的了。

但实际上,与后面的原因相比,司法管辖权之争并非根本。因为,一来小额诉请法院在当时并非普通法法院最主要的对手,二来这些咨议会法院的业务量总体上和普通法法院相比还相差甚远。据贝克的说法,作为普通法法院当时最主要竞争对手的衡平法院,其案源在16世纪只占皇家民事法庭的1/10。[27] 就星官法院而言,尽管沃尔西鼓励当事人使用这个法院从而使其业务量大增,但却从未达到过衡平法院那样的情况,1529—1547年以及整个16世纪50年代,其业务量大概也就每年150件左右,而且很多业务与衡平法院相重叠。[28] 贝克认为,咨议会法院业务量的增加,主要是那个时代诉讼激增的缘故。[29] 因此,司法管辖权以及由此带来的经济利益之争可能并非这两类法院对抗的主要原因,真正的原因可能在下面这一点。

(二) 主导地位之争

普通法法院一直认为自己是正统,并以英国民众权利和自由的捍卫者自居,而16世纪的咨议会法院则越来越沦为国王镇压异己的工具并变得臭名昭

---

[26] See *supra* note [4], pp. 22-27.
[27] See *supra* note [24], p. 190.
[28] *Id.*, p. 197.
[29] *Id.*, p. 190.

著,因此二者发生冲突是不可避免的。但实际上普通法法院起初也是咨议会法院,那么它又是如何获得上述那种正统地位的呢?而咨议会法院又是如何沦为国王实现自己意志的工具的呢?让我们简要追溯一下各自的发展历史。

说普通法法院起初也是咨议会法院,如前所述,是因为其权力源于国王及其咨议会,其成员来自咨议会;相对于当时的地方社区法院、教会法院、庄园法院这些原有的法院,新型的普通法法院就是一种"特权法院"。但经过两个世纪之后,这一"特权法院"却逐渐例行化、普通化、大众化,成为英国人的常规法院、普通法院。这一点可以从普通法本身的发展历程中看得更清楚。

普通法自12世纪开始发展以来,经过初期亨利二世国王的"精心建构"和呵护,到13世纪中期时已经获得一定程度的独立(这主要是由于令状制度的高度技术性[30]);开始出现专业的法官、律师阶层,出现早期的"法律报告"(这相当于法律的体现形式或载体)和学徒式的律师培养模式——普通法随后的发展就基本上掌握在这个专业阶层的手里,并依照独特的方式(从口耳相传到通过判例、学徒式教育的模式)予以传承。[31] 到13世纪后半期,随着令状制、陪审制等的确立以及法官判案模式逐渐趋于遵循先例,普通法的整体框架遂得以建立,此后的任务则主要是发展实体性的规则。而在发展实体规则方面,因其一开始就承继了盎格鲁-撒克逊时期的习惯法,注重对民众基于习惯和封建保有体制所享有的权利的保障,因此深得民心。14世纪时,这些受普通法保护的权利已被英国人视为自己"固有的"权利(贝克语)[32],普通法也逐渐被英国人视为自己的法律,最普通、基本的法律,不带有任何特权性质,任何与普通法相违背的强权专制都会招致最激烈的抵抗。因此,在王权的呵护下,在普通法法官和律师阶层的经营下,借助于令状、陪审这样的制度性工具,通过从盎格鲁-撒克逊习惯和封建主义的框架下汲取实体性规则,通过提供其他法院所无法提供的有效救济,普通法击败了教会法院(教会法)、地方社区法院(地方习惯法)、封建法院(封建法)等多种司法管辖权体系,在英格兰王国的发展顺风顺水,独领风骚直至中世纪结束(都铎王朝开始)。

从作为早期的王室法院、咨议会法院、封建法院开始,借助于各种各样的令状,普通法法院逐渐突破了只受理国王直属封臣间纠纷的窠臼,将管辖权扩及每一个普通的自由民。借助于巡回审判,普通法法院将正义和国王的恩泽送到了每个自由民的家门口。借助于陪审团,普通法法院不再只关注上层统治集团

---

[30] 同前注[10],第55—70页。
[31] 关于早期普通法的发展史,目前通行的权威读物 See *supra* note [4]. 其中第一部分的12章最值得参考。中文读物可参见李红海:《普通法的历史解读——从梅特兰开始》,清华大学出版社2003年版,第三章。
[32] See *supra* note [4], p.97.

的意志和封建习惯,而将视野扩及整个王国、各个层次的生活习惯,关注普通人的权利和自由。借助于令状制,原本出身于咨议员的普通法法官逐渐将司法事务技术化,从而使之区别于咨议会的日常行政事务,并逐渐形成专属于自己的一套规则、话语、知识和理念,并通过口耳相传、判例、法庭卷宗和律师公会等独特的机制,在一个很小的范围内进行传承,从而形成一个不仅不同于普通人,而且逐渐独立于其孕育者(国王和咨议会)的独特的共同体。因此,普通法法院的发展过程,其实是一个产生于国王和咨议会但又逐渐独立于国王和咨议会的过程,它从只关注上层发展到关注每一个自由民(再到关注每一个普通人),真可谓"昔日王谢堂前燕,飞入寻常百姓家"!这样的发展历程,尤其是其关注重点的变化和自身基本价值信条的确立(注重对民众权利自由的保护),以及为实现此目的而发展出来的程序、制度,与16世纪的咨议会法院都相当不同。因此,普通法法院和特权法院之间的冲突也就不可避免和可以理解了。

因此,从发展历史来看,到我们所讨论的16世纪,普通法法院已广为英国民众认可和接受,它宣称以保护英国人的权利和自由为己任,并由此发展出一套自己的价值观和相应的程序、制度。比如晚至19世纪,普通法一直坚持被告人不被要求甚至不被允许作证或举证,即我们所熟悉的不得强迫被告人自证其罪的原则。再比如作为同侪审判的陪审制,被告有权要求接受与其地位同等者的审判。诸如此类的原则、规则和制度,对于被告可谓关怀备至,对于民众权利的武断侵犯几乎没有可能。但从另一个角度说,一方面,它必然也会让很多坏人漏网,但这就是普通法的价值取向:宁让千人漏网,也不可错杀一人。[33] 另一方面,也正因为它担心侵犯民众基本权利而通过程序对自身设置了多种限制,使得它在救济受害者方面缩手缩脚,如前所述,由此而造成的"正义的缺失"为咨议会法院的产生提供了机会。

而如前所述,特权法院或者是为了落实国王的意志(并非总是有利于民众),或者是通过诉诸良心来落实法律。我们已经注意到,以衡平法院、星宫法院为代表的咨议会法院采取了另一条路径而走向另一个极端。它们不受普通法程序的限制,相反,一切以自身便利行事,因此刑讯逼供、自证其罪、"刮擦当事人的良心"之举屡见不鲜。其最大的优势是效率,弊端则是其无法节制的滥用会对民众的基本权利构成极大的侵犯,并导致普通法所建立起来的社会秩序受到威胁。面对这样的形势,以保护民众权利自由为己任的普通法必然无法容

---

[33] 关于普通法的这一价值取向,戴雪在《英宪精义》中对法治原则的阐述可为最好的注解。戴雪认为,在英国的体制下,不存在任何武断之权力可以不经正当法律程序将任何人置于被囚禁的状态,而人身保护令则是贯彻落实此原则的最有力工具。作为对比,他举了一名被绑在泰晤士河船上的黑奴被人用人身保护令解救以及狄德罗在法国被无辜责打等例子来说明问题。参见同前注〔3〕,第 227—272 页。

忍咨议会法院的所作所为，二者的冲突自然在情理之中。究竟哪一个应该成为这个社会的主导者？这是一种道路和主导地位之争，这才是二者对抗的终极原因。

三、普通法法院对抗特权法院所使用的工具

从两类法院对抗的实际情况来看，基本上是普通法法院对特权法院不断压制或力图压制，而后者则会对这些压制作出不同反应。这其中最常见的情形是，双方当事人在特权法院诉讼，败诉或被拘押的一方随后可能就会求助于普通法法院，请求干预；或者是当事人在特权法院因拒不履行判决或其他情形而被判藐视法庭并拘押入狱的，其律师或亲属就会向普通法法院申请人身保护令。到了后期，更经常的情况是，当事人在普通法法院获得判决后对判决结果不满，遂在衡平法院再起诉讼，后者又作出一个在结果上可能与原来的普通法判决完全相反的新判决。这就会引发双方当事人面对两个判决都选择有利于自己的那一个，而拒绝执行另一个判决，继而导致因拒绝执行判决而被判藐视法庭罪，然后被拘押入狱。如果是被衡平法院拘押入狱，则接下来就是向王座法庭(Court of Kings Bench)申请人身保护令；王座法庭就会要求狱吏开示拘押理由，而且是具体而非概括性的，这就意味着会对衡平法院判决的事实基础进行审查……本来是当事人之间的纷争，现在就转化为两大法院之间的纷争和对抗，可以说1616年之前的冲突多数都属于这个套路。

但返回来，如果以普通法法院为主来审视这场持续已久的对抗，我们会发现在整个过程中普通法法院经常使用的工具包括：程序停止令(writ of supersedeas)，调卷令(writ of certiorari)，禁审令(writ of prohibition)，人身保护令(writ of habeas corpus)，侵犯王权罪(praemunier)的指控等。我们分别来看一些具体的例子。

第一个是程序停止令。这是普通法上法官发出的一个可以中止或终结某诉讼(包括执行)程序的令状。它可以是要求停止执行另一令状，也可以是要求下级法院中止其诉讼程序，尤其是中止执行已被提起上诉之初审法院的判决；也可以是终结诉讼程序，如在调卷令被错误签发的情况下，法院即可签发此令状以终结诉讼。此外，它还用于保释程序(bailable proceedings)，如果被告人依中间令状(mesne process)而被拘押，则可申请此令状以获释。

为了考察普通法法院通过程序停止令对特权法院的控制情况，笔者查阅了塞尔登协会摘编的高级海事法院的档案[Extracts from the Records of the High Court of Admiralty, Selden Society, vol. 7 (1892)]，其中第二部分涵盖了1527—1545年海事法院审判的88个案子。其中，普通法法院签发程序停止令的至少有6个。比如在 *Re Sleighter. Struce c. Sleighter* (1535年)这个案

令的至少有6个。比如在 *Re Sleighter. Struce c. Sleighter*（1535年）这个案件中，斯莱特（Sleighter）和纽兰（Newland）两人因接收了从一只搁浅船只上劫掠的货物而被提起指控，两人先后申请了程序停止令。但记录显示，尽管有此令状，斯莱特还是被处以刑事处罚。因此，就斯莱特的情况而言，他的程序停止令可能是被撤回了。在这个案件中（其他5个案件也一样），普通法法院发出的程序停止令一开始是对涉及海事法院司法管辖权之制定法进行了列举和解释，法官谈到了自己对该制定法的理解，此时其语气仍较为缓和适中，表达出对海事法院法官因直接接触事实而更了解本案的尊重，但这之后则旗帜鲜明地说："我们要求上述制定法不得被违反；并命令你们，如果属实，则必须停止针对申请人施行任何进一步的程序，且不得违反法律给他制造任何麻烦；如果你们基于本案针对申请人已签发过任何扣押令，则必须撤回，不得迟延……"其态度之坚决和强硬，可见一斑！

其他几个案件与此类似，多是被告对海事法院的司法管辖权持有异议，或者被后者所拘押而申请了程序停止令。但从有相关记录的结果来看，这些令状多数最后都被撤回了，申请人没能得到自己想要的结果。尽管如此，从这些案件中我们可以看到，普通法法院在海事法院所审理案件的当事人的申请下，签发了程序停止令，力图对后者的审判进行干预。因为记录不完备的缘故，很遗憾我们没有看到每一次干预最后的结果，但一方面，它已经显示出普通法法院对特权法院进行干预的热情和欲望；另一方面，如上面的斯莱特案所示，同样都申请了程序停止令，此处却只记录了失败的斯莱特，而没有提到另一个被告纽兰的情况，而纽兰则有可能是因为这个程序停止令而获释。如果纽兰获释，理由可能主要还是因为案情本身（比如他有足够理由证成自己的接收行为），但程序停止令的作用也是不能忽视的，因为它至少能够让海事法院的法官严肃认真地对待当事人的具体情况。

第二个是调卷令。调卷令原为特权令状（prerogative writ），最早只能由大法官签发，16世纪时王座法庭也取得了签发此令状的权力。其目的在使高级法院能够对行使司法权的下级法院、裁判所或其他机构所做裁判的合法性进行审查。但这并不是上诉，只适用于下级无管辖权或超越管辖权行事或其裁决存在法律错误的情形。所以，如果下级法院的裁决违反了自然正义或者是在无管辖权、超越管辖权的情况下作出的，可以通过调卷令撤销；如果下级法院有管辖权而只是对法律适用有误，或者裁决所依之事实认定有误，则不能使用调卷令。

第三个是禁审令。这是上级法院禁止下级法院审理其无权管辖或超越其权限之事项的令状，包括绝对禁审令、临时禁审令和局部禁审令。还是在前述提到的海事法院档案中，有四个案子明确提到了禁审令。其基本格式一般都是，抬头国王先向相关的（也就是令状所针对的）法官致意，然后列举相关的制定法(一般都是涉及海事法院管辖权的那个制定法),接下来提及本案的案情以及签发令状之法官对本案和上述制定法的理解,最后是命令:要求海事法院不得针对该案继续进行其程序,并撤销其已经采取的相关措施等。比如在齐比科比诉巴福特案(*Kybkby v. Barfoote*)中,其禁审令翻译为现代英文大约为两页(A4纸,PDF格式),作为格式套话的致敬部分占了8行半多,列举涉及海事法院管辖权的制定法及其内容占了15行左右,陈述案情和法官的理解占了19行左右,最后的命令15行,还有3行是见证人的名字和签发日期,1行是法官签名。

为了更好地显示普通法法院的强硬语气,我将该禁审令的英文文本抄录如下,并进行了简略翻译:

> Therefore we prohibit you and each of you that you do no further constrain them Robert Barfoote and William Hoode or either of them to make answer in the aforesaid court of Admiralty before you or any of you by reason or on account of the aforesaid contract or plaint; And [we prohibit you] from holding before you or any of you plea concerning the aforesaid contract and plaint under any pretext whatsoever, and from in any manner attempting anything that may tend to the contempt of us or in any way to the prejudice of them Robert Barfoote and William Hood, under peril of incurring the penalty [due to] violators of our law; And if you have fulminated any sentence judgment or decree against them Robert Barfoote and William Hoode in respect of the premises [We command you to] wholly absolve and exonerate them from the same at your imminent peril.
>
> (因此我们裁定,你们不得再基于前述合同和诉请而进一步强制巴福特和胡德在前述海事法院出庭应答;不得再基于任何借口主持与前述合同和诉请相关的诉讼;不得以任何足以构成对我们之蔑视或构成对上述二人不公的方式行事,否则将招致相应的刑罚。如果你们已针对此二人作出任何判决,我命令你们必须完全赦免他们,否则将立即招致惩罚。)

另外,关于普通法法院针对小额诉请法院使用禁审令的情况,李德慕在他为塞尔登协会编校的《小额诉请法院案例精选》(I. S. Leadam, *Select Cases in the Court of Requests*, A. D. 1497-1569)中使用了这样的表述:"在针对郁郁寡欢的小额诉请法院主事官签发禁审令方面,王座法庭的法官与皇家民事法院展开了竞争。一时间,禁审令如大雨倾盆而至(in raining Prohibitions upon the unhappy Masters of Requests)。"而这在柯克1606年就任皇家民事法庭首席法官后愈演愈烈。因藐视法庭而被小额诉请法院拘押、涉及土地权属的伪誓都成了普通法法院干涉小额诉请法院的理由。[34] 而根据道森的说法，普通法法院针对宗教事务高等法院签发禁审令，到16世纪末已经形成稳定的趋势。[35]

第四个是人身保护令。这是一种由普通法法官对拘押理由进行审查的令状，可以由当事人自己及其亲属、律师或任何其他人申请，法官必须在法定时间内签发；狱吏收到后需要出具拘押理由，由法官审查。法官会根据具体情况，作出不同的处理结果。[36]

人身保护令的出现可以追溯到王室法庭程序的形成阶段，但它被扩展使用以作为一种将当事人从非法监禁中解放出来的手段，则是在15世纪。即使在此时，其主要功能也是对下级法院的程序进行审查，以保证当事人能够在中央法院而不是别的地方被起诉。1484年出现了这样一种想法：该令状可以被用作针对衡平法院的工具。而其作为司法管辖权纠纷方面的武器被使用，最早出现在16世纪。有判例显示，在都铎时期普通法法院与海事法院的对抗中，人身保护令起到了补充禁审令的作用。在1587年王座法庭和衡平法院短暂的对立（下文将会提到）中，它被前者用以释放被大法官监禁的原告当事人。在16、17世纪之交，随着普通法法院和特权法院之间对抗的发展，它又被用于针对小额诉请法院、威尔士和北方的法院，但最重要的还是针对宗教事务高等法院。在与宗教事务高等法院的对抗中，主要是针对其依职宣誓而展开的。实际上，当时唯一逃过此项被扩展了的审查的是枢密院。在这里，国家利益和传统的力量之间在司法理论上产生了一道鸿沟，而这即将被立法所填补。[37]

人身保护令发挥功效的机制是：法院相对于当事人有极大的权威，其命令、判决必须得到尊重和执行；而如果拒绝执行，就可能会被视为藐视法庭，因而被拘押和监禁。因此，对个人进行拘押、监禁实际上是包括衡平法院在内的特权法院执行其命令和判决的主要措施。而针对财产采取强制措施虽更早，但其效率和效果较之于人身监禁显然要逊色不少。因此，监禁是特权法院手中的一把利器。也正因此，针对因藐视法庭而采取监禁措施发动进攻就是一个关键；如果这种权力被限制了，则特权法院的权威将会被严重削弱。而人身保护令正是展开这种进攻的一种绝佳武器。到17世纪早期，人身保护令已使得普通法法院可以在最宽泛的意义上主张它们对民众自由的关切，具体内容就是：其他法院会被要求说明其监禁当事人的正当理由。人身保护令在我们讨论的这个时

---

[34] 参见 I. S. Leadam(ed.), *Select Cases in the Court of Requests*, A. D. 1497-1569, *supra* note [14].

[35] See *supra* note [23], p. 129.

[36] 关于人身保护令的细节，一个比较容易参考的资料是同前注[3]，第253—272页。

[37] See *supra* note [23], pp. 138-139.

期的多起案件(主要是与衡平法院的对抗)中屡屡被使用,后文还会提到,此处就不赘述。

第五个是侵犯王权罪。依 1392 年的《侵犯王权罪法》(Statute of Praemunier),侵犯王室法官也是对王权的侵犯,会被定罪。这是在 1616 年双方斗争达到高潮之前的最后阶段,普通法法院怂恿当事人及其律师针对衡平法院职员甚至是大法官提出侵犯王权罪的指控,它直接导致了埃尔斯米尔和柯克之间的冲突以及国王詹姆士一世的出面干预——我们也会在后文详细叙述。

四、普通法法院对抗特权法院的事实依据与规范依据

我们换个角度再来看这个问题:普通法法院干预特权法院的正当性依据何在? 这个问题可以从事实和规范两个层面来看。首先在事实上,如前所述,经过两个世纪左右的发展,到 14 世纪时,普通法已经被英国人认为是自己的法律,非经普通法法院依王国之法律进行审判,任何人不得被剥夺生命、自由和财产。这种对于普通法和普通法法院事实上的认可,要比任何纸面或形式上的授权更为珍贵和有权威,它是在社会发展过程中自然形成的权威,是一种深入民心、为民众所自觉接受和认可的权威。相比之下,那些特权法院则多为国王解决特定类型的问题而建立的裁判机构,跟普通法法院相比属于例外而非常规,属于权宜之计而非安邦定国之基石,属于补充性而非取代或颠覆性的司法救济——这是普通法法院可以干预特权法院的事实上的依据。

我们也可以从规范层面为普通法法院的这种干预找到依据。1215 年的《大宪章》第 39 条明文规定:非经同侪审判或依王国法律之审判,自由人不得被剥夺生命、自由和财产。到 1225 年时,这个条款变为第 29 条,但意思没有变化。爱德华三世时,通过古六法(Six Acts),这个条款有了两个显著的变化:一是"自由人"修改为"任何人",这等于事实上扩大了该条文适用的范围,全体国民都可以覆盖;二是"非经同侪审判或依王国法律之审判"修改为"非经正当程序",这也是正当程序条款的真正来源。1225 年之后,《大宪章》多次被反复确认,有人统计整个中世纪被确认的次数多达 48 次,而柯克统计的次数则更多,达到 63 次。据说中世纪新一届议会首次开会的第一件事就是确认《大宪章》,新国王登基时也要确认《大宪章》。虽然《大宪章》后来经过议会的修订很多条款已经被废止,但仍有 3 个条款得以保留至今,上述正当程序条款(1225 年《大宪章》第 29 条)就是其中之一。而所谓的"正当程序",从 14 世纪开始,已经被英国人认为就是普通法法院依据普通法的程序进行的审判。[38] 如此,在其他法院进行的审判从理论上来说都是可以被普通法法院审查的,而不被普通法法

---

[38] *Supra* note [4], p.97.

院认可的,就是违背《大宪章》的基本精神的。而 16、17 世纪,宽泛地以《大宪章》的正当程序精神提出抗辩的案例比比皆是。[39] 因此,《大宪章》及其所确立的正当程序原则,可以说是普通法法院审查特权法院的一般性规范依据。[40]

就更为具体的规范依据而言,当时的法律家们找到了两项制定法:一项是亨利四世的一部制定法(4 Hen IV. c. 23,1403)[41],另一项是《侵犯王权罪法》。亨利四世时的制定法在序言部分陈述了这样一种社会问题:已经在普通法法院获得判决的当事人,又因原案事务被带到国王自己或其咨议会或议会(the King himself, or before the Council or Parliament)面前来应诉。为解决这一问题,该法接下来规定:"吾王之法院已作出判决后,当事人及其继承人要安分守己,保持克制,直至该判决被调查小陪审团裁断是否虚假之令状(attaint)或纠错令状(writ of error)所推翻。"[42]普通法法律家们认为,基于该法,在普通法法院作出判决之后,在包括衡平法院在内的其他任何法院重启诉讼就是违背该制定法的。

为了逃避该制定法的适用,特权法院的法律家们首先提出,该法在条文中并未明确列举衡平法院(只提到了国王自己、咨议会和议会),因此衡平法院重启普通法法院已经作出判决的案件不受该法约束。[43] 但考虑到 1403 年时大法官的管辖权仍然只是咨议会管辖权一个分支的事实,这种主张没有实质意义。于是他们又转而争辩说,衡平法院的听审将不会重启普通法已经作出决定的问题,因为"衡平法上的争点在普通法法院从未成为过问题",衡平法院并非意在"推翻"普通法的判决,而"只是对当事人腐坏堕落的良心进行干预"。[44] 道森认为,尽管这种精致的逻辑的确在今天的衡平法理论中得到了有限的承认,但 17 世纪的普通法法律家们彻底拒绝这一理论则是完全正当的——无论

---

[39] 比如,笔者尝试在柯克的法律报告(选集非完整版,电子版)中以"Magna Charta"及"Magna Carta"为关键词进行检索,得到结果 40 次左右。此外,在贝克为塞尔登协会责编的 2015 年年刊(大宪章评注精选专题)中,专门有一部分是内殿律师公会争辩过的案例,其中都涉及对大宪章的引用。See Sir John H. Baker, *Selected Readings and Commentaries on Magna Carta 1400-1604*, vol. CXXXII, Selden Society publications, 2015, pp. 339-347.

[40] 关于大宪章的历史,参见同前注[5],尤其是"代前言"和第 1、3、4 章及附录一。

[41] 之所以没有写出该制定法的名字,是因为中世纪的制定法不同于今天,未必都有自己的名字。其时的制定法多数都是基于民众的请愿而由国王加咨议会予以回应并提出解决方案,再交由议会讨论,因此体现为一项一项的内容。每一项一般就是一段,相邻两项之间可能没有任何关联。议会一次开会可能会有很多项讨论的内容,最终会按国王在位年代和会期予以汇总,形成一个汇编性的文献,其中的一项就被称为一章(chapter,简称 c.),所以多数制定法并没有自己独立的名字,在引用时就只能使用国王在位的时间等。如 3 Hen. VII, c.1,就是指亨利七世在位第 3 年议会开会通过的第一项内容。

[42] See *supra* note [23], p. 132.

[43] *Id.*

[44] Cary, Reports in Chancery (ed. 1650), 130-133, quoted from *id.*, p. 133.

是基于历史事实,还是基于 1403 年那项制定法的文义。而且,大名鼎鼎的圣日耳曼(St. German)实际上承认过 1403 年制定法也应该适用于衡平法院,而他本人并非衡平法院的反对者,他自己甚至还曾是小额诉请法院的主事官。[45]

不过,特权法院的法律家们在向国王提交专门报告时还提到了一些实例,表明在普通法法院作出判决后,衡平法院又提供了司法救济。这些例子来自衡平法院的判例报告及其手写档案;甚至小额诉请法院在普通法法院判决作出后也曾干预过一些案件,而且至少有一起这样的案件是由普通法法官自己提出的。[46] 在这样实实在在的证据面前,柯克后来竟然宣称他已看过所有这些"所谓的先例",并认为它们是"不真实的,因为其中的大部分都来自破烂不堪的废纸中,其余的则没有多少可信度";道森也不由得感慨:柯克这样说就不厚道了。[47]

可以说,1403 年这项制定法是普通法法律家为普通法判决不受其他法院审查找到的最强有力的实在法依据——尽管仍存在争议。但该法存在一个问题,即它并未提供任何强制性的落实措施,其执行完全取决于大法官的自我克制和牺牲,而这一点实际上埃尔斯米尔是经常拒绝的。在这种情况下,古老的《侵犯王权罪法》的复活就为普通法法院提供了一种火力十足的制裁措施,而且它还为普通法法庭自己掌握。侵犯王权罪涉及对国王权力某些重要方面的蔑视和否定,其惩罚相当严厉,包括监禁、没收土地和动产、褫夺国王的保护等。在中世纪后期,它主要作为一种和教皇对抗的工具,后在都铎时期存活了下来,并且其适用范围已在某种程度上被拓宽了。[48]

1353 年的《侵犯王权罪法》一开始是对以下社会冤情的叙述:有人诉称被强迫到境外出庭应诉本应由国内法庭管辖之事务,其结果是国王法院的判决受到了其他法院(*en autri court*)的干预。该法遂将侵犯王权罪的刑罚加于下面两种人:一是基于王室法院管辖权范围之内的案由而将他人带至境外出庭应诉者;二是在其他法院起诉且意欲推翻或检举(defeat or impeach)王室法庭之判决者。这里的关键问题是,本条清楚地使用了"*en autri court*"这样的表述,它可以被解释为"在另一个法庭"(in another court),也可以被解释为"在他人或他地的法庭"(in the court of another)。[49] 柯克后来正是利用了这一点,暗地里怂恿当事人对衡平法院的官员提出关于本罪的指控。

特权法院的法律家们当然反对该法可适用于衡平法院,其理由是:该法前

---

[45] Doctor and Student, I., c. 18, *supra* note [23], p. 133.
[46] See *supra* note [23], p. 133.
[47] *Id*.
[48] 参见同前注[18],"praemunire"词条第二个意项,第 1074 页;*supra* note [4], p. 438.
[49] See *supra* note [23], p. 136.

面的冤情陈述部分本身及同时期类似立法都表明,该法主要针对的是向罗马教廷的上诉;况且该法还规定,违反者可以由衡平法院进行审查。再者,对于在另一个王室法庭拖延诉讼这种相对轻微的犯罪,该法规定的刑罚实在是过于严厉了。不过他们也不得不承认,的确有两到三个案子的当事人曾因在普通法法院作出判决后又来衡平法院寻求救济而被提起公诉,但他们的答复是,这些人最后并没有被确认有罪。柯克在其《总论》第三部分提到了这三个案例,分别是1556年的霍奇森(Hodgson)案、1585年的迪尤斯(Dewse)案和1587年的希尔(Heale)案。柯克认为,在上述最后一个案子中王座法庭判定,"衡平法院就在《侵犯王权罪法》所指称的法院之列",它只是因为形式方面的原因而撤销了所提起的公诉。[50]

1615年,普通法法院和以衡平法院为代表的特权法院之间已经是剑拔弩张,不断有新的冲突发生;但真正激烈地诉诸侵犯王权罪的指控,还是推迟到了1616年2月12日。但普通法法院精心挑选、准备给予衡平法院雷霆一击的个案,却是糟糕得不能再糟糕了:格兰维尔案(Glanville's Case)。大陪审团最终拒绝批准提起公诉,而王座法庭则在背后不断唆使,以至于国王詹姆士一世都感到必须介入了。同年7月18日,詹姆士一世签发谕令肯认了衡平法院的司法管辖权,拒绝了将《侵犯王权罪法》适用于衡平法院的要求。但他却确认衡平法院应适用1403年的那项制定法。

综上来看,结合前一部分讨论过的普通法法院为控制特权法院所使用的各种工具,我们会发现,其实各种工具都只是工具,各种制定法依据也只是依据,是否使用,使用效果如何,则完全取决于双方的实力、决心和意志,此外还多少有些时运的成分在里面。正如我们在这之前和之后所看到的那样,这些工具始终都存在于那里,但在1616年之前和之后都并没有擦枪走火,而唯独在这一年出了问题。如果没有柯克,冲突也许依旧,但可能不会发展到那样的极端。道森的评价很中肯,他说:侵犯王权罪是非常有力的工具,但仅限于保护普通法判决免受其他法院审查的有限目的。人身保护令的使用本来对衡平法院救济的间接控制很有希望,但后来对侵犯王权罪突然且绝望的控诉,排除了这样一种对衡平法院的逐渐控制,这对后来的英国法律史产生了重大影响。[51]

五、普通法法院和特权法院对抗的过程

我们很难为普通法法院和特权法院之间的冲突确立一个明确的起始点,但

---

[50] *Id.*, p.136, note[41].
[51] *Id.*, p.127.

可以肯定的是,它必定是从一个个具体的案件、一件件具体的小事开始,然后逐渐积累、酝酿、发酵,直至出现一根导火索,引爆整个积蓄已久的弹药库,最后烟消云散、尘埃落定。如果按照这个过程,16世纪之前普通法法院和特权法院(此时主要是衡平法院)之间的不和谐我们就忽略不计——但并不意味着这之前二者就不存在冲突。我们将从16世纪开始,逐步展示这种冲突积蓄的过程,重点放在17世纪初的一系列案件和事件上,来看看这场冲突是如何达到顶峰的,又是如何解决的,以及后续的结果、影响如何。

(一)冲突过程概述

先来看这场冲突的导火索、高潮和结果:在1616年之前的几个案件中,以柯克为首席法官的王座法庭和以埃尔斯米尔大法官为首的衡平法院之间,围绕人身保护令及其回呈的范围和充分性问题发生了激烈冲突,当事人被两个法院来回地拘押和释放;柯克最后失去了耐心,默许甚至是怂恿和操纵当事人及其律师,对衡平法院的官员提起侵犯王权罪的刑事指控,这被大法官诉至国王詹姆士一世那里。国王遂在星宫发表讲话,后又颁发敕令,禁止了此种做法,同时阐述了普通法和衡平法之间的关系,并在后来将柯克解职。这场冲突基本上以柯克被解职、蒙塔古继任以及后来培根接替埃尔斯米尔出任大法官,新一代法官和解、相互妥协而告终。

在道森看来,1616年的冲突仅仅代表了以普通法法院为代表的司法机关力图对政治权威施加限制之长期努力的一个阶段。普通法本身其实就是司法和政治权威妥协的产物,而这些妥协的条件需要不断地调适、博弈。16世纪,这种调适因都铎君主们的统治技艺和手腕以及普通法尚缺乏像后来柯克那种极具个性化的斗士而被推迟了。但当时法院的多样性却实实在在地带来了一些实际问题,比如如何在它们之间分配司法管辖权?以及更重要、更基本的在于,司法的最高监督权、主控权该如何分配?部分出于对个人荣誉和财政利益的考虑,部分出于对有序司法的考虑,在伊丽莎白治下,普通法法院已经开始扩展其对那些特权法院的监督控制权。当然,在一定意义上它们只是在重复早期对封建法院、地方社区法院和教会法院的故事,但其新的意图则是建立普通法的至高无上,而这却遇到了另一种麻烦:这场战役不再是针对过去和国王基本无关的法院,而是针对国王自己的代言人。

普通法法院和特权法院之间的冲突虽然以1616年的事件为高潮和终结,但实际上早在1606年柯克就任皇家民事法庭首席法官之前,这种冲突就已经开始了。胜利首先来自针对海事法院的控制。16世纪的大部分时间里,普通法法院一直在通过程序停止令、移卷令,最主要的还是禁审令对海事法院发动攻击。[52] 这种施予海事法院司法管辖权方面的限制甚至持续到17世纪,乃至柯克被解职之后的很长时间。[53]

小额诉请法院作为衡平法院的前哨,也受到了普通法法院的攻击。它作为一个小的衡平法院,刚刚从枢密院中分离出来,势单力薄,而普通法法院禁审令针对它的火力开始于1593年。枢密院的干预让小额诉请法院有了喘息之际,但很快它又遭到普通法法院的致命打击。在1598年的史特普尼诉弗洛德案(*Stepney v. Flood*)中,普通法法院判定小额诉请法院实施的监禁完全违法,被监禁者为了获释而提交的保函(bond)可以被视为无效或可撤销,因为它包含了强迫的成分。在接下来的年份里,如李德慕所述,普通法法院的禁审令"如大雨倾盆而至",保证了普通法法院所取得的胜利成果。[54]

宗教事务高等法院的情况有所不同,因为它直接与王国的宗教政策相关,它实际上是巩固伊丽莎白宗教和解政策的主要工具,体现着女王对英格兰教会最高首脑之地位的主张。但普通法法院并没有被这种事务的重要性所吓倒,并在伊丽莎白时代就开始干预其司法。对此,它更多使用的是人身保护令,迫使宗教事务高等法院披露监禁当事人的理由。针对宗教事务高等法院对依职宣誓(*ex officio* oath)的使用,普通法法院则使用禁审令作为反对自证其罪的特殊工具;到16世纪末,禁审令的使用已变得普遍起来。[55] 1606年柯克就任皇家民事法庭首席法官后,对宗教事务高等法院的干预进入新阶段。他使用的工具主要是禁审令和人身保护令。在1607年的富勒案(*Fuller's Case*)中,普通法法院抓住机会宣称自己拥有最为广泛的权力来限定教会的司法管辖权。同一年,宗教事务高等法院所使用的依职宣誓被判无效。1608年,国王詹姆士一世试图从法官那里撤回一些法律事务由自己裁决,这遭到柯克的强烈反对,由此导致他和国王之间那场关于后者应在法律之下的著名对话。[56]

战线很快蔓延到各个方面。1608年,根据一份咨询性意见,皇家调查委员会(Royal Commission of Inquiry)的权力受到严格限制。[57] 根据柯克在公告案(*Case of Proclamations*)中的意见,普通法法院要对通过国王敕裁(royal

---

[52] *Id.*, p. 128.

[53] See Sir William Searle Holdsworth, *A History of English Law*, vol. I (6th edition), Methuen & Co., 1936-1966, pp. 553-559.

[54] See *supra* note [23], pp. 128-129; I. S. Leadam(ed.), *Select Cases in the Court of Requests, A. D. 1497-1569*, *supra* note [14], pp. xliv-xlv.

[55] See Roland G. Usher, *The Rise and Fall of the High Commission*, University of Michigan Library, 1913, pp. 161-164.

[56] See Sir William Searle Holdsworth, *A History of English Law*, vol. V (6th edition), Methuen & Co., 1936-1966, pp. 429-431; *id.*, 1913, pp. 170-179.

[57] See Sir William Searle Holdsworth, *A History of English Law*, vol. V (6th edition), *id.*, pp. 432-433.

decree)进行立法的权力施以限制。[58] 北部和威尔士边境那些不太重要的衡平法院也受到人身保护令和禁审令的攻击,柯克还威胁说,要进一步介入它们的司法管辖权。在 1615 年的皮查姆案(*Peacham's Case*)中,柯克坚决反对国王就再审案件单个而非集体地征求法官们意见的做法。[59] 1616 年,有当事人针对衡平法院官员以侵犯王权罪提起公诉申请。1616 年 6 月,这场冲突在圣棒托管案(*Case of Commendams*)中达到最高潮:国王坚称,在涉及王室利益时,他有权中止法院的司法程序;而柯克则独自拒绝屈从于国王的意志。[60] 与国王的决裂自此已注定不可恢复,6 月 30 日,柯克被暂停履职;11 月 14 日,柯克被解职。

以上是这场冲突的大致过程。但要了解其中的细节,就必须知晓它们争论的核心问题,为此我们需要回顾当时的一些重要案例。而这一时期的案例,多数是围绕人身保护令及其回呈以及普通法判决既判力的问题展开的,因此我们也会对这两个问题予以特别关注。

(二)冲突期间的几个重要案例

上面对普通法法院和特权法院之间冲突过程的描述略显宽泛和粗线条,下面我们将把重点放在 17 世纪初直至 1616 年柯克(先后主持皇家民事法庭和王座法庭时)经历的一些重要案例上,来深入了解这场冲突的内涵。柯克是 1606 年被擢升为皇家民事法庭首席法官的,1613 年又升任王座法庭首席法官。这两个法庭都是普通法法院的主要代表,尤其是王座法庭,因为拥有对下级法院的监督控制权而在与特权法院的冲突中扮演着核心角色。而衡平法院作为最大的特权法院,因其与国王的特殊关系和自身较为悠久的历史,成为这个时期特权法院的代表。[61] 因此,进入 17 世纪后,所谓普通法法院和特权法院之间的冲突,基本上就是王座法庭和衡平法院、柯克和埃尔斯米尔之间的冲突。

在柯克的领导下,普通法法律家们力图用中世纪普通法的标准和程序性技术来检验行政和政治行为的合法性,而这就不可避免地涉及司法管辖权的划界问题。对此,普通法法官重点强调普通法裁决模式的至高无上性,具体包括:从消极的意义上说,他们主张普通法法院的程序免受特权的干预;从积极的意义

---

[58] See 12 *Coke Rep.* 74 (1611). 这里指柯克《法律报告》手稿第 12 部分中的第 74 页,但后世对其作品进行了多次编辑和出版,因此同一个判例在不同的版本中会位于不同的页码,这与布莱克斯通的《英格兰法释评》类似。此处采用通用的引用习惯,即不考虑后世的版本,而依原作的格式进行引用。具体可以参见 LIBERTY FUND 发布的网络版柯克著作精选(Selected Writings of Sir Edward Coke)。

[59] See Edward S. Corwin, "The Supreme Court's Construction of the Self-Incrimination Clause", *Michigan Law Review*, vol. 29, no. 1, 1930, pp. 1-27.

[60] See Sir William Searle Holdsworth, *A History of English Law*, vol. V (6th edition), *supra* note [56], pp. 439-440.

[61] 关于衡平法院的发展历史,see *supra* note [4], pp. 97-115.

上说,他们则用尽可能宽泛的言辞主张普通法法院享有对其他法院的监督控制权,而且,不仅是既有的特权法院要受到严格限制,就是国王创设新特权法院的权力也必须被否定。[62]

而要实现这些宏大的目标,对衡平法院开战就不可避免。衡平法院主张的是国王的剩余或保留司法权,以提供特别的司法救济。作为衡平法官领袖的大法官身居高位,拥有政治方面的职权,而且亲近于国王。他对下面各种特权法院予以支持,比如通过确认后者的决定成判决,对它们提供保护,并威胁要废除普通法法律家们已经取得的成果。因此衡平法院可不是一般进攻就可以攻陷的堡垒,其两百多年的档案证明了自己是一个历史悠久且组织良好的法庭。况且普通法法官自己也曾参与衡平法院的诉讼,不仅仅是提供咨询性的意见,而且经常被特别邀请或委任坐堂审案。此时曾有人建议柯克针对衡平法院使用禁审令,但如此激进的措施看起来几乎是不可能的。正如道森所评论的那样,禁审令这种古老而有效的工具,在与教会法院、小额诉请法院和其他法院的对抗中被证明相当有用,但将禁审令发给大法官的时机还没到来,普通法法律家针对大法官使用该工具的失败也是显而易见的。[63]像对付小额诉请法院那样挑战衡平法院的程序,只能是白费力气。现在就只剩下人身保护令这一件利器了!

那人身保护令为什么可以起作用呢?如上所述,这是因为它打开了一条对衡平法院进行正面控制的通道,在这方面,纠错令、移卷令都不好使。具体而言,因为王座法庭的法官可以要求狱吏必须披露对当事人执行监禁的真正原因,所以人身保护令可被用于审查衡平法院拘押决定背后的基础事由,或对衡平法院案件的实质问题进行审查。而进行实质审查的结果,则相当于建立类似于上诉的监督机制,而这正是普通法法院梦寐以求的效果。但实际上,起初狱吏的回呈可以是具体的,却也可以或往往是宽泛的——比如说仅回呈说是依据大法官的命令对当事人执行拘押。如果是后者,或这种宽泛的回呈被接受,则对衡平法院案件进行实质审查(从而控制衡平法院)的目的就无法实现,因此,王座法庭后来越来越多地要求狱吏提供更为具体的回呈,否则就直接下令释放当事人。而正是对狱吏回呈内容必须具体的要求,成为普通法法院控制衡平法院的重要途径。有人发现,1616年之前,来自普通法法院要求扩大令状回呈范围、细化回呈内容的压力越来越大。[64]

---

[62] See *supra* note [23], p.130.
[63] *Id.*, pp.131-132.
[64] 比如柯克《法律报告》中提到的豪克布里奇案(*Hawkbridge's Case*),尽管其涉及的是海事法庭的拘押。See 12 Coke Rep. 129 (1615-16).

1. 阿普斯利案（*Apsley's Case*）：令状回呈不够充分导致囚犯被释放

令状回呈范围问题在 1609 年与衡平法院的一次纷争中被提起，但无果而终。[65] 第一次严肃地扩展使用人身保护令的案例来自 1615 年春的阿普斯利案。迈克尔·阿普斯利因藐视衡平法院已被关押在弗里特监狱达 7 年之久，这一年的复活节开庭期，王座法庭为他签发了人身保护令。狱吏的回呈说："他因在衡平法院外藐视该法院而于 1608 年 11 月 28 日被拘押。"因同时还有其他几个类似回呈的案件（包括下面提到的拉斯维尔案），王座法庭虽同意阿普斯利的律师认为该回呈不够具体的意见，但还是决定推迟作出裁决。在下一个开庭期（三一节开庭期），普通法法官们在柯克的宅邸私下里聚集讨论，每位被拘押者的律师的意见都被听取了。柯克随后在法庭上公开宣布了这个经私下讨论得出的结论：阿普斯利获释，理由是狱吏的回呈不够充分具体。[66]

与此同时，王座法庭开始查找与人身保护令相关的先例，以便从遵循先例的角度为自己的决定寻找依据。他们发现，在伊丽莎白女王时期，有 7 个案例显示囚犯因狱吏的回呈过于宽泛而获释。另外还有小额诉请法院的 3 个案子和枢密院的 2 个案子，虽不是特别有帮助，但在阿斯特维克案（*Astwick's Case*, 1565-1566）和米歇尔案（*Michell's Case*, 1577）中，囚犯仅仅因为狱吏回呈说监禁令是由掌玺大臣尼古拉斯·培根爵士（Sir Nicholas Bacon）下达的就被释放了（意思是说狱吏的回呈过于宽泛、不够具体）。这些都被普通法法院视为先例。[67]

我们看到，王座法庭力图从过去的司法实践中为自己当下的决定找到依据，即遵循先例。这的确是一个强大的武器，也是将自己的决定正当化最好的办法之一。后来，如我们在下文将要看到的那样，衡平法院和国王也采取过类似的措施，都在通过查找先例为自己的行动寻找依据；换言之，衡平法院和国王也是认可遵循先例原则的。从这个意义上说，这也可以算作普通法（一定程度上）的胜利。

2. 泰勒案（*Taylor's Case*）：衡平法院判决的既判力和人身保护令

1587 年，王座法庭和衡平法院之间爆发了一次冲突，这是 1616 年决战之前的一次重要预演。衡平法院一起诉讼中的被告西门·泰勒已被衡平法院禁止在普通法法院进一步提起诉讼，但他还是在王座法庭起诉以求在那里得到救

---

[65] 道森在其文章中提到了该案例——阿迪斯被衡平法院拘押，纽盖特监狱的狱吏向王座法庭回呈说："该案与国王的事务相关，阿迪斯依大法官的命令被拘押，直至大法官下次传讯他为止，因此无法向王座法庭交出他。"律师提出两点反对意见，一是该回呈过于宽泛，而且拘押事由并不妨碍其申请人身保护令的特权；二是拘押期限不明。王座法庭选择了谨慎从事，"因为还是头一次碰到此类例外情形"。See *supra* note [23], pp. 140-141.

[66] *Id.*, pp. 140-141.

[67] *Id.*, p. 141.

济。因违反衡平法院的禁令,他被后者囚禁在弗里特监狱。王座法庭则进行了报复:通过颁发人身保护令释放了泰勒,并唆使泰勒的律师希尔(Heale)在法庭上公开主张1403年的那项制定法不允许衡平法院在普通法判决作出后继续采取进一步的程序。几个月后,希尔被以侵犯王权罪提起公诉,尽管他承认自己犯了错,也未能获得赦免。与此同时,泰勒再次被衡平法院依大法官的命令逮捕。这个困局因伊丽莎白女王的干预而被打破,泰勒最后屈服于大法官的权威,遵照衡平法院的判决了事。[68]

本案涉及衡平法院判决的既判力问题。同普通法法院一样,衡平法院也不希望自己作出判决后当事人又在普通法法院重启诉讼。为此,它采取了签发禁令,在禁令遭违反后以藐视法庭罪将当事人拘押的方法。王座法庭以人身保护令(需要囚犯本人、其亲属或律师向法院申请)相对抗,衡平法院则更进一步对当事人的律师以侵犯王权罪提出指控。这一系列的回合、招式,我们在1616年前的几个案件(尤其是拉斯维尔案、格兰维尔案和牛津伯爵案)中都耳熟能详了,只是双方调换了一下角色:普通法法院作出判决后当事人在衡平法院重启诉讼,衡平法院作出新判决后禁止当事人执行原来的普通法判决,并在违背后将其拘押,王座法庭遂签发人身保护令将其释放,并唆使后者对衡平法院的官员提出侵犯王权罪的指控……看来两大法院之间的争斗也无非就是这些招式,而且最后都是在引发了国王个人的干预后才最终尘埃落定。但泰勒案却没有像后来那几个案件那样引发那么大的轰动,关键可能还是因为此时缺乏柯克和埃尔斯米尔两位明星及其不断营造和加剧的火热氛围;当然,伊丽莎白女王和詹姆士一世国王不同的行事方式可能也是重要的因素。

3. 斯罗克莫顿案(*Throckmorton's Case*):普通法判决的既判力与大法官的行事方式

接下来是斯罗克莫顿案(Throckmorton's Case)。在本案中,斯罗克莫顿是女王的佃户(lessee),1567年未能依约如期支付地租;1588年,女王将租地的回复地产权授予了莫伊尔·芬奇爵士和另一个人,后者又将之转让给了托马斯·赫尼奇爵士。1590年,赫尼奇的承租人在财税法庭针对斯罗克莫顿提起驱逐之诉(action of ejectment)。经过激烈辩论,法庭认为斯罗克莫顿应被剥夺承租权——尽管王室官员后来接受了过期支付的地租。财政署内室法庭经过争论同意签发纠错令(writ of error),并最终确认了这个判决。斯罗克莫顿不服,上诉至大法官,诉称未能如期支付地租是事出有因:他的仆人在交租的路上遇到了劫匪并被洗劫一空。柯克当时作为检察次长是该起衡平法院诉讼被告的律师,他力主驳回原告的起诉,理由是他已经在普通法法院获得了判决。埃

---

[68] *Id.*

格顿(即后来的埃尔斯米尔勋爵)在法庭上公开宣称:鉴于本案相当重要,且将来可能会被作为先例在类似案件中引用,大法官决定在作出判决之前先与普通法法官们商量一下,并充分考虑他们的意见。于是,该案被提交至全体法官面前(仅一人缺席)。

柯克参加了这次讨论,根据他的报告,除沃姆斯利法官(Walmsley J.)外,全体法官一致同意:在普通法法院作出判决后,衡平法院不得审查相关事务,因为这样会使诉讼没有尽头,人人不得安宁;而且由作为非存卷法院的特权法院来控制一个存卷法院的判决是荒谬的。他们还认为,根据亨利四世和爱德华三世时期的那两项法律,这种诉讼也是被禁止的。柯克说,这个结果由首席法官波帕姆(Popham, CJ.)与当时的掌玺大臣埃格顿进行沟通,后者并未提出抗议。[69] 关于本案后续进一步的程序没有报道,看起来埃格顿很可能是接受了这样一份印象深刻的普通法法官们的司法意见。[70]

对柯克来说,全体普通法法官的这个决定强化了他关于普通法在英格兰至上的观念。他认为,国王已经将全部的司法权让渡给了法官们,因此可以推定他的行事不得与普通法和制定法的意旨相违背,衡平法院和衡平法也同样应服从于普通法的权威。[71] 在他后来的著作中,柯克不断地诉诸这两部制定法,宣称衡平法院不得干预普通法判决,除非议会针对具体的案件授权衡平法院提供救济。[72]

斯罗克莫顿案后,埃尔斯米尔继续在普通法法院作出判决后对当事人进行审查。1615 年,他做的一个司法意见摘要又重新审查了亨利四世时的那项制定法,他的部分说理出现在牛津伯爵案中。他总结说,衡平救济仅出现在如下情况:普通法判决作出后带来了不公正的结果,此时大法官就会将此判决置于一边或阻止它的落实,这倒不是因为普通法判决存在任何错误或缺陷,而是因为当事人的良心大大的坏了……而这并不在亨利四世那项制定法的范围之内。而且,该法根本不是为了限制衡平法院在衡平事务上的权力,而是仅仅针对普通法上的事务和普通法程序而言的。[73]

从这个案件来看,如果说普通法法院与衡平法法院之间有任何冲突的话,那就是:不服普通法法院的判决,可否继续向衡平法院提起诉讼?当然,不管称

---

[69] See *supra* note [22], p. 372.

[70] See *supra* note [23], pp. 134-135.

[71] Louis A. Knafla, *Law and Politics in Jacobean England: The Tracts of Lord Chancellor Ellesmere*, Cambridge University Press, 1977, p. 159.

[72] See Mark Fortier, "Equity and Ideas: Coke, Ellesmere, and James I", in *Renaissance Quarterly*, Winter 1998 vol. 51, No. 4, pp. 1255-1281.

[73] 关于牛津伯爵案及埃尔斯米尔勋爵的意见,请参见 HeinOnline 数据库中 English Reports 关于此案的报告全文。

之为上诉也好,还是重开诉讼也好,其本质都是一样的,即衡平法院可否就普通法法院已经作出判决的案件再次作出新的判决? 就本案而言,从形式上看,实际上是在衡平法院重开诉讼了,这意味着普通法判决的既判力已经遭到破坏;但从实质上看,大法官明智地将案件交予普通法法官们讨论,并尊重了他们的意见,从而在实质上又维护了普通法法院的面子和普通法判决的既判力。由此可以看出,至少在这起案件中,普通法法官们真正在乎的其实并不是形式上普通法判决的既判力问题,而是大法官的行事方式;说得更具体一点,就是大法官在涉及普通法问题时是否征询和尊重了普通法法官们的意见。而同样是柯克和埃格顿,在本案中就基本上是和平相处了,而在未来的一系列案件中则几乎是针尖对麦芒。由此是否也说明:强烈的个性是一个因素,但其时各自所处的位置(即所谓屁股决定脑袋)和形势是不是更为关键的因素呢?

4. 拉斯维尔案(*Ruswell's Case*):衡平法与制定法的关系及人身保护令的回呈范围

随后又有一系列的案例,都与王座法庭和衡平法院之间就人身保护令的使用争议有关,这其中拉斯维尔案特别值得注意。在这个案件中,被告的父亲通过遗嘱外加衡平法院的一项判决将其土地卖给了原告,所获价金供偿还生前欠下的债务。20年后,被告提起了普通法上的诉讼,说前述土地买卖无效,理由是其父生前土地为骑士役领地,依照当时的遗嘱法(Statute of Wills),只有三分之二可以通过遗嘱处分;而死者对其他财产的处分已穷尽了其可以通过遗嘱处分之财产的额度,因此他对土地的处分是无效的。但原告的依据则是死者的遗嘱和衡平法院的判决,也是很有力的依据;而且价金已经为被告所接受并用于清偿债务。双方旗鼓相当,理由都具有一定的说服力,大法官起初试图劝被告接受仲裁,但遭到拒绝,遂作出如下判决:原告支付被告 1000 英镑以解决此事,然后被告放弃对争议土地的权利并完成相关手续。但被告拒绝了这个判决,1614 年 5 月 19 日,他被埃尔斯米尔大法官下令监禁。

1615 年的复活节开庭期,拉斯维尔和其他人一起到王座法庭申请人身保护令。狱吏的回呈还是极端简洁:"因藐视衡平法院而被该法院监禁。"他的律师克罗克(Croke)对回呈的有效性提出了质疑,宣称"王座法庭才是所有监禁案件的裁断者",狱吏应该提供一个明确的拘押原因,这样王座法庭才能判断拘押理由是否充分。因同时还有其他案件(包括前面提到的阿普斯利案),柯克和多德里奇法官(Dodderidge J.)商量后决定推迟作出裁决。三一节开庭期时,拉斯维尔的案子重新开始审理,狱吏对回呈做了细节上的轻微变动:主要是增加了拘押的时间。克罗克则重复了他的观点:拘押理由应该明示;并注明自己参考的先例是阿斯特维克案。柯克下令,狱吏的回呈应该得到完善和补充。三一节开庭期结束前,狱吏提供了新的回呈,阐明了衡平法院判决该案的实质。律师继续争辩说,这个理由仍然有问题,因为原告权利所依据的遗嘱条款在制定法上是完全无效的,被告收到的价金并不能击败他作为继承人所应享有的权利。柯克宣布这个回呈包含了考虑这个案件所需要的四个部分:(1)存在诉讼;(2)讼争双方当事人的姓名;(3)争议标的;(4)相关解决方案。这样法官们就可以从整体上考虑起诉状、答辩和衡平法院的判决了。经过在柯克宅邸的私下讨论后,柯克在法庭上宣布:法官们已经考虑过这个案件,但因狱吏的回呈是后来作出的,加之本案存在疑点,我们决定被告还押,直至下一个开庭期。[74]

本案衡平法院判决引发的实质问题是衡平法与制定法的关系问题:在衡平案件中制定法的效力如何。也正因此,后来埃尔斯米尔的继任者培根才对此案进行了复审,推翻了先前违反遗嘱法的衡平法院的判决。复审时,培根邀请了两位普通法法官参与审判,其讨论范围显然涉及法律和衡平之间的关系。[75] 但对当下来说更为重要的是,埃尔斯米尔大法官对人身保护令回呈的范围实际上是作出了让步,即应王座法庭的要求对拘押理由进行具体化,这就有机会让王座法庭接触甚至是审查衡平法院判决的正当性。

5. 格兰维尔案(*Glanvill's Case*):普通法判决的既判力与人身保护令的回呈范围

理查·格兰维尔是一个不实诚的伦敦珠宝商,于 1606 年出售给弗朗西斯·考特尼一块黄玉(topaz),但他谎称是钻石,因此获得了一个特别不公正且离谱的高价。同时,格兰维尔的同伙戴维斯(Davies)谎称自己是金匠汉普顿(Hampton)的仆从,并在这笔交易的标的物评估和成交价方面冒用了汉普顿的名义,为格兰维尔谋取了不当利益。格兰维尔使用汉普顿的名义通过诉讼得到了这笔价金。很显然,判决是在考特尼或法官不知情的情况下通过欺诈的方式获得的:格兰维尔向考特尼的律师支付一笔费用以换取其在庭外代表考特尼的同意。该判决的错误得到了确认,但在等待纠错令的过程中,考特尼在衡平法院提起了诉讼。掌卷法官不顾先前错误判决的存在,直接判决撤销先前的买卖,为标的物确立一个合适的价格,并判定汉普顿在其中不承担任何责任,可以从中解脱出来。正是这判决的最后一部分引发了争议,因为先前衡平法院从未主张自己有权干预普通法法院的判决。

格兰维尔拒绝遵守衡平法院的判决,遂于 1613 年被拘押入狱。1614 年米迦勒开庭期,通过人身保护令他被转入王座法庭,其律师为他请求开释。这位律师说,衡平法院因某种事由拘押了他,但就这个事由却存在两个判决。柯克暴怒,当众咆哮道:"只要我头上的乌纱帽还在,就绝不会允许这种事情发

---

[74] See *supra* note [23], pp. 142-143.
[75] See *supra* note [22], p. 390.

生!"并对大法官埃尔斯米尔背信弃义干预普通法判决的行为表示惊诧。格兰维尔获得保释,直至希拉里开庭期,后来因令状回呈没有提供拘押理由而获释。

1615年5月7日,大法官埃尔斯米尔又将格兰维尔拘押。三一节开庭期时,王座法庭重新签发人身保护令,这次狱吏的回呈是:本次拘押是按照英格兰大法官埃尔斯米尔勋爵的命令执行的。王座法庭的法官遵循先例,认定这个回呈过于宽泛而不够充分。根据柯克的说法,这个决定是和全体英格兰法官共同商讨的结果。[76]

这个案子到此还没完。但从实质上看,这个案件意义不大,因为格兰维尔的恶意是显而易见的。而争议主要在两个方面:一是普通法判决的效力(既判力)问题,衡平法院是否可以置普通法判决于不顾而径行作出自己的判决?二是令状回呈的有效性问题——这和前面的拉斯维尔案是一样的。根据当时王座法庭全体法官的意见,王座法庭不仅有权询问是谁下了拘押令,而且有权询问拘押的理由;为此,案件本身的实际意义以及实质上谁是谁非并不重要。但对于一个案件来说,是它事实上的是非曲直重要,还是程序正义重要?这不是一个容易回答的问题。但就本案而言,衡平法院看重的是前者,而普通法法院看重的则是后者——这可能也是后世很多人认为柯克做得有点过分的原因所在。我们看到,以柯克为代表的普通法法院此时对自身的权威和地位已经相当敏感了,如果大法官能够像先前那样事先征询普通法法官们的意见,或者提供更为具体的回呈理由,也许柯克不至于如此暴怒,也就不会有接下来更狗血的情节(柯克怂恿当事人的律师对衡平法院法官提出侵犯王权罪的指控)了。但对立的情绪并非一下子被激发的,而是逐渐酝酿、长期发酵累积起来的,再加上个性本就鲜明的两位大人物身份地位所带来的变化,最终导致这场冲突不可避免地发生了!

6. 阿伦案(*Allen's Case*):衡平法院判决的既判力与人身保护令

阿伦是一个典型的没有人情味的债主。有一个名叫爱德华兹(Edwards)的人破产了,他的土地被低价卖给了阿伦。后来爱德华兹的债权人(包括阿伦)达成了一项偿付协议,由阿伦将上述土地转让给两个叫史密斯和伍德的债权人,后者将按每一英镑出10先令的比例支付给所有其他债权人。但后来阿伦拒绝了这项协议,并在衡平法院起诉要求恢复占有,获得胜诉。尽管郡长协理(undersheriff)苦苦哀求,但他还是将爱德华兹的两个孩子逐出了土地,使之处于"冰霜雪雨"中。诉讼期间这两个孩子的父母死于瘟疫,埃尔斯米尔大法官重启该诉讼,出于人道主义考虑,任命高级律师弗朗西斯·莫尔为两个贫苦孩子

---

[76] *Id.*, pp. 374-375.

的律师,并作出一个新的、更合理的判决。因拒绝履行该判决,阿伦于1613年11月13日被拘押入狱。[77] 很显然,阿伦这里有两个判决,但先前那个偿付协议他是同意了的,并且也是他自己在衡平法院起诉的。因此很难为他的人身保护令的适用找到任何合适的理由,王座法庭拒绝释放他。这些事实是联系在一起的,因为我们在后来的争议中又见到了阿伦这个人。

7. 牛津伯爵案(The Earl of Oxford's Case):衡平法与普通法的冲突

大法官埃尔斯米尔意识到了先前几个案子所带来的争议,后来,他指派王室法律顾问对相关先例进行调查,并向他提交一份包含理由在内的书面文件。被拿来当做试验品的案件就是牛津伯爵案,这是1616年前最后一个适用人身保护令的案件。法律史学家们赋予了这个案件相当重要但也许是过多的意义,因为本案并没有最终的结论。[78]

本案基于这样一个前置性的问题:约翰·沃伦就伦敦考文特花园(Covent Garden)一栋房屋的承租权起诉了约翰·史密斯。这栋房屋所在的土地多年前由麦德林学院卖给了伊丽莎白女王,出卖的目的是为了规避当时的一项制定法(13 Eliz. 1, c. 10)。该法规定,学院成员和主管对土地的出售和长期租赁无效。因该制定法并未明确禁止向国王出售,卖给伊丽莎白女王就使得学院可以将土地间接转让给自己的债权人——一名叫本尼迪克特·斯皮诺拉的热那亚商人。伊丽莎白女王按照学院的指示将土地转给了斯皮诺拉;1580年,斯皮诺拉又将其中的7英亩卖给了牛津伯爵爱德华·德·维尔,后者在土地上修建了130栋房屋。这些房屋中的一栋经过一系列的中介出租给了约翰·沃伦。伯爵死后,其子亨利·德·维尔继承了这一切。1616年之前,麦德林学院新任主管巴纳比·高吉(Barnaby Gooche, or Gouge)将那栋房屋租给了约翰·史密斯。沃伦于是针对史密斯提起了驱逐之诉(action of ejectment)。[79]

本案最终是需要确认对土地的权利。如果牛津伯爵对土地享有权利,则沃伦的承租权成立;如果学院对土地享有权利,则史密斯胜诉。而谁对土地享有权利之核心,又在于对前述制定法的解释。原告方主张,出卖土地给伊丽莎白女王的行为并未被该制定法所明确禁止。但柯克拒绝了这项主张,因为该法的目的在于支持宗教事业,推进学术的良好发展,反对出卖和长期出租土地所导致的机构贫穷、衰败和坍塌,保护宗教和学术机构的产业。在柯克看来,如果向国王转让土地不在禁止之列,就会留出一个漏洞,那该法的目的就会落空。后

---

[77] Id., p. 376.
[78] 贝克在其论文中对该案进行了较为充分的讨论,See supra note [22], pp. 377-379.
[79] 这是一种表面上解决承租权但实际上解决对土地之真正权利的拟制诉讼,See supra note [4], pp. 298-303;中文文献参见李红海:《普通法的历史解读——从梅特兰开始》,同前注[31],第276—278页。

来在其判例报告中,柯克还从公共利益的角度解释了宗教、学术、医院和济贫等事务的社会重要性;针对国王特权,他认为宗教和学术是支撑王权的两大支柱,因此包括国王在内的任何人都不能被排除在上述制定法之外。再者,国王是正义之源,给予国王豁免就是允许他/她充当非法转让行为的渠道,这将会使国王成为欺诈行为的工具和帮凶。因此,麦德林学院将土地转让给女王、女王转让给斯皮诺拉、斯皮诺拉又转让给牛津伯爵的行为都是无效的,麦德林学院仍然享有对这些土地的权利,史密斯的承租权是成立的。

尽管这是一个承租人之间的案件,但其结果却会直接影响到背后的权利人,使得牛津伯爵租价两万英镑的房屋岌岌可危。因为真正的权利人并没有出现在诉讼中,因此其利益实际上并未被柯克所专门考虑,但他后来对牛津伯爵的困境给予了回应:买者自慎(caveat emptor)的原则使得后者很难在普通法上得到救济。于是,牛津伯爵只好求助于衡平法院,是为麦德林学院案(*Magdalen College Case*)。[80]

衡平法院并非依据任何具体的衡平法原理或者通行的公理、格言来作出有利于伯爵的裁判。琼斯争辩说,伊丽莎白时期的衡平法院还没有发展出一套成熟的关于衡平法或良心问题的理论。[81] 埃尔斯米尔于是在衡平法和上帝的律法之间建立起联系:"修建房屋者可居于其中,种植葡萄者可收获葡萄。而在本案中,被告高吉却在没有修建和种植的情况下占有了这些房屋和葡萄,这就是他的良心问题了。而我作为大法官的任务就是矫正这种腐坏了的良心,使之付出相应的对价。"除此之外,他还诉诸"比例偿付"(proportionable satisfaction)和"利益与补偿的相互性"(reciprocity of benefit and recompense)原则,后来又诉诸圣经中的训诫"己所不欲,勿施于人"。[82]

牛津伯爵寻求的其实并非推翻王座法庭有关土地权利归属的判决,这超出了衡平法院的司法管辖权,而是对其损失的补偿,包括"新建房屋及其中的园艺种植等"。对此,埃尔斯米尔认为衡平法院所做的既不是对普通法判决的审查,更不是反对。但问题是,被告高吉拒绝出庭应诉,理由是普通法判决不应在衡平法院受到质疑;遂于 1615 年 10 月被拘押入弗里特监狱。原告被允许在被告缺席出庭的情况下继续诉讼程序,大法官埃尔斯米尔利用这个机会解释了衡平法院司法管辖权的性质及衡平法与普通法之间的关系:衡平法院并不是要干预

---

[80] 麦德林学院案的具体情况,See *supra* note [72], pp. 1255-1281. 下文中关于本案的讨论也引自该文。

[81] See W. J. Jones, *The Elizabethan Court of Chancery*, Clarendon Press, 1967, p. 420.

[82] 参见埃尔斯米尔勋爵在牛津伯爵案中的法律意见,The Earl of Oxford's Case In Chancery With the Lord Chancellor's Arguments, touching the Jurisdiction of the said Court. Mich. 13 Jac. 1 [1615]. In *English Reports* Full Reprint vol. 21—Chancery, available on HeinOnline.

普通法法院的判决,而只是要矫正当事人腐坏了的良心。

毫无疑问,这对柯克来说是一个蓄意的挑战,他被迫接受这个挑战,因为被告高吉博士及其承租人史密斯来到王座法庭申请人身保护令。狱吏的回呈说:他们因拒绝应诉而依衡平法院的命令被拘押在弗里特监狱;这个回呈相当具体。高级律师鲍特莱(Serjeant Bawtrey)为他们请求开释,因为衡平诉状中所涉事务在普通法法院已有判决作出,所以衡平法院的诉讼是违反1403年制定法的。柯克回答说,如果事实如此,法庭将会释放两被告,因为关押他们是违背制定法和普通法的。多德里奇法官(Dodderidge J.)同意柯克的意见:如果普通法判决还要接受衡平法院的质疑,那普通法将会崩溃。接下来就案件事实问题进行了争辩,结果没有结论,柯克告诉律师:"对你来说,最好不要再让我们听审这个案子了。"被告被保释直至下一个开庭期,随时听候传讯,再无下文。

法律报告给人的印象是,至少在这个案件中,在人身保护令的问题上,柯克不愿意站在埃尔斯米尔的对立面。一方面,国王已经亲自介入,抱怨他的两位最主要的法官竟然会陷入"不光彩的"争论,要求他们把疑难案件直接提交他自己。另一方面,对萨默赛特的国家审判分散了两位法官的注意力,柯克可能更倾向于由陪审团进行裁断,这样法官就不会对结果承担责任。不管什么原因,后来再没有听到通过人身保护令来审查衡平法院判决的例子。[83]

这是一个典型的普通法案件,换言之,其中涉及的问题都是跟普通法直接相关的,而且普通法法院就此作出了判决。问题仅仅在于,无论是基于当时交易双方对法律或事实认识上的错误还是别的原因,交易已经完成多年,买方也认为自己对购得的土地享有权利,因此在其上修建了房屋。现在其权利被认定存在瑕疵,那其在争议土地上修建的房屋是否应该得到补偿呢?很显然,普通法走了严格的法律形式主义的路线,保护了真正权利人的权利;而衡平法院则更注重实质正义,提出要对房屋的修建进行补偿。如果从整个案件的前因后果来看,对房屋进行补偿显然是理所当然的,毕竟先前的权利人有相当的经济付出和损失,不考虑这一点是不公平的。但不幸的是,这里又碰到了一个固执和不通情理的当事人,所以这个案件才会走到该当事人被拘押的地步。所幸柯克在这个案件中相当克制,加之国王的介入和其他案件对他们二人精力的牵扯,本案算是没有成为导火索。但,两位法官刻意克制,卑劣的当事人却非要没事找事,正所谓"树欲静而风不止",接下来发生的事表明,从一定意义上说,柯克以及两大法院是被这些卑劣的当事人"绑架"的!

(三) 冲突在技术上所涉及的核心问题:对两项制定法的解释

在这种紧张对峙的情况下,对前述两项制定法的解释再次成为焦点,这次

---

[83] See *supra* note [22], p. 378.

它被提交到一个新的委员会面前讨论。在此,我们需要再简单回顾一下这两项被普通法法律家们诉诸的制定法。第一项是1353年爱德华三世时的《侵犯王权罪法》,它将侵犯王权罪的刑罚加于下面两种人:一是基于王室法院管辖权范围之内的案由而将他人带至境外出庭应诉者;二是在其他法院起诉且意欲推翻或检举王室法庭作出之判决者。第二项是1403年亨利四世的一项制定法:吾王之法院已作出判决后,当事人及其继承人要安分守己,保持克制,直至该判决被调查小陪审团裁断是否虚假之令状或纠错令状所推翻。普通法法律家们认为,基于该法,在普通法法院作出判决之后,在包括衡平法院在内的其他任何法院重启诉讼就是违背该制定法的。

前面在讨论斯罗克莫顿案时曾提及,1598年法官们已经召开过一次会议讨论相关问题,其中就涉及对这两项法律的解释。不过上一次是几乎全体的普通法官,而这次则是一个被称为"衡平法院的人"的委员会。但正如琼斯所指出的那样,这个名称有些令人误解,因为普通法法官本来就经常在衡平法院坐堂问案,其中,兰德尔·克鲁(Randell Crew)法官先前与柯克一起工作过;亨利·耶尔弗顿(Henry Yelverton)曾是法官,现为检察次长,即将晋升检察总长;亨利·蒙塔古(Henry Montague)即将取代柯克成为王座法庭首席法官,在麦德林学院案中代理原告,而耶尔弗顿和克鲁代理的是被告。[84] 但这个委员会中最重要的是弗朗西斯·培根,时任检察总长,并即将取代埃尔斯米尔出任大法官。他的出席具有决定性意义,他有很多理由来反对柯克。这个新的委员会决定,上述两项制定法都不禁止在普通法法院作出判决后还可以再诉诸衡平法院。

对于爱德华三世时的那项制定法,委员会给出的理由是:(1)该法意在控制那些剥夺或不利于我们国王管辖权的行为,这不可能适用于衡平法院,因为国王不可能通过自己的特权法庭来剥夺自己的管辖权。(2)该法允许诉诸衡平法院寻求救济,因为既承认衡平法院可以提供救济同时又说它构成犯罪,这本身就是自相矛盾的。(3)该法是针对诉诸境外的司法机构而言的,并为此设置了严厉的惩罚措施,这跟衡平法院没有关系。

针对亨利四世的那项制定法,他们的意见是本法并未明确提到衡平法院。他们解释说,当时制定该法时民间有两项请愿,第一项涉及在普通法作出判决后又诉诸衡平法院的情况,但该请愿遭到国王的拒绝;而第二项请愿并未提到衡平法院,遂得到国王的许可,以该请愿为基础才制定了该法。最后他们还提出,即使该法禁止诉诸衡平法院,也是仅禁止对普通法判决本身提出质疑,而不

---

[84] See *supra* note [81], p. 21.

是禁止对源出于普通法判决之衡平问题的探究。[85]

(四) 对衡平法院法官提起侵犯王权罪之诉

接下来这场争论进入了刑事领域。在牛津伯爵案中,柯克提到了过去的两项制定法,这在1598年的斯罗克莫顿案中曾经被引用过。1403年制定法虽然直接针对的是咨议会,但可以被解释为包括衡平法院——福蒂斯丘一个世纪前就进行过这样的解释:如果法律没有尽头的话,人们就会遭受无尽的讼累折磨。爱德华三世时的制定法主要是为了限制向罗马教廷进行上诉,因此是否包括衡平法院并不清楚,但埃尔斯米尔和培根都承认是包括教会法院在内的,并认为衡平法院不会直接干涉普通法法院的判决。

尤其是针对《侵犯王权罪法》,实际上这之前已经有了一定的先例。1614年,安东尼·迈尔德梅爵士(Sir Anthony Mildmay)因利用其作为司膳专员(Commissioner of Sewers)的权威而违背普通法判决拘押当事人,被判侵犯王权罪。柯克认为这同样可以适用于衡平法院,而且他不是第一个持这种观点的人。1588年,内殿主管约翰·海莱(John Hele)因普通法判决作出后又出任衡平法院诉讼的律师而被以此罪提起公诉。该指控因名称错误而被撤销,但法官们认可了其中所涉之事项。[86] 而大家之所以更乐意使用爱德华三世的那项制定法(《侵犯王权罪法》),是因为其中包含具体的惩罚措施,而这正是1403年制定法所缺乏的。1614年,柯克曾有意无意地评论道:"非常值得深思的是,在这些案件中,竟然没有人针对这些人(在已有普通法判决后还从衡平法院获取禁令或在衡平法院重启诉讼者)提出适用这些法律……";他还在其他场合进行过类似的暗示。[87] 很快就有人接受了柯克的暗示,对衡平法院官员提起侵犯王权罪的指控,被那些最不值得注意的角色启动了。

事情是这样的。先前提到的那个邪恶的格兰维尔在被王座法庭释放后,精心策划了一起颠覆衡平法院且自己无须承担责任的阴谋。他来到弗里特监狱向狱中的囚犯们散布了这样的消息:如果你们像我这样申请了人身保护令,那也是会被释放的!他还恶语中伤埃尔斯米尔大法官,说他受贿成性,与魔鬼同体。最糟糕的是,他注意到了《侵犯王权罪法》:我为什么不能对大法官及所有迫害我的人提起公诉呢?国王肯定很乐意抄没大法官的家产,这其中说不定还会有我的一份!公诉书依计起草停当,但经过认真考虑,格兰维尔觉得出于政治上的稳妥考虑,还是首先针对小人物启动程序。他争取到了国王办公室(Crown Office)律师的帮助来起草公诉书,参照了迈尔德梅那个先例,诈称得到了柯克的指示。被告人是考特尼(格兰维尔案中的对方当事人)及其律师。

---

[85] See *supra* note [72], pp. 1255-1281.
[86] See *supra* note [22], p. 379.
[87] *Id.*, p. 378.

诉状于1615年米迦勒开庭期提起,但米德尔塞克斯大陪审团的回复是:不批准起诉!

百折不挠的格兰维尔又征得了前述阿伦、还有一个叫里维塞(Levesay)的狡诈的文书抄写员的帮助。他可能也向法官们做了陈述,因为当米德尔塞克斯的大陪审团于1616年希拉里开庭期出现在法庭上时,约翰·克罗克爵士提出了一项新的指控:"在一项普通法判决作出之后,如果有人将此判决提交至任何其他法院进行审查……"里维塞就是这个大陪审团中的一员,本开庭期的最后一天,他将公诉状提交了他的同侪。这一次,阿伦也提交了公诉状,针对的是他本人在衡平法院案件中的对手,包括高级律师莫尔和主事官约翰·廷达尔爵士。尽管里维塞不断施压,但大陪审团并不情愿认定公诉状属实。柯克很生气!他将大陪审团的决定发回两三次并威胁要将他们拘押入狱,但大陪审团没有屈服。大陪审团团长坚持不批准提起公诉的回呈,里维塞抗议说这不是一个意见一致的裁断。柯克挨个点名查验,结果是17:2,不批准起诉的裁断只好被接受。柯克警告郡长下一次要召集一个明智的陪审团,据说还通知格兰维尔和阿伦要做好准备。同一天稍后,柯克还对出庭律师们提出警告:如果谁在普通法判决作出后染指就原案向衡平法院提出的新的诉讼,将会被取消在王座法庭出庭诉答的资格。在接下来的四旬期休假期(Lent Vacation),格兰维尔和阿伦又向枢密院请愿,说他们为了国王的利益而提出了公诉,如果成功,则国库将会极大地得到充盈。但这次对于国王贪婪的诉诸很难说是有策略的,很快这两位请愿者本人就面临了公诉和刑事指控。格兰维尔的最后一击是对弗里特监狱的典狱长和狱吏提出错误监禁之诉。典狱长被捕,但很快由衡平法院通过程序停止令释放。格兰维尔的闹腾没有被继续下去。[88]

(五)培根和埃尔斯米尔的报复

上述几位邪恶当事人的报复企图,给了培根和埃尔斯米尔一个他们等待已久的解决这场纠纷同时羞辱柯克的机会。培根向国王詹姆士一世诉称,这不只是对大法官本人而且也是对衡平法院以及国王绝对权力的"极大的、公开的冒犯"。他把这事认为是"柯克大人的一种毛病",并承认不会将柯克牵扯进来,暗示真正应该受到谴责的是那些普通法法官。他建议如果证实就对这些法官进行羞辱,将柯克革职而不羞辱,并在咨议会要求所有法官下跪接受谴责。[89]

埃尔斯米尔向国王谴责了柯克的做法,并请求国王介入解决下面的问题:在明显涉及衡平的事务上(普通法法官基于其职位和宣誓不能干预或提供救

---

[88] 贝克写道:对法庭上所发生事件的描述是有偏见的,但有足够证据表明柯克的行为明显不公。这一段关于柯克暗地里支持当事人对衡平法院法官提起侵犯王权罪之诉的内容,See id., pp. 379-381.

[89] Id., p. 381.

济),如果普通法法院作出了判决,臣民可能就会遭到毁灭性打击;如果衡平法院对他进行救济,这个时候是否有任何《侵犯王权罪法》或其他制定法可以来限制大法官的权力?[90]

面对这样的问题,国王决定征求臣下的意见。按过去的规矩,历代国王都会征求其法官(也就是普通法法官群体)的意见,但詹姆士一世却被劝说听取其自己的法律顾问的意见,而这些法律顾问的意见在前一年就已经被大法官大大精简了。柯克一定是发现了这一可怕的事:国王竟然不征求全体法官的意见而是依其法律顾问的意见行事!

国王下令在星宫法院对格兰维尔和阿伦提起公诉,这发生在当年的复活节开庭期。这两个人受到了刑讯逼供,经受了烙铁刑,并被要求宣誓回答问题。但培根并未得逞,没能将责任落实到任何一位具体的法官身上。坎特伯雷大主教和其他一些人被委任去收集与侵犯王权罪有关的证据,目的可能是将柯克牵扯进来,但好像并没有起到多大作用。

国王还派出自己的法律顾问去收集相关的先例和各种观点,征求相关专家的意见。这位法律顾问提供的官方报告很有名,但更有趣的是安东尼·本(Anthony Ben)提供的一篇辞藻华丽的专题论文。他用宽泛的语言阐述了衡平法对于一个法律体系的必要性。他说:"上帝不允许我们将所有的正义都系于普通法,或者认为衡平法的所作所为就是违背正义的,因为它只是在以不同的方式落实正义。衡平法和普通法的终极目的都是一样的:正义是普通法的灵魂,而衡平又是正义的生命……它们过去一直都是这个王国忠诚有用的仆人,那为什么现在竟变得水火不容,就像以扫和雅各为了长子权而彼此争斗一样呢?"[91]

本并没有讨论衡平法院或大法官的缺陷,因为他不是受雇来做这事的。普通法法官们没有获得陈述其观点的机会,国王可能也没有听到有关全部事实的汇报。但无论如何,他的目的已经达到,理由已经准备充分,决定即将作出。

(六)国王的介入[92]

詹姆士一世认为结束其法院之间的冲突是他的神圣职责,他决定在星宫来完成这件事。这是他第一次在星宫坐堂训话。他解释说,他已经花了7年的时间学习法律,又花了7年的时间来等待一个合适的时机。于是,1616年6月20日,星宫装扮得恢宏壮观,国王在其贵族和法官的护卫下踏入星宫,当众发表了讲话。

国王说,他到这里来是为了履行其就职宣誓中与司法有关的义务,履行他

---

[90] Id., pp. 381-382.
[91] Id., p. 383.
[92] 本部分内容,See id., pp. 383-385.

作为上帝在人间代理人的职责："如同国王是为了履行上帝赋予他的使命,法官也是为了履行上帝和国王赋予他们的使命。"他宣称自己对于普通法心怀尊重,并否认了准备从苏格兰引入罗马法的谣言,然后开始转向法官们致辞。他希望能够清洗法律的两宗罪恶:不确定性和新奇性(novelty)。他表示,司法的职责不是创制法律,而是宣示法律(was *ius dicere*, not *ius dare*);法官们可能没有侵犯国王的特权,也没有侵犯其他司法管辖权,因为"这是不合适的,也是不合法的"。国王仔细地解释道,他希望所有的法院(包括衡平法院)都能将司法管辖权限定在自己应有的范围之内;大法官也要遵循先例,而不能没有授权就行事。"这些是我给他的限制,超过了他对我的承诺,他将永远不能那样做。"到此为止,国王的讲话中规中矩,不偏不倚;但在侵犯王权罪的问题上,他却态度坚定而具体:

> 在威斯敏斯特大厅,针对衡平法院及其官员提出了侵犯王权罪的指控,这让我伤透了心。国王怎么可能针对自己允许提出侵犯王权罪的公诉?这是愚蠢、无能和极端放肆的举动。我不是说大法官可以超越其职权,但能够纠正衡平法院和大法官之错误的,唯国王自己耳!因此我下令,从今往后任何人不得尝试对衡平法院提起侵犯王权罪的指控。

然后他转向下面的听众,要求其默认普通法法院的判决,因为"在判决作出后,国王最好是维持一个不公正(如果它不公正的话)的判决而不是质疑每一个判决,因为那样的话讼累将永无止境"。一个聪明的绕口令,就将大法官的过错转嫁到了当事人头上。尽管如此,这也是对1403年制定法精神的一个较弱版本的御准。

对态度温和的人而言,这个讲话是可以容忍且平衡的,不是为了将任何新的东西引入既有的法律体系,而只是终止侵犯王权罪的控诉。高级律师胡顿认为这是"一个极为优雅谦和的讲话,充满了宗教和正义的精神"。普通法法官们也没失面子,因为国王的话并没有贬低普通法的意思;唯一可能有冒犯性的部分是他宣称衡平法院的判决不受任何其他法院的审查。图纳尔(Tourneur)却意识到了另一种不祥的邪恶渗入了英格兰的宪制,并记录了自己对这个事情愤怒的反应:"上帝禁止大法官那种非常规的权力(除了其私人的目的外不尊重任何别的东西),在普通法判决作出后基于衡平的原因且违背制定法和普通法再次作出自己的判决,这就将王国的普通法变得一文不值……大法官劝诫国王说,他们(衡平法院——引者注)才是国王特权的唯一代表,并暗示国王他的特权是高于普通法的。这样,很快他们就会吞并普通法,其结果就是英格兰臣民的自由会被剥夺,除了国王特权,他们无法得到任何法律的保护。王国的政府将很快落入一小拨溜须拍马的宠臣手中,他们只顾自己的私人利益,甚至不顾及国王的安危。如果这些不断重复的恶行得不到议会的矫正,那我们的王国将会崩塌……"

(七)1616年7月18日的敕令

国王在6月20日的讲话并未结束这场冲突,可能是有人认为大法官的权力还存在疑问,看来埃尔斯米尔需要一份书面的、具体的指示——一种附带理由的正式公告,这样就可以登录入衡平法院的卷档中。于是他们起草了这样一份敕令,盖了王玺(Privy Seal),其中陈述了大法官的呈诉以及王室法律顾问的意见,然后下令:

> 从现在起,大法官将不会停止为我们的臣民提供与其案件实质正义相符的衡平救济(不管先前普通法上是否已有任何不利于他们的程序),这与衡平法院先前的做法是一致的。[93]

这在表面上看起来有了终局性,衡平法院视此敕令为自己的独立宪章。但争议仍旧存在,普通法法官们未被征求意见,国王是不能自动改变法律的。柯克当时已经无从提出抗议,因为他很快就会被取消咨议会成员的资格并被革职。柯克私下里写道:那份敕令是"当时极度恐惧的大法官苦苦哀求才得到的,任何人都不可能优先于议会的法律"。[94]

敕令的确终止了针对衡平法院使用侵犯王权罪的指控以及适用人身保护令,但它仅限于衡平法院,并未扩及其他特权法院。普通法法官们继续宣称,大法官不能干预普通法判决,因为他的程序只是对人性的。到了共和时期(Interregnum),这份敕令本身也受到了质疑。

这份敕令也是衡平法院司法管辖权和特权观念在理论上的胜利:衡平优先。但实际上它的后果是不利的,如果不是灾难性的话。出乎所有人的意料之外,衡平法院的业务大增,远远超过了埃尔斯米尔所能承担的限度,令其不堪重负。而此时的大法官已年迈体衰,但他又不愿意将位子让给别人。

(八)柯克和埃尔斯米尔的退场

柯克在发表言辞激烈的声明后,他的解职被詹姆士一世推迟到了那一年的米迦勒开庭期,可能是因为他的非凡人气。1616年10月,培根和埃尔斯米尔又提起了此事,他们建议将柯克直接解职而非在咨议会举行听证,因为那样将可能会适用自然正义的规则。蒙塔古被任命为新的王座法庭首席法官。贝克说,如果一个将法治放在首位的首席法官令国王厌烦,那他会选一位将自己放在优先位置的法官。解职令于11月送到柯克手中,柯克"情绪低落,泪流满

---

[93] *Id.*, p.385.
[94] 3 *Inst.* 125. 这是指柯克的《英格兰法总论》第3部分第125节。如前所述,这是读柯克著作的通用征引方式。

面"。蒙塔古又向他索要首席法官的"SS"领结,又在他的伤口上插了一刀,柯克拒绝摘下。

11月18日,蒙塔古就任王座法庭首席法官。埃尔斯米尔现在已被封为布拉克利子爵(Viscount Brackley),他从病床上挣扎起来,要享受一下击败其政敌的荣耀。在给蒙塔古的致辞中他说,柯克的倒台和蒙塔古的上台都是上帝的旨意。当他起身离去之时,新的首席法官对之卑躬屈膝,一脸谄媚,并请求大法官大人的关照,答应绝不鲁莽行事。我们完全无法相信,这种唯唯诺诺、唯命是从的话语竟然是出自王座法庭首席法官之口!

与此同时,大法官本人在国王那里也失宠了,部分是因为其子没有被任命为威尔士总管(Lord President)。他的身体和精神都出了问题,不愿意放弃国玺。杜德利·卡莱顿(Dudley Carleton)的一位通信者写道:如果大法官恢复健康,针对他的指控可能比柯克的还要多。濒死之前,他将国玺藏在身边;后来拒绝给某些开封特许状盖印,国王不得不亲自出马要回了国玺。图纳尔不无讽刺地写道:这加速了他的死亡,"因为他离不开国玺上那种黄色蜡印的味道"。1617年3月15日,他死去了。[95]

(九)后续的故事

蒙塔古很明显并不想重蹈柯克的覆辙,不想继续和衡平法院的对抗,他公开向布拉克利大法官(埃尔斯米尔)承诺不会那样做。他就任后不久就暂缓执行一项王座法庭的判决,因为衡平法院在普通法判决作出后就此又开始了新的诉讼。而国王也力图避免先前那种个人之间的冲突,因此当他将国玺交给培根时,他要求后者不要重蹈其前任的覆辙,要"将衡平法院的司法管辖限制在真实和适当的范围内,不要盲目扩张",不要将国王特权扩展得太过。[96]

当培根1617年5月7日就职时,他仿效罗马的裁判官,对他履职时将要遵守的原则进行了公布。首先,他只是弥补普通法的不足,而不是颠覆之,他只是对人处理其抗辩或诉请。其次,对于在有了普通法判决之后又诉至衡平法院的做法,他诉诸了前一年国王的敕令。为了回应对这种做法的批评,他要求申诉者签订协议以证明其主张,"这样,如果他依衡平原因在普通法判决作出后又想得到衡平救济,那么他也将自担其中的风险"。为此他还起草了相关规章以落实这个做法。他认真地研究了1403年制定法的精神,"普通法判决作出后衡平法院又作出的判决,其中不包含任何架空或削弱普通法判决效力的表述,而只是矫正当事人腐坏的良心……"再次,他不会仅依衡平诉讼的优先性或者没有证据的申诉就签发禁令暂缓普通法的诉讼程序,也不会在诉讼期间改变标的物

---

[95] See *supra* note [22], pp. 387-388.
[96] *Id.*, p. 388.

的占有状况。从次,他不会仅依衡平法院主事官的报告行事,而不给当事人时间来提出相反的理由。最后,他说他不会独断专行、唯我独尊,而忽视普通法法官在疑难案件中所提供的帮助。[97]

这最后一项承诺,并非虚言。在目标达成之后,培根真心希望恢复和平。当天在衡平法院发表完讲话后,他邀请所有的法官共进晚餐,并请他们将自己视为其中一员——他们的头头(foreman)。饭后他与法官们坐在一起,他说:

> 我坚定地相信,先前衡平法院和其他法院之间的紧张和分歧是肉和血的关系;现在,斯人已去,此事即了。对我本人来说,我不会忍受任何对衡平法院固有和正当权力的削弱或侵蚀,因此,如果任何与衡平法院程序相关的问题提交到诸位法官大人面前,且在你们看来比较过分,你们可以毫无拘束、友好地和我进行沟通,很快你们就会得到满意的结果。

说完这些话,培根看到"他们脸上露出了欣慰和欢愉的表情"。[98]

培根的第一批举动就包括重审拉斯维尔的案子,他委任多德里奇和胡顿两位法官作为助手。经过讨论和征得培根的同意,法官们制定了一些用以厘清普通法和制定法关系的基本原则。衡平法不能逆普通法的格言而行,即不能创制新法,而只能对特定具体的不公进行救济。鉴于衡平法可以在特定情形下背离制定法提供救济,但这并不是直接"越过"了制定法,就好像在普通法法庭上所做的一样。如此,埃尔斯米尔勋爵的判决就被推翻了,这些想法符合普通法法律家们的胃口,这可能正是普通法法官们从此温和地放弃了控制大法官判决之努力的关键。因此,尽管他们也表明,衡平法院的错误只能在衡平法院依审查状(bill of review)予以纠正,但在培根随后的大法官生涯中,几乎再没有听到任何类似先前的那种与普通法的冲突。

培根的继任者是威廉姆斯主教(Bishop Williams),他是最后一位教士出身的大法官,他明智地维持了和普通法之间的良好关系。1621年他就任时宣称:

> 我将永远不会作出任何超越普通法或制定法的判决,因为我保管的不是我自己的东西,而是国王的良心,让国王的良心与普通法和制定法相敌对无疑是愚蠢的。衡平法院可能经常会对普通法保持开放,会确认普通法,但绝不会威胁或反对普通法。我将保持与那些博学的普通法法官们的沟通,好让自己也有相应的能力作出有依据、有根基和不会犯错的判决。[99]

---

[97] *Id.*, p. 389.
[98] *Id.*, pp. 389-390.
[99] *Id.*, p. 390.

接下来的继任者是托马斯·考文垂(Thomas Coventry),他的父亲是一名普通法法官,他本人则是一名出庭律师。他努力延续对衡平法院的改革。就任的第一年,他就清除了两百个左右的积压案件,赢得了聪明和能干的名声。

这样,培根、威廉姆斯和考文垂就先后扫清了先前由于嫉妒和强烈个性碰撞所带来的两大法院之间的敌对状态,普通法和衡平法之间的冲突得到了极大的缓和。

六、回顾与总结

到此,我们可以对这场英格兰法律史上两大法院系统之间的冲突作一个回顾和总结。

这场冲突实际上是两种传统之间的冲突:一方是王权的传统,另一方则是本亦源于王权但已相当独立并以王国之法律立世的普通法传统。二者之所以发生冲突,根本上还在于代表王权之各类特权法院的不断扩张,这威胁到了普通法作为王国之法律和普通法法院作为维护民众自由之基本法院的地位,挑战了普通法最基本的价值观和立场。我们看到,普通法已经在努力将各种行为(包括国王的行为)置于自己的规制之下,以形成一个普通法治理的逻辑和秩序,但这样的观念很难为当时的国王所接受。

除了这种宏大的背景和根基性的问题外,我们还讨论了冲突双方(主要是普通法法院一方)所用到的各种技术性工具、各自的事实和规范依据等;追溯了这场冲突从酝酿到爆发的过程,介绍了当时几个关键的案例以及后续的发展情况。笔者现在关心的是,如道森所言,这些冲突其实在柯克就任法官之前就有,尤其是1587年的泰勒案,它和后来的案件无论是在情节上还是争执的过程上都非常类似,但它在当时却并没有引发后来1616年那样的风暴。为什么呢?我想17世纪初那些案例中的以下几个因素值得考虑。

(1) 爆发的时机与酝酿的过程。一场冲突究竟该酝酿多久才会爆发?这完全是一个无法回答的问题,但这个酝酿的过程是必不可少的。从这个意义上说,导火索好像要比过程更重要;但没有酝酿和积累的过程,冲突同样不可能爆发。

(2) 柯克和埃尔斯米尔的强烈个性。个性因素是讨论这场冲突必不可少的方面,而且已有众多论述[100],这里笔者只想强调,这二人的个性也是随着其人生的不同阶段、所处的不同位置等不断走向极端的。前面已经提到,在1587年的泰勒案中,同样是柯克和埃尔斯米尔(那时候他还叫埃格顿),双方却并未

---

[100] See Glenn Burgess, *Absolute Monarchy and the Stuart Constitution*, New Haven, 1996, p. 207.

爆发冲突,尤其是埃格顿,他主动征求并最后尊重了普通法法官们的意见;而将近30年之后,二者就针尖对麦芒,水火不容了,埃尔斯米尔不仅自己不像过去那样征求普通法法官们的意见,而且怂恿国王也这样做。这显然与二人此时的位高权重、位极人臣有极大关系。

（3）邪恶的当事人。从前面的几个案件中可以看出,单就实质正义而言,无论是格兰维尔、拉斯维尔、还是阿伦,他们都相当邪恶,或者用大法官的话说,其良心完全"腐坏"了。但从形式上看,他们也有一定的法律依据,于是就力图将其依据发挥到极致;而普通法由于自身的局限性没能在这些案件中实现实质正义,这才为衡平法院的介入提供了机会,也为实质正义的伸张提供了可能。不仅如此,这些邪恶的当事人还要从政治上搞垮衡平法院,并采取了邪恶的措施（诉诸侵犯王权罪）。应该说,这些实际上才是冲突总爆发的直接诱因。笔者想问,为什么在17世纪之前的类似案件中就没有提到有当事人欲对衡平法院法官提出侵犯王权罪之指控呢？这显然又与柯克暗地里的怂恿与暗示有关。

（4）法律形式主义和实质正义之间的矛盾。严格依据法律,当事人可能享有某种权利,但事实上又可能缺乏相应的对价,或者对方当事人付出了相应的对价而未获相应回报,这些都有可能导致实质正义的缺失。衡平法很多时候其实就是为了对这些情况进行矫正,而如果普通法自己能够矫正（如19世纪末司法改革之后的那样）的话,自然就不需要衡平法院和衡平法了。但这个时期的普通法仍然无法完美地做到这一点,这也为衡平法的干预提供了正当性和必要性。

（5）都铎国王和斯图亚特国王们行事方式之不同。这又是一个宏大的话题。一般认为,都铎国王们仍然采用传统的方式来统治这个王国,比如国王仍然会将重要的事情交由议会讨论并作出决定（当然他会采用自己的方式来影响甚至是控制议会）,而不是像后来头两位斯图亚特王朝国王那样长期无议会而治;在司法事务上仍然征求普通法法官们的意见,因为他们是国王的法律臣仆,有义务也有权利为国王就法律事务提供法律意见。因此,虽然都铎时期以专制闻名,但却并没有引发太大的社会动荡,因为这仍然是一种"英国式的专制",是一种英国式的统治,因而能够为英国人所接受。但斯图亚特王朝的统治者带有浓厚的西班牙和苏格兰色彩,在很多年里不召开议会,碰到法律问题只征求自己的法律顾问而不征求全体法官的意见,或者以不适当的方式征求法官们的意见。[10] 所以,同为"专制",但斯图亚特王朝是一种"欧陆式的专制",而非"英国

---

[10] 比如有一次詹姆士一世征求法官们的意见时,不是邀请法官们当面集体征询,而是一个一个征询,其目的当然正是为了影响法官们的判断——这不出意外地遭到了柯克的强烈反对。

式的专制"[102],很难为英国人所接受,这也是整个17世纪英国动荡的重要原因,而我们现在所讨论的普通法法院和特权法院之间的冲突只是这种动荡的第一阶段和一小部分。

现在,我们可以来看看后人对这场冲突的评价了!就事论事,据说主流的观点是加迪纳站在衡平法院的立场上的基本看法:人们普遍认为,柯克是错的。[103] 的确,单就前述一系列案件来说,衡平法院和大法官追求的是实质正义,因此更合民心。但站在普通法的角度,好像柯克对法治的担忧——如贝克所说——也很显然为其普通法同行们所分享;不仅如此,而且也更多地为后来的我们所认同。普通法由于其古老性、连续性获得了大众的支持,而新的特权法院则大部分为罗马法法律家所操控,经常与国王不受限制的特权和专制联系在一起。在其统治的前十年,国王詹姆士一世表面上对普通法表达了认可,但实际上几乎没有显示出任何同情。对禁审令和特权法院的争论至少部分是由罗马法的入侵引起的。此外,在贝克看来,当出庭律师可以因为在法庭上指责国王特权而被拘押,高级法官可以被强迫向国王提供个人对案件的看法,当然就会有对普通法独立性的焦虑和担忧了。[104] 因此我们可以说,在这场冲突中,衡平法院和大法官注重的是个案的实质公正以及眼前的问题,而普通法法院和柯克注重的则是全局性和长远的问题。

再来看这个事情最后结果(主要体现为1616年的那则敕令)的影响力。对于1616年的这场事件,梅特兰写道:"衡平法院的胜利是终局性的,是彻底的——如果我们需要一个衡平法院的话,这场胜利就是必要的。"[105]但贝克认为梅特兰的说法可能过于夸大了,因为在他看来,除了禁止普通法法院审查衡平法院的判决外,这个敕令几乎没有别的什么影响。他认为,如果培根、威廉姆斯和考文垂真心实意地要救济普通法的缺陷,而且像过去那样征求了普通法法官的意见,那普通法法院就不再需要这样一种审查性的权力。就对普通法判决的干预而言,培根已经清楚地表明,他不会颠覆普通法,而只是矫正当事人腐坏的良心,如此争议的核心就没有了。琼斯与贝克的观点相似,他表示,如果没有这个多事之秋的其他事件,与衡平法院的争议最多不过是茶杯里掀起的一场风暴而已。[106] 而对当时的人来说,比如出庭律师图纳尔,这个敕令的政治意义远大于其司法意义——这对于1616年的整个事件来说尤为中肯。

---

[102] See P. Croft, *King James*, Palgrave Macmillan, 2003, pp. 60-81; I. Carrier, *James VI and I: King of Great Britain*, Cambridge University Press, 1998, pp. 3-27.
[103] See S. R. Gardiner, *History of England*, Longmans, Green and Co., 1883, vol. 3, p. 24.
[104] See *supra* note [22], pp. 368-369.
[105] 参见同前注[6],第174页。
[106] See *supra* note [81], p. 473.

贝克把这场冲突的结果拉长到更晚近的时期来看。他发现，表面上看是埃尔斯米尔和他的衡平法院赢了，但终究还是柯克和普通法法院赢了。因为1873年的《司法法》将普通法和衡平法融为一体，从体制上废除了衡平法院和衡平法官，高级法院的法官既可以实施普通法同时也可以实施衡平法，具体因个案而定。这就意味着先前只能给予普通法救济（主要是赔偿损失）的普通法法官，现在也可以采用衡平的方法来司法，可以给予先前只有衡平法院才能提供的救济（比如发布禁令、下令指定履行等）；换言之，普通法现在已经克服了过去的种种局限，普通法法官也变成了全能的司法战士，不受过去各种人为或形式上的限制，而完全是根据个案的实际情况来决定如何救济。这实际上就防止了先前冲突的可能性。您说，到底是普通法赢了，还是衡平法赢了呢？

（审校编辑　潘　程）

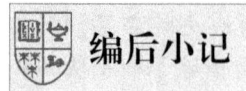

近一两年来，国际法问题格外引人注目，尤其是南海仲裁案和中美贸易战，使关注人群从国际法学者扩展到了普通民众。考虑到《评论》还未曾就国际法问题开展专题研讨，早前推出的国际法文章寥寥可数，我们便在第19卷第2辑收录了四篇国际法专题文章和两篇国际法评论，以飨读者。

专题栏目的四篇文章分别指向了国际规则制定中"民商事项"的范围与解释方法，国际投资协定的税收条款及其在投资者-东道国争端解决机制下的适用情况，我国处理跨境金融问题的法律模式和美国单边贸易措施给WTO争端解决机制带来的挑战。评论栏目还收录了两篇短评，观点都十分有新意。杨国华老师从美国权力政治的角度探究了世贸组织上诉机构遭遇危机的原因。陈一峰老师的文章指出，基本劳工权利获得国际认可是国际贸易与劳工保护政治博弈的结果，是一场南北政治经济学的产物。

与此同时，本辑的论文栏目注重了学科的多样性。唐学亮老师关注了国内学界研究较为薄弱的主权理论，他从主权的合法性问题切入，并与中国古典政治的合法性进行比较，具有融合中西进而建构本土化主权理论的理论旨趣。张印老师的文章结合历史背景对密尔各个时期的观点进行了梳理和比较，较为立体地呈现出密尔思想的演进规律和密尔对空想社会主义的看法。李世阳老师的文章以讯问犯罪嫌疑人程序作为检测侦查观的试金石，为学界对"如实回答"条款与"不得强迫任何人证实自己有罪"条款的冲突作出新一轮解释提供了契机。高薇老师解读了网络社会的一种新型争议解决模式，分析了淘宝如何利用群体智慧解决争议以及如何改进该机制。

此外，本辑又新设了法史研读栏目，收录了李红海老师关于17世纪初普通法法院与特权法院对抗的文章。通过探究对抗原因,梳理对抗过程及重点问题,分析其后果与影响,文章为我们展示了普通法面临危机、克服危机、重获新生的过程和秘诀。文章篇幅高达四万七千字,感兴趣的读者们有福气了!

目前的集刊出版环境和期刊评级给学生刊物带来不少压力,在此多絮叨两句,《评论》欢迎来稿及任何对刊物的改进建议。志不求易,事不避难。前辈们秉持着做一份纯粹的刊物的信念,让《评论》健康地茁壮成长。我们这一卷的编辑齐心协力,在诸位学者的鼎力支持之下,也算圆满完成了任务。相信之后的编辑们会做得更好,《评论》会越来越好!

刘思艺

2019 年 4 月

引 征 体 例

(2019 修订版)

一、援用本刊规范：

苏力:《作为社会控制的文学与法律——从元杂剧切入》,载《北大法律评论》第 7 卷第 1 辑, 北京大学出版社 2006 年版,第 132 页。

二、一般体例

1. 引征应能体现所援用文献、资料等的信息特点,能(1)与其他文献、资料等相区别;(2)能说明该文献、资料等的相关来源,方便读者查找。
2. 引征注释以页下脚注形式连续编排。
3. 正文中出现一百字以上的引文,不必加注引号,直接将引文部分左边缩排两格,并使用楷体字予以区分。一百字以下引文,加注引号,直接放在正文中。
4. 直接引征不使用引导词;其他情况,分别按照以下规则处理:
   (1) 间接引征(概括引用大意)的,须在所引征的文献前加引导词"参见"(see；vgl)。
   (2) 同一文献有不同出处,需要互相印证的,可以写"又见"(also see；siehe auch)。
   (3) 引征二手文献、资料,需注明该原始文献资料的作者、标题,并在其后标注"转引自" (cited in；zitiert nach)及该援引的文献、资料等。
5. 文章来源于期刊(含以书代刊的连续出版物以及独立作品组成的文集)、报纸和网络,文献来源一律标注"载"。
6. 作者(包括编者、译者、机构作者等)为三人以上时,仅列出第一人,使用"等"予以省略。
7. 引征信札、访谈、演讲、电影、电视、广播、录音、未刊稿等文献、资料等,在其后注明资料形成时间、地点或出品时间、出品机构等能显示其独立存在的特征。
8. 不提倡引征作者自己的未刊稿,除非是即将出版或已经在一定范围内公开的。
9. 引征网页的出处仅限于大型学术网站或新闻网站,但应附有准确的网页链接地址,并注明文献资料的上传时间,如无上传时间的,注明最后访问时间(从学术网站上下载的单篇完整引文献的,可直接参见下述相应的引征体例进行标注,无须注明访问日期)。一般不提倡引征 BBS、BLOG 等普通用户可以任意删改的网络资料。

10. 翻译文章中,译者需要对专有名词进行解释说明,并以【﹡译注】的方式在脚注中表明;如译者对原文内容进行实质性补充论述或举出相反例证的,应以【﹡译按】的方式在脚注中表明。
11. 同一注释里如需罗列多条同类文献的,一般按时间顺序排列,用分号隔开(但依论证重要程度排列的文献次序除外)。同一注释里中外文文献混合排列的,结尾所使用的句号以最后文献的语种所对应的格式为准。
12. 英文、德文、日文和法文以外作品的引征,可遵从该文种的学术引征惯例,但须清楚可循。
13. 其他未尽事宜,参见本刊近期已刊登文章的处理办法。

三、脚注格式

(一)中文

1. 著作
- 朱慈蕴:《公司法人格否认法理研究》,法律出版社 1998 年版,第 32 页。

2. 译作
- 孟德斯鸠:《论法的精神》(下册),张雁深译,商务印书馆 1963 年版,第 32 页。

3. 编辑(主编)作品
- 朱景文主编:《对西方法律传统的挑战——美国批判法律研究运动》,中国检察出版社 1996 年版,第 32 页。

4. 杂志/报刊
- 张维迎、柯荣住:《诉讼过程中的逆向选择及其解释——以契约纠纷的基层法院判决书为例的经验研究》,载《中国社会科学》2002 年第 2 期,第 40 页。
- 刘晓林:《行政许可法带给我们什么》,载《人民日报》(海外版)2003 年 9 月 6 日,第八版。

5. 著作中的文章
- 宋格文:《天人之间:汉代的契约与国家》,李明德译,载高道蕴等主编:《美国学者论中国法律传统》,中国政法大学出版社 1994 年版,第 32 页。

6. 裁判文书
【仅标注与裁判文书本身相关的信息】
- 最高人民法院指导性案例 93 号:于欢故意伤害案,2018 年 6 月 20 日发布。
- 江苏省无锡市滨湖区人民法院(2015)锡滨民初字第 01033 号民事判决书。
- 《陆红霞诉南通市发展和改革委员会政府信息公开答复案》,载《最高人民法院公报》2015 年第 11 期。

7. 网上文献资料引征
【一般在末尾注释文献发布或上载日期,如无,则标注最后访问日期】
- 梁戈:《评美国高教独立性存在与发展的历史条件》,http://www.edu.cn/20020318/3022829.shtml,最后访问日期:2008 年 8 月 1 日。

8. 古籍
   - (清)汪辉祖：《学治臆说》(卷下)，清同治十年慎间堂刻汪龙庄先生遗书本，第 4 页 b。
   - (清)薛允升：《读例存疑》(重刊本)，黄静嘉编校，台湾成文出版社 1970 年版，第 858 页。
9. 档案文献
   - "沈宗富诉状"，嘉庆二十二年十二月二十日，巴县档案 6-2-5505，四川省档案馆藏。
   - "傅良佐致国务院电"，1917 年 9 月 15 日，北洋档案 1011-5961，中国第二历史档案馆藏。
   - "党外人士座谈会记录"，1950 年 7 月，李劼人档案，中共四川省委统战部档案室藏。

(二) 英文
【著作名、期刊名用斜体，其他不斜体】

1. 英文期刊文章 Consecutively Paginated Journals
   【一般格式为…vol. ♯，no. ♯，2010，p. X.】
   - Frank K. Upham, "Who Will Find the Defendant if He Stays with His Sheep? Justice in Rural China", *Yale Law Journal*, vol. 114, no. 7, 2005, p. 1677.

2. 文集中的文章 Shorter Works in Collection
   【注意区分例二和例三】
   - Lars Anell, "Foreword", in Daniel Gervais, *The TRIPS Agreement: Drafting History and Analysis (3rd edition)*, Sweet & Maxwell, 2008, p. 10.
   - Robert J. Antonio, "KarlMarx", in George Ritzer and Jeffrey Stepnisky (eds.), *The Wiley-Blackwell Companion to Major Social Theorists (volme I): Classical Social Theorists*, Blackwell Publishing, 2011, pp. 116—125.
   - John Rawls, "Kantian Constructivism in Moral Theory", in John Rawls, *Collected Papers*, Samuel Freeman (ed.), Harvard University Press, 1999, p. 300.

3. 英文书 Books
   - Richard A. Posner, *The Problems of Jurisprudence*, Harvard University Press, 1990, pp. 456—457.

4. 非英文著作的英译本 English Translations
   - Otfried Höffe, *Kant's Cosmopolitan Theory of Law and Peace*, Alexandra Newton (trans.), Cambridge University Press, 2006, p. 100.

5. 英美案例 Cases
   【正文中出现也要斜体】
   - *New York Times Co. v. Sullivan*, 76 U. S. 254 (1964).
   - *Kobe, Inc. v. Dempsey Pump Co.*, 198 F. 2d 416, 420 (10th Cir. 1952).

6. 未发表文章 Unpublished Manuscripts
   【尽量少引或不引此类文献】
   - Yu Li, *On the Wealth and Risk Effects of the Glass-Steagall Overhaul: Evidence from the Stock Market*, New York University, 2001 (unpublished manuscript, on file with author).

7. 信件 Letters
- Letter from A to B of 12/23/2005，p. 2.

8. 采访 Interviews
- Telephone interview with A，(Oct 2，1992).【如该采访刊载于网站等平台上，须参照前述有关引征网页资料的格式进行标注。】

9. 网页 Internet Sources
【应注明公布（上载）日期，如无可标注最后访问日期】
- Lu Xue, *Zhou Zhengqing Talks on the Forthcoming Revision of Securities Law* (*XXXX*, 5 July 2017), at http://www.fsi.com.cn/celeb300/visited303/303_0312/303_03123001.htm (last visited Aug. 1，2018).

（三）德文
【著作名、期刊名用斜体，其他不斜体】

1. 教科书：作者、书名、版次、出版年份、章名、边码或页码
- Jescheck/Weigend, *Lehrbuch des Strafrechts Allgemeiner Teil*, 5. Aufl.，1996，§6, Rn. 371/S. 651ff.

【注意：ff. 之前没有空格】

2. 专著：作者、书名、版次、出版年份、页码
- Roxin, *Täterschaft und Tatherrschaft*, 7. Aufl.，2000，S. 431.

3. 评注：作者、评注名称、版次、出版年份、条名、边码
- Crame/Heine, in: Schönke/Schröder, 27. Aufl.，2006，§13, Rn. 601ff.

4. 论文：作者、论文题目、刊物名称、卷册号、出版年份、首页码、所引页码
- Schaffstein, Soziale Adäquanz und Tatbestandslehre, *ZStW* 72 (1960)，369，369.

5. 祝寿文集：作者、论文题目、文集名称、出版年份、页码
- Roxin, Der Anfang des beendeten Versuchs, *FS-Maurach*，1972，S. 213.

【文集名称保留简写方式。例如，*Festschrift für Küper zum 70 Geburtstag* 简写为 *FS-Küper*】

6. 一般文集：作者、论文题目、编者、文集名称、出版年份、页码
- Hass, Kritik der Tatherrschaftslehre, in: Kaufmann/Renzikowski (Hrsg.), *Zurechnung als Operationalisierung von Verantwortung*，2004，S. 197.

7. 判例：判例集名称或者发布判例机构名称、卷册号、首页码、所引页码
- BGHSt 17, 359 (360).
- BGH NJW 1991, 1543 (1544).
- BGH NStZ-RR 1999, 185.

8. 法律法规：具体条文序号、法典（规）名
【原则上以"§"标明条文数，以罗马数字标明所引款，以"Nr."标记所引项。对于《基本法》以及国际条约等以 Art. 表示条文数的，以 Art. 标明条文数。】
- §32 II StGB.
- §58a I Nr. 2 StPO.
- Art. 2 II GG.

【法典或法规名称，有惯用缩写的，使用缩写。没有惯用缩写的，注明全称】

（四）日文

【「『』」为繁体字输入法状态下 shift＋［］组合键】

1. **书籍**：作者、书名、版次、出版社、年份、页码
   - 我妻栄『新訂担保物権法（民法講義 III）』，有斐閣 1971 年版，50 頁。
   - 我妻栄＝有泉亨『民法総則物権法（法律学体系・コンメンタール篇）』，日本評論社 1950 年版，31 頁。
   - 参照我妻栄＝有泉亨『民法総則物権法（法律学体系・コンメンタール篇）』，日本評論社 1950 年版，31 頁。

   【对作者进行提炼或解读时的格式】
   【如系多位作者合著的，则在作者之间加＝】

2. **论文**：作者、文章名称、杂志名称、出版年份（卷号）、页码
   - 於保不二雄「付加物及び従物と抵当権」，民商法雑誌 1954 年 29 巻 5 号，1 頁以下。

   【论文名加"「」"，杂志名称不加符号，杂志名称用全称】
   【多位作者合著的参照前述体例】

3. **文集**：作者、文章名称、编者、文集名称、出版社、年份、页码
   - 佐藤英明「一時所得の要件に関する覚書」，金子宏ほか編『租税法と市場』，有斐閣 2014 年版，220 頁。

4. **案例**：判决机构名称、判决日期、所在法律文件名称（卷号）、页码
   - 大審院 1919 年 3 月 3 日判決，大審院民事判決録 25 輯，356 頁。
   - 最高裁判所 1982 年 7 月 15 日判決，最高裁判所民事判例集 36 巻 6 号，1113 頁。

5. **官方文件**：文件名称
   - 「平成 26 年版犯罪白書」による。

   【による为固定格式】

6. **新　报纸**：名称、发行时间、刊物类型（朝刊/夕刊の別）、版面
   - 『日本経済新聞』1992 年 6 月 23 日朝刊。

（五）法文

【著作名、期刊名用斜体，其他不斜体】

1. **书籍**：作者、书名、出版社、版次、出版年份、页码
   - Marc Chevallier, *L'État de droit*, Montchrestien, 4e éd., Paris, 2003, pp. 16—29.

2. **论文**：作者、论文题目、刊物名称、卷册号、出版年份、页码
   - Marc Poisson, « Le droit de la mer », *RGDIP*, 2015, pp. 15—47.
   - Claire Badiou-Mouferran, « La promotion esthétique du pathé tique dans la seconde moitié du XVIIe siècle », *La Licorne*, n°43, 1997, pp. 75—94.

   【«　» 为英文半角状态下的双引号格式】

3. **文集文章**：作者、论文题目、编者、文集名称、出版年份、页码
   - Marc Poisson, « Le droit de la mer «, in R. Lapieuvre (dir.), *Le droit des Océans*, Eyditions de la mer, 2015, pp. 12—48.

4. **会议报告**：作者、报告名称、会议名称、报告日期、页数
   - Marc Poisson, Le droit de la mer en Méditerrané, Congrès de Marseille, juillet 2016, pp. 228—229.

5. **博硕士论文**:作者、论文名称、毕业学校(院系)、毕业(通过答辩)年份
   - Marc Poisson, Le droit de la mer appliqué à la Méditerrané e, Theèse de l'Université de Marseille, 17 juin 2016.
6. **法典法规**:条款、编号、法典(规)名称
   - Art. 78 et s. de la Constitution du 24 juin 1793.
   - Art. 6 de la Charte de l'é lu local codifié à l'art. L. 1111-1-1 CGCT.
7. **案例**:法院名称、审判庭名称、日期、案件名称和案件号
   - CE. 15 février 2008, Commune de La Londe-les-Maures, req. n°279045.
   - CIJ, Délimitation maritime en mer Noire (Roumanie c. Ukraine), 3 février 2009, CIJ Recueil 2009, p. 61.

   【例二表示该案件已被载入案例汇编(Recueil),须标注具体页码】
8. **网络信息**:作者、题目、网址、上传(公布)日期或最后访问日期
   - Béatrice Joyeux-Prunel, « L'histoire de l'art et le quantitatif », Histoire & mesure, vol. XXIII, n°2, 2008, En ligne: http ://histoiremesure. revues. org/index3543. html. Consultéle 17 mars 2010.

   【只有在无法查明上传(公布)日期时,才需注明最后访问日期】

四、重复引注规则

(一) 中文文献一律为"同前注〔X〕,第 2 页。"

【如被重复引用的脚注中不止一个文献,则仍需标明具体所引文献的作者姓氏和文献名称信 息,具体格式按照上述相应规则处理】

(二) 同页次第紧连文献

注释中重复引用文献、资料时,若为注释中同页次第紧连援用同一文献的情形,应根据 文献语言类型,按以下方式分别标明:
1. 英文文献:*Id.*, p. 2.
2. 德文文献:Kaser/Hackl, a. a. O., S. 35.
3. 日文文献:同正文格式,但字体应为日文汉字
4. 法文文献:*Ibid.*, p. xx—xy fait reéférence àplusieurs pages de ce même ouvrage.

【如被重复引用的脚注中不止一个文献,则仍需标明具体所引文献的作者姓氏和文献名称信 息,具体格式按照上述相应规则处理】

(三) 非次第紧连文献

若为非次第紧连的文献,可将文献的作者、名称、版次、出处等简略,根据文献语言类型,按以下方式分别标明:
1. 英文文献:*Supra* note〔X〕, p. 2.
2. 德文文献:Leenen (Fn. 2), Rn. 2.
3. 日文文献:同正文格式,但字体应为日文汉字
4. 法文文献:Marc Poisson, Le droit de la mer, op. cit., p. 212.

【如被重复引用的脚注中不止一个文献,则仍需标明具体所引文献的作者姓氏和文献名称信 息,具体格式按照上述相应规则处理】